JN441134

조선전기
오경학의 경세적 이념과 제도

이 책의 저작권은
저자와의 독점계약으로 동과서에 있습니다.
저작권법에 의해 한국 내에서 보호를 받는 저작물이므로
무단전재와 무단복제를 금합니다.

조선전기 오경학의 경세적 이념과 제도

【조선경학사상사 연구 시리즈 5】

초판 1쇄 인쇄 2025년 2월 21일
초판 1쇄 발행 2025년 2월 25일

지은이 / 한림대학교 태동고전연구소 편
인쇄 / 북토리

펴낸곳 / 도서출판 동과서
경기 고양시 일산서구 송파로 151번길 24
등록번호 / 제22-405호

D.K.S. Publishing Co.
24, Songpa-ro 151 beon-gil, Ilsanseo-gu,
Goyang-si, Gyeonggi-do, Korea

전화 / (02)333-7533
팩스 / (02)6280-2353

값 35,000원

ISBN 978-89-6525-153-8 (94140)
978-89-6525-140-8 (세트)

태동고전연구총서 5

조선전기 오경학의 경세적 이념과 제도

【조선경학사상사 연구 시리즈 5】

한림대 태동고전연구소 편

이 저서는 2020년 대한민국 교육부와 한국연구재단의 지원을 받아 수행된 연구임. (NRF-2020S1A5B8103756)

* 필진 소개 (가나다순)

강경현(姜卿顯) :

연세대학교에서 철학박사학위를 취득하고, 강원대학교 윤리교육과 조교수를 거쳐 현재 성균관대학교 유학동양학과 조교수로 재직하고 있다. 저서로 『퇴계 이황의 리(理)철학: 지선(善) 실현과 자기완성』(2022)이 있고, 번역서로 『퇴계 선생이 엮은 옛 사람들의 마음 닦기』(공역)가 있으며, 「천명(天命)에 대한 조선유학의 주목과 퇴계(退溪) 해석의 철학사적 의의」(2017) 등의 논문이 있다. kangkh@skku.edu

김수경(金秀炅) :

중국 북경대학교에서 문학박사학위를 취득하고, 현재 국립공주대학교 한문교육과 부교수로 재직하고 있다. 저서로 『한국시경학개요(韓國詩經學概要)』(2021)(공저)가 있고, 번역서로 『고적정리개론』(2013)(공역)이 있으며, 「이정(二程) 시경학의 조선시대 수용 양상」(2021), 「다산 정약용의 '상(象)'—언어 인식과 『시』 해석 구도를 중심으로」(2023) 등의 논문이 있다. dansill@hanmail.net

엄연석(嚴連錫) :

서울대학교에서 철학박사학위를 취득하고, 현재 한림대학교 태동고전연구소 교수로 재직하고 있다. 저서로 『조선전기역철학사』(2013)가 있고, 번역서로 『심경주해총람(상・하)』(공역)이 있으며, 「여헌 역학사상의 경위설과 분합론의 도덕실천적 의미」(2021), 「최명길의 「중용관견」에 나타난 경학적 특징과 문화다원론적 지평」(2020) 등의 논문이 있다. yseom05@nate.com

윤상수(尹相洙) :

연세대학교 철학과를 졸업하고, 일본 도쿄대학(東京大學)에서 박사학위를 받았다. 현재는 인하대학교 등에서 강의를 하고 있다. 논문으로 『科挙の学から経史の学へ—黄宗羲からみた明末清初の学術転換の一様相—』(박사논문, 2011), 「명유학안(明儒學案)의 양명

학관(陽明學觀) 재고」(2012), 「한원진의 인심도심론」(2022) 등이 있으며, 번역서로 『명유학안(明儒學案) 역주(譯註)』 1(공역, 2023) 등이 있다. vigo73@gmail.com

이경구(李垌丘) :

서울대학교에서 문학박사학위를 취득하고, 현재 한림대학교 한림과학원 교수로 재직하고 있다. 저서로 『조선후기 안동김문 연구』(2007), 『17세기 조선 지식인 지도』(2009), 『조선후기 사상사의 미래를 위하여』(2013), 『조선, 철학의 왕국 -호락논쟁 이야기』가 있고, 다수의 논저와 역서가 있다. neost35@hallym.ac.kr

이원석(李遠碩) :

서울대학교에서 철학박사학위를 취득하고, 현재 전남대학교 철학과 교수로 재직하고 있다. 공저로 『성리와 윤리』(2020)가 있고, 번역서로 『인학본체론』(2021), 『주희의 역사세계』(2015) 등이 있으며, 「정조와 윤행임의 「대학장구 서문」 해석과 인물성동이 논쟁」(2021), 「성현(成俔)의 『춘추』 이해와 문명 -야만의 구도」(2021) 등의 논문이 있다. wonseok.lee73@gmail.com

이해임(李海任) :

서울대학교에서 철학박사학위를 취득하고, 현재 상산고 철학 교사로 재직하고 있다. 저서로 『21세기 유교 연구를 위한 백가쟁명 2: 정상과 이상의 대결 역사』(공저, 2019)가 있고, 「허형(許衡)과 정몽주(鄭夢周)의 화이관(華夷觀) 연구」(2021), 「최명길(崔鳴吉)과 조익(趙翼)의 경전 해석 경향과 그 의의: 『사문록』, 「맹자기의(孟子記疑)」를 중심으로」(2020) 등의 논문이 있다. yihaem@gmail.com

임재규(林在圭) :

중국 복단대학 역사학과에서 역사학박사학위를 취득하고, 현재 서울대학교 인문학연구원 객원연구원으로 재직하고 있다. 저서로 『다산 정약용의 역학이론』(2019), 『한국사회와 종교학』(공저, 2017), 『화해의 마음으로 세상을 보다』(역서, 2012) 등이 있고, 「주역 역사 형성과 서법의 상관관계」(2018), 「정약용 효변론의 연원에 대한 시론적 고찰」(2013) 등 다수의 논문이 있다. sanshan@hanmail.net

조정은(趙貞恩) :

런던대학교 소아스에서 철학박사학위를 취득하고, 현재 한국항공대학교 인문자연학부 조교수로 재직하고 있다. 저서로 『최명길의 사문록 역해와 심층 연구』(공저, 2022)가 있고, 「권근의 『예기천견록』 중 「악기」편 분석 -체재 재편과 독해 관점을 중심으로」(2021), 「노자의 역설과 무위통치」(2024) 등의 논문이 있다.

jungeunjo@gmail.com

한정길(韓正吉) :

연세대학교에서 철학박사학위를 취득하고, 현재 한림대학교 태동고전연구소 연구교수로 재직하고 있다. 저서로 『동양고전 속의 삶과 죽음』(공저, 2018) 등이 있고, 역서로 『전습록』(공역, 2001) 등이 있으며, 「태주학파 왕간의 '안신'설에 기초한 경세사상」(2019), 「정제두 「대학설」의 특성과 그 경학사상사적 의미」(2019), 「왕수인의 경세사상」(2017) 등의 논문이 있다. philohan@hanmail.net

함영대(咸泳大) :

성균관대학교에서 박사학위를 취득하고, 현재 경상국립대 한문학과 부교수로 재직하고 있다. 저서로 『성호학파의 맹자학』(2012), 『박세당 사변록 연구』(2020, 공저) 등이 있고, 번역서로 『이천년 맹자를 읽다 -중국맹자학사』(2016, 역저), 『반계유고』(2017, 공역), 『맹자요의』(2020, 공역) 등이 있으며, 「오학론으로 읽는 경전학의 이면」(2021) 등의 논문이 있다. ydham@gnu.ac.kr

황병기(黃昞起) :

연세대학교에서 철학박사학위를 취득하고, 현재 서경대학교 동양학과 특임교수이다. 저서로 『정약용의 주역철학(연세국학총서 96)』(2014), 『공자혁명: 2000년 전의 유교, 현대 교육에 메스를 대다』(공저, 2015) 등이 있고, 역서로 『역주 대학공의 대학강의 소학지언 심경밀험』(공역, 2014) 등이 있으며, 「여헌 장현광의 도맥과 퇴계학 전승의 문제」(2016) 등의 논문이 있다. hw7533@naver.com

| 서설 |

본 저서는 2020년 한국연구재단에서 지원하는 대학중점연구소 사업의 과제로 '조선시대 경학사상사에 대한 문화다원론적 비판 연구 -패러다임의 변이와 동요, 전환을 중심으로'라는 과제의 제2단계에 이루어진 조선시대 오경(五經) 경학사상에 관한 두 권의 연구 결과물이다. 이 저서는 지난 2022년 6월에 본 연구주제로 도서출판 동과서에서 간행한 『조선경학의 문화다원론적 이념과 실천』(태동고전연구총서 1), 『조선경학의 문화다원론적 심화와 대안』(태동고전연구총서 2)의 조선시대 사서(四書) 경학 사상에 관한 연구를 이은 오경(五經)에 관한 후속 연구 성과물이다.

본 연구는 '문화다원론적 비판'이라는 연구 방법론에 바탕하여 조선시대 경학사상사의 특성을 규명하려는 목표를 설정하였다. '조선경학사상사'란 조선에서 이루어진 사서오경(四書五經)을 중심으로 한 유가 경전에 관한 다양한 해석에 반영된 사상의 특성과 그 사적(史的) 전개양상을 의미한다. '문화다원론'이란 진리와 문화의 다양성과 특수성을 인정하는 입장에서 서로 다른 지역과 민족이 가꾸어 온 고유의 문화를 특화시켜 나갈 필요가 있음을 주장하는 이론이다.

조선은 중국이나 일본과 구분되는 독특한 문화를 가꾸어 왔다. 따라서 차별화된 조선만의 고유한 문화가 반영된 경학사상사의 특성을 말할 수 있어야 한다. '조선시대 경학사상사에 대한 문화다원론적 비판 연구'란 문화의 다양성과 상대성을 인정하는 바탕 위에서 조선의 고유한 문화가 반영된 조선경학사상사의 특성을 규명하는 연구이다.

1단계 연구에서는 『논어』·『맹자』·『중용』·『대학』의 사서를 대상으로 조선경학사상의 특성을 살펴보았고, 2단계 연구에서는 오경(五經), 즉 『시경』·『서경』·『주역』·『춘추』·『예경』(『의례』·『주례』·『예기』의 삼례)에 대한 조선 경학가들의 연구 성과물을 그 연구 대상으로 하였다.

사서가 주희가 구성한 성리학의 형이상학적 원리의 근거가 되는 경전이라면, 오경은 정치적 이념과 제도 및 실천 규범의 구체적 내용으로 구성되어 있는 만큼 유학의 이념을 구체적 형식을 통하여 실행하는 원칙과 내용을 담고 있는 저술이라고 할 수 있다. 이 점에서 사서의 원리적인 내용을 점검하고 나서, 구체적 제도와 규범을 담고 있는 오경을 연구하는 것은 본 연구과제의 핵심 주제인 문화다원론에 좀 더 접근할 수 있는 방법과 절차라고 할 수 있다. 특히 사서와 오경은 상호 근거가 되는 내용으로 일관된 체계가 형성되어 있는 만큼, 1단계 사서에 대한 연구에 이어서 2단계 오경에 대한 연구를 진행하는 것은 필수적이라고 할 것이다.

본 연구는 문화다원론적 비판 연구라는 주제를 설정한 만큼 다음과 같은 연구방향을 제시하였다. 첫째는 문화 간 상대성과 고유성, 평등성 이념에 따른 비판적 연구를 지향한다. 둘째는 경학사상사의 여러 조류와 주제를 수평적 시각에서 비교 연구를 진행한다. 셋째는 경학과 경세론, 역사현실의 연속성의 양상을 체계적으로 해명한다. 넷째는 통시적 역사현실의 상대적 문화 지평에 대응한 이론적 특색을 규명한다. 다섯째는 문화권 사이의 상대성과 다양성에 근거한 이론적 특수성을 규명한다. 이러한 방향에 따른 연구는 기존의 경학 연구 수준을 크게 높여줄 것으로 기대된다.

구체적으로는 각각 경전마다의 특수성에 따라 특색 있는 연구주제를 설정하였다. 먼저 『시경』은 문화사적 각도, 사상사적 각도, 새로운 자료를 통한 융합적 연구에 중점을 두었다. 『서경』은 성리학, 고증학적 경학사상의 관점, 경연을 중심으로 하는 연구 주제를 설정하였다. 『주역』은 상수, 의리, 선천역, 역학계몽에 내포된 다원론적 함의를 연구하는 데 목표를 두었다. 『예경』은 주자학적 리학, 예기정의, 명물도수의 연원고증, 예악론에 대한 연구에 초점을 맞추었다. 『춘추』는 관점서례, 천인관계론, 춘추필법, 자연천, 예(禮)개념 형성에 대한 다원론적 관점으로 연구 방향을 설정하였다.

본 연구는 조선경학사상사를 구성하는 여러 학자, 학파적 이론을 주류와 비주류, 중심과 주변 같은 위계적 평가를 넘어 수평적·상대적 시각에서 해명하였다. 또한 학자 또는 학파가 처했던 시대적, 문화적 지평의 특수성에 따른 문화다원론적 또는 상호 문화적 대응의 관점에서 학설의 고유하고 특수한 의미를 해명하였다. 그리고 문화적 상대성과 다양성을 인정하는 관점에서 중국 또는 일본과 대비되는 조선의 고유한 문화가 반영되어 있는 조선경학사상사의 특성을 규명하였다. 특히 조선시대 경학사상사를 사상이 형성되는 특수한 문화적 배경에서 해명하고, 형이상학, 심성론, 실천론이 시대에 따라 동요하고 전환하는 양상을 분석하며, 경전해석을 둘러싼 여러 지평 개념을 통하여 이론적 다원성을 해명한 점에 독창성을 갖는다.

본 저서는 『조선시대 오경학의 경세적 이념과 제도』와 『조선시대 오경학의 실천적 분화와 비판』이란 제목으로 연구과제 2단계 2년 동안의 연구 성과를 두 권의 책으로 간행한 것이다. 먼저 『조선시대 오경학의 경세적 이념과 제도』는 2부로 나누어서 제1부를 '이념과 실천'이라는 주제로 구성하고 여섯 편을 수록하였다. 제1편은 '이정(二程) 시경학의 조선시대 수용 양상 -조선시대 시경학에서의 정자학과 주자학의 길항(拮抗)-', 제2편은 '권근의 『주역천견록(周易淺見錄)』에 나타난 상수학적 방법론 -오징(吳澄)의 『역찬언(易纂言)』과의 관련성을 중심으로-', 제3편은 '조선 초기 경학사상사에서 권근의 『예기천견록』 중 「악기」편이 갖는 의의', 제4편은 '퇴계 이황의 『경서석의』의 저변에 대한 일고', 제5편은 '조호익 『역상설(易象說)』의 역학사상과 그 위상', 제6편은 '장현광의 태극설과 경위설의 문화다원론적 재조명 -『여헌선생성리설』의 이론적 해명을 중심으로-'이다. 제2부는 '경세와 제도'라는 주제로 구성하고 여섯 편을 수록하였다. 제1편은 '허형(許衡)과 정몽주(鄭夢周)의 화이관(華夷觀) 연구 -『공양전(公羊傳)』의 화이관을 중심으로', 제2편은 '『서천견록』을 통해 본 권근의 서경관 -근엄(謹嚴)과 흠(欽)을 중심으로-', 제3편은 '권근 『예기천견록』 「곡례」편의 체제에 관한 연구 -『의례경전통해』와 『예기찬언』과의 비교를 중심으로-', 제4편은 '성현(成俔)의 『춘추』 이해와 '문명 대 야만'의 구도 -성현의 「왕자불치이적」 분석을 중심으로', 제5편은 '조선시대 경연(經筵)에서 『상서(尙書)』 강독의 의미 -조선 전기 경연 자료를 중심으로', 제6편은 '『조선왕조실록』의 『춘추』 기사 분석과 국왕별 용례'이다.

이어서 『조선시대 오경학의 실천적 분화와 비판』도 2부로 나누어서 제1부를 '분화와 대립'이라는 주제로 구성하고 일곱 편을 수록하였다. 제1편은 '조선 중기 『춘추』 해석의 두 가지 양상 -은공(隱公) 원년 및 11년 조목에 대한 신민일의 해석과 조익의 비평을 중심으로', 제2편은 '미수(眉叟) 허목(許穆)의 시경관 연구', 제3편은 '송시열 춘추관 연구', 제4편은 '하곡 정제두의 예제 인식에 나타난 문화다원론적 의의', 제5편은 '병와(甁窩) 이형상(李衡祥) 『시경』 독법의 확장성과 다층성', 제6편은 '조선시대 경연에서 『서경』 「우공」편 강독의 의미', 제7편은 '이만부의 『역통(易統)』과 『역대상편람(易大象便覽)』의 역학적 특징과 문화다원론적 지향'이다. 제2부는 '비판과 쇄신'이라는 주제로 구성하고 여섯 편을 수록하였다. 제1편은 '한원진의 인심도심론 -'형기'에 관한 논의를 중심으로-', 제2편은 '조선시대 경연에서 『예기』 「악기」가 논의된 양상 -숙종·영조조를 중심으로-', 제3편은 '이환모(李煥模)의 『서전기의(書傳記疑)』에 보이는 해석의 다양성', 제4편은 '두실(斗室) 이환모(李煥模)의 홍범관 연구', 제5편은 '『서경』 형(刑) 개념에 관한 정조(正祖)의 이해와 적용', 제6편은 '정조의 『춘추』 이해와 정치적 활용'으로 이루어져 있다.

각권의 구체적 내용을 요약하면 다음과 같다.

먼저 제1권 『조선시대 오경학의 경세적 이념과 제도』에 수록된 제1부 제1편은 '이정(二程) 시경학의 조선시대 수용 양상 -조선시대 시경학에서의 정자학과 주자학의 길항(拮抗)-'을 다루었다. 이 편에서는 주자 『시』설과 정자 『시』설의 차이에 대한 조선시대 학자들의 수용 양상을 검토하여 조선시대 시경학에 구현된 문화다원론적 면모를 검토하였다. 정자와 주자의 『시경』 해석은 '의미를 지나치게 부여한 과도한 해석'과 '평이한 해석'이라는 차이점이 있다. 주자 시경학과 이정 시경학의 길항 관계에 대한 고찰은 조선시대 성리학자들의 시경학에 내재한 다양한 층차를 이해하는 데뿐만 아니라 성리학적 경학 풍토가 강한 조선시대의 경학연구에서 기존 성리학자의 『시경』설을 어떻게 새롭게 활용하는가를 살피는 데에도 유용함을 확인할 수 있다.

제2편은 '권근의 『주역천견록』에 나타난 상수학적 방법론 -오징의 『역찬언』과의 관련성을 중심으로-'를 다루었다. 이 편은 권근(權近)의 『주역천견록(周易淺見錄)』에 나타난 상수학적 방법론을 오징(吳澄)의 『역찬언(易纂言)』과의 관련성을 중심으로 해명하였다. 권근의 『주역천견록』이 정자의 『이천역전(伊川易傳)』과 주자의 『주역본의(周易本義)』를 계승하고, 이 저술들에 결여된 상수역학적 방법론을 제시한 오징의 『역찬언』을 비판적으로 계승하고 있음을 밝혔다. 요컨대, 『주역천견록』을 단순한 의리학적 역학서가 아니라 상수학적 방법론을 포함하여 의리학과 상수학을 절충한 역학서로 규정하였다.

제3편은 '조선 초기 경학사상사에서 권근의 『예기천견록』 중 「악기」편이 갖는 의의'를 검토하였다. 이 글에서는 「악기」를 수양론으로 독해하는 권근의 관점이 「악기」 본래의 맥락에 충실한 관점은 아니지만, 조선 초기의 성리학 기반 위에서 자기 수양을 강조하는 방향에서 「악기」를 재해석하는 관점을 제시하는 의의가 있음을 해명하였다. 권근의 『예기천견록』 중 「악기」편은 자신의 관점에서 경전

의 체제를 재편하며 경전에 유연하게 접근하고, 수양론을 강조하며 성리학적 시각에서 경전을 재해석하는 조선 초기 경학사상의 한 특징을 보여주었다. 이 편은 권근이 외적인 정치제도적 관점에서라기보다 「악기」 구절들에 내포되어 있는 수양론적 의미를 부각시키고 있는 점에서 「악기」가 심성수양론적 의미를 강하게 내포하고 있음을 강조하였다.

제4편은 '퇴계 이황의 『경서석의』의 저변에 대한 일고'를 다루었다. 이 편은 『경서석의』의 발간이 지니는 경학사적 의미를 해명하였다. 퇴계의 『경서석의』는 이전 시대의 자유롭고 다양했던 해석에 대해 통일적이고 표준적인 해석 기준을 마련하는 방향성을 가지는 점에 특징이 있다. 『경서석의』 집필의 의미를 찾는다면 독서와 학습에 대한 자신의 신념과 사우들과의 강학에 의한 연마, 여러 의견을 수용하고 결론을 내리는 데 있어서 유연한 본인의 성격, 나아가 한 편의 저작을 완성하는 데 있어서 신중한 저술 습관 등이 두루 적용된 점에 있다고 할 것이다.

제5편은 '조호익 『역상설(易象說)』의 역학사상과 그 위상'을 검토하였다. 이 편은 조선 중기 조호익의 『역상설』에 나타난 상수역학적 특징을 조선시대 역학의 다원론적 관점에 기초하여 조선의 『주역』 경학사의 한 흐름을 해명하였다. 조호익은 『주역』에 대한 정이의 의리역학적 목적의식과 주희의 점서(占筮) 원형에 대하여 긍정하면서, 정이와 주희를 넘어 상수역학의 해석방법을 적극 수용했다고 보았다. 조호익의 이러한 상수학적 방법론은 조선 후기의 신후담, 정약용의 상수학적 방법론으로 이어지는 조선 전기의 중요한 매개가 된다. 그가 한대 상수역학으로부터 정이, 주희를 넘어 원대 역학자에

이르기까지 다양한 상수역학적 지평을 포괄하는 것에는 문화다원론적 시각이 내포되어 있다.

제6편은 '장현광의 태극설과 경위설의 문화다원론적 재조명 -『여헌선생성리설』의 이론적 해명을 중심으로-'를 조명하였다. 이 편에서는 장현광 역학(易學)을 구성하는 핵심 이론으로서 경위설(經緯說)에 내포되어 있는 문화다원론적 의미를 재검토하였다. 장현광은 리기를 경위설로 해석하여 경과 위가 불변의 보편성과 함께 변화하는 상황에서 표준적 시의성을 가지는 것으로 해석하였다. 그는 리기의 경위를 그대로 따라 행하는 것을 표준적인 위(緯)를 갖춘 성현의 일이라고 하였다. 장현광의 경위설은 불변하는 경과 함께 변화하는 상황을 시의성에 맞게 처리하는 것으로서 '위(緯)'가 특수성과 다양성을 포괄할 수 있는 의미를 가진다는 점에서 현실적 경험 상의 다원성을 수용하고 있다.

다음으로 제2부 제1편은 '허형(許衡)과 정몽주(鄭夢周)의 화이관(華夷觀) 연구 -『공양전(公羊傳)』의 화이관을 중심으로'를 다루었다. 이 편은 중국에서 이민족 통치자를 섬기는 한족인 허형의 화이관은 성리학을 이해하는 데에 어떤 작용을 하는지, 그리고 변방이자 이민족인 정몽주의 화이관은 성리학을 인식하는 데에 어떤 역할을 하는지에 대해 비교 분석함으로써 그 의미와 의의를 밝혔다. 요컨대, 정몽주는 정주성리학을 엄밀하게 분석하고 계승함으로써 지역적, 종족적 한계를 극복하는 문화 중심의 화이론을 정립했다. 다시 말해 정몽주는 종족과 지역적 다양성을 포용하기보다 엄격한 문화적 관점에 따라 정리함으로써 당시 폐단을 척결하는 데에 정주학이라는 보편성을 제시했다.

제2편은 '『서천견록』을 통해 본 권근의 서경관 -근엄(謹嚴)과 흠(欽)을 중심으로-'를 검토하였다. 이 편은 『서경』의 '근엄(謹嚴)함'에 대한 믿음과 '흠(欽)'에 대한 강조를 중심으로 권근이 『서경』을 어떻게 인식하고 있는가를 고찰하였다. 권근은 산서설에 근거하여 공자가 산정한 이상 『서경』은 엄정한 필법과 일관된 구성 등을 지니고 있을 것이라고 전제하고, 그 '근엄한' 필법과 구성 등에 담겨 있는 공자의 의도를 읽어내려 하였다. 권근은 『서경』에 담겨 있는 성인의 마음을 '흠'으로 파악하고, 이에 근거하여 흠을 『서경』의 전체라고 규정하였으며, 한 걸음 더 나아가서 흠이 『서경』의 전체일 뿐만 아니라 오경의 전체라고 주장했다.

제3편은 '권근 『예기천견록』 「곡례」편의 체제에 관한 연구 -『의례경전통해』와 『예기찬언』과의 비교를 중심으로-'를 다루었다. 이 편은 권근이 『예기』 「곡례」편의 경문을 장·절로 분류하고 재배치하는 방식을 주희와 오징의 그것과 비교 검토함으로써 권근 『예기』 연구의 특징과 그 경학사적, 문화다원론적 의의를 규명하였다. 『예기천견록』은 『예기』를 경과 전의 체계로 조직하는 주희의 경학 연구 방법, 공부와 효과, 그리고 존양 공부와 성찰 공부를 구분하는 주희의 공부론을 『예기』 「곡례」편의 체제를 구성하는 데 적극적으로 활용했다. 나아가 『예기천견록』을 저술할 때 주희의 『의례경전통해』와 오징의 『예기찬언』을 참조하지 않았는데, 이것은 『예기천견록』이 그만큼 독창적인 작품이라는 것을 의미한다.

제4편은 '성현(成俔)의 『춘추』 이해와 문명 대 야만의 구도 -성현의 「왕자불치이적」 분석을 중심으로-'를 살펴보았다. 이 편은 성현

(成俔)이 송대의 소식(蘇軾)이 관직생활 초기 조정에 제출했던 「왕자불치이적론(王者不治夷狄論)」을 모방하여 지은 「왕자불치이적(王者不治夷狄)」에 내포되어 있는 화이론을 해명하였다. 성현이 소식과 달리 이적을 위협적인 정치적 실체로 간주하면서 이적과 외교적 회합을 했던 까닭은 이적의 정치적·물질적 욕구를 일시적으로 충족시켜 줌으로써 궁극적으로 국가의 안전을 도모하기 위해서였으며, 그는 이러한 왕의 정치 행위를 "덕치"로 정당화하였다. 이 편에서 이적을 중화와 동등하게 수평적으로 이해하고자 하는 것은 문화적 다원성의 관점에 따른 것이다.

제5편은 '조선시대 경연(經筵)에서 『상서(尙書)』 강독의 의미 -조선전기 경연 자료를 중심으로-'를 검토하였다. 이 편은 경연의 텍스트 가운데 경연에서 진강된 유가 경전 가운데 『상서』에 주목하여 조선의 군신들에게 공유된 『상서』 이해의 한 층위를 규명하였다. 『상서』가 진강된 조선의 경연은 『상서』라는 유가 경전을 중심으로 인정이라는 유가 정치의 목표와 그것의 실현을 위한 공치라는 뚜렷한 방법적 지향을 공유하였다. 경연은 성군과 현신이 왕정의 두 도덕적인 정치적 주체의 자격과 역할에 관한 생각을 공유하는 자리였다. 조선전기의 통치구조가 성학(聖學)을 중심으로 하는 성리학적 이상을 경연이라는 제도의 확립을 통하여 실현하고자 했다는 사실은 당시의 중국과 대비되는 정치문화적 다원성을 드러내는 의미를 갖는다.

제6편은 '『조선왕조실록』의 『춘추』 기사 분석과 국왕별 용례'를 검토하였다. 이 편은 『춘추』가 담고 있는 의리 정신을 조선 초기부터 말기에 이르기까지 왕대별로 활용한 분야와 강조점을 『조선왕조실록』의 『춘추』 기사 분석과 국왕별 용례를 통하여 점검하였다. 왕

대별로 시대적 여건의 차이와 강조점의 차이, 그리고 정치경제 사회 문화의 여러 영역에 대한 『춘추』의 활용 정도의 차이 등이 존재했다. 이 편은 문화다원론적 방향에서 『춘추』의 현실적 적용 문제를 해명하는 의미를 지닌다.

이어서 『조선시대 오경학의 실천적 분화와 비판』에 수록되어 있는 글들의 주제와 내용을 요약하면 다음과 같다.

제1부 제1편은 '조선 중기 『춘추』 해석의 두 가지 양상 -은공(隱公) 원년 및 11년 조목에 대한 신민일의 해석과 조익의 비평을 중심으로'를 다루었다. 이 편은 신민일(申敏一)의 『춘추쇄설(春秋瑣說)』과 그에 대한 조익(趙翼)의 비평을 중심으로 조선 중기 『춘추』 해석의 한 양상을 규명하였다. 신민일은 호안국의 은공 평가를 비판하면서 은공을 옹호하면서 은공의 양국(讓國) 의지보다도 그가 부친 혜공의 의도에 따르려 했다는 점을 중시하여 효의 원칙을 더 부각시켰다. 반면에 조익은 법제의 계위 원칙과 봉건제의 공공성을 강조하였다. 곧 신민일은 조익의 견해와 달리 종법제의 계위 원칙과 효가 충돌할 때 후자를 우선시해야 한다는 원칙을 제시한 것이며, 이는 조선 중기 『춘추』 해석의 다양성을 드러내는 것이기도 했다.

제2편은 '미수(眉叟) 허목(許穆)의 시경관 연구'를 검토하였다. 이 편은 17세기에 활동했던 미수(眉叟) 허목(許穆)의 『시경』에 관한 인식을 살펴보고 그 문화다원론적 특징을 규명하였다. 허목은 도학 곧 주자학의 범위를 크게 벗어나지 않으면서 한대 이전까지의 공자 유학의 원의를 찾으려고 노력하였다. 『시경』도 기본적으로 주희의 『시집전』을 따르되 『모시』의 풍자의 기능에 주목하여 당시 치도(治道)의

회복을 도모하였다. 본성과 감정에 있어서는 주희의 성정론을 그대로 받아들여 내성외왕의 성리학적 체계를 계승하고자 하였다. 그러나 주희의 『시집전』이 여전히 주도적이었던 17세기에 모시와의 절충, 현실문제의 해결을 위한 모색, 자기의 견해를 주장하는 방식으로 고학을 강조한 점 등은 주희와 차별화된다.

제3편은 '송시열 춘추관 연구'라는 주제로 검토하였다. 이 편은 『공양전』의 대일통(大一統)을 중심으로 종족, 지역, 문화라는 측면에서 기자 동래로부터 송시열 당대까지 조선이 중화를 이룩한 국가임을 천명하는 송시열의 춘추관을 검토하였다. 송시열의 춘추대의는 조선이라는 민족성이나 그 문화를 지키는 데 목적이 있는 것이 아니라, 중국으로부터 도래한 유학을 보편문화로 인식하는 것이며, 유학의 보편성이 육학과 같이 군주의 마음에 있는 것이 아니라 주자학에서 말하는 이치라는 객관적 표준에 있음을 강조하는 것에 있다. 송시열의 춘추관은 조선 정주학, 양명학과 같은 유학의 다양성과 함께 정주학의 각기 다른 해석 가능성을 가늠하는 하나의 기준점 역할을 한다는 데서 철학사적 의의를 지닌다.

제4편은 '하곡 정제두의 예제 인식에 나타난 문화다원론적 의의'를 검토하였다. 이 편은 하곡(霞谷) 정제두(鄭齊斗)의 예제(禮制) 인식에 나타난 문화다원론적 의의를 밝히는 데 목적을 두었다. 정제두는 의례와 제도로서의 예를 존숭하는 조선의 주자학적 예교 문화를 수용하면서도, 그것을 보다 간략화하여 실천하기 쉽게 만들었으며, 또 국가전례에서 국제인 『경국대전』과 『오례의』를 존숭함으로써 상복을 빌미로 한 권력 투쟁을 막고자 하였다. 정제두는 양명학자임에도 예에 관한 많은 언급들을 남기고 있는데, 이는 그가 조선의 독특한

주자학적 예교 문화의 토대 위에서 학문을 했기 때문이며, 여기에서 정제두의 예제 인식에 나타난 문화다원론적 의의를 간파할 수 있다.

제5편은 '병와(甁窩) 이형상(李衡祥) 『시경』 독법의 확장성과 다층성'이란 주제를 검토하였다. 이 편은 병와 이형상의 『시전강의』 분석을 통해 그의 『시경』 독법이 지닌 성격과 특징을 고찰하여 한국 시경학에 구현된 문화다원론적 면모를 살핀 것이다. 병와의 『시경』론에는 논의 내용과 체재 형식면에서 병와의 인식이 반영된 '층첩식(層疊式, layered) 구조'의 특징이 적극 구현되어 있다. 병와의 층첩식 주석 구조는 주석의 '내용-형식' 간, '내용' 내부, '형식' 내부에서 발생하며 각 구조 사이에 이질적인 성격이 공존하는 형태를 보인다고 보았다. 이 편에서는 병와가 사시설(四始說)을 사조사시설(四祖四始說)로 확장함으로써 『시』학 개념 인식의 확장적 면모를 보여주었음을 밝히고 있다.

제6편은 '조선시대 경연에서 『서경』「우공」편 강독의 의미'를 주제로 다루었다. 이 편은 조선 전기 조세 제도와 조선 후기 경연에서의 『서경』「우공」편 논의를 검토하였다. 조선의 경연에서 「우공」편이 위정자의 인정 지향의 마음 위에서 국가 공간의 개발과 파악, 생업 제안과 진작, 풍성한 국토와 풍요로운 민생에 최적화된 공간의 완성을 그려내고 있음을 읽어냄으로써, 「우공」편을 수기와 인정을 아우르는 유가 왕정의 실제적 전범의 하나로 해석하였다. 이 편은 조선의 경연제도를 조선이라는 유교 국가가 동아시아 문화의 역사적 전개 과정 속에서 경학적, 경세학적 지향과 특징을 담아냈던 하나의 틀로서 조망하였다.

제7편은 '이만부의 『역통(易統)』과 『역대상편람(易大象便覽)』의 역학

적 특징과 문화다원론적 지향'을 주제로 다루었다. 이 편은 이만부의 『역통』과 『역대상편람』에 나타난 역학적 특징과 그 문화다원론적 함의를 해명하였다. 이만부의 『역통』은 「원역」부터 「획역」까지는 일원적 원리[太極]에서 괘효의 상(象)으로 연역되어 나아감으로써 상수역의 관점이 두드러진다면, 「연역」에서 「익역」까지는 물상과 괘획의 상(象)에서 인사(人事)의 도덕적 실천과 정치적 질서로 나아감으로써 의리역의 관점이 중심이 된다. 이만부는 『역통』의 도설을 통하여 상수역학적 견해를 제시하면서도 의리역학적 요소를 함축하였고, 『역대상편람』을 통해서는 군주의 통치를 위한 수양과 경세의 방법론을 제시하였다.

다음 제2부 제1편은 '한원진의 인심도심론 -'형기'에 관한 논의를 중심으로-'라는 주제를 검토하였다. 이 편은 한원진(韓元震)의 인심도심론을 그의 존재론 개념으로서 '형기'에 대한 해석에 초점을 맞추어 살펴보았다. 한원진은 황간, 채침 같은 주문(朱門)의 고제(高弟), 진덕수, 왕백, 허겸 등 남송말과 원대를 대표하는 주자학자들이 모두 '주자의 본지'를 오인하여 '형기'를 '마음의 기'로 간주하였다고 비판하였다. 그는 또 이황이 '형기'를 '기발의 기'로 오해하여 인심을 기발, 도심을 리발이라고 주장함으로써 주자의 본지를 잃어버렸다고 비판하였다. 한원진의 이러한 관점은 바로 주희의 관점을 절대화하고자 하는 소명이 작용한 것으로 당시 학술 문화적 다원성을 엿보게 한다.

제2편은 '조선시대 경연에서 『예기』「악기」가 논의된 양상 -숙종·영조조를 중심으로-'를 다루었다. 이 편은 『예기(禮記)』「악기(樂記)」

편이 경연(經筵)에서 논의된 양상을 살피며 조선경학사상사에서 특징적으로 나타난다고 평가할 만한 「악기」 강론의 고유한 관점을 해명하였다. 조선시대 경연에서 악에 대한 논의는 현실에서 행해지는 악을 바로잡는 시무적 논의에서 왕의 수양을 강조하는 성리학적 수양론으로 큰 흐름이 이어졌다. 「악기」 강론도 이 흐름 속에 있으며 숙종과 영조조 경연에서는 왕의 수양이 논의의 중심을 차지하였다. 이처럼 조선시대 경연에서 「악기」가 강론된 양상은 제도 정비가 시급한 현안이었을 전기의 상황과, 성리학에서 강조하는 수양론에 대한 탐색이 심화되었을 후기의 상황을 반영하고 있다.

제3편은 '이환모(李煥模)의 『서전기의(書傳記疑)』에 보이는 해석의 다양성'을 검토하였다. 이 편은 채침의 『서집전(書集傳)』의 일부 경문과 주석의 해석에 관한 내용을 점검한 이환모의 『서전기의(書傳記疑)』의 특징을 해명하였다. 이환모는 『서전기의』에서 주자설과 채침설이 서로 어긋나는 부분에 대해서 언급한 부분이 많은데, 대부분 주자설을 지지하였지만, 일부 주자설의 과도함을 지적한 점은 주자의 해석을 무조건적으로 수용한 것은 아님을 잘 보여준다. 또 이환모가 관본 언해본의 언해와 주석의 불일치 혹은 독법의 오류 등을 지적한 것은 경해(經解)의 정확성과 아울러 해석의 다양성을 추구하는 열린 학문의 자세를 보여주는 것이었다.

제4편은 '두실(斗室) 이환모(李煥模)의 홍범관 연구'를 주제로 검토하였다. 이 편은 『서전기의』 「홍범」편 변설을 통한 이환모의 「홍범」 해석의 특징을 해명하였다. 그는 오행(五行)의 리(理)로서 홍범(洪範)을 파악하였고, 주자설과 채침설의 비교를 통한 비판적 독서법을 추구하였다. 그는 채침의 『서집전』만을 고집하지 않고, 「황극변」, 『주자

어류』, 『서경대전』 등에 보이는 주자의 설을 두루 참조하여 주로 채침설을 비판하였다. 그는 나아가 자신만의 독창적 해석을 통한 해석의 다양성을 추구했다. 『서전기의』 「홍범」편의 18개 항목 가운데 10개 항목 이상에서 경문에 대한 주관적인 판단과 독창적인 견해를 피력하고 있음을 발견할 수 있다.

제5편은 '『서경(書經)』 형(刑) 개념에 관한 정조(正祖)의 이해와 적용'을 규명하였다. 이 편은 국가통치에서 덕치와 예치가 주 역할을 담당하고 형정은 보조적인 역할을 한다는 유가 예치 법사상의 원형을 제시한 『서경』의 형(刑) 개념에 관한 정조의 이해를 검토하였다. 정조는 『서경』에서 제시된 흠휼과 무형 등의 이념을 실제 형정에서 실현하고자 하였다. 형정 관련 법제서를 편찬하며 형 집행의 기본 정신을 『서경』에서 근거한 '신중함'으로 제시하였으며, 흠휼의 정사를 시행할 때 호생지덕을 발휘하여 "죽게 된 가운데서 살리기"를 구하였다. 이 편은 정조가 흠휼의 정신을 자신이 갖추어야 할 덕목으로 삼고 이를 실현하기 위해 힘쓴 것으로 평가하였다.

제6편은 '정조의 『춘추』 이해와 정치적 활용'에 관하여 검토하였다. 이 편은 조선 후기 춘추의리의 사상적, 정치적 담론에서 중요한 위상을 갖는 정조의 『춘추』에 대한 견해를 검토하였다. 정조는 절대적인 이념의 위치에 군주의 의리 해석권을 올려놓았다. 군주가 토죄와 은전을 적절히 행사할 수 있는 토대를 마련한 것이므로 군주는 왕실에 대한 과격한 처분이나 과열된 정치 공방을 적극적으로 조정하거나 바꿀 수도 있었다. 정조의 권도론과 분의론 등은 상황과 처지의 인정이라는 점에서 다원성을 긍정하지만, 존왕론은 전제적이다. 정조가 『춘추』에서 절대적인 이념이 아니라 시중, 권도, 분의를

인정한 것은 전진적이지만, 정치 현장에서 정조의 논리는 참여자의 해석과 논의를 제한했고 공의(公議)를 차단할 위험이 있었다. 이 점에서 정조의 『춘추』 이해와 활용은 다층적 함의를 갖는다.

전체적으로 본 저서는 조선 전기부터 조선 후기 학자 또는 학파에 대한 이해와 경전 주석과 해설을 통하여 각각 처한 시대의 문화적 지평의 특수성에 따라 문화다원론적 또는 상호문화적 대응의 관점에서 각각의 학설이 지니는 고유하고 특수한 의미를 해명하였다. 따라서 대부분 경전에 대한 단순한 해석 연구보다 특정한 경세론적 또는 형이상학적 이론을 제시한 학파의 연관성, 수양론적 의미, 정치 문화적 양상 등과 연관하여 검토하고, 여기에 내포되어 있는 문화다원론적 의미를 탐구한 점에서 학문적 의미를 갖는다.

조선 후기는 중국으로부터 고증학이 전래되고, 새로운 경험주의적 학풍이 확산되고 경세론적 제도 확립을 위주로 하는 실학적 흐름이 형성되면서 성리학의 형이상학적 이기론과 심성수양론이 한편으로 심화되면서 다른 한편 새로운 방향을 추구하는 흐름이 나타났다. 이러한 가운데 조선시대 경학에 대한 이 연구 저술은 조선시대 전반에 걸친 경학사상적 흐름을 잘 살펴볼 수 있는 내용들을 다루고 있는 만큼, 이러한 다양한 흐름을 이해하는 데 중요한 기준을 제공해 줄 것이다.

본 저서는 연구과제에 참여하여 연구를 수행한 모든 연구원들의 열성적인 토론과 연구가 있었기 때문에 출간될 수 있었다. 연구에 참여하여 원고를 작성하신 강경현, 김수경, 서세영, 윤상수, 이경구, 이원석, 이은호, 이해임, 임재규, 조정은, 차영익, 한정길, 함영대, 황병기 등 모든 연구원들의 노고에 깊이 감사드린다. 아울러 여러 가지 번거로운 과정에도 불구하고 품격을 갖춘 저술을 출간해 주신 동과서 출판사의 황병기 박사님께도 각별히 감사드린다.

2024년 5월 25일

한림대 태동고전연구소 소장 엄연석 識

차 례

제1부
이념과 실천

이정(二程) 시경학의 조선시대 수용 양상

- 조선시대 시경학에서의 정자학과 주자학의 길항(拮抗) -

김 수 경

* 이 글은 『태동고전연구』 제46집(한림대학교 태동고전연구소, 2021.06)에 게재한 동명의 논문을 본 저서의 간행 취지에 맞춰 일부 수정한 것이다.

1. 머리말

본 연구는 주자 『시』설과 정자 『시』설의 차이에 대한 조선시대 학자들의 수용 양상을 검토하여 조선시대 시경학에 구현된 문화다원론적 면모를 살피는 데 주요 목적을 둔다. 주자설과 정자설 사이에는 성리학적 각도에서의 『시경』 접근이라는 공통분모를 지님과 동시에 세부 견해에서 선명한 차이가 존재한다. 이들의 동이점을 효과적으로 변별하기 위해, 본고에서는 『주자어류』에서 주자가 이정 『시』설을 논평한 부분을 집중적으로 고찰하고, 정자 『시』설을 인용·참고·활용한 조선시대 학자들의 사례를 조사하여 그들의 접근 태도와 견해를 고찰하고자 한다.

정주학(程朱學)이라는 용어는 전통 시경학 연구에도 적용되어 왔다고 할 수 있다. 주자 『시집전』을 중심으로, 정자를 비롯한 성리학자들의 『시경』 인식을 개관하는 것이 '송대 시경학'의 흐름을 형성하기 때문이다. 조선시대 시경학의 전체 맥락과 유형을 살피기 위해서는 기타 시경학사의 흐름과 변별되는 '송대 시경학'의 특징을 파악하는 것과 동시에, 이러한 유형적 접근을 통한 연구 성과가 축적된 기반 위에, 해당 유형 내에 존재하는 다양한 양상을 미시적으로 고찰할 필요성도 존재한다. 이는 『시경』 주석과 논의에 반영된 해석자의 인식을 심도 있게 고찰하는 데 있어 필요한 작업의 하나라 할 수 있다. 동아시아 시경학에서 관련 연구를 살펴보면, 송대 시경학은 다른 시대, 다른 학파와 변별되는 공통점에 초점을 맞춘 연구가 중심을 이루다가 점차 송대 시경학 내부의 다양성, 개별 학자의 시경학을 고찰하는 연구들로 다변화되는 경향을 보이는데, 이러한 연구의 흐름 또한 개별 시경학의 미시적 영향 관계 및 심층 고찰의 필요성을 반영한다.

세부적으로 볼 경우, 주자의 『시경』 해석과 정자의 『시경』 해석 간에는 분명 차이가 존재한다. 성리학이라는 큰 맥락에서의 공통적인 지향과 성격을 지닌 이정(二程)의 『시경』 해석과 주자의 『시경』 해석은 송대 성리학자의 『시경』 접근이라는 공통분모 안에 각도의 차이가 존재할 뿐만 아니라 구체적인 견해에 있어서도 선명한 차이가 존재한다. 이 차이에 대한 관심이 최근 연구에서 보다 본격적으로 등장하는 것으로 조사된다.

조선시대에는 오랜 기간 주희(朱熹)의 『시집전』이 과거시험의 기준이 되고 언해되면서, 주희 『시경』 해석의 이해를 위한 관련 저서와 주석서를 함께 참고했다. 이 과정에서 주희 시경학에 영향을 끼쳤던 성리학자들의 『시경』 해석이 조선시대 학자들에게 작용했을 가능성이 존재한다.

본고는 주희 『시집전』을 존숭하면서도 이를 그대로 수용하는 대신, 성리학자들의 『시경』 해석을 주자의 『시경』 해석과 비교하거나 이를 주목하는 조선시대 학자들의 해석 양상에 주목하고자 한다. 그리고 그 양상의 기저에, 중국의 성리학자들, 특히 성리학의 사상체계에서 중요한 역할과 지위를 점하는 학자들의 다양한 『시경』 관점이 발생한 현상 내지 주자의 『시경』설과 변별되는 동시에 주자의 『시경』설에 영향을 끼친, 특정 성리학자의 『시경』설이 일부 작용했을 가능성에 대해 탐색해 보고자 한다. 이 탐색 과정에서 주자 시경학과 이정 시경학의 길항 관계에 대한 고찰은 성리학자들의 시경학에 내재하는 다양한 층차를 이해하는 데 유용한 접근이라 생각된다. 기존 조선시대 시경학에서 이정 시경학을 언급한 연구들이 있는데[1], 이 또한 이정 시경학이 조선시대 시경학에서 일정 정도 작용하고 있음을 보여주기에 그에 대한 보다 확장되고 면밀한 고찰의 필요성을 제공해준다.

이정의 『시』설 가운데 현재 화자의 주체가 확실하면서도 일정한 분량을 차지하는 것은 정이(程頤)의 설이다. 그의 설은 「하남정씨경설(河南程氏經說)」 '시해(詩解)' 부분에 특히 집중적으로 수록되어 있는데, 국풍 「관저(關雎)」 등 46편, 소아 「녹명(鹿鳴)」 등 17편, 대아 「한록(旱麓)」 등 2편, 총 65조항이 그에 해당한다.[2] 그 외에 기타 『이정집』 문헌에 산견된 『시경』 관련 언급들로 117조항 정도가 집계된 바 있다.[3] 「하남정씨경설」 중의 정이설 65조항, 『근사록(近思錄)』에 수록되어 조선시대에 자주 참고되던 정호의 『시경』 독법 및 일부 화자의 주체가 명시된 부분 외에는, 『시』설의 주체가 불명확한 부분이 있다. 「하남정씨경설」을 중심으로 한 연구들은 '정이 시경학'이라는 용어를 사용하고, 성명 출처가 명확하지 않은 언급들을 포함한 연구

---

1) 가령, 김수경은 『근사록』에 소개된, "宋代 程顥의 點綴式 『시경』 읽기 방식은 바로 이러한 철학적 感悟를 중시하는 감성적 읽기를 대표할 뿐 아니라 17세기 『시경』 읽기에도 적잖은 영향을 준 것으로 파악된다."(「조선시대 17세기 『시경』 읽기의 다각화 양상 고찰」, 『大東漢文學』 61, 대동한문학회, 2019, 86쪽)고 추정하였고, 김진영은 삼연 김창흡이 「毛詩序」를 중시하고 義理적 해석을 중시한 程子의 『시경』론과 「毛詩序」를 비판하고 文學적 해석을 중시한 朱子의 『시경』론'을 비교한 점을 지적함으로써 경학연구에서 "'程·朱의 道統' 위에 구축된 사서 중심의 경학과는 사뭇 다른 결을 지녔음"(김진영, 『삼연 김창흡의 시경론 연구』, 서울대학교 석사학위논문, 2020, 60쪽)에 주목하였다.

2) 최석기, '解題', 『譯註二程全書』 1, 전통문화연구회, 2018, 22~23쪽, '河南程氏經說' 조항 참조.

3) 王闊, 『二程「詩經」學研究』, 揚州大學碩士學位論文, 2015, 46~50쪽 참조.

는 주로 '이정 시경학'이라는 용어를 사용하는 경향을 보인다. 정호의 『시』설이 분량상으로도 극히 적을 뿐 아니라 성리학적 각도의 『시』설 또한 정이설과의 차이가 극명하지 않은 까닭에 정호와 정이의 『시』설을 변별하는 연구는 드물다. 본고의 논의는 『이정유서』 「사훈(師訓)」편 등에 수록된 약간의 정호 『시』설 및 『근사록』에 인용된 정호의 독『시』설을 포함하기에 통상적으로는 '이정 시경학'이나 '정자 시경학' 등의 용어를 사용하고 필요에 따라 정호와 정이를 구분해 언급하고자 한다.

본고는 크게 세 부분으로 나누어 고찰하고자 한다. 먼저 정자 시경학에 대한 기존 연구를 종합적으로 검토하고 그 특징을 개관하고자 한다. 그다음으로 정자 시경학과 주자 시경학의 동질성과 이질성이 논의되는 지점을 살펴보고자 한다. 마지막으로 이를 바탕으로 이정 시경학의 조선시대 수용 양상에서 주희의 해석과 구별되는 다원적 특징을 해명함으로써 조선시대 시경학에서의 문화다원론적 면모로서의 특징을 살피고자 한다.

2. 이정 시경학의 특징

북송 시기의 시경학은 구양수(歐陽脩)·왕안석(王安石)·이정·소철(蘇轍) 등의 『시경』 해석이 연구사에 자주 거론되는데 이들은 「모시서(毛詩序)」, 『모전(毛傳)』, 『정전(鄭箋)』, 『모시주소(毛詩注疏)』 등으로 대표되는 한대(漢代) 시경학의 관점에 이의를 제기하면서 송대 시경학의 사변적인 학풍을 일으킨 것으로 평가된다. 그 가운데 구양수·소철은 가장 이른 시기에 사변적인 학풍을 일으킨 학자들이다. 구양수의 『모시본의(毛詩本義)』는 「모시서」, 『모전』, 『정전』의 문제점이나 상호 모순점을 지적하고 소철의 『시집전(詩集傳)』은 한대 학자들이 「모시서」를 '성인의 말씀[聖人之言]'에 가탁한 것이라고 주장하면서 송대 시경학에 큰 영향을 끼쳤다.[4] 왕안석의 신학(新學)은 정치적 요인으로 인해 부침은 있었지만 가장 큰 학파를 형성하면서 그의 『시경』 해석도 적잖은 영향을 끼치게 되었다. 「모시서」를 시인 스스로 만들었다고 보는 왕안석의 관점 또한 「모시서」의 권위를 부정한다는 점에서는 구양수·소철과 궤를 같이한다.

이에 비해 이정의 시경학은 「모시서」의 권위를 인정한다는 점에서 전통적인 해석에 해당한다. 이정은 『시경』과 관련하여 독립적이고 전면적인 주석서를 남기지는 않았지만 정학(程學)이 송대 성리학의 정종(正宗)이 되면서 『하남정씨경설(河南程氏經說)』의 '시해(詩解)' 부분 및 어록·문집의 『시경』 관련 언급들이 강한 영향력을 발휘하였고 주희가 이 성과를 수용하여 집대성하였다.[5] 송대 성리학적 시경학 완성에 중요한 부분을 이루는 이정 시경학은, 주자 시경학의 주요 계승 대상인 동시에 그와 일정한 차별성이 존재하기에, 주자 시경학의 학적 연원과 계승 양상을 추적하여 주자 시경학을 심도 있게 이해하는 데뿐만 아니라 성리학 각도의 『시경』 읽기의 다변성을 효과적으로 이해하는 데에도 참고될 수 있다.

이정 시경학 연구는 크게 송대 시경학이나 사상사의 전체 맥락하에서 비교·고찰하는 연구 유형과 이정 시경학에 대한 전문 연구

4) 夏傳才, 『詩經硏究史槪要』, 萬卷樓, 1997, 163쪽 참조.

5) 朱學博, 「兩宋之際「詩經」學硏究」, 華東師範大學 博士學位論文, 2018, 28~29쪽.

유형으로 나눌 수 있다. 전자는 시경학사의 맥락에서 이정의 특징을 이해하는 데 효과적이고 후자는 이정 시경학의 세부적인 특징을 살펴보는 데 유용하다.

먼저 시경학사의 사적 맥락에서 이정 시경학의 특징을 고찰한 연구를 소개한다. 가령, 대유(戴維)는 북송오자(北宋五子)의 철학사상이 체계를 확립해가면서 경학 관점의 도학화가 진행되었다고 보았다. 또한 세부적으로는 각기 중점을 달리하면서 『시경』의 이학화(理學化)를 진행했다고 보았는데, 그 가운데 이정의 경우 이학가의 '격물치지(格物致知)' 방법으로 『시경』을 연구했다고 분석했다. 특히 『대학』의 '수제치평(修齊治平)' 구도를 구체적인 시편(詩篇) 훈석(訓釋)에 반영한 것은 이정으로부터 시작되었다고 지적했다. 아울러, 정호의 『시경』 관련 언급이 희소하지만 도학가의 각도에서 『시경』을 해석한 점은 정이에게 뒤지지 않는다고 지적하였다.[6]

북송 정치의 변혁에 초점을 두어 시경학의 발전을 고찰한 역위화(易衛華)의 박사논문에서는 송대 시경학사의 흐름에서 왕안석과 이정의 시경학의 동이점을 비교하는 맥락에서 이정 시경학을 고찰하였다. 그 가운데 이정의 시경학이 '경세치용'의 가치를 강하게 추구한다는 점[7], 당시 번잡한 장구(章句) 훈고(訓詁)적 경학 사조는 경학의 본질을 가릴 수 있다고 우려한 점에서 왕안석과 공통점을 지닌다고

---

6) 戴維, 『詩經研究史』(第六章'宋代『詩經』研究' 第四節'『詩經』的理學化'), 湖南教育出版社, 2001, 292~297쪽.

7) 程顥・程頤, 『二程集』(上), 『河南程氏遺書』 卷24, 中華書局, 1981/2004, 71쪽. "窮經, 將以致用也, 如'誦『詩』三百授之以政, 不達 ; 使於四方, 不能專對, 雖多, 亦奚以爲?' 今世之號爲窮經者, 果能達於政事專對之間乎? 則其所謂窮經者, 章句之末耳, 此學者之大患也."

하였다. 한편, 이정과 왕안석은 정치 위상 및 '선왕의 도'의 핵심과 실현방식을 이해하는 데 있어 차이를 지니며, 경전 연구에 있어서도 왕안석이 『시경』, 『상서』, 『주례』를 자신의 신학(新學)을 제창하는 데 중요한 대상으로 삼은 데 비해 이정은 『주역』, 『춘추』 및 사서(四書)에 더욱 심혈을 기울이는 차이점을 보인다고 지적하였다.[8)]

송대 성리학의 맥락에서 송대 시경학을 고찰한 진전봉(陳戰峰)의 박사논문[9)]에서도 이정 시경학을 다루었다. 그는 심성과 의리로 『시경』을 해석하는 방법이 점차 확립되는 시점으로 이정 시경학의 위상을 정하였다. 또한 정호와 정이의 구분이 명확하지 않은 부분은 이정 시경학으로 묶어서 고찰할 수밖에 없음을 지적하였다. 담덕흥과 마찬가지로 '의리(義理)'를 이들 시경학의 독창적인 부분으로 지적한 것 외에, 이정이 사서, 특히 「대학」의 '팔조목'으로 『시경』을 해석하는 구도를 사용한 점을 강조하였다.

한편, 이정 시경학에 대한 전문 연구로 담덕흥(譚德興)의 연구를 들 수 있다. 그는 이정 시경학과 관련하여 2003~2004년 사이에 두 편의 논문을 발표했다. 첫 번째 논문의 주제[10)]를 보다 심화・확장시킨 두 번째 논문은 이정 시경학의 특징을 다양한 각도에서 유형화해 고찰하였다. 그는 이정이 송대 시경학의 변혁을 이루는 데 선구적 역할을 했다고 파악하고 그들의 시경학은 이학(理學)적 색채가 짙을 뿐만 아니라 문학적 색채도 돋보인다고 보았다. 그는 크게 네 가지

8) 易衛華, 「北宋政治變革與『詩經』學發展」, 博士論文, 2010, 97~99쪽.

9) 陳戰峰, 「宋代『詩經』學與理學—關於『詩經』學的思想學術史考察」, 西北大學博士論文, 2005.

10) 譚德興, 「試論程顥·程頤的『詩』學情性觀」, 『湖南文理學院學報』 28(5), 湖南文理學院, 2003, 38~40쪽.

로 이정 시경학의 특징을 개괄했다. 첫째, 이정은 한유(漢儒)와는 달리 '궁경(窮經)'의 목적을 '치용(致用)'에 두었으며 의리(義理)를 『시경』 해석에 적극 반영하였다고 보았다. 『정씨경설』 '시해' 부분에 '의리'와 밀접한 관련이 있는 '천리(天理)', '천명(天命)', '천도(天道)' 등의 용어가 자주 등장하는데 이는 이정 시경학이 이학화되는 경향을 잘 보여주는 것임을 지적했다. 둘째, 한 편의 시에 육의(六義) 중의 하나 또는 여러 개의 '의(義)'가 쓰일 수 있으며[11] 특히 '흥(興)'의 작용을 중시함으로써 시가(詩歌)의 본질적인 특징을 제시해 주었을 뿐만 아니라 '시(詩)'로 『시』를 바라보는 이학가의 특징도 드러내 주어 이정 시경학이 지닌 문학감성적 요소를 강조하였다. 한편 이정의 '육의'론은 정교(政敎)나 성리학적 도덕가치 표준이 잘 반영되었는가의 여부를 포함하므로 순수예술의 각도에서 논의되지 않았음을 지적하였다. 이와 연계되는 것으로, 『시경』에는 도리에 부합되지 않는 비흥(比興) 기법이 존재한다고 여겼기에 『시경』의 모든 작품을 반드시 성현이 지은 것은 아니라고 보았음을 지적하였다. 셋째, 이정의 『시경』 해석은 정(情)이 발생하는 내부 요인을 강조하고 성(性)의 정(情)에 대한 규제와 정(情)의 성(性)으로 회귀를 강조한다고 보았다. 아울러, 『시경』 작품에 내재한 정감을 잘 파악함으로써 감상자의 성정을 도야함을 강조하였다. 넷째, 이정이 『시경』 해석을 통해 자기 내면의 정감, 즉 조정과 군주에 대한 충정심, 애착, 그리움의 정감을 잘 표출해 내는 특징을 지니고 있음을 지적하였다. 담덕흥의 연구는 이정이 당시 정치적, 학술적 배경하에 한당(漢唐) 시경학에서 송대 시경학으로의 전환을 견

11) 程顥・程頤, 『二程集』(上), 『河南程氏遺書』 卷24, 中華書局, 1981/2004, 311쪽. "六義, 『詩』之義也. 篇之中有備六義者, 有數義者."

인하며 이루어낸 특징들을 밀도 있게 서술하였다고 할 수 있다.

타네무라 카즈후미(種村和史)는, 정이의 『시경』 해석이 "뜻[의리]을 취함이 지나치게 많은데, 시인은 평이(平易)하니 이와 같지 않을 듯하다"12)라고 한, 주희의 비판을 도입점으로 삼았다. 그는 「대아(大雅)·황의(皇矣)」편을 사례로 들어 정이의 『시경』 해석의 목표점을 세 가지로 정리하고 이를 다른 시편 분석에도 확장 적용하여 분석하였다. 그가 정리한 정이의 『시경』 해석의 특징은 다음과 같다. "첫째는 시구 해석의 독특성이 강하다(조작적인 성격이 강하다)는 점이고, 둘째는 시편의 구조를 중시한다는 점이며, 셋째는 해석의 추상성이 강하다는 점이다."13) 그는 또한 정이의 해석이 '취의태다(取義太多)'하지만 주희의 해석도 마찬가지로 '취의태다(取義太多)'하기에, 송대 시경학의 공통적인 특징 가운데 하나가 바로 이러한 해석을 목표로 삼고 있다고 할 수 있다고 지적했다.14) 이 연구는 정이의 『시경』 해석이 후대 주희에게 비판되는 지점인 '취의태다(取義太多)'의 실체를 해석학적 각도에서 규명하고 이를 당시 시경학 및 학술사적 맥락에서 유형화하였다는 점에서 참고 의의를 지닌다.

이상의 연구 성과를 통해, 이정의 시경학은 송대 시경학의 도학적 『시경』 해석의 특징을 지님과 동시에, 송대 시경학을 구성하는 여타의 『시경』 해석자의 해석과 다양한 변별점을 지님을 살펴볼 수 있다. 이러한 특징은, 조선시대 성리학 중심의 학술문화배경 하에서 주자 시경학을 강화하거나 이와는 다른 의견을 제출하는 데 이정 시경학이 유력한 근거자료로 활용되었을 가능성을 제공해 준다.

---

12) 黎靖德 輯, 『朱子語類』 卷80. "(程先生『詩傳』)取義太多. 詩人平易, 恐不如此."

13) 種村和史 著, 李棟 譯, 『宋代「詩經」學的繼承與演變』, 上海古籍出版社, 2017, 287쪽.

14) 種村和史 著, 李棟 譯, 上揭書, 307쪽.

3. 주자 시경학과의 동이(同異)

정자와 주자의 시경학은 도학(道學)적 각도에서의 접근이라는 측면에서는 공통점을 지니지만 세부적인 해석과 개별 개념에 대한 이해에 있어서는 뚜렷한 변별점이 존재한다. 『주자어류(朱子語類)』에는 이정 『시』설에 대한 주자의 견해를 구체적으로 확인할 수 있는 언급이 약 12조항 정도 수록되어 있는데, 이는 주자와 정자의 『시경』설의 차이점과 공통점을 확인하는 데 유용한 단서가 된다. 본 장에서는 이 부분을 주요 단서로 삼아, 정·주 『시』설의 동이점(同異點)을 개괄하고자 한다.

1) 정·주 『시』설의 차이점

『주자어류』 가운데 주자가 정자를 직접적으로 비판한 『시』설은 크게 다섯 가지로 정리할 수 있다.

첫째는 「대서(大序)」, 「소서(小序)」의 작자에 대한 정자의 입장이다. 「모시서」의 작자 문제는, 시경학 쟁점에 대한 이해가 가장 분명하게 변별되는 대표적인 사례 가운데 하나에 해당한다. 다음은 『주자어류』에서 주자가 「대서」와 「소서」를 평가하는 가운데 정자를 언급한 부분이다.

> 『시경』 「대서」는 다만 '육의' 설만 옳을 뿐인데 정 선생께서는 왜인지 모르겠지만 도리어 (엉뚱하게) 다른 쪽으로 말씀해 버리셨다. 「소서」도

간혹 잘 말한 곳이 있지만 오류가 많다. 선유들은 무슨 까닭으로 마음을 비워 이 이치를 자세히 살피지 않고 이같이 말씀하셨는지 모르겠다.15)

주자는 「대서」와 「소서」는 옳은 부분보다는 잘못된 부분이 많다고 지적하였다. 주자는 「시서」의 작자를 한대(漢代) 이후의 위굉(衛宏) 및 그 후대 사람들에 의해 첨가된 것으로 보고 『시경』 해석에서 「시서」를 폐기하자는 '폐「서」설(廢「序」說)'을 주장한다. 이에 반해 정자는 「대서」와 「소서」 모두 중요한 자료로 보았다.

「대서」는 공자가 지은 것이다. 그 문체는 「계사전(繫辭傳)」과 같으며 그 의미는 자하(子夏)가 말할 수 있는 경지가 아니다. 「소서」는 나라의 사관이 기록한 것으로 후세 사람들이 알 수 있는 바가 아니다.16)

정자는 「대서」의 작자를 공자로 설정하여 그 권위를 극대화하였고 「소서」 또한 사관이 기록한 것으로 후세 사람들이 날조할 수 있는 것이 아니라고 주장하였다. 이는 「시서」의 신빙성을 높이 인정한 경우에 해당한다. 이에 대한 견해 차이는 시편의 개별 해석 전반에도 깊은 영향을 미치게 된다.

둘째는 정자의 '육의(六義)'설에 대한 입장이다. 주자는 한 편의 시에 육의 중의 하나 또는 여러 개의 '의(義)'가 쓰일 수 있다17)고 보

15) 黎靖德 輯, 『朱子語類』 卷80, 中華書局, 1994, 2072쪽. "『詩』「大序」只有'六義'之說是, 而程先生不知如何, 又却說從別處去. 如「小序」亦間有說得好處, 只是杜撰處多. 不知先儒何故不虛心子細看這道理, 便只恁說却. (道夫)"

16) 程顥·程頤, 『二程集』(上), 『河南程氏遺書』 卷24, 中華書局, 1981/2004, 312쪽. 程子曰: "『詩』「大序」, 孔子所爲, 其文似「繫辭」, 其義非子夏所能言也. 「小序」, 國史所爲, 非後世所能知也."

는 정자의 견해를 비판한다. 「대서」·「소서」의 작자와 관련한, 『주자어류』의 인용문에서 살필 수 있는 바와 같이, 주자는 '육의'설에 대해서는 정자의 설보다 오히려 「대서」의 관점을 옳다고 보았다. 주자가 보다 직접적인 표현으로 정자의 '육의'설을 비판한 것은 『주자어류』의 다음 조항에서 확인할 수 있다.

> (양도부가 여쭈었다.) "빈시(豳詩)는 본래 '풍'인데, 『주례』의 약장씨(籥章氏)는 전조(田祖)에 풍년을 기원할 때 「빈아(豳雅)」를 연주하고, 납제(臘祭)에서 전부(田夫)와 만물[노물(老物)]을 쉬게 할 때 「빈송(豳頌)」을 연주한다고 하였습니다. 빈시를 살피건대 어느 것이 '아'고 어느 것이 '송'인지 모르겠습니다." 주자가 답하였다. "선유들이 이 (『주례』의) 사례로 인하여 '풍' 안에 원래 '아'가 있고 '송'이 있다고 말하게 되었다. 비록 정자라 해도 그렇게 말하였으니 (이들이) 모두 『시』의 육의를 망쳐놓은 것 같다."[18]

주자는 공영달(孔穎達)의 삼체삼용(三體三用)설을 수용하여 삼경삼위(三經三緯)설을 주장했다. 그는 "삼경(三經)은 부·비·흥으로 시를 짓는 기본 요소이고 삼위(三緯)는 풍·아·송으로 시(詩)안을 가로지르는 것"[19]이라고 언급하였다.[20] 그의 주장은 '육의'를 양분하지 않

---

17) 程顥·程頤, 『二程集』(上), 『河南程氏遺書』 卷24, 中華書局, 1981/2004, 311쪽. "六義, 『詩』之義也. 篇之中有備六義者, 有數義者."

18) 黎靖德 輯, 『朱子語類』 卷81, 中華書局, 1994, 2112쪽. "問: '豳詩本風, 而『周禮』籥章氏祈年於田祖, 則吹豳雅; 臘祭息老物, 則吹豳頌. 不知就豳詩觀之, 其孰爲雅, 孰爲頌?' 曰: '先儒因此說, 而謂風中自有雅, 自有頌. 雖程子亦謂然, 似都壞了詩之六義. (道夫).'"

19) 黎靖德 輯, 『朱子語類』 卷80, 中華書局, 1994, 2070쪽. "三經是賦·比·興, 是做詩底骨子, 無詩不有, 才無則不成詩. 蓋不是賦, 便是比; 不是比, 便是興. 如風·雅·

는 정자의 관점과 선명한 대비를 이룬다. 이 맥락에서 보면, 주자가, 『주례』의 '빈아'·'빈송' 등의 용어에 입각해 『시경』 시편들이 동시에 여러 '의(義)'를 겸할 수 있다고 한 선유들의 주장이 '육의'를 이해하는 데 혼선을 초래했다고 비판한 점은 자연스럽다. 여기에서 '선유들'이란 유사한 주장을 한 장재(張載)·이저(李樗) 등을 포함할 듯하며 그 가운데 정자의 이름을 직접 거론함으로써 주자가 정자의 육의설을 반대함을 명시하였다. 정자의 육의설을 이해하기 위해 다음 문장을 인용한다.

> 『시』에는 여섯 가지 체(體)가 있으니 모름지기 편마다 이를 고찰해야 한다. (그 가운데는) 여러 개를 겸비한 경우도 있고 한두 가지만을 얻은 경우도 있는데, 지금 『시』를 해석하는 이들은 풍(風)은 「국풍」에 부속시키고 아(雅)는 「대」·「소아」에 부속시키며 송(頌)은 「송」에만 부속시킨다. 『시』 안에 이 세 개의 체를 저버리고 어떻게 『시』를 살필 수 있겠는가? 풍의 의미에는 바람으로 움직인다는 뜻이 있고 흥에는 또한 흥유(興喩)의 의미가 있다. 비는 그대로 비견할 따름이니 가령 "나방의 촉수같이 아름다운 눈썹, 박속같이 희고 아름다운 치아[蛾眉瓠犀]"가 이에 해당한다. 부는 그 일을 서술한 것이니 가령 "제후(齊侯)의 아들[齊侯之子]"·"위후(衛侯)의 아내[衛侯之妻]"가 이에 해당한다. 아는 바로 그 일을 말하는 것이다. 송은 칭송하는 말로 "아, 추우여[于嗟乎騶虞]"와 같은 유가 그에 해당한다.[21]

頌却是裏面橫串底, 都有賦·比·興, 故謂之三緯."

20) 관련 내용은, 이재훈, 「朱子 詩經學 硏究」, 서울대 박사학위 논문, 1994, 57~58쪽 참조.

21) 程顥·程頤, 『二程集』(上), 『河南程氏遺書』 卷2上, 中華書局, 1981/2004, 40쪽. "『詩』有六體, 須篇篇求之. 或有兼備者, 或有偏得一二者, 今之解『詩』者, 風則分付與「國風」矣, 雅則分付與大小「雅」矣, 頌即分付與「頌」矣. 『詩』中且沒卻這三般體, 如何看

정자의 육의설은 시편 전체가 아닌 개별 시구를 대상으로 육의를 논한 특징을 지닌다. 공영달의 '삼체삼용설'은 『주례』 '육시'의 순서가 왜 '풍·아·송·부·비·흥'으로 배열되지 않고 '풍·부·비·흥·아·송'으로 배열되었는지에 대한 설득력 있는 논지를 제시하지 못한 한계를 지닌다. 이에 비해 '시겸육의설(詩兼六義說)'로 명명되는 정자의 관점은, '삼체삼용설'에서 해결해 주지 못한 부분에 대해 대안책을 제시했다는 점에서 일정한 의의를 지닌다. 다만 그와 동시에 분류의 기준 안에 표현방식[풍·부·비·흥·아]과 서술내용[송]이 혼재하고, '부'와 '아', '비'와 '흥' 개념 간의 구분이 모호하며 육의로서의 풍·아·송이 어떻게 따로 사시(四始)를 구성하는 시의 체재가 될 수 있는가에 대해 설득력 있는 해석을 제시하지 못했다는 한계를 지닌다.22)

셋째는 시편 작자에 대한 정자의 관점이다. 주자는, 정자가 「관저」편을 중심으로 한 이(二)「남(南)」 시의 작자를 주공(周公)으로 보는 것에 대해 비판했다. 주자는 「아」·「송」의 경우는 당시 조정(朝廷)에서 지어진 것이고 「국풍」의 경우는 채시자(採詩者)가 민간에서 채집하여 민정의 미악(美惡)을 드러내 보인 것이므로 정자의 견해를 따를 수 없다고 하였다.23) 이는 주자가 민간가요설을 주장하는 부분과 연

得『詩』? 風之爲言, 便有風動之. 興更有一興喩之意. 比則直比之而已. '蛾眉瓠犀', 是也. 賦則賦陳其事, 如'齊侯之子'·'衛侯之妻', 是也. 雅則正言其事, 頌則稱美之言也, 如'于嗟乎騶虞'之類, 是也."

22) 정자의 육의설에 대해서는, 李平, 「'詩六義'學術史研究」, 華中師範大學博士學位論文, 2013, 72~77쪽 참조.

23) 黎靖德 輯, 『朱子語類』 卷80, 中華書局, 1994, 2067쪽. "『詩』, 有是當時朝廷作者, 「雅」·「頌」是也. 若「國風」乃採詩者採之民間, 以見四方民情之美惡, 二「南」亦是採民言而被樂章爾. 程先生必要說是周公作以教人, 不知是如何? 某不敢從."

계되는 부분으로 정자의 관점과 선명한 대비를 이룬다.

넷째는 정자의 시편 해석이 지나친 의미 부여와 의리 발명에 치우쳤다는 점이다. 『주자어류』에서 주자는 "정 선생의 『시전(詩傳)』은 뜻[의리]을 취함이 지나치게 많은데, 시인은 평이(平易)하니 이와 같지 않을 듯하다"[24]는 언급이나 "정이천이 『시경』을 해석함은 (또한) 의리를 말씀하심이 많다"[25]는 언급들은 주자가 이정의 『시경』 해석 가운데, 의리를 발명하는 데 치중하는 경향을 직설적으로 비판하는 부분에 해당한다. 이 비판은 주자가 주장한 '민간가요설'이나 '음시설'은 『시』 해석에 '의리' 외에 문학적 접근이 가능한 공간을 넓혔다는 점과 연계해볼 때 유효하다. 다만 주자가 실제 『시경』 시편을 해석하는 과정에서 그가 정자를 비판했던 요소들을 완전히 배제할 수 있었는가에 대해서는 논란의 여지가 존재한다.

다섯째는 시편 해석에 대한 비판이다. 가령 『시경』 해석과 관련하여 「모시서」에 등장하는 '후비부인(后妃夫人)'에 대해 정자는 반드시 문왕의 아내를 가리키는 것은 아니며 단지 후비부인의 일이 이와 같음을 말한 것일 따름이라고 파악했다.[26] 『이정집』의 다른 곳에서도, 『시』에서 말하는 '후비의 덕'은 특정인을 가리켜 말한 것이 아니라는 점, 어떤 경우 '태사(太姒)'를 말한다고 하는데 이는 크게 잘못된 것이라는 점이 재차 거론되었다.[27] 즉, 정자는 『시경』의 해석과 관

---

24) 黎靖德 輯, 『朱子語類』 卷80, 2089쪽. "程先生『詩傳』取義太多. 詩人平易, 恐不如此."

25) 黎靖德 輯, 『朱子語類』 卷117. "伊川解『詩』, 亦說得義理多了."

26) 程顥・程頤, 『二程集』(上), 『河南程氏遺書』 卷2上, 中華書局, 1981/2004, 40쪽. "『詩』言后妃夫人者, 非必謂文王之妻也, 特陳后妃夫人之事如斯而已."

27) 程顥・程頤, 『二程集』(上), 『河南程氏遺書』 卷24, 中華書局, 1981/2004, 311쪽. "『詩』言后妃之德, 非指人而言, 或謂太姒, 大失之矣. 周公作樂章, 欲以感化天下, 其後

련하여 '후비'를 특정 실존 인물에 대응시켜 이해하기보다 '후비'라면 마땅히 이러할 것이라는 작시자의 창작 의도를 반영해 이해해야 한다고 보았다. 이러한 해석 방향은 작시자의 의도를 보다 완정한 체계로 이해하고자 하는 정자의 의도와 밀접한 관계를 이룬다. 이는 「대서」의 해석에 의거한 관점이기는 하나, 동시에 시편 해석에 있어 특정 역사 인물에 귀속시키지 않은 해석적 특징을 지닌다.

이에 반해 「관저」편의 언어가 민간에서 표현해낼 수 있는 성격이 아니므로 궁중 사람이 지었을 것으로 추정한 주자는 시편의 '후비'를 구체화하였다. 특히 「관저」편의 '숙녀(淑女)'는 문왕의 비(妃)인 태사(太姒)가 아직 결혼하기 이전을 가리켜 말한 것이고 '군자'는 '문왕'을 가리키는 것이라고 주석하였는데,[28] 이는 「대서」에 제시된 「관저」편의 주제인 '후비지덕(后妃之德)'의 '후비'를 태사로 설정한 것이다. 주자는 또한 「관저」편에 대해 문답하는 과정에서 "임금은 반드시 문왕과 같아야 하고 후비는 반드시 태사와 같아야 함을 알아야 한다"[29]고 하여 「관저」편에서 노래하는 대상을 구체적으로 명시하여 정자의 관점과 선명한 대비를 이룬다. 『주자어류』에는 주자가 정자의 '후비'에 대한 이해를 비판한 부분이 확인된다.

繼以文王詩者, 言古之人有行之者, 文王是也. …夫婦道一, 「關雎」雖后妃之事, 亦可歌於下."

28) 朱熹, 『詩集傳』 卷1. "淑, 善也. 女者, 未嫁之稱. 蓋指文王之妃大姒爲處子時而言也. 君子, 則指文王也."

29) 黎靖德 輯, 『朱子語類』 卷81, 中華書局, 1994, 2096쪽. "讀『詩』, 只是將意思想象去看, 不如他書字字要捉縛教定. 『詩』意只是疊疊推上去, 因一事上有一事, 一事上又有一事. 如「關雎」形容后妃之德如此, 又當知君子之德如此, 又當知詩人形容得意味深長如此, 必不是以下底人. 又當知所以齊家, 所以治國, 所以平天下, 人君則必當如文王, 后妃則必當如太姒, 其原如此.(賀孫)"

① 후비에 대해 말함이 많으면 문왕을 놓치게 된다. 지금은 '군자'를 문왕이라고 생각한다. 이천(伊川)의 『시』설은 옳지 않은 것이 많다." (등린(滕璘), 신해년(1191) 기록)[30]

② (『시경』 해석에 있어) '후비(后妃)'의 의미는 정(程)선생 이래로 본의를 잃게 되었다. '후비'에 대해, 어찌 당시의 일컬음이 어떠했을지 알겠는가![31] (전목지(錢木之), 정사년(1197) 기록)

①은 정자가 『시』와 관련해 언급되는 '후비'가 꼭 문왕의 아내를 가리키는 것은 아니며 '후비'라면 응당 이러할 것이라는 당위를 말한 것임을 여러 차례 제기한 사례에 대해 비판한 것으로 추정된다. ②는 문왕이 아내를 구할 당시는 아직 제후였으므로 그의 아내를 '후비'라 부를 수 없다는 등의 정자의 설명이 있는데,[32] 주자가 이를 염두에 두고 비판한 것으로 보인다.

개별 시편의 해석에 있어, 정자는 이「남」의 작자를 주공으로 보거나 『시경』을 채록한 성인이 '예의'의 범주를 벗어나지 않는다[止乎禮義]고 보았기 때문에 기본적으로 주희가 '음시'로 규정한 시편들의 해석들은 그 차이가 선명하게 드러난다. 가령 「정풍(鄭風)·자금(子衿)」편은 성리학자들에게 중시되던 시편의 하나이자 주자가 '음시(淫詩)'로 규정한 시이지만 정자는 '자음(刺淫)'의 구도로 해석하는 점에서 접근의 차이를 살필 수 있다.

---

30) 黎靖德 輯, 『朱子語類』 卷81, 中華書局, 1994, 2095쪽. "說后妃多, 失却文王了. 今以'君子'爲文王. 伊川『詩』說多未是.(璘)"

31) 黎靖德 輯, 『朱子語類』 卷80, 中華書局, 1994, 2070쪽. "后妃自程先生以來失之. 后妃安知當時之稱如何! (可學)"

32) 程顥·程頤, 『二程集』(上), 『河南程氏遺書』 卷18, 中華書局, 1981/2004, 229쪽. "如言'后妃之德', 皆以爲文王之后妃. 文王, 諸侯也, 豈有后妃?"

2) 정·주『시』설의 공통점

비록 주자가 정자『시』설의 일부를 구체적으로 비판했다 하더라도 그가 정자의『시』설 전체를 부정한 것은 아니었다.『주자어류』'시해(詩解)'에는 정이의『시경』해석이 뜻[의리]을 취함이 지나치게 많다는 비판 조항도 있지만, 그 조항 바로 다음 조항에 다음과 같은 서술도 있다. "임광조(林光朝, 1114~1178)가 일찍이 말하기를, '정이천의 경전 해석 가운데 합당치 않은 부분이 있기는 하나, 이는 문의(文義) 사이의 일이니 어찌 일일이 모두 옳을 수 있겠는가! 큰 항목의 경우는 정이의 설이 도리어 옳다'라 하였는데, 이는 이천을 잘 파악한 것이다."[33] 이는 주자가 정자의 전반적인『시』설에 대해 긍정적인 태도를 지니고 있음을 보여준다. 그 가운데 주자는 특히「소아」이후의 시편에 대한 정자의 해석을 긍정하였다.

> 이천에게는『시해』몇 편이 있는데「소아」이후를 말한 부분이 지극히 좋다. (「소아」이후의 작품들은) 대개 왕공(王公)·대인(大人)이 공들여 지은 것으로 모두 도리를 아는 사람들의 말이므로 그 안에 모두 도리를 담아 말하였으니 자세히 보는 게 좋다.「국풍」중 혹 부인이나 사내의 입에서 나온 작품의 경우 단지 그 대강만 살펴보면 되는 것과는 다르다.[34] (동수(董銖), 병진년(1196년) 기록)

---

33) 黎靖德 輯,『朱子語類』卷80, 中華書局, 1994, 2090쪽. "林艾軒嘗云: '伊川解經, 有說得未的當處. 此文義間事, 安能一一皆是? 若大頭項則伊川底却是.' 此善觀伊川者. (萬人傑)"

34) 黎靖德 輯,『朱子語類』卷80, 中華書局, 1994, 2083쪽. "伊川有『詩解』數篇, 說到「小雅」以後極好. 蓋是王公大人好生地做, 都是識道理人言語, 故它裏面說得儘有道理, 好子細看. 非如「國風」或出於婦人小夫之口, 但可觀其大概也.(銖)"

주자 『시집전』에서 정자 『시』설을 직접 인용한 부분 17조[35] 가운데, 「소아・채미(采薇)」편에 4조의 정자설[36]이 집중적으로 확인된다. 그 내용도 시편의 창작 배경, 주제, 어휘 및 제도문물 훈고를 아우르고 있다. 그 외에도 직접 인용 출처를 명기하지는 않았지만, 『시집전』에서 「채미」편 '(薇亦)作止'의 '作'을 '땅에서 자라 나옴'['生出地']으로 풀이한 것도 정이 『시해』를 인용한 것이며, 시편에 보이는 수

35) 구체적인 집계 현황은 제4장 제1절 참조.

36) 4개 조항은 다음과 같다. ①[제1장주석]"程子曰, 毒民不由其上, 則人懷敵愾之心矣."((전쟁으로 인해 수자리를 보내느라) 백성을 괴롭힘이 (玁狁 때문이지) 윗사람 때문이 아니라면 사람들이 적개심을 품게 된다.)는 창작 배경에 대한 서술에 해당한다. ②"又曰, 古者戍役, 兩朞而還, 今年春莫行, 明年夏, 代者至, 復留備秋 至過十一月而歸, 又明年中春至, 春莫遣次戍者. 每秋與冬初, 兩番戍者, 皆在疆圉, 如今之防秋也."(옛날 수자리는 두 돌 만에 돌아왔다. 그리하여 올해 늦봄에 길을 떠나면 이듬해 여름에 교대하는 자가 오는데 더 머무르면서 가을을 대비하다가 11월이 지나서 돌아오고, 다시 이듬해 中春에 이르러, 늦봄에 다음 수자리할 자를 보낸다. 매년 가을과 겨울 초기에는 두 番의 수자리하는 자가 모두 변방에 있게 되니, 지금의 防秋와 같다.")는 제도문물 훈고에 해당한다. ③[제5장주석]"(腓, 猶芘也.) 程子曰, 腓, 隨動也. 如足之腓, 足動則隨而動也."((腓는 芘와 같다[주자의 주석]) 정자가 말하였다, '腓는 따라서 움직임이다. 마치 발의 장딴지가 발이 움직이면 따라서 움직이는 것과 같다.')는 어휘훈고에 해당한다. 다만, 『이정집』에 수록된 원문과 일정한 차이가 있다. 『이정집』의 '腓'에 대한 해석부분은 "腓, 從動之義也. 人之腓, 身行則從動也, 腓是足肚也. 言君子小人從其處而動也."인데, 주자가 훈고 부분을 간략화하고 의미 유추부분을 생략한 것으로 추정된다. ④[제6장주석]"程子曰, 此皆極道其勞苦憂傷之情也. 上能察其情, 則雖勞而不怨, 雖憂而能勵矣."(이는 모두 그 수고로움과 슬픔의 심정을 극진히 말한 것이다. 윗사람이 아랫사람의 심정을 살필 수 있으면 (아랫사람들이) 수고롭더라도 원망하지 않을 것이고 슬퍼하더라도 힘쓸 것이다.)는 본 시편의 주제를 위정자의 치도(治道)의 측면에서 언급한 것에 해당한다. 여기에서도 『이정집』과 약간의 차이가 있다. 『이정집』에서는 해당 주제를 「채미」편 제2장과 3장의 주제로 귀속시켰는데, 주자는 이를 『시집전』에 인용할 때 「채미」편 전체의 주제로 변경하였다.

로고움과 슬픔의 감정이 유래한 배경을 설명하는 서술 부분["凡此所以使我舍其室家, 而不暇啓居者, 非上之人故爲是以苦我也. 直以玁狁侵陵之故, 有所不得已而然耳."]도 정이의 설명["舍其室家, 而不遑暇啓居者, 以玁狁之故也."]을 개조해 인용한 것이다. 이를 통해서도 주자의 정자 『시』설에 대한 관심과 수용의 면모를 엿볼 수 있다.

한편, 수신제가치국평천하의 유가 윤리 구도를 『시경』의 이해와 해석에 반영하는 것도 정·주 『시경』 해석의 공통점이라 할 수 있다. 정자는 "이「남」의 시편들은 대체로 성인이 취해 천하국가의 법도로 삼아 나라 사람들이 모두 노래 부를 수 있게 하였다. 천하국가를 소유하는 사람은 제가(齊家)로부터 시작하지 않는 경우가 없다. 그렇기에 먼저 후비를 말하고 다음으로 부인을 말하며 그 다음으로 대부의 아내를 말한 것이다. 옛사람 가운데 수신을 통해 윗자리에 있는 사람을 교화시킬 수 있던 사람이 문왕이었던 까닭에 문왕의 시로 연계한 것이다"라고 함으로써, 수신제가치국평천하의 구도와 연계하여 이「남」 시편의 편차(編次) 구도, 내용 구성, 상징 대상 등을 설명하였다.[37]

주자가 「관저」편을 통해 독『시』법을 언급한 부분에도 수신제가치국평천하의 구도가 적용되어 있다. 다만 이때의 적용은 시편 간 편차의 측면보다는 개별 시편의 감상과 상상의 측면에 집중되는 경향을 보인다. 주자는, "『시』를 읽는 것은 다만 의미를 상상해 펼쳐보는 것으로 다른 책을 읽을 때 한 글자 한 글자씩 파악하여 뜻을 정

37) 程顥·程頤, 『二程集』(上), 『河南程氏遺書』 卷24, 中華書局, 1981/2004, 72쪽. "二「南」之詩, 蓋聖人取之以爲天下國家之法, 使邦家鄉人皆得歌詠之也. 有天下國家者, 未有不自齊家始. 先言后妃, 次言夫人, 又次言大夫妻. 而古之人有能修之身以化在位者, 文王是也, 故繼之以文王之詩."

하는 것과 같지 않다. 『시』의 의미는 한층 한층 미루어 나가야 하니 하나의 일로 인하여 다른 하나의 일이 생기고 하나의 일에 다시 하나의 일이 더해지는 것이다. 「관저」편에서 후비의 덕이 이와 같음을 형용하였다면 또한 군자의 덕이 이러함을 알 것이고, 다시 시인의 형용함이 이같이 의미심장하므로 필시 아래 사람이 아님을 알 것이다. 또한 제가(齊家), 치국(治國), 평천하(平天下)하는 근거를 알 것이며, 임금은 반드시 문왕과 같아야 하고 후비는 반드시 태사와 같아야 함을 알아야 하니 그 (『시』를 읽는) 원리가 이와 같다."[38]라고 말하였다. 이는 도학자들이 구축한 제가, 치국, 평천하의 해석 구도를 적용한 부분에 해당한다. 이는 주자와 정자의 『시』 해석이 서로 다른 강조점을 지니고 교차를 이루는 부분이라 할 수 있다.

3) 정·주 『시』설의 동이(同異)에 대한 평가

앞 소절의 사례를 통해 정자와 주자의 『시』설에 존재하는 공통점과 차이점을 살필 수 있었다. 다만 이러한 공통점과 차이점 가운데 어느 쪽에 더 무게를 두는가, 공통점의 범위를 어떻게 규정할 것인가에 학자마다 차이가 존재한다.

타네무라 카즈후미(種村和史)는 "주희가 비판했던 정이의 해석방식은 과도한 해석이었다. 주희는 더욱 분명하고 평이한 방식으로 해석

38) 黎靖德 輯, 『朱子語類』 卷81, 中華書局, 1994, 2096쪽. "讀『詩』, 只是將意思想象去看, 不如他書字字要捉縛教定. 『詩』意只是疊疊推上去, 因一事上有一事, 一事上又有一事. 如「關雎」形容后妃之德如此, 又當知君子之德如此, 又當知詩人形容得意味深長如此, 必不是以下底人. 又當知所以齊家, 所以治國, 所以平天下, 人君則必當如文王, 后妃則必當如太姒, 其原如此.(賀孫)"

해야 한다고 생각했다. 주희에게 있어 정이의 시경학은 반면교사의 전형이었다"39)라고 하여 주자와 정이의 『시경』을 상반된 것으로 파악했다. 이에 의거할 경우 정자와 주자의 『시경』 해석은 '의미를 지나치게 부여한 과도한 해석'과 '평이한 해석'으로서의 차이점이 부각되게 된다.

반면 홍담후(洪湛侯)는, "주희의 『시집전』 해석 가운데 문학의 각도에서 『시경』을 말한 예들이 많지만, 이는 주류나 전부가 아니며 주희의 『시경』 해설 가운데 또 하나의 경향에 속할 따름"이라고 하면서 그 주류를 의리(義理)의 천술(闡述)이라고 보았다. 즉, 의리로 『시경』을 해석하는 것이 주희의 중심 해석 구도이며 이는 성리학자의 『시경』 해석 범주로 귀속시킬 수 있다고 파악한 것이다. 그러한 까닭에, 홍담후는 비록 주희가 "정이를 비판하면서, '이천의 시 해석은 의리를 많이 말했다. (그러나) 시는 본래 이와 같이 말하는 것이다. 1장에서 말하고 다음 장에서 다시 따라서 영탄(詠嘆)하는 것이다. 비록 별다른 뜻이 없는데도 의미가 심장하므로 명물(名物)상에서 의리를 구해서는 안 된다. 후세 사람들은 종종 그 말이 단지 이같이 평담(平淡)함만을 보고 의리를 더함으로써 도리어 그 말들을 막아버리게 되었다'(『주자어류』 권117)고 비판했지만 이는 단지 의리로 시를 해석하는 전제하에 제시한 기술적인 개선의견에 지나지 않는다"40)고 말하였다. 이에 의거할 경우, 비록 주자가 정자의 『시경』 해석을 비판한 부분이

39) 種村和史 著, 李棟 譯, 『宋代「詩經」學的繼承與演變』, 上海古籍出版社, 2017, 278쪽. 種村和史가 소개한 연구는 다음 3종이다. 譚德興, 「試論程顥·程頤的『詩』學思想」, 『詩經研究叢刊』 6, 學苑出版社, 2004; 戴維, 『詩經研究史』(第六章'宋代『詩經』研究' 第四節'『詩經』的理學化'), 湖南教育出版社, 2001; 張立文·祁潤興, 『中國學術通史·宋元明卷』(第五章第三節第二項'「詩序」作者和價値的論爭'), 人民出版社, 2004.

40) 洪湛侯, 『詩經學史』, 中華書局, 2002/2004, 293쪽.

존재하나 시경학사의 범주에서는 정·주의 『시경』 해석이 도학적 의리 해석의 특징을 공통적으로 지닌다는 점이 부각되게 된다.

이상에서 소개한 연구 성과들은 정자 시경학이 지닌 가치와 독창성을 밝혀줌과 동시에 시경학사에서 정자 시경학의 성격과 위상을 자리매김하는 데 일정한 견해 차이가 존재함을 이해하는 데도 일정한 참고가 된다.

4. 조선시대 수용 양상

1) 조선시대에 참고한 정자 시경학 관련 문헌 자료

조선시대 학자들이 정자의 『시』설을 접할 수 있는 문헌 자료는 크게 두 가지로 구분할 수 있다. 하나는 『이정전서(二程全書)』나 개별로 유통되던 이정의 문집, 경설, 유서 등의 1차 자료이고 다른 하나는 다른 문헌에 인용되거나 재수록된 2차 자료다.

1차 자료로는 중국에서 유입된 『이정전서』 외에, 조선시대 때 편차를 개편하여 간행한 『이정전서』를 들 수 있다. 조선시대 간행본은 시문(詩文)보다 경설(經說)을 더 앞에 배치함으로써 경서를 중시하는 경향이 반영되어 있다.[41] 조선중기까지를 살펴보면 이이(李珥)가 『이정전서』를 『근사록』, 『주자가례』, 『심경』, 『주자어류』와 같이 간간이

41) 최석기, '解題', 『譯註二程全書』 1, 전통문화연구회, 2018, 29쪽 참조.

정독하라 하였고 명재 윤증(尹拯)도 『주자전서』와 함께 『이정전서』를 애독하였다는 기록이 있으며 최립(崔岦), 이현일(李玄逸) 등은 정자의 경설을 자주 거론하고 인용하였다. 이들 몇몇 사례만 살펴보아도 조선중기에 『이정전서』가 참고되었음을 알 수 있으나 이들의 경전 해석 관련 논의는 주로 사서와 정씨 『역』에 집중되어 있다. 『이정전서』의 정자 『시』설을 명시하여 논의한 경우는 주로 조선후기에 논의에서 확인된다.

한편 2차 자료로는 주자 『시집전』을 중심으로 한 기타 경전주석에서의 인용과 『근사록』, 『정서분류(程書分類)』 등의 재수록 문헌을 들 수 있다. 『이정전서』에서 해당 항목 전체를 절록하거나 필요에 따라 부분을 간명하게 절록한 문헌인 까닭에, 학자들이 접촉할 기회가 더 많았을 것으로 추정된다.

이 가운데 주자 『시집전』에서 '정자'의 말을 직접 인용한 부분은 기존 연구에서 15조~17조 등으로 집계된 바 있다.[42] 이 가운데 경기평(耿紀平)은 17조로 직접 인용을 집계하였는데 필자는 이 집계를 따른다: 「소남(召南)」 총제(總題) 하단, 「체동(蝃蝀)」(2조), 「치의(緇衣)」, 「하천(下泉)」, 「낭발(狼跋)」, 「황황자화(皇皇者華)」, 「채미(采薇)」(4조), 「출거(出車)」, 「채기(采芑)」, 「학명(鶴鳴)」, 「정월(正月)」, 「유천지명(維天之命)」, 「아장(我將)」.[43] 이들 대부분은 「하남정씨경설 · 시해」에서 인용되었으며

42) 15조와 16조의 집계의 경우, 吳洋, 『朱熹「詩經」學思想探源及研究』, 社會科學文獻出版社, 2014, 202~203쪽 참조.

43) 耿紀平, 「朱熹《詩集傳》征引宋人《詩》說考論」, 『河南教育學院學報(哲學社會科學版)』, 2006年第2期, 87~90쪽 참조. 상기 논문에서는, 丁晏 『詩集傳附釋』을 참고하여, 주자가 작자를 明記하지 않고 '或說', '或曰', '舊說' 등으로 제시된 부분 가운데, 4조의 정자설을 추가적으로 집계하기도 하였다.("程頤 4條. 「終南」편 '有紀有堂'구 해석; 「伐木」편 '伐木許許'구 해석; 「白華」편 作詩者; 「皇矣」편 '上帝耆之,

일부는 『정씨역전(程氏易傳)』(「하천(下泉)」)이나 『어록(語錄)』(「정월(正月)」) 등에서 인용된 경우도 있다.

『근사록』에 수록된 『시』설(독『시』법)은 작자가 정호로 명시되어 있다. 정호의 『시경』 관련 언급은 정이에 비해 극히 적다. 특히 사량좌가 인용한 정호의 독『시』법은 여조겸의 『여씨가숙독시기(呂氏家塾讀詩記)』, 보광(輔廣)의 『시동자문(詩童子問)』, 단창무(段昌武)의 『단씨모시집해(段氏毛詩集解)』, 유근(劉瑾)의 『시전통석(詩傳通釋)』, 주공천(朱公遷)의 『시경소의회통(詩經疏義會通)』, 양인(梁寅)의 『시연의(詩演義)』, 호광(胡廣)의 『시전대전(詩傳大全)』, 엄우순(嚴虞惇)의 『독시질의(讀詩質疑)』 등에도 언급되는 등 큰 영향을 미쳤음을 알 수 있다.

한편 송시열(宋時烈, 1607~1689)이 기획하고 문인 권상하(權尙夏)가 편찬한 『정서분류(程書分類)』의 앞부분에 '경설(經說)'이 안배된 것 또한 조선중기 성리학자들의 이정 경학에 대한 관심을 시사한다.[44] 조선시대 이정 『시』설의 수용은 2차 자료를 통한 수용이 잘 확인된다는 점을 특징의 하나로 파악할 수 있다.

憎其式廓'.") 같은 논문, 89쪽 참조.

44) 『程書分類』는 송시열이 기획하였지만 실제 편찬은 문인 권상하(權尙夏, 1641~1721)에 의해 1718년에 이루어진다. 실제 편찬은 18세기 초반에 이루어졌지만 그 기획이 송시열 때 이루어졌다는 점을 감안하면 이정 학문의 체계적인 이해에 대한 관심이 17세기 이전에 이미 이루어졌다고 할 수 있다. 『程書分類』 관련 연구로 김홍수, 「二程思想 연구에 있어서 『程書分類』의 자료적 가치와 유용성」, 『中國과 中國學』 3, 영남대학교 중국연구센터, 2005, 108~120쪽 ; 김홍수, 「『程書分類』와 그 철학적 의의」, 『동아인문학』 29, 동아인문학회, 2014, 525~551쪽 ; 이향준, 「한국 성리학의 해석학적 발전 2 -『이정전서(二程全書)』의 경우를 중심으로-」, 『儒學研究』 46, 충남대학교 유학연구소, 2019 등이 있다. 이들 연구는 한국 성리학에서 二程의 『이정전서』를 중심으로 한 해석 양상에 주목하였다.

2) 17세기 이전 조선의 정자 『시』설에 대한 참고 양상

앞서 언급한 바와 같이 이정의 『시』설은 조선 중기이전까지의 학자들에게서 적극적으로 거론되지 않는 것으로 조사된다. 17세기 이전의 주석서인 권근의 『시천견록』과 퇴계 『시석의』에는 이정의 『시경』설을 명시하거나 의도적으로 변별한 사례가 찾아지지 않는다. 물론 권근의 『시천견록』은 성리학적 『시경』 해석이 두드러진다. 『시경』의 정변(正變)을 정치의 성쇠가 아닌 '인도(人道)의 정(正)·실(失)'을 중심으로 파악한 점, '수신제가치국평천하(修身齊家治國平天下)'의 구도를 시편 해석 및 편차 구도 해석에 적극 반영한 점, '존천리멸인욕(存天理滅人欲)'을 언급한 점 등은 그가 성리학적 해석에 무게를 두어 『시경』을 해석한 경향을 뚜렷이 보여주는 사례에 해당한다. 그러나 이것이 정자 시경학에 직접적인 영향을 받은 것이라고 할 만한 구체적인 근거는 없다. 그러한 까닭에 이를 성리학자의 『시경』 읽기로서의 성격으로 이해할 수는 있지만 정자 시경학의 수용의 범주에서 논의되기 어려울 듯하다.

17세기 이전에는 이정의 『시경』에 관한 논의들이 주로 단편적이다. 가령 송준길(宋浚吉, 1606~1672)이 소문(疏文)[45]에서 정자 『시』설을 인용한 것은 주자 『시집전』에 수록된 내용을 참고하여 재인용한

---

45) 宋浚吉, 『同春堂集』 卷2, 「疏箚·陽復日陳戒疏(丁酉十一月)」, 한국문집총간106, 364쪽. "程子之言曰, 陰道極盛之時, 其亂可知, 亂極則自當思治, 「詩·匪風」, 「下泉」, 所以居變風之終, 又曰, 陽, 君子之道也, 陽消極而復反, 君子之道, 消極而復長, 故爲反善之義."

사례로 추정된다. 한편 송준길이 작성한, 포저 조익의 「시장(諡狀)」 가운데 인용된 "「관저」·「인지지(麟之趾)」편의 아름다운 뜻이 있은 연후에 주례(周禮)의 법도를 시행할 수 있다"[46]는 언급은, 주자의 『시서변설(詩序辨說)』에도 수록되어 있기는 하나, 주세붕이 「근사록·치체(治體)」편에서 정명도의 말로 발췌해 둔 것에 근거할 때, 『근사록』을 참고한 것으로 추정된다. 이 언급은 주세붕·송준길 외에도 조익 등 여러 학자의 문장이나 경연에서 관용어처럼 사용된 바 있다. 상기 언급은 단순 인용으로 『시경』 시편의 구체적인 해석의 층위에서 논의되기 어렵다. 그러나 이상적인 왕도정치 실현에 작용하는 정자 『시경』의 해석 의미를 인용하였다는 점에서 조선시대 이정 『시』설 수용 양상을 이해하는 데 참고될 수 있다.

한편 상기 사례보다는 좀 더 구체적으로 정자 『시』설을 참고한 사례도 있다. 강석붕(姜錫朋, ?~?)이 스승 박세채(朴世采, 1631~1695)에게 질의하는 과정에서 『하남정씨외서』의 구절을 거론한 바 있다. 강석명은 맹자의 「소반(小弁)」편 해석과 주자의 해석을 분석한 외에 정자가 왜 "「소반」편의 원망함은 순(舜)의 원망함과는 다르다"[47]고 했는지에 대해 의문을 던진다.[48] 그에 대해 박세채는 "고자(高子)가 「소반」편의 원망함으로 인해 소인(小人)의 시로 여긴 까닭에 맹자가 이

46) 『同春堂集』 卷22, 「諡狀·大匡輔國崇祿大夫議政府左議政兼領經筵事監春秋館事世子傅浦渚趙公諡狀」, 한국문집총간106, 237쪽. "程子曰, 有「關雎」·「麟趾」之美意, 然後可以行周官之法度, 蓋必有是德, 方有是政."

47) 程顥·程頤, 『二程集』(上), 『河南程氏外書』 卷1, 中華書局, 1981/2004, 355쪽. "「小弁」與舜之怨別. (舜是自怨, 「小弁」直怨'我罪伊何')."

48) 朴世采, 『南溪集』 卷46, 「答問(講學論禮)·答姜叔重問(詩)」, 문집총간139, 440쪽. "『集傳』又引舜號泣于旻天之說以足之. 其意又取於孟子之言也. 然則「小弁」之怨與五十而慕, 號泣于旻天, 似爲同科. 而<u>程子何以曰「小弁」與舜之怨別乎?</u>"

를 바로잡은 것이다. 정자의 논의는 지극한 경우를 들어 말한 것이니 따로 의미를 구해야 할 듯하다”[49]고 답변하였다. 정자의 이 『시』설은 김춘택(金春澤, 1670~1717)의 「간서잡설(看書雜說)」 세주(細注)에도 인용된 바 있다. 이를 통해 『맹자』와 연결된 『시』설 논의에서 정자의 『시』설이 함께 비교, 검토된 상황을 확인할 수 있다.

이 외에 『근사록』에 수록된 이정의 『시』설로 다음 문장을 들 수 있다. 앎을 궁구하기 위한 효과적인 독서법을 언급하는 맥락에서 거론된 것이다.

> 사량좌(謝良佐)가 말하였다. “정명도(程明道) 선생은 『시』를 말씀하심이 뛰어났다. 선생은 또한 일찍이 장구(章句)를 풀이한 적이 없었다. 단지 유유자적하게 완미하고 전체를 훑어 읊어내면서 사람들에게 깨닫는 부분이 있게 했다. ‘저 해와 달을 보노라니, 아득한 내 그리움이여, 길이 머니 어찌 올 수 있겠는가!’는 생각이 간절함[思之切]이요, ‘뭇 군자들이여 덕행(德行)을 알지 못하는가! 해치지 않고 탐하지 않으면 어찌 나쁘게 되겠는가!’는 바름으로 돌아감[歸于正]이라 하였다.” 또 말하였다. “정명도 백순(伯淳)은 늘 『시』를 말씀하셨다. (그러나) 결코 특정 글자에 대해 훈고(訓詁)한 적이 없었다. 때로 한 두 글자만을 바꾸어 점철(點綴)해 읽어가며 사람들이 살피고 깨우치게 하였다.”[50]

---

49) 같은 곳. “高子以「小弁」之怨, 爲小人之詩, 故孟子直之. 若程子之論, 又以其至者言, 似當別究其義也.”

50) 『近思錄』 卷3, 「致知」, “謝顯道云, ‘明道先生善言『詩』. 他又渾不曾章解句釋, 但優游玩味, 吟哦上下, 便使人有得處. 「瞻彼日月, 悠悠我思, 道之云遠, 曷云能來.」 思之切矣. 終曰, 「百爾君子, 不知德行, 不忮不求, 何用不臧!」 歸于正也.’ 又云: ‘伯淳常談『詩』, 竝不下一字訓詁, 有時只轉却一兩字, 點掇地念過, 便教人省悟.’” 이 말이 다양한 『시경』 주석서에 인용된 점은 앞에서 이미 언급한 바 있다. 이를 통해 정호의 독『시』법이 후대 학자들에게 적지 않은 ‘綱領’으로 작용하였음을 알 수 있다. 특기할 점은 『여씨가숙독시기』에서 사량좌의 말을 인용할 때는 정명도의 앞 문장만

정호의 상기 독『시』법은 17세기 조선시대 학자들에게 상당히 중시되었던 것으로 추정된다. 유성룡(柳成龍, 1542~1607)은 정호의 독시법이 훈고나 명물 해석에 집착하지 않으면서도 시의 본뜻이 눈앞에 솟아오르는 듯하여 독자가 저도 모르게 덩실덩실 춤추게 되는 효과를 지닌다고 보았을 뿐 아니라 공자가 말한 '흥어시(興於詩)'의 상태를 구현해낸 것이라고 보았다.[51] 한편 홍여하(洪汝河, 1620~1674)는 이휘일(李徽逸, 1619~1672)의 『시경』 읽기를 평론할 때, 정명도의 "설『시』지법(說『詩』之法)을 따라 반복해서 풍영(諷詠)하며 그 은미한 뜻을 언어와 문자의 밖에서 터득했다"[52]고 말함으로써 정명도의 독『시』법을 거론하였다. 앞에서 언급한 바 있는 강석붕은, 정호의 독『시』법을 적용하고 주희의 『시집전』을 참고하여 「백화(白華)」편에 대한 감

大字로 수록하고 다음의 "정명도 백순은 항상 『시』를 얘기하셨다."의 문장은 雙行小字의 형태로 수록했다는 점이다. 이에 근거해 볼 때 상기 문장을 『근사록』에 채록한 사람은 아마도 여조겸일 가능성이 높다. 또한 여조겸·보광·단창무·유근·주공천의 주석서에서는 인용자 '사량좌'를 명기한 데 비해, 『시전대전』에서는 명기하지 않았을 뿐 아니라 사량좌의 말의 첫 구절인 "詩須諷味以得之."라는 구절도 생략되어 있다. 여기에는 사량좌라는 발화자의 색깔을 지우고 정자의 독시법만을 강조하려는 의도가 반영된 것으로 사료된다. 또한 『시전대전』에는 "정명도 백순은 항상 『시』를 얘기하셨다." 문장도 大字로 처리되어 있는데 이는 『근사록』에 제시된 정자 독시법의 영향이 반영된 것으로 파악할 수 있다.

51) 柳成龍, 『西厓集』, 卷15, 「雜著·詩教說」, 叢刊52, 287쪽. "後世深於『詩』者, 惟程子, 觀其不下一訓詁, 吟詠上下, 使人自得, '瞻彼日月, 悠悠我思, 道之云遠, 曷云能來', 思之切也. '百爾君子, 不知德行, 不忮不求, 何用不臧', 歸于正也. 此不待名物解釋, 而『詩』之本意. 已躍如於前, 使讀之者, 不知手舞而足蹈, 聖人所謂興於『詩』者, 其是之謂也."

52) 洪汝河, 『木齋集』 卷7, 「碣銘·存齋李公墓誌銘(幷序○壬子)」, 叢刊124, 466쪽. "乃始大玩於六經, 諸史, 百家之言, 以致其博, 於『詩』, 依明道說『詩』之法, 反覆諷詠, 得其微意於言語文字之外."

상을 작성해 스승 박세채에게 보여준 바 있는데[53] 이를 통해 강석붕이 정호의 점철식 독『시』법과 주희의 독『시』법을 같은 맥락에서 이해하였음을 확인할 수 있다.

정명도의 독『시』법의 성격에 대해서는, 후대 학자들에 의해 공자의 독『시』법을 계승한 것이라는 분석이 제기된다. 섭채(葉采)의 『근사록집해(近思錄集解)』에서는 첫 번째 정명도 설 밑에, "『시』를 읽는 방법은 단지 숙독하고 음미하여 자연스레 온화한 기운이 가슴에서 우러나오게 되니 그 오묘한 경지를 말로 표현할 수 없게 된다. 작위적으로 안배하거나 자기 설을 세우려 애쓰지 말고 평이하게 읽어 내려가면 뜻이 절로 충만해진다"[54]라는 주자의 말을 인용함으로써 정명도의 독『시』법을 주자의 것과 연계시켰다. 섭채는 또한 두 번째 정명도 설 밑에, 유근의 『시전통석』에도 인용된 바 있는, 동제(東齊) 진씨(陳氏)의 설을 함께 인용함으로써[55] 정명도의 독시법이 공자를 계승한 것임을 강조하였다. 이에 비추어볼 때 정명도의 독『시』법은 전

---

53) 朴世采, 『南溪集』 卷46, 「答問(講學論禮)·答姜叔重問(詩)」, 문집총간139, 441쪽. "「白華」 '白華菅兮, 白茅束兮'·'鶖鶖在梁, 戢其左翼.' 不相依也. '英英白雲, 露彼菅茅', 憂時切也. '滮池北流, 浸彼稻田', 寵不遍也. '樵彼桑薪, 卬烘于煁', 貴反賤也. '有鶖在梁, 有鶴在林', 貴賤易也. '鼓鍾于宮, 聲聞于外', 不相報也. '有扁斯石, 履之卑兮', 王亦賤也.○明道先生談『詩』, 只轉却一兩字點掇地念過. 此實爲學『詩』者之法也. 愚嘗不自揆以此法看『詩』, 而淺陋之見, 不足以發明, 亦未嘗形諸文字. 適到此詩, 依『集傳』所釋, 偶掇一二字, 而亦未知其必合於古人之意也."

54) 인용된 주자의 말은 『朱子語類』 卷80의 문장이다. "讀『詩』之法, 只是熟讀涵味, 自然和氣從胸中流出, 其妙處不可得而言. 不待安排措置, 務自立說, 只恁平讀著, 意思自足."

55) 이 중 「烝民」편에 대한 공자의 해석을 연계한 부분은, 『詩傳通釋』 小注에 인용된 東齊陳大猷의 설("陳大猷曰「烝民」詩首四句, 孔子只就中添四字; 滄浪之歌, 孔子只換兩斯字, 曾不辭費而意味無窮, 明道說詩正得其意.")을 참고한 것으로 추정된다.

통적으로 공자로부터 이어지는 전통 독『시』관을 계승하는 것으로 이해됨과 동시에 주자의 관점과 교차되는 부분에 해당한다고 볼 수 있다.

3) 18세기 이후 조선의 정자 『시』설에 대한 검토와 활용 양상

『시집전』, 『시전대전』 소주(小注), 『주자어류』 등에 인용된 정자의 『시』설 외에, 정자의 문집을 참고하여 정자 『시』설을 검토, 비판하거나 자신의 『시경』 해석구도에 참고, 활용하는 양상은 주로 18세기 이후의 문헌에서 확인된다. 대략적인 유형은 '검토, 분석, 비판'의 유형과 '『시』설 구축에 활용하는' 유형으로 나누어 살펴볼 수 있다.

먼저 정자 『시』설을 검토, 분석, 비판하는 유형이다. 대표적인 사례로 김창흡, 정조의 '시경강의', 박문호의 『시집전상설』 등을 거론할 수 있다.

김창흡은 「시서」를 높게 평가한 이정의 판단을 비판할 뿐만 아니라 정이천이 시를 잘 이해하지 못하기에 『시』 해석이 대부분 억지스러워 주자 해석의 소탈함만 못하다고 직설적으로 비판한다.[56] 정자 『시』설에 대한 김창흡의 비판은 주자의 『시』 해석을 「시서」의 해석과 극명하게 대치시켰다는 점과 의리·도덕적 의미를 궁구하는

56) 金昌翕, 『三淵集』 卷35, 「目錄」, "「序」說之不足信, 兩程未勘破."; 『三淵集』 卷33, 「目錄」, "程子不解今詩, 故所釋風雅, 率多牽强扭揑, 不能如朱子之脫洒." 관련 논의는 김진영, 「삼연 김창흡의 시경론 연구」, 서울대학교 석사학위논문, 2020, 59~71쪽 참조.

성리학적 해석을 '억지스러운' 해석으로, 문학성을 강조하는 주자의 해석을 '소탈한' 해석으로 대치시켰다는 점에서 주목할 만하다.

정조 '시경강의'에서는 주자의 『시집전』에 인용된 이정 『시경』설을 검토하는 '조문(條問)'으로 10여 개의 조항이 확인되며 접근 각도도 다양하다. 「시서」의 작자에 대한 논의나 시편의 부비흥을 판정하는 문제, 「노송(魯頌)」의 성격, '패・용・위'의 구분 등과 관련된 정자설을 거론한 바 있는데 이는 『시』와 관련된 주요 쟁점에 해당한다. 「소아・채미(采薇)」편 '소인소비(小人所腓)'구의 '비(腓)' 자에 대한 훈석에 있어서는, 『시집전』에서 '비호하다[芘]'로 풀이한 주자설과 주자가 함께 인용해 둔 정자의 '따라 움직이다[隨動]'라는 해석[57]에 대해 비교평가를 요구한 바 있는데[58], 이는 『시집전』 내에 존재하는 정자설과 주자설의 차이에 대한 검토에 해당한다. 정조의 조문에 거론된 이정 『시』설은 『시집전』에 인용된 설에 국한되지 않았다. 「패풍(邶風)・녹의(綠衣)」편의 '비무우혜(俾無訧兮)'구에 대해, 정조는 "행함에 뜻을 이루지 못함이 있으면 돌이켜 자신에게서 구함"의 뜻으로 풀이한 정자의 설[59]을 인용하였는데 이는 『하남정씨유서(河南程氏遺書)』「사훈(師訓)」편에 수록된 정명도의 『시』설이다. 또한 특정설에 대한 정자설과의 관련성을 언급한 부분도 보인다. 「패풍・곡풍(谷風)」편 '경이위탁(涇以渭濁)'구의 '경(涇)'을 신혼으로 보고 '위(渭)'를 구실(舊室), 즉 예전의 처로 보는 여조겸의 해석은 주자와 비유 대상이 상반되는 해석이

57) 朱熹, 『詩集傳』, "腓, 猶芘也. 程子曰, 腓, 隨動也. 如足之腓, 足動則隨而動也."

58) 正祖, 『弘齋全書』 卷90, 「經史講義二十七・詩七」, 「小雅・采薇」, "小人所腓, 腓之爲芘, 終欠的確. 程子說雖與『易』之「咸」傳不合, 當從前說. 朱子於此欲刪去者何歟!"

59) 正祖, 『弘齋全書』 卷87, 「經史講義二十四・詩四」, 「邶風・綠衣」, "'俾無訧兮'一句, 程子以'行有不得, 反求諸己'之意釋之. 蓋莊姜之事, 卽古人之所難處."

다.[60] 정조는 이 설을 여조겸의 설로 지목하는 대신, '정자와 여조겸'의 설로 지칭함으로써 여조겸 설이 정자와 연원 관계가 있음을 밝히고 있다.[61] 이러한 사례들은 이정 『시』설에 대한 정조의 검토가 광범위하였음을 보여준다.

정조의 '조문'에서 검토를 요구한 것인 까닭에 '조대(條對)'를 남긴 김희순, 서유구 등 초계문신의 답변을 통해서도 정자 『시』설에 대한 견해를 살펴볼 수 있다. 이 가운데 김희순의 조대는 정자의 성리학적 『시』설과 주자의 『시』설을 동일한 맥락 내지 상호보완적인 맥락에서 읽고자 하는 경향이 두드러진다. 정조가 "「관저」편의 '행채(荇菜)'에 대한 선유들의 해석 가운데 그 부드럽고 정결함을 취하여 후비의 덕에 비유한 경우가 많은데, 『시집전』에서 이 해석을 언급하지 않은" 이유에 대해 물은 바 있는데[62], 『홍재전서』에 수록된 서유구의 조대는 정자 설에 대해 해석의 하나로 참고할 만하나 주자의 설을 따르는 것이 옳다고 본 데[63] 비해, 김희순은 '행채'가 '후비의 덕

60) 이와 관련하여 여조겸의 『여씨가숙독시기』에서는 「모전」설 및 주자설 외에 정자설을 함께 수록하고 있다. 청대 황중송(黃中松)의 『시의변증(詩疑辨證)』에서는 "여조겸의 『여씨가숙독시기』에서 정자 및 주자의 초기 설을 수록하고 단정하여 '경'은 신혼이고 '위'는 舊室이라고 말했다." 黃中松, 『詩疑辨證』 卷2, 「邶鄘衛」, "呂『記』載程及朱子初說而斷之曰: '涇, 新婚也, 衛, 舊室也.'"

61) 正祖, 『弘齋全書』 卷87, 「經史講義二十四·詩四」, 「邶風·谷風」, "'涇以渭濁' … 程子及呂東萊皆以爲涇指新昏, 渭指舊室. 涇濁渭淸而今涇反以渭爲濁也. 此說似得本旨而『集傳』不取何也?"

62) 正祖, 『弘齋全書』 卷88, 「經史講義二十五·詩五」, 「周南」, "御製條問曰: 荇菜, 先儒多言取其柔順潔浄比后妃之德, 而『集傳』不言者, 何耶?"

63) 正祖, 『弘齋全書』 卷88, 「經史講義二十五·詩五」, 「周南」, "有榘對: 諸儒所謂取其柔順潔淨者, 蓋本於程子之說, 而集傳之不載, 非謂其說之不可從也. 蓋以非此詩大意而略之也. 至若求無一定之解, 雖亦可通, 而以無方興無時, 旣有集傳定論. 二說之中恐當以前說爲正矣."

의 유순함'을 흥기하는 작용을 한다고 보았다. 여기에서 더 나아가 주자가 이를 말하지 않은 것은 우리가 '언외지의(言外之意)'로 체득하면 된다는 논리를 제시함으로써 주자의 설과 정자의 설을 동일한 맥락에 두고자 하는 의도를 보였다.[64] 그가 「패풍·웅치(雄雉)」편 '교(驕)' 자·'린(吝)' 자의 훈석에 대한 정·주의 상이한 입장을 상호보완적으로 파악하고자 한 조대 내용[65] 또한 이러한 맥락에서 이해할 수 있다.

구한말 박문호(朴文鎬, 1846~1918)는 『시집전』의 맥락 안에서 정자 『시』설을 이해하는 특징을 보인다. 『시집전상설』에서는 『시전대전』 소주(小注)에 인용된 정자설을 일부 재수록한 사례들이 확인되는데 이는 박문호가 송대 주요 『시』설 가운데 하나로 정자의 『시』설을 참고하는 면모를 보여준다. 또한 특정 정자설에 대해서는 주체를 구체적으로 밝히고자 하였다. 가령, "정자가 말하였다. '「주남」·「소남」은 건곤(乾坤)과 같다.'[程子曰周南召南如乾坤]", "정자가 말하였다. '천하의 다스림은 집을 바르게 함이 우선이다'[程子曰天下之治, 正家爲先]"의 '정자' 하단에 쌍행소자로 '숙자(叔子)'를 표기해 둔 사례가 그에 해당한다. 이는 박문호가 『정씨경설』이나 『이정유서』 등의 정자 『시』설을 상호 검토한 일면을 보여준다. 박문호가 『시』설 쟁론 가운데 주자와

---

64) 金羲淳, 『講說』, 「詩傳」, "臣對曰荇菜以興后妃之柔順, 程子言之而朱子不言. 臣固自疑於心, 而未得其說. 及見『集傳』所訓而竊嘗有得於言外之旨矣. 其釋首章有曰言其相與和樂而恭敬亦若雎鳩之情摯而有別, 繼而曰後凡言興者其文意皆倣此. 夫倣此者, 何也? 盖曰次章之起興亦如是, 而淑女柔順若荇菜云爾也. 然則次章之不言, 亦奚異於上章之言之者乎?"

65) 金羲淳, 『講說』, 「詩傳」, "程子嘗釋'驕'·'吝'二字曰驕者氣盈, 吝者氣乏. 此則二病也. 朱子曰驕則必吝, 吝則必驕. 吝是驕之根本, 驕是吝之枝葉. 此則一病也. 兩賢之論不惟不相悖, 乃反相資. 此可以爲忮求一病之喩矣."

정자의 설을 비교한 사례로는 「패」·「용」·「위풍」의 구분에 관한 논의를 들 수 있다. 박문호는 "주자가 소리를 중심으로 구분한 데 비해 정자는 노래를 채록한 지역을 기준으로 나누었다고 보았는데 이 두 설은 상호 보완하여야 그 뜻이 비로소 갖추어진다"고 함으로써[66] 양설에 대해 상호비교검토의 입장을 보인 바 있다. 박문호는 때로 『시집전』에 인용된 정자 『시』설의 성격에 대해 '안어(按語)'를 두어 평하기도 하였다. 「주역·박괘(剝卦)」를 들어 변란이 극에 달하면 바름을 회복하는 이치를 설명한, 『시집전』 「조풍(曹風)·하천(下泉)」편에 인용된 정자의 설[67]에 대해, 박문호는 "정자의 이 해석은 『주역』 해석을 중심으로 하면서 『시』를 인용한 까닭에 「비풍(匪風)」·「하천」편이 도리어 (주(主)가 아닌) 객(客)이 된 격"[68]이므로 "지나치게 구애되어 살필 필요는 없다"[69]고 함으로써 『시집전』에 인용된 일부 정자 『시』설에 대한 수용 입장을 밝히고 있다. 앞에서도 언급한 바 있는 「소아·채미」편 '비(腓)' 자의 훈석에 대해서도, 주자의 후기 논의를 종합하여 정자의 설을 삭제해야 한다[70]고 언급하였다. 박문호의 『시』설은 『시집전』의 분석과 이해를 중심으로 하여, 『시집전』이 인용하는

66) 朴文鎬, 『楓山記聞錄』, "朱子專主聲音言之, 程子則以所得之地斷之. 二說相須, 其義方備."

67) 朱熹, 『詩集傳』, "程子曰, 『易』「剝」之爲卦也, 諸陽消剝已盡, 獨有上九一爻尙存, 如碩大之果不見食 將有復生之理. 上九亦變, 則純陰矣. 然陽無可盡之理, 變於上則生於下, 無間可容息也."

68) 朴文鎬, 『詩集傳詳說』Ⅰ, 「曹風·下泉」, "按程子此說, 主解『易』而引『詩』, 故「匪風」·「下泉」反爲賓云."

69) 朴文鎬, 『楓山記聞錄』, "蓋程子本以註『易』也, 非註『詩』, 故註末反引「匪風」·「下泉」. 讀者凡遇章下此等引用之文, 不必泥看也."

70) 朴文鎬, 『楓山記聞錄』, "腓義以圈下只以芘倚釋之者推之其訓處, 程子說當刪, 果如小註云云也."

정자 『시』설의 맥락과 독법을 세밀하게 읽어내고자 하였다는 점에서, 『시집전』의 정자 『시』설에 대한 수용 양상과 조선시대 그에 대한 수용 양상의 일면을 살피는 데 참고될 수 있다.

조선후기에는 정자 『시』설을 검토, 이해, 비판하는 외에, 자신의 『시』설을 구축하는 데 정자 『시』설을 참고, 활용하는 양상도 확인된다. 대표적인 사례로 이익, 정약용, 백봉래의 『시』설을 거론할 수 있다.

'육의'를 '쓰임[用]'의 각도에서 접근한 성호 이익은 자신이 제시한 육의설의 근거의 하나로 정자의 설[71]을 제시하였다. '음시설'을 반대하고 『시경』 전체 작품 모두 성현이 뜻을 잃고 세상을 근심하는 작품[72]이라고 본 정약용은, 「대서」·「소서」의 작자 문제와 관련하여 이정의 관점을 채록해 두면서[73], 주자의 주장처럼 위굉(衛宏)을 「시서」의 작자로 본다 하더라도 유래가 오래되었으므로 비판적으로 참고해야 함을 강조함으로써 「시서」의 중요성을 배제하지 않았다. 이익과 정약용의 사례는, 주자의 『시』설과는 다른 해석 구도로 『시』를 해석할 때 정자 『시』설이 주요 근거 중의 하나로 제시되고 있다는

71) 程頤는 기존 三體三用說과 상대되는 '六用說'을 주장하였는데 이익은 이를 참고하여 '用詩'상에서의 '六用說'을 주장하였다. 이와 관련하여서는, 김수경, 「朝鮮時代 賦比興 論議의 認識層位에 대한 고찰」, 『한국한문학연구』 62, 한국한문학회, 2016, 20~23쪽 참조.

72) 丁若鏞, 『與猶堂全書』, 「文集」 卷18, 「家誡」, "『詩』三百篇, 皆賢聖失意憂時之作."

73) 앞 장에서 소개한 문장 외에, 다산이 추가로 인용한 문장은 다음과 같다. 程顥·程頤, 『二程集』(上), 『河南程氏遺書』 卷19, 中華書局, 1981/2004, 256쪽. "伊川曰, "『詩』「小序」, 便是當時國史作, 如當時不作, 雖孔子亦不能知, 況子夏乎? 如「大序」則非聖人不能作." 단, "便是", "況子夏乎" 등이 생략되는 등 일부 문장의 차이가 있다.

점에서 주목할 수 있다.

한편, 『시』·『서』·『역』을 하나의 체계로 보고 특히 『주역』의 이치로 『시』의 체계와 의미를 해석하는 데 정자의 설을 참고한 사례도 확인된다. 백봉래(白鳳來, 1717~1799)는 주자가 『시집전』에서 「조풍」의 마지막 시편인 「하천」편 말미에 인용한 정자 설에 주목하였다. 정자는 모든 양(陽)이 이미 다하고 상구(上九) 한 효(爻)만이 아직 남아 있는 「박괘」의 괘상이 마치 거대한 열매가 먹히지 않아 장차 다시 자라날 이치를 지님과 같다고 비유함으로써 『시』의 차서(次序)가 어지러움이 지극한 상태에서 다스려짐을 생각하는 이치를 담고 있음을 피력한 바 있다. 백봉래는 이를 수용함과 동시에 정풍(正風)을 「태괘(泰卦)」 이전의 「복괘(復卦)」의 상태로 보고, 변풍(變風)을 「박괘」로 설정함으로써, 「박괘」와 「복괘」의 순환구조로 15국풍을 파악했다.[74] 이들 사례를 통해 자신의 『시』설을 재구하는 데 있어서도 정자의 설이 활용되었음을 확인할 수 있다.

5. 맺음말

본고는 정주학으로 일컬어지는 정자와 주자의 학문 가운데 시경학 영역에 존재하는 동질성과 이질성에 주목하였다. 『주자어류』에서의 정자 『시』설에 대한 언급을 통해, 주자의 정자 『시』설의 평가와

74) 白鳳來, 『三經通義·詩傳』, 「國風」, "「檜」·「曹」之「匪風」·「下泉」章下, 程子論「剝卦」象, 則生生碩果不遠而復也. 此正風爲「泰」前之「復」也歟! 風變於「邶」, 終於陳靈, 則「周」·「召」·「檜」·「曹」, 其不爲「剝」·「復」之循環一理耶!"

수용 양상을 집중적으로 살펴봄으로써 정·주 시경학의 동이(同異) 지점을 개략적이나마 확인할 수 있었다. 아울러 이를 바탕으로 조선시대 시경학에서 어떻게 정자 『시』설을 수용, 해석하고 자신의 『시』 해석 구도 구축에 활용했는지 검토하였다. 검토 과정에서 다음 몇 가지 사항을 도출할 수 있었다.

첫째, 조선시대 시경학에서 '주자 시경학'의 수용이 다양한 양상을 보이는 배경요소의 하나로 주자 시경학이 수용하고 있는 송대 성리학의 다양한 층위를 꼽을 수 있다. 주자는 한당(漢唐) 시경학과 송대 시경학을 종합적으로 검토하고 비판적으로 수용한 토대 위에 독자적인 체계를 구축하였다. 주자의 『시집전』과 『주자어류』 등을 통해 주자가 송대 시경학에 대한 비판적 수용의 면모들을 확인할 수 있으므로 조선시대 학자들이 주자 시경학에 대한 이해가 깊어질수록 송대 성리학적 『시경』 해석의 접근이 다양화되고 심화되는 계기가 마련되었다고 생각된다.

둘째, 주자 시경학이 수용하고 있는 송대 성리학의 다양한 층위 가운데 본고에서 검토한 정자 시경학은 성리학의 각도에서 『시경』을 해석할 때, 동질점과 차이점이 비교적 뚜렷하게 변별되는 대표적인 사례이자 시경학을 경학사상사의 측면에서 살펴볼 때 효과적인 비교 대상이라 할 수 있다. 북송오자로 불리는 주돈이, 소옹, 장재, 정호, 정이 가운데, 주돈이의 경우는 『시경』에 관한 관점을 확인할 수 없고 소옹과 장재의 경우는 이정에 비해 관련 언급이 더욱 적다.[75] 성리학적 『시경』 해석의 접근 통로는 주자 외에 이정의 『시』설이 가장 효과적인 경우에 해당한다. 조선시대, 특히 조선후기에

75) 戴維, 『詩經硏究史』, 湖南敎育出版社, 2001, 292~293쪽 참조.

나타난 이정 『시』설에 대한 상이한 입장과 견해는 송대 시경학의 서로 다른 층위가 조선시대 학자들의 수용과 활용 과정에서 다양하게 작용하였음을 보여준다.

셋째, 조선시대 정자 시경학의 수용은 다양한 양상을 보인다. 성리학적 『시경』 읽기로서 검토・수용되기도 하였고, 주자 시경학과 변별되는 성격이 부각되어 비판되기도 하였으며, 자신의 독자적인 『시』설 체계를 구축하는 데 활용되기도 하였다. 정자 『시』설은, 조선시대 학자들이 주자 시경학에 대한 수용과 검토를 동반하는 가운데, 조선시대 시경학의 주자 시경학에 대한 이해의 깊이를 가늠하고 도학적 『시경』 해석 공간의 폭을 넓히며 새로운 『시경』 해석과 구도 구축의 가능성을 열어가는 데 유용하게 참고되었음을 살필 수 있다.

종합하면, 주자 시경학과 이정 시경학의 길항 관계에 대한 고찰은 조선시대 성리학자들의 시경학에 내재한 다양한 층차를 이해하는 데뿐만 아니라 성리학적 경학 풍토가 강한 조선시대의 경학연구에서 기존 성리학자의 『시경』설을 어떻게 새롭게 활용하는가를 살피는 데에도 유용함을 확인할 수 있다. 이는 조선시대 다원론적인 『시경』 접근 문화의 특징을 효과적으로 확인하는 과정이기도 하다. 특히 주자의 성리학적 견해가 중심을 이루던 시기에 주자에 앞서면서 주자와 구별되는 정자 시경학에 대한 이해는 이후 학자들의 시경 이해에 관한 문화다원론적 『시경』 이해의 방향을 제시해 준다고 할 수 있다. ◈

참 고 문 헌

원전류:

毛公 傳, 鄭玄 箋, 孔穎達 疏,『毛詩正義』, 北京大學出版社, 2000.

程顥·程頤 著,『二程集』, 中華書局, 1981/2004.

程顥·程頤 著, 최석기 역,『譯註二程全書』1, 전통문화연구회, 2018.

朱 熹,『詩集傳』, 朱傑人・嚴佐之・劉永翔主編 標點本『朱子全書』, 上海古籍出版社・安徽教育出版社, 2002.

金昌翕,『三淵集』.

金羲淳,『講說・詩說』

朴文鎬,『詩集傳詳說』,『楓山記聞錄』

白鳳來,『三經通義・詩傳』.

丁若鏞,『與猶堂全書』.

正 祖,『弘齋全書』.

洪汝河,『木齋集』.

단행본류:

김흥규,『朝鮮後期의 詩經論과 詩意識』, 고려대 민족문화연구소, 1982/1995.

박 석,『송대 신유학자들은 문학을 어떻게 보았는가』, 역락, 2005.

심경호,『조선시대 한문학과 시경론』, 일지사, 1999.

이병찬,『한・중 시경학 연구』, 보경문화사, 2012.

姜海軍,『二程經學思想研究』, 北京師範大學出版集團, 2016.

高 佳,「程頤『詩』學中的義理化傾向」,『山西能源學院學報』, 山西能源學院, 2012(02).

戴 維,『詩經研究史』, 湖南教育出版社, 2001.

向 熹,『詩經詞典』, 四川人民出版社, 1997.

張立文·祁潤興,『中國學術通史·宋元明卷』(第五章第三節第二項'「詩序」作者和價值的論爭'), 人民出版社, 2004.

種村和史 著, 李棟 譯,『宋代「詩經」學的繼承與演變』, 上海古籍出版社, 2017.

夏傳才,『詩經研究史概要』, 萬卷樓, 1997.

洪湛侯,『詩經學史』, 中華書局, 2002/2004.

논문류:

김수경, 「조선시대 17세기 『시경』 읽기의 다각화 양상 고찰」, 『大東漢文學』 61, 대동한문학회, 2019.
김진영, 「삼연 김창흡의 시경론 연구」, 서울대학교 석사학위논문, 2020.
이병찬, 「한국의 시경론 연구: 국풍론을 중심으로」, 단국대 박사논문, 2001.
이재훈, 「朱子 詩經學 研究」, 서울대 박사학위 논문, 1994.
邱培超, 「二程『詩經』學中的經世思想」, 『空大人文學報』 23, 2014(民國103年).
譚德興, 「試論程顥·程頤的『詩』學情性觀」, 『湖南文理學院學報』 28(5), 湖南文理學院, 2003.
譚德興, 「試論程顥·程頤的『詩』學思想」, 『詩經研究叢刊』 6, 學苑出版社, 2004.
王 闊, 「二程『詩經』學研究」, 揚州大學碩士學位論文, 2015.
李 平, 「'詩六義' 學術史研究」, 華中師範大學博士學位論文, 2013
種村和史, 「深讀みの手法:程頤の詩經解釋の志向性とその宋代詩經學史における」, 『中國研究』 4, 慶應義塾大學日吉紀要刊行委員會, 2011.
朱學博, 「兩宋之際『詩經』學研究」, 華東師範大學 博士學位論文, 2018.
陳戰峰, 「宋代「詩經」學與理學—關於『詩經』學的思想學術史考察」, 西北大學 博士學位論文, 2005.

권근의 『주역천견록』에 나타난 상수학적 방법론

-오징(吳澄)의 『역찬언(易纂言)』과의 관련성을 중심으로-

임 재 규

* 이 글은 『태동고전연구』 제46집(한림대학교 태동고전연구소, 2021.06)에 게재한 동명의 논문을 본 저서의 간행 취지에 맞춰 일부 수정한 것이다.

1. 서언

『사고전서총목제요』의 역학 분류의 기준에 의하면, 조선시대 역학사의 주요한 흐름은 의리역학과 상수역학의 두 가지 흐름으로 분류할 수 있다. 조선시대의 의리역학은 『사고전서총목제요』의 유학의 의리를 중심으로 『주역』을 해석하는 흐름을 말한다. 그런데 조선시대의 상수역학은 『사고전서총목제요』의 한대(漢代) 상수학적 흐름과 송대(宋代) 도서학적 흐름이 동시에 존재한다.[1)] 조선시대의 역학사는 특히 송대 도서학적 흐름이 조선시대 상수역학의 주도적인 흐름으로 나타나고 있고, 학계의 연구도 이러한 조선시대 역학사의 도서학적 흐름에 주목한 경우가 다수였다고 볼 수 있다. 이러한 연유로 조선시대 역학사 연구에 있어 한대 상수학적 흐름에 대한 연구는 상대적으로 미흡했다고 볼 수 있다. 본 연구는 이처럼 조선시대 상수역학의 한 흐름인 한대 상수학적 흐름이 조선시대 역학사의 원류에 해당하는 권근의 『주역천견록(周易淺見錄)』에서 이미 나타나고 있다는 점을 규명해보고자 한다.

양촌(陽村) 권근(權近, 1352~1409)은 여말선초 정도전과 함께 관학계를 대표하는 학자로, 그의 『오경천견록(五經淺見錄)』은 현존하는 최고의 경학 저술로 평가되고 있다. 『오경천견록』 중의 하나인 『주역천견록(周易淺見錄)』은 조선시대 역학사에 있어 시원에 해당하는 중요

1) 필자는 조선시대 역학사의 상수역학적 흐름을 한대(漢代) 상수학적 흐름과 송대(宋代) 도서학적 흐름으로 나누어 보고자 하며, 이러한 맥락에서 한대(漢代) 상수학적 흐름을 '상수학'으로, 송대(宋代) 도서학적 흐름을 '도서학'으로 구분하여 용어를 사용하고자 한다.

한 저술이다.

『주역천견록』의 내용은 크게 역설(易說), 상경(上經), 하경(下經), 계사상(繫辭上), 계사하(繫辭下), 설괘전(說卦傳)으로 구성되어 있다.[2] 상경(上經)과 하경(下經) 모두 64괘 괘사 전체와 384효 전체에 대해 주석을 기록하고 있지는 않으며, 계사상(繫辭上)과 계사하(繫辭下), 그리고 설괘전(說卦傳)도 전체 장에 대해 주석을 기록하지는 않았다. 그럼에도 이를 통해 권근의 역학을 이해하는 데 큰 무리는 없는 것으로 보인다.

지금까지 『주역천견록』에 대해 적지 않은 선행 연구가 있었다. 크게 보면, 『주역천견록』의 의리역학적 측면에 대한 연구[3], 『주역천견록』의 도서학적 측면에 대한 연구[4], 『주역천견록』과 원대 오징 역학과의 관련성에 대한 연구[5] 등이다.

『주역천견록』의 의리역학적 측면에 대한 연구는 엄연석 선생의 「권근의 『주역천견록』과 의리역학」을 들 수 있다. 이 논문은 『주역천견록』이 "정이의 의리역학적 해석에서 중요한 중정과 비응 개념을 통해서 괘효사를 의리적으로 해석한 것"[6]으로 보았으며, 『주역천견록』을 "권근의 학문체계에서 성리학적 본체론과 유가적인 도덕실천을 포괄하는 토대를 찾기 위한 노력의 산물"[7]로 평가하고 있다.

---

2) 권근 지음, 이광호 외 역주, 『國譯 三經淺見錄(詩・書・周易)』, 청명문화재단, 1999.

3) 엄연석, 「권근의 『주역천견록』과 의리역학」, 『주역철학과 문화』 1, 2003.

4) 이기훈, 「권근(權近) 역학(易學)의 하락론(河洛論)과 주희(朱熹)의 하락론」, 『중국철학』 9, 2002.

5) 이기훈, 「권근 역학과 원대 오징 역학의 관련성 연구」, 『哲學硏究』 92, 2004; 김재갑, 「『주역천견록』의 『역찬언』 수용과 비판」, 『白岳論叢』 2, 2009.

6) 엄연석, 「권근의 『주역천견록』과 의리역학」, 『주역철학과 문화』 1, 2003, 186쪽.

『주역천견록』의 도서학적 측면에 대한 연구로는 이기훈 선생의 「권근(權近) 역학(易學)의 하락론(河洛論)과 주희(朱熹)의 하락론」을 들 수 있다. 이 논문은 권근의 역학에서 하락론이 가지는 의미를 주자 성리학의 우주론과 이기론으로 확장하는 데 있는 것으로 보았다.[8]

『주역천견록』과 원대 오징 역학과의 관련성에 대한 연구로는 이기훈 선생의 「권근 역학과 원대 오징 역학의 관련성 연구」와 김재갑 선생의 「『주역천견록』의 『역찬언』 수용과 비판」을 들 수 있다. 이기훈 선생의 「권근 역학과 원대 오징 역학의 관련성 연구」는 권근 역학과 원대 오징 역학의 관련성을 사상적 측면에서 고찰하고 있는데, 특히 권근의 이학적 성리설과 오징의 심학적 성리설을 비교 고찰하고 있다. 김재갑 선생의 「『주역천견록』의 『역찬언』 수용과 비판」은 『주역천견록』에 나타난 『역찬언』의 내용을 정리한 것이다.

선행 연구에서 아직 연구되지 못한 분야는 『주역천견록』의 상수학적 측면과 이와 관련된 오징 역학에 대한 연구가 아닌가 한다. 기존의 『주역천견록』과 오징 역학과의 관련성에 대한 연구는 주로 권근 역학과 오징 역학의 성리학적 측면에 대해 이루어졌다. 특히 『주역천견록』이 의리역학적 관점, 상수역학적 관점, 그리고 성리학적 관점 등 다원적 요소를 포함하고 있다는 점에서 본 연구는 『주역천견록』의 문화다원적 역학을 해명하는 의의가 크다고 할 것이다.

---

7) 엄연석, 「권근의 『주역천견록』과 의리역학」, 『주역철학과 문화』 1, 2003, 186쪽.

8) 이기훈, 「권근(權近) 역학(易學)의 하락론(河洛論)과 주희(朱熹)의 하락론」, 『중국철학』 9, 2002, 149~176쪽.

2. 권근의 『주역천견록』에 나타난 상수학적 방법론

권근의 『주역천견록』은 조선역학사의 원류에 해당하는 중요한 저술이다. 어떻게 보면, 조선시대 역학사의 방향을 제시해 주고 있는 일종의 스탠다드 같은 역할을 하고 있는 저술이 바로 이 『주역천견록』이라 할 수 있다. 『주역천견록』의 서문격에 해당하는 상경의 앞부분에는 권근의 『주역』에 대한 기본적인 관점이 잘 나타나 있다.

> 정자는 『주역』 경문의 의리를 연역하여 그 오묘한 뜻을 드러냈다. 소옹은 복희가 그린 상수를 전하여 그 정밀하고 깊은 뜻을 지극히 했다. 회암 주자는 또 집대성하였는데, 『주역본의』를 지어 경문에 덧붙였고 『역학계몽』을 지어 그 나머지 뜻을 다했으니, 그 상수를 궁구함에 있어서도 더욱 정밀했고 의리를 해석함에 있어서도 더욱 밝았다. 마치 밝은 태양이 푸른 하늘을 운행하는 것과 같이 진한 이래의 어두워지고 가려진 바를 일소하였으니, 진실로 천만세 우리 도의 큰 행운이다.[9)]

위의 인용을 통해 보면, 권근은 『주역』에 대해서 송대 정이(程頤)의 의리학, 송대 소옹(邵雍)의 상수학, 그리고 송대 주자(朱子)의 의리학과 상수학의 집대성이라는 관점을 수용하고 있다. 즉, 권근의 역학은 송대 정이, 소옹, 주자의 역학을 계승하고 있다는 점을 분명히

9) 권근 지음, 이광호 외 역주, 『國譯 三經淺見錄(詩・書・周易)』, 청명문화재단, 1999, 112쪽. "程演周經義理, 發其蘊奧. 邵傳羲畫象數, 極其精深. 晦庵朱子又集大成, 有本義以附於經文, 有啓蒙以盡其餘意, 其窮象數也益精, 其析義理也益明. 秦漢以來, 陰翳掃盡, 如揭白日而行青天, 誠千萬世吾道之大幸也."

알 수 있다. 이는 다시 말하면, 권근의 역학은 역학의 양대 산맥인 의리학과 상수학의 종합 내지 절충을 추구하고 있다는 점이다. 한편 이러한 송대 역학의 계승과 더불어 권근이 『주역천견록』에서 제시하고 있는 중요한 점은 원대 오징의 『역찬언』을 자신의 역학에 있어서 주요한 전거로 내세우고 있다는 것이다.

> 근래 초려 오징이 지은 『역찬언』을 보았는데, 괘효의 호체에서 상을 취한 것이 발명한 바가 많았고, 또 이 경전에도 공이 있었다.[10]

여기에서 권근이 오징의 『역찬언』 중에서도 위의 인용에서 언급하고 있는 호체론 등 상수학적 방법론을 특히 강조하고 있는 점이 주목할 만하다. 『역찬언』을 통해 알 수 있듯이, 오징의 역학은 기본적으로 주자의 역학을 계승하고 있다. 즉 주자의 의리학과 상수학의 절충이라는 관점을 계승하고 있다. 그러나 권근이 오징의 『역찬언』에 특별히 주목하고 있는 것은 그의 상수학적 방법론이다. 이러한 이유로 권근은 『주역천견록』에서 『역찬언』의 상수학적 내용을 상당수 인용하고 있는 것이다. 이는 주자의 역학에서 상수학적 방법론이 상대적으로 취약하기 때문일 것이다. 이와 관련하여 이괘(頤卦) 육사(六四)에 대한 권근의 해석이 잘 말해 주고 있다.

> 육사(六四), 뒤집어진 이괘(頤卦)이니, 길하다. 호랑이가 전일하게 노려보고 그 뜻이 계속 이어지니, 허물이 없을 것이다. 『정전(程傳)』에는 '호

10) 권근 지음, 이광호 외 역주, 『國譯 三經淺見錄(詩·書·周易)』, 청명문화재단, 1999, 112~113쪽. "比觀草廬吳氏澄所著易纂言, 其於卦爻互體取象, 多所發明, 亦有功於此經者也."

랑이가 노려보다'를 '위엄을 기르는 것'으로 보았고, 『본의(本義)』에는 '전일하게 내려다보는 것'으로 보았다. 오씨(吳氏)가 말했다. "이(離)는 거북을 상징하고 또 호랑이를 상징한다. 이괘(頤卦)는 이(离)를 닮았다. 거북은 껍질의 외부가 단단하고, 호랑이는 문채가 외부로 드러난다. 안으로 자신을 기르는 것은 거북이만한 것이 없고 밖으로 먹이를 구하는 것은 호랑이만 한 것이 없다. 그러므로 이괘(頤卦)의 초구(初九)와 육사(六四)는 이 두 동물을 상으로 삼았고, '보다(視)' 또한 이목(离目)의 상이다. 호랑이는 항상 아래를 내려다보니, '탐탐(耽耽)'은 전일한 모양이다. '축축(逐逐)'은 서로 이어지는 뜻이다. 사(四)가 초(初)에 대하여 현자에게 자신을 낮춰 도움을 구하는 마음이 반드시 호랑이가 아래로 내려다보고 먹이를 구하는 마음과 같이 한 후에야 그 아래로 내려다보는 것이 전일하여 다른 곳으로 가지 않고 그 먹이를 구하는 마음이 계속 이어져 쉬지 않을 수 있다. 이와 같다면, 다른 사람에 대하여 두 마음이 있지 않고 자신에 대하여 스스로 만족하지 않아서 윗자리에 거하여 아랫사람을 구하는 도리를 얻는다. 만약 자신을 낮춰 현자를 구하는 마음이 전일하지 않으면 현자는 선으로써 즐거이 고하지 않을 것이고, 이익을 구하는 마음이 계속 이어지지 않는다면 조금 얻기도 전에 그만둘 것이다." 내가 생각하기에, 정자의 설이 비록 좋지만 위엄을 세우고자 한 것이니, 윗자리에 거하면서 아랫사람을 구하는 도리는 아니므로 주자는 '전일하게 내려다보는 것'으로 여겼다. 오씨는 이러한 주자의 뜻을 거의 남김없이 드러내 밝혔다. 거북과 호랑이의 상에 대해 주자는 문인에게 말했다. "모든 괘에서 거북을 말한 경우 이괘(离卦)를 얻지 않으면 반드시 이괘가 숨어 있는데, 가령 '타이(朶頤)'가 이것이다." 이는 이미 분명히 말한 경우이지만 호랑이에 대해서는 오히려 '이 상은 아직 이해하지 못하였다'라고 했다. 오씨는 이 두 가지 물상을 말했으니, 주자가 아직 드러내지 못한 바를 밝힌 것이다. 대체로 오씨의 설은 괘효상의 예에 대해 발명한 바가 많다.[11]

---

11) 권근 지음, 이광호 외 역주, 『國譯 三經淺見錄(詩・書・周易)』, 청명문화재단, 1999, 181~182쪽. "六四, 顚頤吉. 虎視耽耽, 其欲逐逐, 无咎. 程傳以虎視爲養其威

이 인용은 『주역천견록』에 나타나는 기본적인 패턴이 잘 드러나 있다. 즉 『주역천견록』은 정자의 의리학적 해석과 주자의 의리학적 해석을 인용하고 그리고 이러한 해석이 도출되는 상수학적 해석은 오징의 『역찬언』의 관련 주석을 인용하고 있는 것이다. 위의 인용에서는 특히 주자의 상수학적 해석에 미진한 바를 오징의 해석을 통해 보완하고 있다.

권근의 『주역천견록』에 나타나는 상수학적 방법론은 크게 호체론과 괘변론이다. 역학의 상수학적 방법론에는 이외에도 효변론이 중요하지만, 필자가 고찰한 바에 의하면 권근의 『주역천견록』에는 효변론은 나타나지 않는다. 오징의 『역찬언(易纂言)』에는 효변론이 중요한 상수학적 방법론으로 사용되고 있지만, 권근은 이를 받아들이지 않는다. 이러한 점은 정이, 소옹, 주자의 역학에서 효변론을 수용하지 않고 있는 점과도 관련이 있을 것이다. 따라서 본 장에서는 『주역천견록』에 나타난 호체론과 괘변론을 살펴보고자 한다.

호체는 역학에 있어서 대표적인 상수학적 방법론의 하나이다. 호체의 기본적인 의미는 중괘의 이효, 삼효, 사효로 구성되는 내호괘와 삼효, 사효, 오효로 구성되는 외호괘로 이루어지는 새로운 괘를

嚴, 本義下而專也. 吳氏曰, 離象龜, 又象虎. 頤卦肖离, 龜者以其介甲之外堅, 虎者以其文明之外著. 夫自養於内, 莫如龜, 求養於外, 莫如虎. 故頤之初九六四, 取二物爲象, 視亦离目之象也. 虎視常下, 耽耽專一貌, 逐逐相繼也. 四之於初, 其下賢求益之心, 必如虎之視下求食, 而後可其視下也, 專一而不他, 其欲食也, 繼續而不歇. 如是則於人不貳. 於己不自 足, 乃得居上求下之道. 苟下賢之心不專, 則賢者不樂告以善, 求益之心不繼, 則未少有得而止矣. 竊意, 程說雖善, 然欲立威嚴, 非居上求下之道. 故朱子以爲下而專也. 吳氏發明朱子之意, 殆無餘蘊. 龜虎之象, 朱子語門人, 凡卦中說龜, 不是正得离卦, 必是伏箇离, 如朶頤, 是也. 是已明說. 於虎却云, 此象未曉. 吳氏說此二象, 亦發朱子之所未發. 大抵吳說於卦爻象例多所發明."

의미한다. 이렇게 되면, 본괘의 내괘와 외괘로 구성되는 괘와 함께 내호괘와 외호괘로 구성되는 호괘가 새롭게 형성되는 것이다. 따라서 호체는 괘의 해석에 있어서 다양한 가능성을 제시해 준다는 점에서 그 의의가 있다.

호체론에는 이러한 기본적인 호괘 외에 다양한 호체가 존재한다. 대호(大互), 겸호(兼互), 도호(倒互) 등이 있다. 대호(大互)는 삼획괘뿐만 아니라 사획괘, 오획괘, 육획괘 등에서 호체를 구하는 것이다. 예를 들어, 대과괘(大過卦)는 초효에서 상효까지 전체를 통틀어 봤을 때, 감괘(坎卦)와 유사하다. 이러한 경우 대과괘의 호체를 감괘로 볼 수 있다. 이를 대호(大互)라고 한다. 겸호(兼互)는 육획괘에서 초효와 이효, 삼효와 사효, 오효와 상효를 겸획하여 보는 것을 말한다. 예를 들어, 대장괘(大壯卦)는 초효와 이효, 삼효와 사효, 오효와 상효를 겸획하여 보았을 때, 태괘(兌卦)가 된다. 도호(倒互)는 중괘에서 내괘와 외괘를 뒤집어 보는 것을 말한다. 예를 들어, 중부괘(中孚卦)의 경우, 내괘는 태괘(兌卦)이고 외괘는 손괘(巽卦)이다. 그런데 이 내괘와 외괘를 뒤집어 보게 되면, 내괘는 손괘(巽卦)가 되고 외괘는 태괘(兌卦)가 된다. 이를 도호(倒互)라고 한다.

『주역천견록』에는 호체의 기본인 외호괘와 대호가 나타난다. 먼저 외호괘의 예는 미제괘(未濟卦)의 괘사에 대한 해석에서 살펴볼 수 있다.

미제(未濟)는 형통하다. 어린 여우가 거의 건널 즈음에 그 꼬리를 적시니, 이로울 바가 없다. 오씨는 감(坎)을 여우로 보았다. 삼효, 사효, 오효가 호체 감(坎)이고 양은 크고 음은 작으며 육오(六五)는 음유(陰柔)이니, '어린 여우'라고 했다. '흘제(汔濟)'는 위에 거의 이르렀다는 뜻이다. 육오

(六五)의 여우가 아직 상구(上九)에 이르지 않았으니, 이는 거의 건넜지만 아직 다 건너지는 않았다는 것이다. 아래의 감(坎)의 초육(初六)은 구이(九二)와 연결되어 있고 호체 감(坎)의 아래 효의 뒤이며, 어린 여우의 몸은 앞의 물에 있어 거의 건널 즈음이고 그 꼬리는 뒤의 물속에 있으므로 '그 꼬리를 적시다'라고 했다. 제가는 아래의 감(坎)을 여우로 보았는데 타당하지 않다. 내가 생각하기에, 오징의 설이 적절하다. 그러나 어린 여우가 육오(六五)의 음(陰)은 아닌 듯하다. 마땅히 하괘(下卦)의 감(坎)을 늙은 여우로 호괘(互卦)의 감(坎)을 어린 여우로 보아야 한다.[12]

위의 인용에서 권근은 미제괘(未濟卦)의 괘사 중 '어린 여우'라는 상을 도출하기 위해 오징의 호체설을 가져온다. 즉 미제괘의 외호괘인 삼효, 사효, 오효로 이루어진 감괘(坎卦)를 통해 '여우'라는 상을 도출한 것이다. 이렇게 외호괘를 통해 어린 여우라는 상을 도출하게 되면, 물을 거의 건널 즈음의 의미를 가지는 '흘제(汔濟)'와 그 꼬리를 적시다의 의미를 가지는 '유기미(濡其尾)'의 해석이 가능하게 되는 것이다.

『주역천견록』에 나타나는 대호(大互)의 예는 이괘(頤卦) 육사(六四)에서 찾아볼 수 있다.

오씨(吳氏)가 말했다. "이(離)는 거북을 상징하고 또 호랑이를 상징한다. 이괘(頤卦)는 이(离)를 닮았다. 거북은 껍질의 외부가 단단하고, 호랑

12) 권근 지음, 이광호 외 역주, 『國譯 三經淺見錄(詩・書・周易)』, 청명문화재단, 1999, 241~242쪽. "未濟, 亨. 小狐汔濟, 濡其尾, 无攸利. 吳氏以爲坎爲狐, 三四五互坎, 陽大陰小, 六五陰柔, 故曰小狐. 汔濟, 幾至於上. 蓋六五之狐未至上九, 是幾於濟而猶未濟也. 下坎初六連九二, 在互坎下畫之後, 小狐之身在前水, 而幾於濟, 其尾在後水之中, 故云濡其尾. 諸家以下坎爲狐者未協. 愚按, 此得之. 但恐小狐非謂六五之陰, 當以下卦之坎爲老狐, 互卦之坎爲小狐也."

이는 문채가 외부로 드러난다. 안으로 자신을 기르는 것은 거북이만 한 것이 없고 밖으로 먹이를 구하는 것은 호랑이만한 것이 없다. 그러므로 이괘(頤卦)의 초구(初九)와 육사(六四)는 이 두 동물을 상으로 삼았다."[13)]

위의 인용에서 이괘(頤卦)는 내괘가 진괘(震卦)이고 외괘가 간괘(艮卦)이다. 그리고 이괘(頤卦)의 내호괘는 곤괘(坤卦)이고 외호괘는 곤괘(坤卦)이다. 따라서 이괘(頤卦)의 내괘, 외괘, 내호괘, 외호괘에서 거북과 호랑이를 상징하는 이괘(離卦)가 존재하지 않는다. 그러나 이괘(頤卦)의 대호괘를 구하면 초효가 양이고 이효, 삼효, 사효, 오효가 음이고, 상효가 양이 되어 전체적인 틀에서 보면 이괘(頤卦)는 이괘(離卦)와 유사하다. 즉 이괘(頤卦)의 대호괘는 이괘(離卦)가 된다. 이처럼 권근은 이괘(頤卦) 육사(六四)의 효사에 있는 '호랑이'의 상을 대호괘를 통해 도출한다.

호체론과 더불어 역학의 대표적인 상수학적 방법론이라 할 수 있는 괘변론은 기본적으로 64괘 사이의 변화를 통해 새로운 상을 도출하는 방법을 말한다. 이러한 괘변론은 『십익』 중 「단전」에서 그 연원을 찾을 수 있다. 괘변론의 대표적인 학설은 한대(漢代) 경방의 팔궁설, 한대(漢代) 순상의 건곤승강설, 한대(漢代) 우번의 벽괘설 등이다. 이 중에서 역학사를 통틀어 가장 큰 영향을 미친 것은 우번의 벽괘설이라 할 수 있다. 우번의 벽괘설은 시대의 변화에 따라 다양한 벽괘설로 발전하는데, 벽괘설의 대강은 다음과 같다. 즉 64괘 사이의 변화는 기본적으로 12벽괘으로부터 연괘로의 변화를 의미한다.

---

13) 권근 지음, 이광호 외 역주, 『國譯 三經淺見錄(詩・書・周易)』, 청명문화재단, 1999, 181쪽. "吳氏曰, 離象龜, 又象虎. 頤卦肖离, 龜者以其介甲之外堅, 虎者以其文明之外著. 夫自養於內, 莫如龜, 求養於外, 莫如虎. 故頤之初九六四, 取二物爲象."

12벽괘는 복(復), 임(臨), 태(泰), 대장(大壯), 쾌(夬), 건(乾), 구(姤), 둔(遯), 비(否), 관(觀), 박(剝), 곤(坤)이다. 따라서 64괘 중 12벽괘를 제외한 나머지 52괘는 연괘가 되며, 이 연괘는 벽괘로부터 생성된다는 것이다. 예를 들어, 겸괘(謙卦)는 복괘(復卦)로부터 생성되고, 명이괘(明夷卦)는 임괘(臨卦)로부터 생성된다.

『주역천견록』에 나타나는 괘변론의 예는 환괘(渙卦) 육사(六四)의 효사 해석에서 찾을 수 있다.

> 육사(六四)는 그 무리를 흩어 버리니 크게 길하다. 흩어짐에 언덕이 생기니 평범한 사람이 생각할 수 있는 바가 아니다. 오씨가 말했다. "육사(六四)는 본래 비괘(否卦)의 육이(六二)이다. 세 개의 음(陰)이 아래에 함께 모여 무리를 이루었는데, 이(二)의 일음(一陰)이 이(二)의 자리를 떠나 사(四)로 오르고, 초(初)와 삼(三)의 음유(陰柔)의 무리를 벗어나 위로 오(五)와 함께 함으로 크게 길한 것이 더욱 명백하다. 그러나 '흩어짐에 언덕이 생기다.'고 한 것은 삼효, 사효, 오효는 호체 간(艮)이고 사효는 산의 반으로 언덕이 되며, 음효가 이(二)에서 사(四)로 올라가 이러한 언덕이 생기기 때문이다." 내가 생각하기에, 비괘(賁卦)의 '구원(丘園)', 이괘(頤卦)의 '우구(于丘)'가 모두 간(艮)의 상효를 가리키니, 이 또한 위로 오(五)와 함께 하기 때문에 '유구(有丘)'라고 했다. '비이(匪夷)'의 '이(夷)'는 마땅히 '추이(醜夷)'의 '이(夷)'로 동료의 의미이다. 사사로운 무리를 떠나 위로 함께 하여 큰 무리를 이루므로 평범한 무리가 생각할 수 있는 바가 아니다. 오씨는 '명이(明夷)'의 '이(夷)'로 보았는데, 마땅하지 않다.[14)]

---

14) 권근 지음, 이광호 외 역주, 『國譯 三經淺見錄(詩·書·周易)』, 청명문화재단, 1999, 233쪽. "六四, 渙其群, 元吉. 渙有丘, 匪夷所思. 吳氏謂, 六四本否之六二, 三陰同處于下而爲群, 二之一陰去二升四, 離其初三陰柔之群而上同乎五, 故元吉, 尤爲明白. 但謂渙有丘, 三四五互艮, 四山之半爲丘, 六自二升四而有此丘. 愚意, 賁之丘園, 頤之于丘, 皆指艮上, 此亦上同乎五, 故曰有丘. 匪夷之夷, 當如在醜夷之夷, 儕輩也. 去私

위의 인용에서 환괘(渙卦) 육사(六四)가 비괘(否卦)의 육이(六二)로부터 변화되어 생성된 것임을 말하고 있는데, 이것이 바로 괘변론을 사용하여 해석한 예이다. 괘변론에서 비괘(否卦)는 12벽괘 중의 하나이고, 환괘(渙卦)는 이 비괘(否卦)가 변화하여 생성된 괘이다. 즉 비괘(否卦)의 육이(六二)가 추이하여 사(四)의 자리로 가면 환괘(渙卦)가 된다. 위의 인용에서 "육사(六四)는 본래 비괘(否卦)의 육이(六二)이다. 세 개의 음(陰)이 아래에 함께 모여 무리를 이루었는데, 이(二)의 일음(一陰)이 이(二)의 자리를 떠나 사(四)로 오르고, 초(初)와 삼(三)의 음유(陰柔)의 무리를 벗어나 위로 오(五)와 함께한다"라고 한 것이 바로 이 점을 설명한 것이다. 또 위의 인용의 "음효가 이(二)에서 사(四)로 올라가다"라고 한 것도 같은 의미이다.

한편 괘변론에서는 12벽괘의 내적인 변화도 괘변으로 본다. 예를 들어, 곤괘(坤卦)는 구괘(姤卦)에서 변화하여 생성된 것이고, 건괘(乾卦)는 복괘(復卦)에서 변화하여 생성된 것이다. 『주역천견록(周易淺見錄)』에서 이러한 벽괘설을 차용하여 해석하고 있는 예는 건괘(乾卦)의 초구(初九)의 효사 해석에서 찾을 수 있다.

> 건괘(乾卦)의 초구(初九)는 복괘(復卦)의 초구이다. '잠겨 있는 용이니, 쓰지 말라.'는 복괘(復卦)의 「상전(象傳)」인 '동짓날에는 관문을 닫고 상인과 여행자가 다니지 못하게 하고, 제후는 지방을 순찰하지 않는다.'의 뜻이다. 이 괘 여섯 효는 비록 양효이지만, 초효를 주로 말한다면 양이 아래에서 처음 시작되고 이효 이상은 음과 같다. 그러므로 건괘(乾卦)의 초구(初九)는 복(復)의 상이 있는 것이다. 이는 건(乾)의 도(道)가 바르고 원(元)을 회복하는 때이다. 때문에 마땅히 안정(安靜)하여 미세한 양을

群而上同以成大群, 故不爲夷輩之所思也. 吳氏爲明夷之夷未安."

길러야 한다.[15]

위의 인용에서 건괘(乾卦)의 초구(初九)의 효사인 '잠겨 있는 용이니, 쓰지 말라'를 해석함에 있어서 복괘(復卦)를 사용하고 있다. 괘변론에 의하면 건괘(乾卦)는 복괘(復卦)에서 변화하여 생성되기 때문이다. 따라서 건괘(乾卦)의 초구(初九)는 복괘(復卦)의 초구가 되는 것이다. 이러한 이유로 건괘(乾卦)의 초구(初九)의 효사를 해석할 때, 복괘(復卦)의 「상전(象傳)」을 인용하여 설명하고 또 복괘(復卦)의 상징인 '회복'의 의미도 끌어다 사용한 것이다.

이상의 논의를 통해서 호체론과 괘변론이 『주역천견록』에 나타난 주요한 상수학적 방법론임을 확인하였다. 그리고 『주역천견록』에 나타난 이러한 호체론과 괘변론은 주로 오징의 『역찬언』으로부터 영향을 받았음을 알 수 있다. 이처럼 『주역천견록』은 권근의 역학이 정이천과 주자의 의리학적 역학의 영향뿐만 아니라 오징의 상수학적 역학의 영향이 매우 강력함을 말해 준다.[16]

---

15) 권근 지음, 이광호 외 역주, 『國譯 三經淺見錄(詩・書・周易)』, 청명문화재단, 1999, 116쪽. "乾之初九, 即復之初九也. 潛龍勿用, 即是復象, 至日閉關, 商旅不行, 后不省方之意. 此卦六畫, 雖皆陽爻, 主初而言, 陽始生于下, 自二以上, 猶是陰也. 故乾之初九, 有復之象焉. 此乃乾道貞而復元之時也. 故當安靜, 以養其微陽也."

16) 권근이 오징의 역학에 대해 무비판적으로 수용한 것은 아니다. 다음의 예는 이를 잘 말해 준다. "준괘(屯卦) 육이(六二)에 '곤경에 처하여 나아가지 못하고 말을 타고 돌아온다.'고 하였다. 이에 대해 오씨는 '말을 타다의 말은 네 마리의 말이다. 괘의 네 음(陰)은 네 마리 말의 상이다.'라고 했다. 내가 생각하기에, 「상전(象傳)」에서 '육이(六二)의 어려움은 강(剛)을 타고 있기 때문이다.'고 했으니, 타고 있는 것이 양(陽)임을 분명히 말한 것이다. … 공자의 말씀을 버리고 다른 설을 믿어서는 안 된다.[屯六二, 屯如邅如, 乘馬班如. 吳氏謂, 乘馬四馬也. 四陰四馬之象. 愚按, 象曰六二之動[動當作難], 乘剛也. 分明是說所乘之陽. … 不可舍孔子之辭, 而信他說也.]" 권근 지음, 이광호 외 역주, 『國譯 三經淺見錄(詩・

3. 오징의 『역찬언(易纂言)』이 『주역천견록』의 상수학적 방법론에 미친 영향

앞에서도 살펴보았지만, 『주역천견록(周易淺見錄)』에는 정자의 『이천역전(伊川易傳)』, 주자의 『주역본의(周易本義)』, 『역학계몽(易學啟蒙)』 외에 오징의 『역찬언(易纂言)』이 주요한 전거로 등장한다. 『주역천견록』에는 대략 18곳에서 오징의 『역찬언』을 인용하고 있다. 건괘(乾卦) 「문언전」, 준괘(屯卦) 육이 효사, 몽괘(蒙卦) 구이 「상전」, 송괘(訟卦) 육사 「상전」, 사괘(師卦) 괘사, 소축괘(小畜卦) 상구 효사, 이괘(履卦) 육사 효사, 고괘(蠱卦) 상구 효사, 무망괘(无妄卦) 구오 효사, 리괘(離卦) 구삼 효사, 리괘(離卦) 육오 효사, 진괘(晉卦) 구사 효사, 환괘(渙卦) 「상전」, 환괘(渙卦) 육사 효사, 중부괘(中孚卦) 육삼 효사, 중부괘(中孚卦) 육사 효사, 미제괘(未濟卦) 괘사, 미제괘(未濟卦) 상구 「상전」 등이다.

『사고전서총목제요』에 의하면, 『역찬언』은 "여조겸(呂祖謙)의 고역본(古易本) 경문(經文)을 사용하였으며, 매 괘는 먼저 괘변(卦變)과 주효(主爻)를 나열하였고, 매 효는 먼저 변효(變爻)를 나열하였으며, 그다음에 상(象)과 점(占)을 나열하였다."[17] 여조겸(呂祖謙)의 『고주역(古周易)』은 옛 『주역(周易)』의 원 모습을 보존하기 위해 『주역』 경문과 『십익』의 전문을 분리하였는데,[18] 오징도 이러한 체재를 따라서 『주역』 경

書·周易)』, 청명문화재단, 1999, 125~126쪽.

17) 王雲五 主持, 『合印四庫全書總目提要及四庫未收書目禁燬書目(一)』, 臺灣商務印書館, 1978, 「四庫全書總目提要」, 卷4, 經部4, 易類4, 2쪽. "是書用呂祖謙古易本經文, 每卦先列卦變主爻, 每爻先列變爻, 次列象占."

18) 呂祖謙, 『古周易』, 『四庫全書』 文淵閣本, 驪江出版社 影印本, 1988.

문과 『십익』의 전문을 분리하여 편찬하였다.[19] 주자의 『주역본의』도 이러한 체재를 따르고 있다.[20] 이러한 점은 오징이 주자의 4전 제자이고 주자 역학을 계승하고 있다는 점에서 이해할 수 있다. 특히 오징이 괘효사를 상(象)과 점(占)의 구조로 본 것은 주자의 『주역본의』의 관점을 그대로 따르고 있는 것이다.

위의 제요에서 설명한 내용 중 본고의 주제인 상수학적 방법론과 관련이 있는 부분은 괘변(卦變)과 변효(變爻)이다. 오징이 『역찬언』의 매 괘마다 괘변(卦變)을 나열하고, 매 효마다 변효(變爻)를 나열한 것은 오징이 상수학적 방법론에서 이 두 방법론을 매우 중시했음을 알 수 있다.

오징은 『역찬언』에서 사용하고 있는 상수학적 방법론에 대해 따로 논술을 지었는데, 이 저술이 바로 『역찬언외익(易纂言外翼)』이다. 서명에서 알 수 있듯이, 『역찬언외익』은 『역찬언』에 나타난 상수학적 방법론에 대한 보완적인 설명서이다. 『사고전서총목제요』에 의하면, 『역찬언외익』은 원래 12편이었다.[21] 『사고전서』에 수록되어 있는 『역찬언외익』은 이 중 4편 정도의 분량이 결손되어 있다.[22]

『사고전서총목제요』에 있는 『역찬언외익』의 12익(翼)에 대한 요약은 다음과 같다.

---

19) 吳澄, 『易纂言』, 『四庫全書薈要』, 吉林人民出版社 影印本, 1997.

20) 朱熹 撰, 廖名春 點校, 『周易本義』, 北京: 中華書局, 2009, 1~14쪽.

21) 王雲五 主持, 『合印四庫全書總目提要及四庫未收書目禁燬書目(一)』, 臺灣商務印書館, 1978, 「四庫全書總目提要」, 卷4, 經部4, 易類4, 3쪽.

22) 괘변·변괘·호괘 세 편이 결손되어 있고, 역류는 반이 빠져 있으며, 역원은 완전하지 않은 것 같다. 王雲五 主持, 『合印四庫全書總目提要及四庫未收書目禁燬書目(一)』, 臺灣商務印書館, 1978, 「四庫全書總目提要」, 卷4, 經部4, 易類4, 4쪽.

첫째는 괘통(卦統)이다. 8경괘(經卦)의 순체(純體)와 합체(合體)는 경(經)이 되고, 64괘의 잡체(雜體)는 위(緯)가 되고, 상하경이 이로부터 나뉜다. 둘째는 괘대(卦對)이다. 기수와 우수가 바뀌어 두 괘를 이루는데, 이로 인해 상편과 하편이 서로 대가 된다. 셋째는 괘변(卦變)이다. 기수와 우수가 다시 기수와 우수를 생하면 그 쓰임이 무궁해진다. 넷째는 괘주(卦主)이다. 무망괘(无妄卦)의 「단전」으로 미루어 보면, 하나의 경(經)의 의미를 밝힐 수 있다. 다섯째는 변괘(變卦)이다. 강(剛)과 유(柔)가 서로 변하면, 하나의 괘는 64괘로 변할 수 있다. 여섯째는 호괘(互卦)이다. 대성괘의 가운데의 네 효로 다시 두 개의 소성괘를 만들어 다른 하나의 대성괘를 생성할 수 있다. 일곱째는 상례(象例)이다. 무릇 경(經)의 취상(取象)은 모두 비슷한 것을 모을 경우 그 상통함을 볼 수 있다. 여덟째는 점례(占例)이다. 원형이정(元亨利貞)과 길흉무구(吉凶无咎)는 그 뜻이 모두 하늘의 도에 근본한다. 아홉째는 사례(辭例)이다. 상례(象例)와 점례(占例)가 갖추지 못한 것의 예로 이를 통해 상호 간의 차이를 살펴볼 수 있다. 열째는 변례(變例)이다. 설시(揲蓍)의 4영18변의 방법을 말한다. 열한 번째는 역원(易原)이다. 하도(河圖)와 낙서(洛書), 선후천도(先後天圖)를 밝히는 것이다. 열두 번째는 역류(易流)이다. 양웅(揚雄) 등의 『역』과 유사한 저서를 들어 밝혔다.[23)]

즉 『역찬언외익(易纂言外翼)』에서 정리하고 있는 12익은 1) 괘통(卦

23) 王雲五 主持, 『合印四庫全書總目提要及四庫未收書目禁燬書目(一)』, 臺灣商務印書館, 1978, 「四庫全書總目提要」, 卷4, 經部4, 易類4, 3~4쪽. "一曰卦統, 以八經卦之純體合體者爲經, 六十四卦之雜體者爲緯, 乃上下經篇之所由分. 二曰卦對, 以奇偶反易成二卦, 成上下篇相對. 三曰卦變, 言奇偶復生奇偶, 其用無窮. 四曰卦主, 因无妄傳而推之, 以明一經之義. 五曰變卦, 言剛柔交相變, 而一卦可爲六十四卦. 六曰互卦, 言中四爻復具二卦, 以爲一卦. 七曰象例, 凡經之取象, 皆類聚之, 以觀其通. 八曰占例, 言元亨利貞, 吉凶无咎, 其義皆本於天道. 九曰辭例, 乃象例占例所未備, 而可以互見者. 十曰變例, 言揲蓍四營十八變之法. 十一曰易原, 明河圖洛書先後天圖. 十二曰易流, 備擧揚雄以下擬易之書."

統), 2) 괘대(卦對), 3) 괘변(卦變), 4) 괘주(卦主), 5) 변괘(變卦), 6) 호괘(互卦), 7) 상례(象例), 8) 점례(占例), 9) 사례(辭例), 10) 변례(變例), 11) 역원(易原), 12) 역류(易流) 이다. 이 중에서 『주역(周易)』의 괘효사 해석에 사용되는 주요한 방법론은 3) 괘변(卦變), 5) 변괘(變卦), 6) 호괘(互卦)이라 할 수 있다.[24] 이는 『역찬언』의 제요에서 핵심적으로 언급한 괘변(卦變)과 변효(變爻)를 포함하고 있다.[25] 이러한 내용을 정리하면 오징의 역학에서 『주역』의 괘효사를 해석하는 방법론으로 가장 중요한 것은 괘변(卦變), 변괘(變卦), 호괘(互卦)라 할 수 있다.

괘변(卦變)의 개념에 대해 오징은 「역찬언외익십이편원서(易纂言外翼十二篇原序)」에서 보다 명확하게 정의한다. "희황(羲皇)이 괘를 생성할 때, 기수와 우수 위에 기수와 우수를 더했을 뿐이다. 괘체(卦體)가 이미 생성되면, 그 쓰임이 무궁하다. 건곤괘(乾坤卦)가 변하여 육자괘(六子卦)와 십벽괘(十辟卦)가 되고, 육자괘와 십벽괘가 변하여 사십육괘(四十六卦)가 된다."[26] 즉 괘변(卦變)은 건곤괘(乾坤卦)가 육자괘(六子卦)가 되고, 건곤괘(乾坤卦)가 십벽괘(十辟卦)가 되고, 육자괘와 십벽괘가 사십육괘(四十六卦)가 되는 것을 의미한다. 오징의 이러한 괘변(卦變)의 개념에 따라 다시 『주역천견록』에 나타난 괘변의 예를 살펴보면 다음

24) 이외 나머지 1) 괘통(卦統), 2) 괘대(卦對), 4) 괘주(卦主), 7) 상례(象例), 8) 점례(占例), 9) 사례(辭例), 10) 변례(變例), 11) 역원(易原), 12) 역류(易流) 등은 『주역(周易)』 괘효사 해석에 직접적으로 사용되는 방법론이 아닌 상수학적 역설로 볼 수 있다.

25) 『역찬언외익(易纂言外翼)』의 다섯 번째 변괘(變卦)는 『역찬언(易纂言)』 제요의 변효(變爻)와 같은 말이다.

26) 吳澄, 『易纂言外翼』, 「易纂言外翼十二篇原序」, 1쪽(『四庫全書』 文淵閣本, 驪江出版社 影印本, 1988, 22-597). "羲皇生卦奇偶之上生奇偶而已, 卦體旣成, 而推其用, 則無窮焉. 乾坤變而爲六子十辟, 六子十辟變而爲四十六卦, 述卦變第三."

과 같다.

> 육사(六四)는 그 무리를 흩어 버리니 크게 길하다. 흩어짐에 언덕이 생기니 평범한 사람이 생각할 수 있는 바가 아니다. 오씨가 말했다. "육사(六四)는 본래 비괘(否卦)의 육이(六二)이다. 세 개의 음(陰)이 아래에 함께 모여 무리를 이루었는데, 이(二)의 일음(一陰)이 이(二)의 자리를 떠나 사(四)로 오르고, 초(初)와 삼(三)의 음유(陰柔)의 무리를 벗어나 위로 오(五)와 함께함으로 크게 길한 것이 더욱 명백하다."[27)]

권근은 환괘(渙卦) 육사(六四)의 해석에서 오징의 괘변론을 차용하고 있다. 『역찬언』의 괘변론 중에서 십벽괘가 사십육괘가 되는 괘변을 차용하고 있는 것이다. 즉 『역찬언』 권2의 환괘(渙卦)를 보면, 첫머리에 '삼음비변(三陰否變)'이라 명시하여 환괘(渙卦)가 비괘(否卦)에서 변하여 된 것임을 나타내고 있다.[28)] 그리고 위의 인용에서도 알 수 있듯이, "六四, 渙其群, 元吉"에 대한 주석에서 오징은 이 '三陰否變'의 괘변론에 의거하여 해석하고 있는 것이다. 이 점은 권근의 『주역천견록』이 오징의 『역찬언』에 나타난 괘변론의 영향을 받았음을 명확하게 증명한다.

괘변(卦變)과 함께 오징의 역학 중 『주역(周易)』의 괘효사를 해석하는 방법론으로 중요한 것은 호괘(互卦)이다. 「역찬언외익십이편원서

---

27) 권근 지음, 이광호 외 역주, 『國譯 三經淺見錄(詩・書・周易)』, 청명문화재단, 1999, 233쪽. "六四, 渙其群, 元吉. 渙有丘, 匪夷所思. 吳氏謂, 六四本否之六二, 三陰同處于下而爲群, 二之一陰去二升四, 離其初三陰柔之群而上同乎五, 故元吉, 尤爲明白."

28) 吳澄, 『易纂言』, 권2, 70쪽(『四庫全書薈要』, 吉林人民出版社 影印本, 1997, 10-422). "六之五, 下之十五緯, 三陰否變, 主九二."

(易纂言外翼十二篇原序)」에 의하면, 호괘(互卦)의 의미는 다음과 같다. "중괘(重卦)는 상하 이체(二體)를 가지고 있다. 또 괘 가운데 네 획을 교호하여 취하면, 이획, 삼획, 사획은 하체(下體)를 이루고, 삼획, 사획, 오획은 상체(上體)를 이룬다. 이를 호괘(互卦)라 한다."[29] 오징은 『역찬언』에서 이 호괘를 가장 광범위하게 운용하고 있다. 특히 내호괘와 외호괘로 이루어지는 중괘보다 단괘의 호괘를 주로 운용하여 『주역』 괘효사의 해석에 활용하고 있다. 예를 들면, 수괘(需卦)의 괘사 '이섭대천(利涉大川)'에 대한 해석은 다음과 같다.

> '큰 내를 건너면 이로울 것이다'는 점이다. 수괘(需卦)는 대장괘(大壯卦)로부터 변하여 생성되었는데, 사(四)가 오(五)로 간 것이다. 삼, 사, 오가 호리(互離)로 배의 상(象)을 이룬다.[30]

즉 수괘(需卦)의 괘사 '이섭대천(利涉大川)'을 해석하기 위해 수괘(需卦)의 삼효, 사효, 오효로 구성되는 호괘인 리괘(離卦)를 도출하여 해석한 것이다. 여기서 오징은 수괘(需卦)의 이효, 삼효, 사효의 내호괘 태괘(兌卦)와 삼효, 사효, 오효의 외호괘 리괘(離卦)로 이루어지는 중괘인 규괘(睽卦)가 아닌 단괘인 외호괘 리괘(離卦)를 활용하고 있다. 이처럼 오징이 『역찬언(易纂言)』에서 광범위하게 활용하고 있는 호괘의 내용은 내호괘와 외호괘로 이루어지는 중괘보다 단괘의 호괘라 할 수 있다.

---

29) 吳澄, 『易纂言外翼』, 「易纂言外翼十二篇原序」, 1쪽(『四庫全書』 文淵閣本, 驪江出版社 影印本, 1988, 22-597). "重卦有上下二體, 又以卦中四畫交互取之, 二三四成下體, 三四五成上體, 述互卦第六."

30) 吳澄, 『易纂言』, 卷1, 11~12쪽(『四庫全書薈要』, 吉林人民出版社 影印本, 1997, 10-351~352). "利涉大川, 占也. 需自大壯而變, 四往居五. 三四五互離成舟象."

오징의 이러한 호괘는 권근의 『주역천견록』에 여러 번 나타난다. 예를 들어, 앞 장에서 언급한 미제괘(未濟卦)의 괘사 '소호흘제(小狐汔濟)'에 대한 권근의 주석을 들 수 있다.

> 미제(未濟)는 형통하다. 어린 여우가 거의 건널 즈음에 그 꼬리를 적시니, 이로울 바가 없다.
>
> 오씨는 감(坎)을 여우로 보았다. 삼효, 사효, 오효가 호체 감(坎)이고 양은 크고 음은 작으며 육오(六五)는 음유(陰柔)이니, '어린 여우'라고 했다.[31]

위의 인용에서 '삼효, 사효, 오효가 호체 감(坎)이다'고 한 것은 오징의 『역찬언』의 미제괘(未濟卦)의 해당 내용을 그대로 인용한 것이다.[32] 이 호괘는 『역찬언』에 빈번하게 활용되고 있는 단괘의 호괘에 해당한다. 이를 통해 권근의 『주역천견록』이 『역찬언』의 호괘론에 영향을 받았음을 명확하게 알 수 있다.

한편, 오징의 『주역(周易)』 괘효사를 해석하는 3대 방법론이라 할 수 있는 괘변(卦變), 변괘(變卦), 호괘(互卦) 중 변괘(變卦)는 권근의 『주역천견록』에서 찾아볼 수 없다. 이는 권근이 오징의 3대 방법론에 대한 비판적 수용으로 이해할 수 있다. 권근의 입장에서 변괘(變卦)는 괘변(卦變)과 호괘(互卦)와 달리 『주역(周易)』의 괘효사를 해석하는 데 있어서 적절한 방법론이 아니었다. 그에 대한 이유는 명확하게 알

---

31) 권근 지음, 이광호 외 역주, 『國譯 三經淺見錄(詩・書・周易)』, 청명문화재단, 1999, 241~242쪽. "未濟, 亨. 小狐汔濟, 濡其尾, 无攸利. 吳氏以爲坎爲狐, 三四五互坎, 陽大陰小, 六五陰柔, 故曰小狐."

32) 吳澄, 『易纂言』, 卷2, 81쪽(『四庫全書薈要』, 吉林人民出版社 影印本, 1997, 10-427).

수 없지만, 다만 정자와 주자의 역학에서 그 근거를 찾아볼 수 없었기 때문이라고 추정할 수 있을 것 같다. 괘변(卦變)의 경우, 괘변도가 주자의 『주역본의』 권수 9도에 포함되어 있고,[33] 호괘(互卦)의 경우에도 주자는 『주자어류』에서 관련 내용을 언급하고 있다.[34] 반면에 변괘(變卦)에 대해서는 정자의 『이천역전』이나 주자의 『주역본의』 모두에서 관련 내용을 찾아볼 수 없다.

4. 결어

이상에서 권근(權近)의 『주역천견록(周易淺見錄)』에 나타난 상수학적 방법론에 대해 오징(吳澄)의 『역찬언(易纂言)』과의 관련성을 중심으로 고찰해 보았다. 이러한 고찰을 통해 필자는 대략 다음과 같은 결과를 도출할 수 있었다. 권근의 『주역천견록』은 정자의 『이천역전(伊川易傳)』과 주자의 『주역본의(周易本義)』뿐만 아니라 오징의 『역찬언』을 비판적으로 계승하고 있다는 점이다. 특히, 오징의 『역찬언』에 나타나는 상수학적 방법론을 비판적으로 계승하고 있다. 이는 정자의 『이천역전』과 주자의 『주역본의』가 결여하고 있는 상수학적 방법론에 대한 보완의 성격을 나타낸다고 할 수 있다. 권근은 오징의 『역찬언』에 나타나는 『주역』 괘효사 해석의 3대 방법론인 괘변(卦變), 변괘(變卦), 호괘(互卦) 중에서 괘변과 호괘를 받아들이지만, 변괘는 수용하지

33) 朱熹 撰, 廖名春 點校, 『周易本義』, 北京: 中華書局, 2009, 18~28쪽.

34) 黎靖德 編, 王星賢 點校, 『朱子語類(第五冊)』, 北京: 中華書局, 1986, 卷67, 易三綱領下, 1668~1669쪽.

않는다.

이러한 고찰과 함께 우리는 권근의 『주역천견록』이 가지는 조선역학사의 위상과 의의도 재고할 필요가 있다. 지금까지 권근의 『주역천견록』에 대한 평가는 주로 의리학적 측면에서 이루어져 왔다고 해도 과언이 아니다. 그래서 『주역천견록』을 의리학적 역학서로 보는 경향이 다수를 점하고 있다. 그러나 본고의 고찰을 통해서 알 수 있지만, 『주역천견록』은 단순한 의리학적 역학서가 아니라 상수학적 방법론을 포함하고 있는 의리학과 상수학의 절충적인 성격의 역학서로 볼 수 있다. 이러한 종합적인 평가를 통해서만 조선역학사의 주요한 경향인 한대(漢代) 상수학적 흐름을 이해할 수 있는 것이다. 본 연구에서 『주역천견록』에 담겨 있는 상수역학과 오징 역학적 영향을 규명하는 것은 조선전기의 『주역』 해석 특징을 해명한다는 점에서 문화다원론적 특성을 갖는다.

조선역학사의 원류라 할 수 있는 『주역천견록』이 가지는 상수학적 성격은 이후 조선역학사의 대표적인 상수학적 역학서인 조호익의 『역상설(易象說)』,[35] 정약용의 『주역사전(周易四箋)』[36] 등으로 이어지고 있다. 즉 조선역학사의 상수학적 흐름의 시원을 권근의 『주역천견록』으로 볼 수 있는 것이다. 이러한 점에서 『주역천견록』에 대한 상수학적 접근은 의미가 있다고 하겠다. ◆

---

35) 조호익의 『역상설(易象說)』은 한대(漢代) 상수학적 방법론인 호체(互體), 사체(似體), 복체(伏體), 반체(反體), 변체(變體) 등을 통해 『주역』을 해석하고 있다.

36) 정약용의 『주역사전(周易四箋)』은 『주역사전』의 요약에 해당하는 「사전소인(四箋小引)」에서 알 수 있듯이 한대(漢代) 상수학적 방법론인 '추이(推移), 물상(物象), 호체(互體), 효변(爻變)'을 『주역』 해석의 핵심으로 제시하고 있다.

참 고 문 헌

원전류:

吳澄, 『易纂言』, 『四庫全書』 文淵閣本, 驪江出版社 影印本, 1988.

吳澄, 『易纂言』, 『四庫全書薈要』, 吉林人民出版社 影印本, 1997.

吳澄, 『易纂言外翼』, 『四庫全書』 文淵閣本, 驪江出版社 影印本, 1988.

呂祖謙, 『古周易』, 『四庫全書』 文淵閣本, 驪江出版社 影印本, 1988.

朱熹 撰, 廖名春 點校, 『周易本義』, 北京: 中華書局, 2009.

黎靖德 編, 王星賢 點校. 『朱子語類』, 北京: 中華書局, 1986.

王雲五 主持, 『合印四庫全書總目提要及四庫未收書目禁燬書目(一)』, 臺灣商務印書館, 1978.

다산 정약용 지음, 방인・장정욱 옮김, 『역주 주역사전』, 소명출판, 2007.

권근 지음, 이광호 외 역주, 『國譯 三經淺見錄(詩・書・周易)』, 청명문화재단, 1999.

단행본류:

王新春・呂穎・周玉鳳, 『易纂言導讀』, 齊魯書社, 2006.

嚴連錫 著, 『朝鮮前期易哲學史』, 학자원, 2013.

임재규, 『다산 정약용의 역학이론』, 심산, 2019.

韓國周易學會 編, 『周易의 現代的 照明』, 汎洋社 出版部, 1992.

高懷民 著, 鄭炳碩 譯, 『주역 철학의 이해』, 문예출판사, 1995.

廖名春・康學偉・梁韋弦, 심경호 옮김, 『주역철학사』, 예문서원, 1994.

주백곤 지음, 김학권・김진근・김연재・주광호・윤석민 옮김, 『역학철학사』, 소명출판, 2012.

논문류:

강문식, 「≪주역천견록≫의 형성 배경과 권근의 역학」, 『한국학보』 29-1, 2003.

김재갑, 「『주역천견록』의 『역찬언』 수용과 비판」, 『白岳論叢』 2, 2009.

엄연석, 「주역철학 : 권근의 『주역천견록』과 의리역학」, 『주역철학과 문화』 1, 2003.

이기훈, 「권근(權近) 역학(易學)의 하락론(河洛論)과 주희(朱熹)의 하락론」, 『중국철학』 9, 2002.

이기훈, 「권근 역학과 원대 오징 역학의 관련성 연구」, 『哲學硏究』 92, 2004.
이범학, 「吳澄의 易學과 邵雍」, 『한국학논총』 31, 2009.
임재규, 「吳澄의 『周易』 해석 방법론」, 『온지논총』 51, 2017.
张国洪, 「吴澄的象数义理之学」, 山东大学博士学位论文, 2006.

조선 초기 경학사상사에서 권근의 『예기천견록』 중 「악기」편이 갖는 의의

조 정 은

* 이 글은 『태동고전연구』 제46집(2021.6.)에 게재한 「권근의 『예기천견록』 중 「악기」편 분석 -체제 재편과 독해 관점을 중심으로-」를 본 저서의 간행 취지에 맞춰 일부 수정한 것이다.

1. 서론

이 글은 양촌(陽村) 권근(權近, 1352~1409)이 저술한 『예기천견록(禮記淺見錄)』 중 「악기(樂記)」편이 조선 초기 경학사상사에서 갖는 의의를 탐색한다. 이를 위해 권근이 「악기」를 상하로 분리하고 서술 순서를 바꾸며 「악기」의 체제를 재편한 의의를 평가하고, 「악기」를 독해하는 주요 관점을 밝힐 것이다. 권근이 「악기」의 서술 순서를 바꾼 것은 주희(朱熹, 1130~1200)와 오징(吳澄, 1249~1333)의 재배치와 비교하는 가운데 평가할 것이고, 권근의 독해 관점은 「악기」의 본래 맥락과 비교하는 가운데 드러내고자 한다.

『예기천견록』은 권근의 대표 저술로 40세인 1391년 착수하여 1405년 완성한 11책 26권의 방대한 저작이다. 학문적으로 원숙한 경지에 들어선 시기에 시작해 긴 시간에 걸쳐 작성한 작품인 만큼 권근 사상의 결정체로 평가받는다.[1] 「악기」는 권근 자신이 『예기』 전편 중 가장 정밀하고 훌륭한 필치로 쓰였다고 평가하는[2] 만큼 이 편에 특히 공을 들였을 가능성이 크다. 권근은 한 편으로 된 「악기」를 상하 두 편으로 구분하는데, 이처럼 본래 한 편인 것을 둘로 나눈 것은 『예기천견록』에서 「악기」가 유일하다. 게다가 권근은 「악기」의 서술 순서를 일부 바꾸는데, 이러한 재배치는 「악기」 외 「곡례상」, 「곡례하」, 「예운」에서만 나타난다. 편 분리와 재배치는 「악기」에 대

1) 권정안, 「권양촌의 「예기천견록」 연구」, 『동양철학연구』 2, 동양철학연구회, 1981, 37~38쪽.

2) 『禮記淺見錄』, 「樂記」, "愚竊恐此篇之文最精與諸篇不類, 似非出於記者之手, 疑亦作於聖筆也."

한 권근의 높은 평가와 더불어 『예기천견록』에서 「악기」가 특히 중요하게 다루어졌을 가능성을 시사하고, 그런 만큼 권근의 사상사적 의의를 가늠하는 자료로서 가치를 지닌다.

권근이 『예기천견록』에서 네 개 편에 대해 서술 순서를 바꾼 것은 『예기』의 전반적 체계를 구성한 작업으로서 『예기천견록』의 두드러진 특징이라고 평가받는다.[3] 재배치의 근거에 관해서는 각 편의 신뢰성이라는 경학적 사실에 의존한 작업이라는 평가와[4] 성리학적 시각에서 이루어진 재배치라는 평가가 있다. 즉, 『예기천견록』이 성리학의 본질적 측면을 강조하는 시각에서 저술된 만큼 성리학의 본질을 강조하는 입장에서 『예기』를 새로운 체제로 과감히 재배치했다는 것이다.[5] 이 평가를 따른다면 권근은 경전의 서술 순서를 바꿀 만큼 성리학적 시각이 뚜렷했을 것으로 추측할 수 있고, 신뢰성을 지적하는 평가를 따른다면 성리학을 굳이 연결시킬 필요는 없다. 이 글에서는 「악기」편에서 이루어지는 재배치를 주희와 오징의 선례와 비교해 살피며 그 의의를 얼마나 부여할 수 있을지 평가할 것이다. 또한 본래 한 편인 것을 둘로 구분한 유일한 편이 「악기」인 만큼 이 작업에 대한 의의도 살필 것이다.

그동안 『예기천견록』은 각 편에 대한 분석보다는 『예기천견록』 전반을 대상으로 한 연구가 주로 이루어졌는데, 이 저술의 의의로서 유가 경전에 대한 성리학적 해석이 주로 지적된다.[6] 특히 주자 학맥

---

3) 금장태, 『한국유학의 악론』, 서울: 예문서원, 2008, 17쪽.

4) 장동우, 「『예기천견록』의 예학사적 위상 -체제 재구성의 문제를 중심으로」, 『인문사회』 21, 아시아문화학술원, 2018, 1271쪽.

5) 권정안, 「권양촌의 「예기천견록」 연구」, 『동양철학연구』 2, 동양철학연구회, 1981, 41쪽.

에 있는 진호(陳澔, 1260~1341)의 『예기집설(禮記集說)』을 취해 기록했기 때문에 주자성리학의 입장에서 『예기』를 이해한 시도로 평가받는다.[7] 또한 『예기천견록』을 포함해 오경에 대한 권근의 경학적 탐구는 고대 유가 경전을 성리학 이념에 입각해 재해석하려는 사상운동의 출발점이 되었다고 평가받고 있으며,[8] 진호가 미흡하거나 잘못 드러낸 주희의 견해를 바로잡고, 나아가 주자학 이념에 입각하여 『예기』를 재해석했다는 평가도 받는다.[9]

『예기천견록』에 관한 평가는 주요 편들을 분석한 것에 근거하기 때문에 이들 연구에서 「악기」에 대한 해석도 찾아볼 수 있는데, 특히 수양론 혹은 심성론적 관점이 두드러진다. 예를 들어, 권근이 「악기」에 관해 특히 심혈을 기울여 주석한 것은 「악기」를 통해 사회 통합을 추구하고 수양론의 지표를 삼고자 한 목적이 있었기 때문이라

---

6) 다른 주요 해석 관점은 경세적 관점이다. 예를 들어 강문식은 경세론에 입각하여 '예의 확립과 실천'을 『예기천견록』의 중심 주제로 지적하며 예(禮)를 통해 천인합일이 구현된 이상적 사회모습을 추구한 기록으로 『예기천견록』을 이해한다. 강문식, 「권근의 오경 인식 -경학과 경세론의 연결을 중심으로-」, 『태동고전연구』 24, 한림대학교 태동고전연구소, 2008, 72쪽.

7) 권정안은 중국에서 『예기집설』이 처음 공인받은 것은 『사서오경대전』에서 진호설만 취한 명 영락제 14년(1415) 이후로 권근이 『예기천견록』을 완성한 시점보다 10년, 시작한 해를 기준으로는 24년이나 늦다는 점을 지적한다. 그리고 이를 근거로 권근이 주희 학맥에 있는 진호의 『예기집설』을 취한 것은 중국보다 앞서 주자성리학의 입장에서 『예기』를 이해한 시도라고 평가한다. 권정안, 「권양촌의 「예기천견록」 연구」, 『동양철학연구』 2, 동양철학연구회, 1981, 41쪽.

8) 장동우, 「『예기천견록』의 예학사적 위상 -체제 재구성의 문제를 중심으로」, 『인문사회』 21, 아시아문화학술원, 2018, 1274쪽.

9) 이봉규, 「조선시대 『예기』 연구의 한 특색: 주자학적 경향」, 『한국문화』 47, 규장각 한국학연구원, 2009, 65쪽.

고 평가한다.[10] 또한 주자성리학의 심성론과 수양론을 토대에 두고 『예기』를 집중적으로 분석한 것이 「악기」편에서 잘 나타난다는 평가도 있다.[11] 심성론과 수양론의 관점에서 권근이 주목하는 주요 내용으로는 심성에 근원을 둔 예악과 천지에까지 실현되는 예악의 효과가 지적되는데, 이때 예악의 심성론적 근거와 우주론적 실현은 체용관계로 이해된다. 권근이 「악기」에서 심성을 배양하는 수양론적 과제를 도출하는 것도 바로 예악의 심성론적 근원에 대한 인식에서 비롯된다는 것이다.[12]

선행연구에 비춰볼 때 권근의 경학은 조선 초기 경학의 성리학적 이해를 보여 주는 지표가 될 만하다. 특히 권근이 「악기」를 수양론적 관점에서 독해한다고 주로 평가되는데 그 내용이 「악기」 본래 맥락에 얼마나 부합하는지 살핀다면 성리학에 입각한 권근의 특징적 관점을 드러내는 데 도움이 될 것이다. 「악기」의 본래 맥락과 차이가 있는 부분에 권근의 고유한 관점이 담겼을 가능성이 높기 때문이다.

이 글은 먼저 『예기천견록』 중 「악기」편의 구조를 소개한 후 서술 순서가 재배치되는 양상을 주희와 오징, 권근순으로 살펴보겠다. 다음으로 권근이 파악한 「악기」의 조리에 대해 서술하고, 권근의 주요 독해 관점이 「악기」 본래 맥락에 얼마나 부합하는지 비교하는 가

10) 김석제, 「권근 『예기천견록』 연구 -예학사상을 중심으로-」, 성균관대학교 대학원 박사학위논문, 1999, 110~111쪽.

11) 이봉규, 「권근의 경전 이해와 후대의 반향」, 『한국실학연구』 13, 2007, 285쪽.

12) 금장태, 『한국유학의 악론』, 서울: 예문서원, 2008, 60쪽. 수양을 통해 심성을 배양한 군자가 시행하는 예악이 천지에까지 실현된다는 해석은 이 글 3. 2)에서 다루는 권근이 상경을 요약한 내용, 즉 '인심에 근원한 악, 천지와 연결되는 예악, 이 연결에 중요한 역할을 담당하는 성인'에 부합한다.

운데 그 구체적 내용을 밝히겠다.

나아가 이 글에서는 성리학에 근거를 둔 심성론적 관점에서 「악기」를 이해하고자 하는 권근의 관점이 「악기」편 본래의 목표와 비교하여 어떤 시대적 요청에 따르는 문화다원론적 의미가 있는가를 해명하고자 한다. 일반적으로 예악을 제도적 관점에서 바라보는 것이 선진 예악 사상에 대한 일반적 평가라 할 수 있는 반면, 이를 심성론적 시각에 초점을 맞추어 바라본다는 것은 성리학의 수양론적 관점을 강조하는 것을 의미하기 때문이다.

2. 『예기천견록』 중 「악기」편의 구조와 서술 순서 재배치

1) 「악기」편 구조

「악기」는 『예기천견록』에 실린 다른 편들과 마찬가지로 「악기」 경문, 『예기집설』의 주석, '내가 생각건대[근안(近按)]'로 시작하는 권근의 기록으로 구성된다. 『예기집설』의 주석은 편집 없이 그대로 실린 데다가[13] 그 내용이 극히 일부만 검토되고 있어서[14] 권근이 「악

13) 장동우에 따르면 『예기집설』에 대한 편집은 「곡례상」, 「곡례하」, 「단궁상」, 「단궁하」, 「내칙」, 「옥조」편에서만 나타난다. 편집 양상은 전부 혹은 대폭 삭제하거나 일부를 삭제하는 방식으로 나뉜다. 장동우는 이러한 편집이 제1권에서 5권까지만 집중되어 나타날 뿐 대부분의 편에서는 나타나지 않기 때문에 『예기천견록』을 관통하는 문제의식이 반영된 편집으로 보기는 어렵다고 평가

기」를 이해하는 데 『예기집설』이 중요한 영향을 주었다고 보기는 어렵다. 『예기집설』의 주석이 매우 긴 경우에도 이어서 등장하는 권근의 기록은 종종 짧게 그치고 말아 『예기집설』은 그 체제를 수용하고 그 주석을 기록하는 것이 주목적인 것처럼 보일 정도이다. 『예기집설』을 통해 『예기』에 접근한 시도는 확인할 수 있어도 실제 독해에 영향을 준 정도는 「악기」편만 가지고 판단할 경우 미약하다고 평가할 수 있다.

권근은 본래 한 편인 「악기」를 상하 두 편으로 나누는데, 이는 「악기」를 평가하는 권근의 시각과 관련되어 있다. 권근은 「악기」 전체를 모두 경문으로 볼 수는 없다고 판단한다. 경에 해당하는 것은 상으로 분류한 데까지이고, 나머지는 옛말을 인용하거나 기록자의 설로 구성된 전이라는 것이다.[15] 따라서 권근이 볼 때 「악기」는 상경(上經)과 하전(下傳) 체제가 된다.[16] 경-전 체제 구성은 선행연구에

한다. 장동우, 「『예기천견록』의 예학사적 위상-체제 재구성의 문제를 중심으로」, 『인문사회』 21, 아시아문화학술원, 2018, 1266쪽, 1271쪽.

14) 『예기집설』을 통해 「악기」를 이해하려는 시도는 거의 이루어지지 않고, 『예기집설』의 문장에 대해 해설하는 경우 역시 찾기 힘들다. 거의 유일한 경우는 『예기집설』에서 무악(武樂)에 관해 '문으로써 무를 그치게 하는 것'이라고 한 것을 권근이 「악기」 내용에 근거해 설명하는 하전 10-6절에 관한 기록이다.

15) 「악기」 5,290자 중 상경에 해당하는 부분은 1,620자, 하전은 3,670자이다. 상경에는 마음과 악의 관계, 상보적 관계에 있는 예악, 예악이 유비되는 천지 등 「악기」의 주요 주장이 담겨 있다. 이에 비해 하전은 악과 관련된 고사, 「악론」과 유사한 부분 등으로 구성되어 상경에 비해 중요도가 덜하다. 권근은 악과 관련된 고사에서 오류를 지적하는데, 그 근거로서 상경이나 다른 경전의 내용, 역사적 사실 등을 제시하며 고증적 접근을 한다.

16) 「악기」 외 권근이 편 전체를 경과 전으로 구분한 것에는 경문을 재배치한 「곡례상」, 「곡례하」, 「예운」이 있다. 장동우, 「『예기천견록』의 예학사적 위상-체제 재구성의 문제를 중심으로」, 『인문사회』 21, 아시아문화학술원, 2018, 1264

서 지적했듯 주희의 『대학장구』를 계승한 것으로 볼 수 있다.[17] 따라서 「악기」편 분리는 단순한 구분을 넘어 경에 대한 보완적 설명으로서 전의 성격을 드러낸 질적 계층화로 평가받기도 한다.[18]

상경은 권근이 생각하는 「악기」의 핵심 내용이 담긴 부분이고 그 이후는 이를 보완하는 전으로 여겼다고 볼 수도 있지만, 그렇다고 하전이 상경을 보완하는 성격을 뚜렷이 지니지는 않는다. 이는 경과 전 사이 내용이 긴밀하게 연결되기에는 우선 「악기」의 내용 구성이 적절하지 않고, 다음으로 권근은 경을 보완하는 성격보다는 신뢰성을 주요 기준으로 전을 분류했기 때문이라고 볼 수 있다. 권근은 상경에 실린 구절에 대해서는 "기록한 자가 끌어대고 견강부회한 말이 아님이 분명하다"[19]라고 평가하는 등 신뢰성을 의심하지 않지만, 하전에 대해서는 상경 및 다른 문헌 등과 배치되는 내용을 근거로 오류를 지적하는 등 고증적 접근을 통해 신뢰성을 의심한다.[20] 따라서 성인 말씀으로 보기 어려운 전이라는 것이다. 권근이 「악기」

쪽. 이 중 경-전 체제에 따라 본래 한 편인 것을 두 편으로 나눈 것은 「악기」가 유일하다.

17) 권정안, 「권양촌의 「예기천견록」 연구」, 『동양철학연구』 2, 동양철학연구회, 1981, 44~45쪽.

18) 금장태, 『한국유학의 악론』, 서울: 예문서원, 2008, 25쪽, 28쪽.

19) 『禮記淺見錄』, 「樂記」, "非記者援引府會之辭, 明矣."

20) 예를 들어, 하전의 첫 번째 '근안'은 "이 절은 거짓이 많으니 기록자가 견강부회한 것이다.[此節多誣, 乃是記者之附會也.]"라는 말로 시작한다. 하전 1절에는 "기가 처음으로 악을 제작하여 제후들에게 상을 주었다[夔始制樂以賞諸侯.]"는 문장이 있는데, 『예기집설』도 이미 이 문장의 신뢰성을 의심하는 석량 왕씨의 주석을 싣고 있다. 권근 역시 이 문장을 의심하는데, 단순히 의심하는 데 그치지 않고 『서경』에 나온 기에 관한 내용과 비교하며 기록의 오류를 지적한다.

의 서술 순서를 재배치하는 것은 바로 이 하전에 해당하는 부분이다. 기록의 신뢰성이 낮다고 평가하기 때문에 서술 순서를 바꾸는 데도 크게 개의치 않았을 것이다.

상경은 22개 장(章)으로 구분되고, 하전은 12개 절(節)[21]로 구분된다.[22] 상경은 각 장마다 '근안'으로 시작하는 권근의 기록이 달리는데, 각 장은 5장과 9장만 제외하고 『예기집설』의 구분 단위를 따른다. 5장은 궁·상·각·치·우와 관련된 내용으로 『예기집설』에서 둘로 구분된 것을 하나의 장으로 삼는다.[23] 9장 역시 내용이 이어지는 두 구분 단위를 하나의 장으로 삼은 것이다.[24] 하전은 『예기집설』의 구분 단위 여러 개가 모여 하나의 절을 이룬다. 분절이 적게는 두

---

21) 이 중 12절은 착간으로 보기 때문에 「악기」에 포함된다고 할 수 없다. 따라서 실질적으로는 11개 절인 것이다.

22) 대체로 상경은 '장', 하전은 '절'로 명명해 구분하고 있으나 '장'과 '절'을 엄격히 구별하는 것 같지는 않다. 어떤 경우에는 '장'에 해당하는 문장들을 '절'로 명명하기도 한다. 하전에서는 매 절이 끝나면 이상은 몇 '절'이라고 명시하지만, 상경에서는 이렇게 명시하지는 않고 단락을 지칭할 때 '장'이라는 용어를 쓴다. 상경은 5장과 9장만 제외하고 『예기집설』의 구분을 그대로 따르기 때문에 굳이 몇 번째 장이라는 것을 밝힐 필요가 없지만, 하전에서는 각 절이 『예기집설』의 구분 단위를 여러 개 포함하고 있기 때문에 어디까지가 하나의 절인지를 명시할 필요가 있었던 것 같다.

23) 하나의 장으로 삼는다는 기준은 '근안'으로 마무리되느냐 여부이다. 5장과 9장을 제외하고는 '「악기」 경문-『예기집설』 주석-근안'으로 구성된다. 5장과 9장만 '「악기」 경문-『예기집설』 주석-「악기」 경문-『예기집설』 주석-근안'으로 구성된다.

24) 그렇다고 장마다 내용이 뚜렷이 구분되는 것은 아니다. 예를 들어 「악기」에서 「계사」와 유사한 부분은 내용상 하나로 연결되지만 두 개의 장으로 나뉜다. 상경은 『예기집설』의 구분에 따라 장을 구분해 '근안'을 기록했지만 5장과 9장을 구성하는 두 구분 단위는 각각을 별도의 장으로 삼아 '근안'을 기록할 만큼 비중이 있다고 판단하지 않은 것 같다.

개에서 많게는 열세 개에 이른다. 분절이 많아진 것은 『예기집설』의 구분 단위가 대체로 짧기 때문일 것이다.

상경은 「악기」를 기록하기에 앞서 가장 서두에 「악기」가 공자 문하의 저술이라는 것을 밝히는 글을 적고, 제일 끝에는 상경에 대한 총평을 싣고 있어서 매 장마다 기록된 '근안'으로 시작하는 글을 포함해 모두 스물네 번에 걸쳐 권근의 의견이 제시된다. 하전은 분절이 많기 때문에 각 장마다 '근안'이 달린 상경과 달리 같은 절 안에 있는 분절에도 '근안'이 달리기도 해서 모두 36개 의견이 기록된다.

2) 「악기」편 서술 순서 재배치

권근이 「악기」편을 재배치한 양상을 살피기에 앞서 주희와 오징의 작업을 먼저 다루고 권근의 재배치가 이 둘과 얼마나 변별되는지 검토하겠다. 주희는 『의례경전통해(儀禮經傳通解)』의 세 번째 편인 「학례(學禮)」와 다섯 번째 편인 「왕조례(王朝禮)」에 「악기」를 기록한다.[25)]「학례」의 열 번째 편목인 '예악기(禮樂記)', 「왕조례」의 여덟 번째 편목인 '악기(樂記)'에 싣고 있어서 우선 예악에 관한 서술이냐, 악에 관한 서술이냐를 기준으로 「악기」의 내용이 나뉜다.[26)]『의례경전통해』는 『의례』를 근간으로 삼아 『예기』와 『주례』 등 여러 경전을 주제별로 분류해 예문(禮文)과 그에 대한 해석을 일목요연하게 모아 놓은

25) 「악기」의 일부 내용은 「학례」의 두 번째 편목인 '학의(學義)'에 중복되어 실려 있다.

26) '예악기'가 「학례」, '악기'가 「왕조례」의 편목인 것으로 볼 때, 주희가 예악은 수양과 교화의 관점에서, 악은 국가 제도의 관점에서 보고 있음을 알 수 있다.

책인데[27], 「악기」 역시 주제별 분류 기준에 따라 둘로 나뉘어 기록된 것이다.

「학례」에 실린 부분의 배치 순서는 「악기」의 순서를 따른다. 하지만 「왕조례」에 실린 부분은 순서가 조정된다. 조정되는 부분은 ① 위문후와 자하의 대화, ②빈모고와 공자의 대화, ③예악에 관한 서술, ④「악론」과 유사한 부분, ⑤자공과 사을의 대화로 이어지며 「악기」가 마무리되는 부분이다. 이 중 ③은 「학례」에 실리고, 나머지는 ④, ②, ①, ⑤ 순서로 재배치되고, ①과 ⑤ 사이에는 『공자가어』와 『좌전』 등에서 발췌한 악에 관한 고사가 실린다. ④를 앞으로 옮겨서 악에 관한 내용이 이어지도록 하고, 그 이후로 고사들을 수록한 의도를 엿볼 수 있다. 다른 문헌의 고사도 기록한 것을 보면 「왕조례」의 '악기' 편목을 고사로 마무리했다고 볼 수 있다. 빈모고와 공자의 대화를 앞으로 옮긴 것은 공자에 대한 존숭 때문인 것으로 추측된다.

주희의 「악기」 재배치를 요약하면 우선 '악에 관한 내용이냐, 예악에 관한 내용이냐'에 따라 나누고, 대화 형식으로 된 고사를 한군데로 배치한다. 『의례』를 골간으로 하고 『예기』를 덧붙여 총 일곱 개의 예제 체제로 구성된 『의례경전통해』의 세부 주제에 따라 「악기」를 나누어 기록하고 있기 때문에[28] 「악기」에 관한 특별한 관점이 반

27) 박미라, 「『의례경전통해』의 체제에 나타난 주자의 예학사상」, 『종교와 문화』 3, 서울대학교 종교문제연구소, 1997, 227쪽.

28) 『의례경전통해』의 편차 분류 방식과 그 특징에 대해서는 박미라, 「『의례경전통해』의 체제에 나타난 주자의 예학사상」, 『종교와 문화』 3, 서울대학교 종교문제연구소, 1997, 228~236쪽 참고. 박미라에 따르면 『의례경전통해』는 예의 형식적 절차인 의(儀)를 기록한 항목을 앞에 두고 그 의의인 의(義)를 해설하는 항목을 뒤에 배열하는 방식으로 구성된다. 주희는 『의례』를 儀에 관한 기록, 『예기』를 義에 관한 기록으로 다루며 전자를 근본, 후자를 지엽으로 보

영된 재배치로 보기는 어렵다.

『의례경전통해』의 주제별 분류에 「악기」가 종속되는 것과 달리 오징의 『예기찬언(禮記纂言)』에서는 「악기」가 『예기』의 한 편으로서 독립적으로 기록된다. 따라서 재배치에 「악기」에 접근하는 특별한 시각이 반영되었는지 살펴볼 여지가 있다. 오징은 공영달(孔穎達, 574~648)이 『예기정의(禮記正義)』에서 「악기」를 나눈 11개 편목을 유지하는 가운데 순서를 바꾼다. 11개 편목의 본래 순서와 오징이 재배치한 순서, 그리고 오징의 재배치가 「악기」의 본래 순서를 어떻게 바꿨는지 파악하기 쉽도록 부여한 번호는 아래와 같다.

본래	악본	악론	악례	악시	악언	악상	악정	위문후	빈모고	악화	사을
오징	악본	악언	악상	악시	악정	악론	악례	악화	빈모고	위문후	사을
번호	①	④		③	⑤	②		⑧	⑦	⑥	⑨

『예기찬언』에 기록된 「악기」가 재배치되는 단위는 아홉 개이다. 이 아홉 부분은 표에 적힌 순서로 재배치된다. 대략적 내용을 살펴보면, 우선 ①-④-③은 대체로 악에 관한 기록이고, ⑤-②는 대체로 예악에 관한 기록이고, 마지막 ⑦-⑥-⑨는 대화 형식으로 된 기록이다. 주희는 「악기」 자체에 대한 관점보다는 『의례경전통해』의 체제에 부합하는 방향에서 예악과 악에 관한 기록을 구분했다고 볼 수 있는데, 오징은 「악기」를 독립적으로 기록하면서도 주희의 구분 기

고 있다. 이는 義를 무시하는 것이 아니라 儀가 거의 인멸된 당시 현실에 대한 주희의 문제의식에 따른 것이다. 즉, 儀를 확립하는 것이 방법상 먼저 필요한 것이고, 그 궁극적 지향점은 儀를 확립해 義를 드러내고 실천하는 데 있다. 儀와 義의 관점에서 『의례경전통해』를 해석한 것은 같은 논문, 232~234쪽 참고.

준을 따르고 있다. 하지만 분리한 양상이 주희와 동일하지는 않다. 주희는 「악기」의 11개 편목에 얽매이지 않는다. 따라서 같은 편목 내에서 악과 예악을 모두 서술하고 있다면 그 내용을 분리한다. 하지만 오징은 편목을 유지하기 때문에 악과 예악에 관한 내용을 주희만큼 엄밀히 분리하지는 않게 된다.[29] 주희의 재배치에서는 대화 형식으로 된 고사가 한군데에 놓였는데, 오징 역시 이 부분을 주희와 같이 재배치한다. ⑧은 앞서 『의례경전통해』의 ③과 ④에 해당하는 부분으로 주희와 마찬가지로 오징도 이 부분을 앞으로 옮기고 이후로 대화 형식의 고사가 이어지게 한다. 차이가 있다면 주희는 ③을 「학례」에 기록했다는 것뿐이다. 빈모고와 공자의 대화를 위문후와 자하의 대화 앞으로 옮긴 것도 주희와 같다.

이상 살펴봤듯 오징은 일차적으로 주희의 분류 기준을 수용한다. 하지만 주희가 바꾸지 않은 부분까지 바꿈으로써 차별성을 드러낸다. 우선 악에 관한 기록에서 ④와 ③이 뒤바뀐다. ④는 선왕이 악을 제정한 방식에 관한 내용이고 ③은 악이 실제 수행하는 역할에 관한 내용이라서 선왕이 제정한 예악에 관한 내용으로 마무리되는 ①과 연결되기에 ④가 더 적절해 보인다. ③은 순임금과 기에 관한 내용으로 시작하면서 악의 역할을 다루기 때문에 ①과 ④에서 다룬 논의를 이어 악의 실제 기능에 관한 구체적 사례로서 배치한 것으로 볼 수 있다. 예악을 다루는 부분에서도 순서가 바뀌는데 ⑤는 인간세상에서 예악의 역할과 자연계에 미치는 예악의 영향이 주로 서술된다. ⑤ 앞에 있는 ③의 후반부가 예악의 기능과 관련되기 때문에 내용

---

29) 예를 들어 주희는 '악본(樂本)' 전반부는 「왕조례」, 후반부는 「학례」에 기록한다. 하지만 오징은 분리시키지 않는다.

연결성을 고려해 ⑤를 ②보다 앞에 둔 것으로 보인다. ②는 「악기」에서 예악의 대비가 가장 뚜렷한 부분인데, ② 이후에 예악에 관한 내용으로 시작하는 ⑧이 이어지며 주제 유사성이 유지된다. 내용이 이어지는 맥락이 재배치의 기준으로 보여서 특별한 철학적 관점을 찾기 어렵지만 11개 편목을 유지하는 가운데 전면적 재배치를 시도하는 만큼 「악기」를 본인의 시각에서 새롭게 재편하려 한 의지를 읽을 수 있다.[30]

『예기집설』을 취해 기록한 만큼 권근도 오징처럼 편목을 유지한다. 재배치는 주희와 오징이 모두 재배치한 대화가 나오는 부분에 그친다. 한 가지 차이라면 공자와 빈모고의 대화를 앞에 두지 않고 「악기」에 서술된 순서를 따른다는 것이다. 따라서 재배치 순서는 위 표에 적힌 번호를 기준으로 ⑧, ⑥, ⑦, ⑨가 된다. 권근은 세 대화의 순서에 대해 문후가 군주이므로 먼저 기록한 것이라고 설명한다.[31] 주희와 오징의 재배치에서 추측된 공자 존숭이라는 기준이 권근에게는 채택되지 않은 것이다. 권근은 ⑧을 앞으로 옮긴 이유로서 문의가 위 내용과 유사하다고 말한다.[32] 즉, ⑧이 '악정(樂情)'과 내용이 이어진다는 것이다. 권근이 재배치한 기준으로 내용 연결성을 말하고 있지만 대화 사이에 끼어 있어서 이질성이 두드러지는 부분을 옮기는 데 그칠 뿐 오징처럼 그 외 부분까지 재배치의 범위를 넓히지

---

30) 이 글이 오징에 관한 글이 아니라 소략적 분석에 그쳐 내용이 이어지는 맥락만 지적했지만 이 외에 오징의 특별한 시각이 더 깊은 분석을 통해 밝혀질 수도 있을 것이다.

31) 『禮記淺見錄』, 「樂記」, "文侯人君, 故先之也."

32) 『禮記淺見錄』, 「樂記」, "舊在賓牟賈問答之後, 今以其文義與此以上經傳諸章相類, 故移付于此."

는 않는다. 권근은 재배치뿐 아니라 일부 내용을 『예기집설』의 견해를 따라 「악기」에 잘못 들어온 착간으로 판단한다.[33] 『예기집설』에 기록된 착간으로 판단한 이유가 앞뒤 문장이 서로 이어지지 않는다는[34] 것인 만큼 권근은 착간에 대해서도 내용 연결성을 그 근거로 삼고 있는 것이다.

「악기」에 대한 권근의 재배치는 선행연구가 지적한 『예기』의 전반적 체계를 구성한 작업의 예시가 되기에 부족하다. 주희와 오징이 재배치한 이후의 작업인 데다가 이들의 재배치와 차별될 만한 특징을 찾기 어렵기 때문이다. 물론 경전의 서술 순서를 바꾼다는 것은 이후 조선경학사상사에서 찾아보기 쉽지 않은 만큼[35] 조선 초기 경학의 특징을 보여 주는 한 사례라는 의의 정도는 부여할 수 있을 것이다. 비록 재배치에서 권근의 특징적 시각을 찾기 어렵더라도 재배치한 이유와 착간이라고 판단한 이유를 통해 권근이 「악기」를 읽어 나가며 중시한 점을 알 수 있다. 바로 내용 연결성이다. 권근의 기록은 대부분 각 장과 절의 주제를 밝히고 이 주제들이 어떻게 연결되는지를 간략하게 언급하는 데 그쳐서[36] 독해의 주목적이 전후 내

---

33) 착간으로 간주되는 부분은 『의례경전통해』에도 기록되지 않는다. 『예기찬언』에는 기록된다. 권근은 착간이라고 평가하지만 그렇다고 아예 삭제하지는 않고 임시방편으로 제일 끝에 기록해 둔다.

34) 『禮記集說』, 「樂記」, "石梁王氏曰, 此八句專言禮, 與上下文不相承, 當是他篇之錯簡."

35) 최석정(崔錫鼎, 1646~1715)도 『예기유편(禮記類編)』에서 「악기」의 서술 순서를 권근과 동일하게 재배치하는 등 권근 이후에도 경전의 서술 순서를 바꾼 예를 찾을 수 있으나 드물었다. 권근과 최석정의 재배치에 대해서는 금장태, 『한국유학의 악론』, 서울: 예문서원, 2008, 26~29쪽 참고.

36) 이러한 경향은 하전에서 특히 강하다. 상경에서는 주제를 언급하는 것에 더해 성리학적 시각에서 해석도 하지만 하전에서는 잘못된 기록임을 주장할 때만 제외하고 대체로 주제를 간략하게 언급하는 데 그친다.

용이 연결되는 양상을 확인하면서 「악기」의 조리를 파악하는 데 있는 것 같다.

권근은 상경에 대한 총평에서도 “문장의 순서가 서로 이어지고 혈맥이 서로 관통하며 깊고 얕음, 끝과 처음이 각각 조리가 있다”고 평가하는데[37], 권근이 「악기」의 조리를 만들어낸다고 할 만큼 조리를 세워 이해하려는 경향이 짙다. 앞뒤 맥락이 이어지지 않는 부분을 착간으로 간주해 제일 마지막에 임시로 기록만 할 뿐 실질적으로 삭제해 버리고, 비록 선례가 있기는 해도 경문을 재배치할 수 있었던 것은 조리를 세워 가는 독해 경향이 영향을 준 결과로 볼 수 있다.[38] 결국 권근의 재배치는 내용 연결성을 고려한 작업으로 볼 수 있고, 그나마 협소한 범위에서만 이루어지고 있어서 이러한 재배치에 성리학적 시각이 반영되었다고 보기는 어렵다. 오징이 「악기」의 편목을 유지한 채 이들의 순서를 적극적으로 조정해 가며 「악기」의 조리를 새롭게 세워 가고자 했다면, 권근은 연결성이 뚜렷이 어색한 한 부분만 순서를 바꾸고 나머지는 본래 순서를 그대로 따르면서 본인의 해석을 통해 조리를 드러내고자 한다. 권근이 드러내는 조리의 내용과 그 속에 담긴 권근의 특징적 관점을 이어서 살피겠다.

---

37) 『禮記淺見錄』, 「樂記」, “右蓋「樂記」之經. 其文節次相承, 血脈相貫, 深淺始終各有條理.”

38) 상경 12장에 대해 빠진 글자가 있는 것 같다고 하고, 21장에 대해서도 빠진 내용이 있는 것 같다고 하는데, 더 구체적 설명은 없다. 아마도 맥락이 잘 이어지지 않아 본인의 이해가 매끄럽지 못한 것을 근거로 기록해 둔 말인 듯하다. 이 역시 권근이 앞뒤 맥락이 잘 이어지는 데 초점을 맞춰 독해하고 있음을 보여준다.

3. 권근이 드러낸 「악기」의 조리와 주요 독해 관점

1) 조리를 드러내는 독해

권근이 「악기」의 일부를 재배치하고 삭제한 것에서 내용 연결성을 중시하고 있음을 엿볼 수 있었는데, '근안'으로 시작하는 권근의 기록들에서도 같은 점을 지적할 수 있다. 이 기록들에서 권근은 상경의 각 장이나 하전의 분절들이 어떤 주제를 다루는지 간략하게 언급하고, 이전 주제와 이어지는 주제가 어떻게 상관되는지 밝히고는 한다.[39] 「악기」를 심도 깊게 이해하기보다는 각 부분별로 주제를 파악하고, 이 주제들의 연결 양상을 파악함으로써 「악기」의 전체 조리를 파악하는 데 주목적이 있는 것이다.

권근이 앞뒤 내용의 연결에 주의를 기울여 독해했다는 것은 하전 2절의 두 번째부터 일곱 번째 분절까지를 상경 2장과 연결해 설명하는 부분에 잘 나타난다. 상경 2장에는 특정 마음 상태가 소리로 표현되는 여섯 가지 양상이 서술되어 있다. 이 내용이 하전 2-2절에서 2-7절까지 얼추 맞아떨어지는데 권근은 여섯 양상 중 하나의 순서가 어긋나 있음을 지적한다.

해당 부분은 다음과 같다.

---

39) 예를 들어 '앞에서는 이런 뜻을 말했고, 이를 이어 여기에서는 이런 뜻을 밝혔다'는 형식의 문장이 자주 등장한다.

상경 2장

①슬픈 마음이 감발하면 그 소리는 메마르고 줄어든다.[초이쇄(噍以殺)] ②즐거운 마음이 감발하면 그 소리는 넉넉하고[탄(嘽)] 느긋하다. ③기쁜 마음이 감발하면 그 소리는 올라가고 흩어진다[산(散)]. ④노여운 마음이 감발하면 그 소리는 거칠고 사납다[조이려(粗以厲)]. ⑤경외하는 마음이 감발하면 그 소리는 곧고 날카롭다[직이렴(直以廉)]. ⑥사랑스러운 마음이 감발하면 그 소리는 조화롭고[화(和)] 부드럽다.[40]

하전 2-2절~2-7절

①그러므로 급박하고 쇠미하며, 메마르고 줄어드는[초쇄(噍殺)] 음이 생기면 백성이 근심한다. ②넉넉하고[탄(嘽)] 화합하며, 느리고 평탄하며, 문리가 풍부하고 절주가 간소한 음이 생기면 백성이 편안하고 즐겁다. ④거칠고 사나우며[조려(粗厲)], 맹렬하게 시작되어 빠르게 끝나며, 크게 떨치는 음이 생기면 백성이 굳세다. ⑤날카롭고 곧으며[염직(廉直)], 견실하고 바르며, 장중하고 진실한 음이 생기면 백성이 정중하고 공경한다. ⑥너그럽고 여유 있으며, 원만하고 유려하며, 순조롭게 이루며, 조화롭게[화(和)] 움직이는 음이 생기면 백성이 자애롭고 사랑한다. ③휩쓸려 치우치고, 삿되고 흩어지며[산(散)], 지나치게 길고, 넘쳐 참람하게 침범하는 음이 생기면 백성이 지나치게 되고 혼란하다.[41]

상경과 하전의 여섯 문장에는 소리를 묘사하는 글자가 여러 개

40) 『禮記』, 「樂記」, "①其哀心感者, 其聲噍以殺. ②其樂心感者, 其聲嘽以緩. ③其喜心感者, 其聲發以散. ④其怒心感者, 其聲粗以厲. ⑤其敬心感者, 其聲直以廉. ⑥其愛心感者, 其聲和以柔."

41) 『禮記』, 「樂記」, "①是故志微・噍殺之音作, 而民思憂. ②嘽諧・慢易・繁文簡節之音作, 而民康樂. ④粗厲・猛起・奮末・廣賁之音作, 而民剛毅. ⑤廉直・勁正・莊誠之音作, 而民肅敬. ⑥寬裕・肉好・順成・和動之音作, 而民慈愛. ③流辟・邪散・狄成・滌濫之音作, 而民淫亂."

나오는데 그중 하나 혹은 두 개가 동일하다.42) 예를 들어 ①의 경우 '초쇄(噍殺)', 즉 '메마르고 줄어든다'는 표현이 모두 나온다. 이렇게 글자들이 겹치다 보니 『예기집설』도 이 두 부분을 연결 짓는다. 하지만 앞에 나온 구절의 뜻을 '거듭 말한 것'이라고 짧게 서술하는데 그친다.43) 권근은 두 부분을 연결지을 뿐 아니라 상경의 ③에 대응하는 부분이 하전에서는 마지막에 놓여 있음을 지적한다. 이렇게 순서가 바뀐 것에 대해 상경은 기쁨과 노여움을 대비해 말한 것이고, 하전은 선악을 대비해 말한 것이라고 한다. 즉, 상경에서는 기쁜 마음[희심(喜心)]과 노여운 마음[노심(怒心)]이 대비되느라 순서가 그러했지만, 선악을 대비하는 하전에서는 오직 기쁜 마음만이 악(惡)에 이를 수 있기 때문에 마지막에 위치시켰다는 것이다.44) 하지만 ①에서 슬픈 마음으로부터 유래한 소리가 백성의 근심으로 이어지기 때문에 이를 선으로 해석하기에는 무리가 있다. 또한 여러 글자 중 한두 글자가 겹친다고 하여 하전의 내용을 상경에 나온 여섯 마음의 감발 결과와 일일이 대응시키기에도 무리가 있다. ③의 경우 하전에서 음을 수식하는 여덟 글자 중 한 글자만 겹치고 있다.

비록 권근의 분석이 충분히 설득력 있어 보이지는 않지만 각 문장의 대응 순서까지 살피는 것으로부터 볼 때 권근이 앞뒤 내용의 상관성을 신경 쓰며 독해하고 있음을 알 수 있다. 그리고 단순히 겉

42) 하전의 경우 정현(鄭玄, 127~200)과 공영달은 일부 글자를 음이 아닌 군주의 성향을 묘사하는 뜻으로 푼다. 이와 달리 『예기집설』은 모두 음을 묘사하는 것으로 보고, 권근도 이를 따르는 것으로 보인다.

43) 『禮記集說』, 「樂記」, "此申言篇首'音之生本在人心之感於物也'一條之義."

44) 『禮記淺見錄』, 「樂記」, "前以喜怒對言, 此以善惡爲次, 喜本非惡, 喜而無節, 必至滛乱, 故五者之發皆歸於善, 而喜心之發獨至於惡也."

으로 드러난 대응 순서에 문제가 있음을 지적하는 데 그치지 않고 바뀔 수밖에 없었던 이유를 나름의 시각에서 유추하는 모습도 볼 수 있다. 전에 해당하는 부분이니 이처럼 순서가 바뀐 것을 오류로 보고 문장을 옮길 만도 한데 권근은 다소 무리수를 두면서까지 하전에서 ③이 제일 뒤에 배치될 수밖에 없는 이유를 제시한다. 「악기」를 상하로 구분하고 일부 내용을 재배치하는 과감함을 보이지만 권근이 경전에 접근하는 자세를 과감함으로 평가하기 어렵게 만드는 모습인 것이다. 여기에서도 권근은 「악기」를 그대로 둔 채 본인의 해석을 통해 조리를 드러내려고 한다. 권근이 「악기」의 조리를 어떻게 파악하고 있는지 살피면서 주요 독해 관점에 접근하겠다.

2) 주요 독해 관점

권근은 상경 19장에 관한 기록에서 상경의 전체 구조를 셋으로 나누어 그 요지를 밝힌다. 즉, 1~15장까지는 "사람에게 있는 악(樂)으로부터 미루고 넓혀 천지의 큼에 이른 것"이고, 16~18장은 "다시 사람에게 있는 것으로부터 거듭 말하여 천지와 성인과 예악이 하나가 됨"을 다룬 것이고, 마지막 19~22장은 "다시 천지에 있는 것으로부터 거듭 밝힌 것"이라고 한다.45) 이를 풀이해 보면 「악기」 서두에 서술된 인심(人心)에서 음(音)이 생기는 것으로부터 시작해 악이 이루어지는 것까지의 내용46)이 사람에게 있는 악에 해당하고, 13장과 15장에서

45) 『禮記淺見錄』, 「樂記」, "近按, 自篇首至'樂者天地之和'諸節, 是由樂之在人者, 推廣而極於天地之大, 自'論倫無患'至'天高地下'三節, 又自在人者申言而極於天地聖人禮樂之為一. 此章以下又自其在天地者而申明之也."

46) 『禮記』, 「樂記」, "凡音之起, 由人心生也. 人心之動, 物使之然也. 感於物而動, 故形於

예악을 천지의 조화와 구분에 빗대는 것이 천지의 큼에 이른 것에 해당한다. 16장에서 악을 기뻐함과 좋아함 등에 연결시키고, 예를 공경함과 공손함 등에 연결시킨 것은 사람에게 있는 것으로부터 말한 것이고, 18장에서 성인에 의해 예악이 갖춰짐으로써 천지가 제대로 작동한다고 한 것은 천지와 성인과 예악이 하나된 것에 해당한다. 19장과 20장은 「계사」에 나온 천지에 관한 서술을 예악론으로 재구성한 부분이다. 21~22장도 천지와 예악을 연결시켜 서술한다. 따라서 다시 천지에 있는 것으로부터 거듭 밝힌 것으로 볼 수 있다. 이 요지로부터 권근이 상경을 이해하는 주요 개념이 '인심에 근원한 악, 천지와 연결되는 예악, 이 연결에 중요한 역할을 담당하는 성인'이라는 것을 알 수 있다. 즉, 예악은 인간과 천지 모두와 관련되는 것으로 성인을 통해 예악이 천지에까지 관여할 수 있다는 것이다.

상경을 마무리하며 쓴 총평에서는 심(心)과 성(性)을 상경의 요체로 제시한다. 심과 성이 각각 악과 예의 근원이기 때문이다. 권근은 악은 심에서 말미암고, 예는 성에서 말미암는다고 한다.[47] 악이 심에서 말미암는다는 것은 위에 서술한 「악기」 서두의 인심에서 말미암아 음과 악으로 나아가는 내용과 부합한다. 하지만 예가 성에서 말미암는다는 것은 「악기」의 주장으로 보기 어렵고,[48] 성리학적 시각이 담긴 해석이다. 권근은 성은 인심이 받은 천리로 심의 본체라는 성리학적 입장에서[49] 성의 이치로써 심의 욕망을 절제할 수 있

聲. 聲相應, 故生變, 變成方, 謂之音. 比音而樂之, 及干戚羽旄, 謂之樂."

47) 『禮記淺見錄』, 「樂記」, "心者樂之所由生, 性者禮之所由制."

48) 「악기」에는 '성(性)' 자가 여덟 번 나오는데 예와 성의 관계를 명시한 구절은 없다. 오히려 악과 성의 관계를 언급하며, 선왕이 악을 제작할 때 정(情)과 성(性)에 근거하고 예의(禮義)로 마름질했다고 한다. 『禮記』, 「樂記」, "是故先王本之情性 … 制之禮義."

어야 예악이 모두 그 도를 얻을 수 있다고 말한다.50) 천리인 성으로부터 말미암은 예로써 인욕을 절제해 심으로부터 말미암는 악이 제대로 제정될 수 있어야 한다는 것으로, 권근이 「악기」를 수양론적 관점에서 읽고 있음을 볼 수 있다.

권근은 '성으로부터 말미암은 예'라는 개념을 전제하고 수양론적 관점에서 「악기」에 접근하지만 이 개념을 「악기」에 적용하기 어렵고, '예를 통해 바로잡히는 악'을 예와 악의 관계로 설정하기도 어렵다. 「악기」에서 예악은 "예악형정(禮樂刑政)의 궁극은 하나로 백성 마음을 같게 하여 다스림의 방도를 내는 것이다"51)라는 문장에서 볼 수 있듯 통치수단으로서 주로 인식된다. 이때 예악은 "위대한 악은 천지와 조화를 함께하고, 위대한 예는 천지와 절도를 함께한다"52)라는 문장에 나와 있듯 구분과 조화라는 상보적 기능을 수행한다. 「악기」에서는 예악과 천지가 유비되며 천인합일(天人合一)적 시각이 제시되는데, 권근은 이 시각을 성리학적 입장에서 「악기」 해석에 반영한다. 즉 "인간이 처음 태어나서 고요한 것은 하늘의 성이다"라는 「악기」 구절을 내 마음의 리가 바로 하늘의 성이라고 천인합일의 관점에서 해석하며53) '예를 통해 바로잡히는 악'을 주장하게 되는 것이다.

권근은 예를 통해 인욕을 다스려 악을 올바로 제정해야 한다고 하고, 이렇게 제정된 악은 역으로 마음에 영향을 주어 천리를 따르도록

49) 『禮記淺見錄』, 「樂記」, "性者, 人心所受之天理也. '人生而静'者, 未發之中, 心之体也."

50) 『禮記淺見錄』, 「樂記」, "能以性之理而節其心之欲, 然後禮樂皆得其道."

51) 『禮記』, 「樂記」, "禮樂刑政, 其極一也, 所以同民心而出治道也."

52) 『禮記』, 「樂記」, "大樂與天地同和, 大禮與天地同節."

53) 『禮記淺見錄』, 「樂記」, "此章曰, '人生而静天之性也', 則吾心之理即天之性, 是合天人而一之也."

돕는다고 한다. 즉, 악을 통해 삿되고 더러운 것을 깨끗하게 씻어 버리고 찌꺼기를 녹여 버리면 자신에게 돌이켜 살펴 천리를 따를 수 있다는 것이다.[54] 권근은 「악기」에서 천리를 보존하고 인욕을 막는 공부법을 말하지 않고 욕망을 따르는 일을 범범하게 말한 것은 이 편이 악(樂)을 논하고 학(學)을 논하는 것이 아니기 때문이라고 말한다.[55] 이 말 이후 이어지는 내용이 바로 악을 통해 삿되고 더러운 것을 씻어 버린다는 것이다. 즉, 권근이 볼 때 「악기」가 인욕을 막는 공부에 대해 서술하지 않은 것은 「악기」가 악에 관한 기록이고, 악은 공부의 효과와 동일한 효과를 가져다주는 방편이 되기 때문인 것이다.

「악기」가 인욕을 막는 공부에 대해 서술하지 않은 것은 악이 그 방편이 될 수 있기 때문이라기보다는 인욕을 막는 수양이 「악기」의 주 관심이 아니기 때문일 것이다. 외물에 이끌렸을 때 스스로를 돌아보지 못한다면 천리가 멸하게 된다는 「악기」의 구절[56]은 외부 사물에 무절제하게 이끌리기 쉬운 측면을 지적한 것이다. 선왕이 예악을 제정한 것은 외부 사물에 절도를 부여해 이러한 무절제를 막기 위한 것이었다고 「악기」는 이어서 서술한다.[57] 천리를 멸하기 쉬운 인간의 욕망이 적절한 선에 머물도록 선왕은 악을 제작했고, 이러한 악의 위상을 높이는 데 「악기」가 초점을 맞췄다면, 권근은 이 악을 가지고 수양하는 데로 초점을 옮긴다. 「악기」 맥락에서는 선왕이 제

54) 『禮記淺見錄』, 「樂記」, "然因樂而蕩滌其邪穢, 消融其查滓, 能反躬而循天理."

55) 『禮記淺見錄』, 「樂記」, "但不言其所以存天理遏人欲之工夫, 而泛言其從欲之事者, 是論樂而不論學故也."

56) 『禮記』, 「樂記」, "知誘於外, 不能反躬, 天理滅矣."

57) 『禮記』, 「樂記」, "人化物也者, 滅天理而窮人欲者也. … 此大亂之道也. 是故先王之制禮樂, 人爲之節."

작한 악 그 자체가 통치수단으로서 지니는 긍정적 효과가 중요하지만 권근이 이해한 맥락에서는 악을 가지고 수양하는 개인의 역량이 중요해진다.

수양하는 개인의 중요성은 총평에서 심과 성을 요체로 제시한 후 이어지는 내용에서도 확인할 수 있다. 심이 감응하게 되면 그 결과가 옳고 그름으로 갈리고, 음 역시 아름답고 추한 음으로 갈리는 등 달라지므로 삼가고 경건해야 한다는 것이다. 권근에 따르면 어떻게 감응하느냐는 결국 내 마음에 달린 것이기 때문에 수양이 중요하다.[58] 여기에서도 권근은 우선 천인합일의 입장에 선다. 사람은 천지와 소통하므로 심의 감응, 음의 발현, 행동 양상, 기의 감응에 좋고 나쁜 양면성이 모두 있게 된다. 천인(天人)은 하나의 이치인 것이다.[59] 하지만 권근은 이 둘 중 좋은 결과로 이르게 하는 인간의 역할을 강조한다. 내 마음이 어떠하냐에 따라 나쁨이 아닌 좋음으로 갈 수 있게 된다.

권근처럼 수양을 강조한다면 감응시키는 외부 자극이 아닌 개인의 감응 양상이 더 중요하게 되어 외부의 모범적 악을 제정한 의의가 축소된다. 이렇게 되면 인간세계와 자연세계에 영향을 미치는 예악과 예악의 제정자로서의 성인의 위상이 「악기」의 중심 주제가 되기 어려워진다. 권근이 상경의 핵심 개념으로 인심에 근원한 악, 천

58) 『禮記淺見錄』, 「樂記」, "夫人之心神, 與天地陰陽相爲疏通, 故心之所感有邪正, 而音之所發有美惡, 身之所行有得失, 而氣之所應有休咎, 天人一理, 幽明一致, 而其感召之機, 只在吾方寸之間, 可不愼哉, 可不敬哉."

59) 천지의 변화 속에 만물이 양면성을 지니듯 인간 행위도 양상이 둘로 나뉠 수 있다는 점에서 천지와 인간이 소통하고 천인의 이치가 하나라고 말하는 것 같다.

지와 연결되는 예악, 이 연결에 중요한 역할을 담당하는 성인을 지적한 것은 「악기」의 주안점을 제대로 짚어낸 것으로 평가할 수 있다.[60] 하지만 권근이 「악기」를 독해하는 주요 관점은 악을 통한 수양이 되어 오히려 이 주안점을 제대로 부각시키지 못한다.

수양을 중시하는 권근의 관점은 음과 악을 서로 의존하는 것으로 보는 시각에서도 드러난다. 권근은 음과 악에 대해 악이 음으로부터 생기지만 악으로부터 음이 생기기도 한다고 본다. 후자의 해석은 '악자음지소유생야(樂者音之所由生也)'를 '악은 음이 [그로부터] 말미암아 생겨난 것이다'로 풀이한 것에 근거한다.[61] 즉, 악으로부터 음이 생겼다는 것이다. 공영달이 이 문장을 '악은 음으로부터 말미암아 생겨난다'[62]고 풀이한 것과 반대로 해석하는 것이다.

'악자음지소유생야' 다음에 이어지는 문장이 '그 근본은 인심이 외물에 감응하는 데 있다.'[63]인 것을 감안하면 공영달처럼 읽는 것이 나아 보인다. 악은 음으로부터 생겼는데 더 거슬러 가면 마음이 사물에 감응한 것이라는 것으로, 사물에 감응한 마음으로부터 음이 생기고, 이것이 악으로 나아가게 되어 순차적으로 악의 형성을 서술하게 되기 때문이다. 권근처럼 읽으면 생성 과정이 양방향을 오간다. 즉, 악으로부터 음이 생겼다고 서술한 후, 다시 마음으로부터 음이 생겼다고 서술한 것이 되어, 음이 악과 마음 양방향에서 생성된

---

60) 이는 선행연구에서 권근이 주목하는 주요 내용으로 '체용 관계에 있는 예악의 심성론적 근거와 우주론적 실현'을 지적한 것과 부합한다. 각주 12 참고. 비록 권근이 「악기」의 내용을 본래 맥락에 맞게 요약하고는 있으나 권근의 주요 독해 관점인 악을 통한 수양은 이 본래 맥락을 약화시킨다.

61) 『禮記淺見錄』, 「樂記」, "近按, '樂者音之所由生'者, 言音由樂而生也."

62) 『禮記正義』, 「樂記」, "合音乃成樂是樂由此音而生, 故云, '音之所由生也.'"

63) 『禮記』, 「樂記」, "其本在人心之感於物也."

다. 그래서 권근에 따르면 마음으로부터 음으로 진행하는 과정은 악이 아직 지어지지 않았을 때이고, 악에서 음으로 진행하는 과정은 악이 이미 지어진 후이며, '그 근본은 인심이 외물에 감응하는 데 있다'는 것은 다시 아직 지어지기 전이 된다.[64]

이렇게 양방향을 설정하기보다는 마음에서 유래한 음, 그리고 여기에서 더 나아간 악으로 보는 것이 「악기」 서두의 서술[65]과도 일맥상통한다는 점에서 더 나은 독해일 것이다. 그럼에도 권근이 이같이 독해하는 것은 악을 통해 음을 조절한다는[66] 시각이 반영된 것으로 악을 통한 수양을 염두에 둔 해석으로 평가할 수 있다. 이처럼 「악기」에서 제시하고 있는 '마음→음→악'으로 진행하는 과정에 더해 역으로 진행하는 과정도 말하면서 상호성을 드러내는 것은 권근이 악을 매개로 한 수양을 중시하는 입장과 연결된다. 이 역방향에 대한 강조는 통치수단으로서 악이 지닌 위상, 그리고 이러한 악의 위상을 가능하게 한 성인의 위상을 강조하기보다는 마음에 영향을 주는 악을 통해 개인이 주체적으로 수양해 갈 것을 강조하는 쪽으로 기운다.

권근은 수양론으로서 「악기」를 독해하는 경향이 짙지만 「악기」에서 수양론이 중심에 놓인다고 보기는 어렵다. 「악기」에서 예악을 바라보는 중심 시각은 권근도 상경의 전체 구조를 요약하며 지적했듯 인간세계 나아가 자연세계까지 영향을 미치는 예악의 작용과 여

64) 『禮記淺見錄』, 「樂記」, "此章言由樂而制有音, 是自其既作而言也. 未作之初, 因音而制樂, 既作之後, 因樂而節音, 故交互而言之也. 其'本在人心之感物'者, 又探其未作之前而言也."

65) 각주 46 참고.

66) 『禮記淺見錄』, 「樂記」, "因樂而節音."

기에 관여하는 성인의 역할이다. 즉, 통치수단으로서 예악을 보게 되고, 이 효과를 자연계에까지 확장함으로써 예악의 지위를 높인다. 예악 시행에서 성인의 역할이 중요한 만큼 예악의 지위와 함께 예악 제정자인 성인의 위상도 높이게 된다. 예악을 개인적 수양의 수단으로 보는 시각은 권근이 상경으로 분류한 부분에서는 거의 제시되지 않는 만큼 「악기」의 중심 시각으로 보기 어렵다.

비록 부분적 논의에 그치지만 「악기」도 예악을 수양의 수단으로 제시한다. 예악을 제정하는 이는 수양이 중요할 수 있고, 이에 대해서는 「악기」도 서술하고 있다. 바로 군자가 예악을 통해 마음을 다스리는 것을 말하고 있는 하전 7절에 해당하는 부분이다.[67] 이 부분에 대해 권근은 상경에서 다룬 내용과 유사한 내용을 다루고 있고, 문의도 정밀하여 공자 문하에서 나온 서술로 평가한다.[68] 하지만 이 부분은 『노자』와 유사한 문구를 포함하고 있어서[69] 권근이 평가한 대로 공자 문하의 저술이라고 보기에 무리가 있다.[70] 그럼에도 가치를 높게 봤다는 것은 권근이 수양을 중심 주제로 보고 있기 때문일

---

67) 하전 7절은 "君子曰, 禮樂不可斯須去身. 致樂以治心."으로 시작해 "禮之報, 樂之反, 其義一也."로 끝나는데, 예악을 통해 수양하는 군자, 그리고 이러한 군자에 감화하는 백성이 주로 서술된다.

68) 『禮記淺見錄』, 「樂記」, "此言禮楽所以治己治心之道, 亦學者所當體念者也. 此下數節, 文義皆精, 與篇首經文相類, 疑亦出於孔門, 而記者以類而付之也欤."

69) 『禮記』, 「樂記」, "易直子諒之心生則樂, 樂則安, 安則久, 久則天, 天則神. 天則不言而信, 神則不怒而威." 이 구절은 『노자』 16장, 73장과 문형과 내용이 유사하다.

70) 7절은 네 개의 분절로 구성되는데 권근이 공자 문하의 저술로 평가하는 것은 두 번째 분절이다. 『노자』와 유사한 부분은 첫 번째 분절이라서 공자 문하의 저술이라는 평가에 해당하지 않을 가능성도 있다. 하지만 하나의 절에 있는 만큼 첫 번째 분절도 권근이 높이 평가하는 부분에 포함시키는 것이 적절하다고 생각한다.

것이다.

「악기」에서 예악을 제정하는 이의 덕을 언급하기도 하고, 예악 제정자의 수양을 다루기도 하지만 이 수양에 관한 내용은 일부에 그치고, 이질적 시각도 들어와 있다. 그럼에도 인간세계와 자연세계의 연결자로서 성인의 위상을 잡고 이 위상을 얻는 데 수양이 중요하다는 논의를 「악기」로부터도 구성할 수는 있다. 하지만 이 논의가 「악기」에서 중심적 위치를 차지한다고 보기는 어렵다. 하지만 권근은 이 논의에서 한발 더 나아가 수양의 주체를 예악 제정자 이외로까지 확장시킨다. 수양의 주체가 강조되면 예악과 예악 제정자의 위상을 확고하게 설정할 필요는 없다는 점에서 권근의 주요 독해 관점은 「악기」의 맥락에 충실하다고 보기는 어렵다. 이는 조선 초기 성리학적 통치이념을 정초하고자 한 유학자이자 정치가로서 권근이 심성에 근거한 예악에 대해 "자신의 심성을 다스리는(治己) 수양의 공부가 될 수 있고 또 세상을 다스리는(治人) 치도(治道)의 이론으로도 될 수 있음에 주목"[71]한 데 따른 것으로 볼 수 있다는 점에서 성리학적 시각에서 「악기」를 재해석한 것으로 평가할 수 있다.

4. 결론

권근은 『예기천견록』을 저술하며 『예기』의 네 개 편에 대해 서술 순서를 재배치했고, 「악기」도 그중 하나이다. 이러한 재배치 작업은 성리학적 시각에서 『예기』의 전반적 체계를 구성한 것으로 평

71) 금장태, 『한국유학의 악론』, 서울: 예문서원, 2008, 54쪽.

가받기도 한다. 하지만 「악기」편 재배치는 이러한 평가에 부합할 만한 재배치로 보기는 어렵다. 이보다는 내용상 중요도와 기록의 신뢰성을 기준으로 「악기」를 경과 전 관계에 있는 상하 두 편으로 나눈 것을 독창적 작업으로 평가할 만하다. 「악기」를 둘로 구분한 것은 주희의 『대학장구』를 계승한 것으로 볼 수 있지만 『대학장구』처럼 경과 전 사이 내용의 긴밀성이 뚜렷하지는 않다. 하전에 대한 해석에서 '천지에 있는 것'과 '사람에게 있는 것'이라는 상경에서 취한 해석 관점을 유지하고,[72] 상경과 유사한 부분을 구체적으로 분석하는 등 상경과 하전의 연결성을 고려하기는 해도 경에 대한 보완적 해석이라는 성격이 하전에서 뚜렷하지는 않다. 하지만 경과 전에 대한 새로운 구분 기준이 오히려 권근 작업을 독창적이게 만든다. 고증적 접근을 통해 신뢰성이라는 기준에서 경과 전을 구분하고, 「악기」의 요지에 대한 본인의 이해를 이 구분에 반영하고 있다는 점에서 독창적 작업이라는 의의를 부여할 수 있다. 즉, 인심에 근원한 악과 성인을 통해 천지와 연결되는 예악이라는 권근이 파악한 「악기」의 핵심 내용이 집중적으로 다뤄지는 부분까지가 상경이고, 여기에 속한 내용은 기록을 신뢰할 수 있다는 것이다.

권근의 재배치가 큰 의미를 갖기 어려운 것은 더 전면적인 재배치가 이미 앞선 시기 오징의 『예기찬언』에서 행해졌고, 더 거슬러 주희 역시 『의례경전통해』에서 오징이 그 기준을 수용한 것으로 보이는 재배치 작업을 수행했기 때문이다. 권근이 앞선 시기에 이루어진 재배치를 참고하지 않은 가운데 독자적으로 재배치를 했다고 가

72) 예를 들어, 하전 1-3절에서 '천지에게 있는 것[在天地者]', 1-4절과 6-2절에서 '사람에게 있는 것[在人者]'이라는 표현을 사용한다.

정하더라도 그 의의를 높이 사기는 어렵다. 재배치하는 부분이 「악기」의 11개 편목 중 하나의 편목만 옮기는 데 그치고, 옮긴 이유에 독특한 관점이 반영되었다고 평가할 정도도 아니기 때문이다. 즉, 「악기」의 마지막을 구성하는 네 개 편목 중 대화 형식이 아닌 편만 앞으로 옮김으로써 대화들 사이에 놓여 있어 어색하게 보일 수 있는 부분이 앞 내용과 연결되기에 더 적절한 위치로 가게 된 것이다. 이로써 「악기」의 조리를 살리는 데 기여하지만 형식과 내용 연결성을 고려한 이 재배치에서 철학적 관점을 찾기는 어렵다. 하지만 조선 초기 경학사에서 경전에 대한 유연한 접근을 보여주는 하나의 예로서 지니는 의의는 부여할 수 있을 것이다.

오징이 재배치를 적극적으로 시도하며 「악기」의 조리를 새롭게 세워 가고자 했다면 권근은 형식상 뚜렷이 이질적인 부분만 재배치하고 「악기」의 서술 순서를 그대로 둔 채 본인의 해석을 통해 조리를 드러내고자 한다. 따라서 권근의 경학사상사적 의의는 재배치보다는 권근의 해석상 특징에서 찾을 수 있다. 「악기」의 조리를 드러내면서 권근이 주목한 내용은 악을 매개로 한 수양이다. 권근은 상경의 주요 내용을 '인심에 근원한 악, 천지와 연결되는 예악, 이 연결에 중요한 역할을 담당하는 예악 제정자로서 성인'으로 이해한다. 이러한 이해는 구분과 조화라는 예악의 상보적 기능이 자연계에 유비되기도 하며 예악의 위상을 높이고 나아가 예악 제정자의 위상을 높이는 「악기」의 핵심 주장에 부합한다.

비록 상경의 핵심 내용을 「악기」 본래 맥락에 맞게 추출하고 있으나 권근은 「악기」에서 뚜렷이 제기되는 예악의 상보적 기능 대신 악을 매개로 한 수양을 강조한다. 예를 들어, 심(心)과 성(性)을 상경의 요체로 제시하면서 악을 심, 성을 예로 연결시키며 천리인 성의 이치를 따르는 예로써 심의 욕망을 절제할 때 심으로부터 말미암는 악이 제대로 제정된다고 주장한다. 천인합일의 시각에서 악을 제대로 제정하기 위한 수양을 말하는 것이다. 여기까지의 내용은 악을 제정하는 이의 수양이라는 점에서 「악기」의 본래 맥락에서 벗어난 것은 아니지만 권근은 수양 주체의 범위를 더 확장시킨다. 이렇게 제정된 악을 다시 수양의 수단으로 제시하며 악을 통해 삿되고 더러운 것을 씻어 천리를 따라야 한다고 주장하기 때문이다. 악을 통한 개인의 수양을 강조하는 해석은 수양하는 개인에게 주안점이 놓이며 「악기」가 높이는 예악과 예악 제정자의 위상을 약화시킨다는 점에서 「악기」 본래 맥락에 충실하다고 보기 어렵다. 이는 정치가이자 자기 수양을 중시하는 유학자로서 「악기」 본래 맥락에 맞게 통치수단으로서 예악을 보는 데 그치지 않고 수양의 수단으로 악을 바라보는 관점을 보강해 「악기」를 재해석한 것으로 평가할 수 있다.

『예기천견록』 중 「악기」편에 담긴 권근의 경학사상이 갖는 의의는 선행연구에서 지적했듯 「악기」를 수양론 혹은 심성론적 관점에서 독해하는 것이다. 이 글의 분석으로부터 그 특징적 내용을 압축하면 천인합일의 입장에 서되 인간의 주체적 수양을 강조하는 것이다. 천지와 소통하는 인간은 어떻게 감응하느냐에 따라 다른 결과를 도출시킬 수 있는 만큼 악을 방편 삼아 감응이 올바른 방향으로 이루어질 수 있도록 노력해야 한다. 천지와 소통한다고 하여 천인합일을 말하면서도 심의 감응은 상반된 상태를 순환하는 자연계의 움직임과는 달리 늘 좋은 결과로 이어져야 한다고 주장함으로써 인간의 주체적 역량을 강조하는 입장에 선다.

『예기천견록』 중 「악기」편이 조선 초기 경학사상사에서 갖는 의의는 편 체제를 상하로 새롭게 구성하고, 비록 제한적일망정 재배치를 시도하는 만큼 경전에 유연하게 접근한다는 점이다. 이러한 작업이 주자성리학의 영향 아래 이루어졌겠지만 상경과 하전을 구분하는 기준과 방법론에서 권근 자신의 시각을 읽을 수 있어서 고유성을 인정할 수 있다. 권근이 「악기」를 수양론으로서 독해하는 관점은 「악기」 본래 맥락에 충실한 관점은 아니지만 조선 초기 성리학 기반 위에서 자기 수양을 강조하는 방향에서 「악기」를 재해석하는 관점을 제시했다는 의의를 지닌다. 이처럼 권근의 『예기천견록』 중 「악기」편은 자신의 관점에서 경전의 체제를 재편하며 경전에 유연하게 접근하고, 수양론을 강조하며 성리학적 시각에서 경전을 재해석하는 조선 초기 경학사상의 한 특징을 보여주고 있다.

권근은 「악기」를 고증적 접근을 통해 신뢰성을 기준으로 상경과 하전으로 구분하고, 「악기」의 요지를 여기에 반영함으로써 독창성을 발휘하였다. 특히 그는 「악기」를 외적인 정치 제도적 관점보다는 수양론적 의미에 중점을 두어 해석하면서 조선 초기 문장 제도를 확립해야 하는 시대적 상황에서도 「악기」가 심성 수양론적 의미를 강하게 내포하고 있음을 강조하였다. 이 점에서 권근의 「악기」에 대한 이해는 조선 초기 학술 문화의 다원성을 구현하고 있다고 말할 수 있다. ◈

참 고 문 헌

원전류:
『예기천견록(禮記淺見錄)』
『예기집설(禮記集說)』
『예기정의(禮記正義)』

단행본류:
금장태, 『한국유학의 악론』, 서울: 예문서원, 2008.

논문류:
강문식, 「권근의 오경 인식 -경학과 경세론의 연결을 중심으로-」, 『태동고전연구』 24, 한림대학교 태동고전연구소, 2008.
권정안, 「권양촌의 「예기천견록」 연구」, 『동양철학연구』 2, 동양철학연구회, 1981.
김석제, 「권근 『예기천견록』 연구 -예학사상을 중심으로-」, 성균관대학교 대학원 동양철학과 박사학위논문, 1999.
박미라, 「『의례경전통해』의 체제에 나타난 주자의 예학사상」, 『종교와 문화』 3, 서울대학교 종교문제연구소, 1997.
이봉규, 「권근의 경전 이해와 후대의 반향」, 『한국실학연구』 13, 한국실학학회, 2007.
이봉규, 「조선시대 『예기』 연구의 한 특색: 주자학적 경향」, 『한국문화』 47, 규장각 한국학연구원, 2009.
장동우, 「『예기천견록』의 예학사적 위상 -체제 재구성의 문제를 중심으로」, 『인문사회』 21, 아시아문화학술원, 2018.

퇴계 이황의 『경서석의』의 저변에 대한 일고

함 영 대

1. 문제제기
2. 『경서석의』의 저작 저변
3. 저작 전후의 학문 이력
4. 결론

* 이 글은 『남명학연구』 제70집(경상국립대학교 경남문화연구원, 2021.06)에 게재한 동명의 논문을 본 저서의 간행 취지에 맞춰 일부 수정한 것이다.

1. 문제제기

퇴계 이황의 『경서석의』에 대한 연구는 적지 않게 진행되었으며, 근래 그 『경서석의』의 하나하나에 대한 검토도 충실하게 이루어졌다.[1] 그 결과 '경서석의'의 성격에 대해서 우리는 어느 정도 알 수 있게 되었다. 그러함에도 불구하고 그 저변에 대한 탐구는 여전히 요청된다. 퇴계의 학문적 여정에서 이 저술이 어느 정도의 의미로 포착되어야 할 것인가에 대한 탐구는 여전히 숙제로 남아있기 때문이다.

퇴계는 19세에 『성리대전』의 몇 권을 보았지만 본격적으로 『주자대전』을 독서한 것은 43세였다.[2] 그가 경전을 대하고 읽은 기본 판본은 당대 조선에서 경전을 공부하는 거의 유일한 판본이었던 영락대전본이었다. 당대의 평가는 물론 후대의 증언에서도 알 수 있는 바와 같이 당시 조선에는 영락대전본에 수록된 주자집주에 대해 명확하게 정해진 통일된 해석이 없었다.

---

1) 근래 이와 관련한 가장 대규모의 학술대회는 한국경학학회와 한국국학진흥원이 "한국경학의 원류"라는 주제로 공동주최한 2014년의 학회였다. 그 학술대회의 성과는 한국국학진흥원에서 간행하는 『국학연구』 25(2014년 가을 겨울호)에 수록되었다. 수록된 논문들은 그 당시까지의 최신의 성과가 반영된 것이다. 최석기, 「조선전기 경서해석과 李滉의 經學」; 심경호, 「『詩釋義』와 퇴계 『詩』 해석의 특징」; 이은호, 「조선 전기의 書經學과 『書釋義』」; 황병기, 「퇴계 이황의 周易學과 『周易釋義』」; 전재동, 「퇴계학파 經傳註釋의 전승과 『論語釋義』」; 함영대, 「퇴계의 『맹자석의』와 조선 전기의 맹자해석」; 김유곤, 「퇴계의 『대학』 해석의 특징」; 엄연석, 「조선전기 중용 이해와 퇴계 『中庸釋義』의 해석 특징」

2) 퇴계의 삶과 그 이력에 대해서는 정순목, 『퇴계정전』, 지식산업사, 1992; 정석태, 『퇴계선생연표월일조록』, 퇴계학연구원, 2008.

시간의 차이가 있지만 퇴계 제자들은 이후 관계에 대거 진출했고, 그의 견해는 교정청 언해본에 상당 부분 수용되었다. 퇴계의 해석은 이후 표준해석의 중요한 자산이 되었다.[3] 하지만 퇴계의 당대에 퇴계의 『석의』는 하나의 해석적 시도에 불과한 것이었다.[4]

퇴계의 『주자대전』에 대한 독서는 매우 치밀했기 때문에 주자의 생각을 충분히 이해한 상태에서 『사서집주』를 읽었을 것으로 보인다. 하지만 그것만이 퇴계가 사서를 읽어 내려간 한 가지 기준은 아니다. 독서할 때 지녔던 평소의 습관이나 특별하게 이 책을 완성하는 단계에서 자신의 저변에 있었던 학적 사건들은 이 저작 자체에 대한 방향을 결정짓는데 적지 않게 영향을 끼쳤을 것이다. 나아가 퇴계는 하나의 저작을 완성하는 데 상당히 신중하고 치밀한 성향을 보이는데 그 역시 일정 부분 영향을 주었을 것이다. 이런 점들이 좀 더 다각적으로 분석될 때 이 저작의 성격에 대한 이해를 심화시킬 수 있을 것이다. 이러한 점들에 대한 추측은 당시 퇴계에 대해 서술하고 있는 다양한 문헌과 퇴계 자신의 발언을 통해 좀 더 선명해질 것으로 기대된다. 나아가 퇴계의 『경서석의』 편찬 과정은 이전 시대의 다양한 해석에 대해 통일적이고 표준적인 해석 기준을 마련하는 방향성을 가지는 점에서 또 다른 학술 문화적 다원론을 지향하고 있다고 할 수 있다.

---

3) 유영옥, 「교정청본 사서언해의 경학적 연구」, 부산대학교 박사논문, 2010.

4) 함영대(2014), 앞의 논문이 이러한 시각을 중점적으로 반영하여 논의되었다.

2. 『경서석의』의 저작 저변

퇴계는 이 책을 저술할 즈음에, 우리나라 학자들의 설이 분분한 것을 보고서 여러 설들을 모아 비교 검토하고, 취사선택하면서 경전의 본지를 획득하여 하나의 정당한 결론으로 귀결되기를 기대했다.[5] 퇴계는 당대까지 여전히 정리되지 않았던 학자들의 다양한 견해를 취사선택하였을 뿐만 아니라 제자들과 토론하는 과정을 거쳤다.[6] 문인 정유일은 그 과정을 이렇게 기록했다.

> 말씀하시기를 "경서의 역해에 천착과 오류가 많아 경전의 본지를 잃고 후학을 잘못 가르치는 부분이 매우 많다" 하셨다. 그리고는 그것을 취해 증정(證訂)하여 천착을 바로잡고 오류를 바르게 하니 이로써 경전의 옛 뜻으로 되돌리고, 성현의 본의를 회복했다. 학자들도 속유들의 왜곡된 설에 미혹되지 않게 되었다.[7]

"후학들을 잘못 가르치는 부분이 많다"는 지적은 이 저술이 기본적으로 강학의 필요에 의해 탄생된 것이라는 점을 고려하게 한다. 또한 '경전의 옛 뜻'이자 '성현의 본의'를 회복하기 위해 곧, 경전의

---

5) 『退溪全書・文集』 권17 「與奇明彦 丁卯」, "東人諸說紛糾, 妄欲裒集考校, 而量去取, 庶幾得本旨而歸一義."

6) 퇴계의 경서석의 저술의 과정과 그 역사적 의미에 대해서는 함영대, 『훈고의 관점에서 바라본 조선 맹자학 -『四書釋義・孟子』와 『四書辨疑・孟子』를 중심으로』, 『한자한문교육연구』 21, 한국한자한문교육학회, 2008 참조.

7) 『退溪全書・退陶先生言行通錄』 卷1, 「言行通錄」, "謂'經書譯解, 多穿鑿訛謬, 失經旨而誤後學甚多'. 於是取以訂之, 正其穿鑿, 正其訛謬, 有以還經傳之舊旨, 復聖賢之本義, 而學者亦不爲俗儒曲說所惑矣."

본의를 정확하게 이해하는 것이 가장 본질적인 그 역할임을 분명히 했다. 그런데 그 기본 방향은 '경서의 역해'이다. 퇴계는 정확한 번역을 통해 경전의 본의를 찾으려고 했던 것이다. 경서언해의 전통 속에서 이루어진 것임을 알 수 있다.

물론 언해의 가장 큰 현실적 필요는 강학이다. 학생들을 지도하는데 속유들의 왜곡된 역해들이 있으므로 그것들을 물리칠 정설이 필요했던 것이다. 정유일의 한참 후에 퇴계의 경서석의의 의미를 밝힌 순암 안정복은 이렇게 분석했다.

> 우리나라의 말은 중국과 다르기 때문에 문의(文義)와 훈해(訓解)를 반드시 우리말로 풀어야만 이를 가르칠 수 있다. 퇴계선생의 『경서석의』는 제가(諸家)의 훈의를 잡다하게 인용하여 절충하였는데 김계조, 이극인, 손경, 이득전, 이충작, 신낙봉(광한), 이복고(언적)의 여러 설이 그것이다. 선조 을유(1585)년 이후 교정청을 설치하여 경술하는 선비를 모아 언해의 토를 논정하니 여러 해 만에 완성되어 이후로는 제가들의 훈해가 모두 없어졌다.8)

우리말과 중국어의 차이 때문에 '문의(文義)와 훈해(訓解)를 반드시 우리말로 풀어야만 이를 가르칠 수 있는 것'이다. 그렇다면 우리말로 풀이하는 과정에서 다양한 해석의 내용들이 표현될 수 있겠는데 순암은 퇴계 이전에 김계조, 이극인, 손경, 이득전, 이충작, 신낙봉(광한), 이복고(언적) 등의 언해가 존재했다는 것을 증언했다. 퇴계의

---

8) 安鼎福, 『順菴集』 卷13, 「橡軒隨筆 前輩著述」, "盖東俗言語與中國異. 故其文義訓解, 必以方言釋之, 然後可以教習矣. 退溪先生經書釋義, 雜引諸家訓義而折衷之, 若金繼趙, 李克仁, 孫暻, 李得全, 李忠綽, 申駱峯, 李復古諸說是也. 宣祖乙酉以後, 設校正廳, 集經術之士, 論定諺吐, 累歲而成, 自此以後, 諸家訓解皆廢矣."

'석의'는 이러한 언해의 전통을 계승 종합한 결과 제출되었던 것이다. 다만 순암의 언급처럼 선조대에 교정청언해로 국가급 표준해석이 등장한 이후에는 그 이전의 해석이 모두 없어졌다고 하니 이제 우리는 그 흔적을 퇴계의 석의에서 일부 짐작할 수 있을 뿐이다.

한편 퇴계는 『경서석의』에 대해 손수 정리한 정고본을 생전에 이미 완성하여 가지고 있었던 것으로 보인다. 그의 문인 금응훈(1540~1616)이 현행 통행본인 『대학석의』 뒤에 첨부된 「경서석의 발문」에서 이렇게 증언하고 있기 때문이다.

> 『경서석의』는 우리 퇴계 선생께서 여러 사람의 훈석을 모아 증정하고, 또 문인들과 문답하고 논변한 것을 토대로 탐구하신 것으로 모두 선생의 손으로 직접 정록(淨錄)한 것이다. 그런데 임진 병화의 참화에 수고본이 망실되어 후학들은 이를 매우 애석하게 여겼다. 무신년(1608) 겨울에 감사 최관(1563~1630)이 도산에 이르러 사우(祠宇)에 알묘하고, 석의를 후세에 전할 뜻을 거듭 간곡하게 요청하면서 또 간행에 필요한 경비를 보내주었다. 이에 사우(師友)들에게 전사된 것을 찾고, 약간의 교수(校讎)를 가하여 간행했다. 처음 시작이 기유년(1609) 봄이었는데 삼개월이 지나서 일을 마쳤다. 아! 선생이 경학을 발휘한 뜻과 후학에게 은혜를 베푼 공을 또한 이로 인해 생각해 볼 수 있으니 오당(吾黨)이 어찌 서로 권면하지 않겠는가? 문인 금응훈은 삼가 쓴다.[9]

금응훈은 '여러 사람의 훈석을 모아 증정하고, 또 문인들과 문답

9) 『經書釋義拔』, "經書釋義, 惟我退溪先生裒聚諸家訓釋而證訂之, 又因門人所嘗問辨者而研究之, 皆先生手自淨錄者也. 壬辰兵燹之慘, 手本亦失, 後學益爲之悵悵然, 戊申冬崔監司瓘來至陶山, 展謁祠宇, 唯以釋義傳後之意, 丁寧反復而又送餉工之資. 於是求索士友間傳寫之本, 略加讎校而刊之, 始役於己酉之春, 三閱月而就緒, 噫! 先生發揮經學之意, 嘉惠後學之功, 亦可因此而想之, 吾黨盍相與勉之哉! 門人琴應薰謹識."

하고 논변한 것'이라는 그 저작의 성격을 명쾌하게 밝히고 '모두 선생의 손으로 직접 정사(淨寫)하여 기록한 것'이라는 점을 분명히 했다. 퇴계의 온전한 저작이라고 할 수 있다. 그런데 그 퇴계의 검토를 거친 완성본이 전란 중에 망실되었다고 한다. 경상감사 최관의 도움으로 '사우들에게 전사된 것을 찾고, 약간의 교수(校讎)를 가하여 간행'된 본이 현재 우리가 볼 수 있는 것인데 이 교수본을 완성하는데 소요된 기한은 3개월이었으며, 퇴계 사후 대략 40년이 흐른 뒤의 결과물이다. 아마 직접 퇴계의 손으로 확정한 것이 아니기 때문에 얼마간의 논란은 예상할 수도 있는 것이다.

한편 이렇게 쉽지 않은 과정을 거쳐 완성된 『경서석의』는 그다지 널리 통행한 것은 아니지 않을까 하는 의문이 있다.[10] 출판과 유통에 대한 당대 상황이 좀 더 규명되어야 할 사안이지만 사계 김장생이 보여주는 여러 정황은 전사집성본이 완성되었음에도 여전히 다양한 형태의 이른바 '경서석의'가 당대와 후대 학계에 통행하고 있었다는 것을 짐작할 수 있다. 사계 김장생(1548~1631)의 『경서변의(經書辨疑)』 가운데 하나인 『맹자변의』에는 총 4차례에 걸쳐 퇴계의 『맹자석의』의 내용이 인용되었다.

① 樂歲終身飽, 終身苦「梁惠王上 7章」

退溪云, 樂歲非只一年也. 民生一世之中, 凡遇樂歲皆得飽樂, 是終身飽也.

10) 만일 널리 읽혔다면 명재 윤증과 같은 당대 학자들이 보지 못할 리가 없고, 송시열과 박세채가 굳이 이덕홍의 사서질의를 대상으로 비판의 소리를 낼 필요가 없었을 것이다. 『明齋遺稿』 卷11, 「與朴和叔三月十七日」, "所諭退陶經書釋疑, 未曾得見."

○ 愚謂終極也, 終身而飽苦者, 謂極其身心之苦樂而無餘之意也.

② 文王何可當也「公孫丑上 1章」

諺解從退溪說, 以文王不能當殷之意釋之. 愚意以爲文王之德, 後人不能當也. 盖此因上文'文王不足法'之問而荅之也.

③ 知皆擴而充之「公孫丑上 6章」

退溪解: 知而擴充 ○ 按'知'字當釋於'充'之下. 栗谷云: 退溪解恐非, 此乃只知之而已. 時未擴充也. 惟知之, 則如火始然, 如泉始達. 至其下苟能充之, 然後始是擴充時也. 苟如退溪說, 則是既已充之矣, 不但如火始然, 泉始達也. ○『語類』曰: 知字只帶擴充說, '知皆擴而充之'與'苟能充之'句相應, 又曰'知皆擴而充之'與於'止知其所止'語意略同, 又曰方且是知得如此. 至說到'苟能充之'即說充字. 盖'知'字與'始然, 始達'字相應, 充字與'保四海'相應. 才知得便自不能已, 若火始然云云.

④ 盖歸反虆梩而掩之「滕文公上 5章」

退溪曰: 歸, 歸其家也. 反, 覆也, 即'雖覆一簣'之覆, 言盛土於器覆而寫之於地也.

○ 愚意'歸'疑復歸屍處也.

제시된 내용 가운데 ②의 경우는 사계가 교정청 언해본과 퇴계의 견해를 모두 비교한 다음 자신의 입장을 제시한 경우이다. 이는 현존본에도 수록되어 있다. 그런데 ①③④의 주석은 현존본 『맹자석의』와는 그 내용에서 차이가 적지 않다.

①은 맹자가 양혜왕에게 인정(仁政)의 절목을 논하는 대목으로 인정이 잘 시행되면 풍년에는 종신토록 배부르게 될 것이지만 인정을 시행하지 않는다면 종신토록 괴로울 것이라는 부분이다. 문제는 낙

세(樂歲)에 대한 해석이다. 퇴계는 풍년이 단지 일 년만을 말하는 것이 아니라 일생 중에 백성들이 만나는 풍년이기 때문에 이것이 종신의 의미가 된다고 하였다. 사계는 해의 횟수가 아닌 백성들이 느끼는 정도의 문제라고 해석을 달리한다. 해석적 차이가 드러난 부분으로 논쟁의 여지는 충분히 있다고 하겠다. 그런데 퇴계의 말을 인용하는 해당 구절은 현전하는 『맹자석의』에는 없다. 사계가 퇴계의 언급을 스스로 지어냈을 수는 없기 때문에 이는 이본(異本)의 존재를 짐작할 수밖에 없다.

③의 내용은 그 유사한 내용이 퇴계의 제자로서 『경서석의』에 대해 『사서질의』를 제출한 이덕홍(1541~1596)의 『맹자질의』에 수록되어 있다. 대개 비슷한 내용을 담고 있어 아마 사계가 이 내용을 보고 비판한 것이 아닐까 추정된다.

知皆擴充「公孫丑上 6章」

言知四端之發, 而皆卽之以擴充之也. 知'知行'之'知', 卽知擴充爲行, 故黃氏曰'知是理而充之'云云 ○ 擴之以充四德之量. 四德之量本與天地同大, 不可限量, 故其效足以保四海也. 理無形無限, 故仁義禮智之性無限量, 其發而爲用亦無限量. 惻隱之發, 不但盡其道於一事, 於天下之事所當惻隱者, 欲其一一推廣而充滿其無限之量也. 羞惡, 辭讓,是非, 亦然非指惻隱之一端, 只就一端推而充之也. 孟子曰'人皆有所不忍, 達之於其所忍仁也. 人皆有所不爲, 達之於其所爲義也. 人能充無欲害人之心, 而仁不可勝用也, 人能充無受爾汝之實, 無所往而不爲義矣.'

문제는 저작은 간재 이덕홍의 저작이므로 이 서술은 간재의 판단이 가미된 것으로 보는 것이 타당할 것이라는 점이다. 곧 요즘은 엄연히 간재의 저작으로 평가하지만 당대 전사되어 유통될 때에는 퇴계 선생의 견해를 적은 것으로 이해되었던 것인가 추측할 수 있다. 이 점에 대해서는 좀 더 섬세한 검토가 요청된다.

이러한 지점을 좀 더 퇴계의 생애와 연결하여 이해하려면 퇴계의 기본적인 독서에 대한 시각을 성찰해 볼 필요가 있다.

> 책을 볼 때에는 지나치게 마음을 수고롭게 하지 말 것이며, 절대로 많은 책을 보려 해서는 안 되며 다만 문의를 따라 그 맛을 음미할 것이다. 궁리는 모름지기 일상의 평이하고 명백한 곳에서부터 살펴나가 익숙하게 할 것이며, 자기가 이미 아는 데에서 깊이 체찰해야 할 것이다. 그 의미에 대해 마음을 두든 두지 않든 꾸준히 살펴보아 잊지 말아야 하며 그렇게 쌓인 것이 오래되면 자연스럽게 마음속 깊이 체득되어 터득함이 있을 것이니 더욱 억지로 잡아 붙잡어 매어 그 체득을 속히 하려고 해서는 안 된다.[11)]

퇴계는 '문의를 따라 그 맛을 음미할 것'이라는 독서의 기본적인 입장이 있었다. 또한 '모름지기 일상의 평이하고 명백한 곳에서부터 살펴나가 익숙하게 할 것'이라는 도를 체득하는 방법에 대한 신념도 강했다. 이러한 삶의 태도라면 경전의 독서에서 퇴계가 한 생각만을 고집하거나 맹목적으로 수용했을 리가 없다. 더구나 앞서 퇴계의 경서석의를 "훈석을 모아 증정하고, 또 문인들과 문답하고 논변한 것"이라고 밝힌 이상 그 검토의 정도는 더욱 만만치 않았을 것으로 짐작된다. 또 살펴볼 대목은 그의 『성리대전』에 대한 독서나 새로운 독서물에 대한 심취의 내용이다.

---

11) 이 글은 원래 『퇴계전서』 권42 「답남시보서」에서 제기된 말인데 이후 남계 박세채의 「論敬提要」나 다산 정약용의 「도산사숙록」에 두루 인용되었다.

> 열아홉 살 때 처음으로 『성리대전』 첫 권과 끝 권 두 권을 얻어서 읽었는데, 나도 모르게 마음이 기뻐져 진심으로 감복하였다. 깊이 생각하고 체득하여 차츰 그 요령을 얻게 되었는데, 이때부터 의리에 관한 학문이 실로 보통 일이 아님을 비로소 알았다.[12]

그는 20세 때 『주역』을 읽고 그 뜻을 강구하였는데, 잠자는 것과 밥 먹는 것을 잊어버리기까지 하였다. 심기(心氣)가 이로 인해 손상되어 그 뒤로는 항상 병을 앓았다[13]고 하는데 이처럼 한 가지 일에 몰두하는 습관은 청년시절의 퇴계에게 이미 내재한 것이었다.

3. 저작 전후의 학문 이력

1) 독학과 주자서 애호의 흔적

김성일의 기억에 의하면 퇴계는 어려서부터 학문에 뜻을 두기는 하였으나, 계발(啓發)해 줄 스승이나 벗이 없어 공부과정이 수월하지는 않았던 것으로 보인다. 그렇지만 공부에 대한 향학의 열정은 멈추지 못해 잠을 자지 않으면서 공부하다가 심장에 병을 얻어 여러 해 동안이나 그 병을 조양하기 위해 공부를 잠시 쉰 적도 있다고 하였다. 그랬기 때문에 좋은 스승에 대한 갈망이 아주 높았다.

---

12) 李德弘, 『艮齋集』 卷5 「溪山記善錄」, "先生自言十九歲時, 初得性理大全首尾二卷讀之, 不覺心悅而誠服, 深思體認, 漸得其門路. 自此始知義理之學, 實非尋常底事也."

13) 金誠一, 『鶴峯集』 卷5 「退溪先生言行錄」, "二十歲, 讀周易, 講究其義, 至忘寢食, 心氣因以損傷, 自此常患疾病."

학봉은 그러한 스승의 언급에서 우리 퇴계선생의 학문은 초연히 홀로 이루신 것이라고 칭송했지만 퇴계의 학문여정은 참으로 고단했을 것으로 짐작된다. 그러므로 그가 40대가 넘어 『주자전서』를 획득하게 되었을 때 얻었을 희열과 또 놀라울 정도로 집중하여 그 책을 완전히 독파한 것은 어쩌면 퇴계의 여정에서는 당연한 것인지도 모른다. 학봉은 그러한 선생의 학문이력에서 『주자서절요』의 집필배경을 찾아냈다.[14)]

학봉의 기록에 따르면 퇴계는 사서(四書)에 대한 애호와 『주자서절요』를 강조했다. 그의 언급에 따르면 퇴계는 이렇게 말하곤 했다고 한다. "성학(聖學)은 사서(四書)에 지나지 않는다. 선비로서 배움에 뜻을 둔 사람이라면 이 책을 놔두고서 어느 책을 가지고서 하겠는가. 오늘날의 사람들이 글을 읽지 않는 것은 아니지만, 단지 막힘없이 외워서 과거시험이나 통과하는 것을 일신의 업으로 삼을 뿐, 몸과 마음을 닦는 데 대해서는 전혀 상관하지 않고 있는데, 거기에 빠져든 지가 이미 오래되어서 계발(啓發)하기가 어렵게 되었다. 이 책의 경우에는 그러한 폐단이 이미 없으니, 이 책을 읽게 하면 사람들로 하여금 쉽게 감발하여 흥기하게 할 수가 있다. 그러므로 초학자들을 이끌어 줌에 있어서는 반드시 이 책으로 하는 것이라 하였다. 이하에서 '이 책'이라고 한 것은 바로 『주자서절요』를 가리킨다."[15)]

---

14) 앞의 책, "自少, 雖志於學, 而無師友啓發之人, 倀倀數十年, 未知入頭下工處, 枉費心思, 探索不置, 或終夜靜坐, 未嘗就枕, 仍得心恙, 廢學者累年, 若果得師友, 指示迷道, 則豈至枉用心力, 老而無得乎, 此雖是自謙之辭, 而其爲學超然獨得, 不由師友, 亦可想也, 先生嘗得朱子全書于都下, 自是閉戶靜觀, 歷夏不輟, 或以暑熱致傷爲戒, 先生曰, 講此書, 便覺胸膈生涼, 自不知其暑, 何病之有, 旣讀, 遂刪節其要語爲一袠, 今之印行朱書節要, 是也."

15) 앞의 책, "生嘗曰, 聖學不過四書, 士之志學者, 舍是書何以哉, 但今人非不讀書, 而只

퇴계가 본격적으로 주자학에 몰두하게 된 것은 43세에 『주자전서』를 얻고나서부터였다. 퇴계의 주자학 심취에 대한 창계 임영의 기록이다.

선생께서 서울에서 『주자전서』를 구한 적이 있었는데, 이때부터 문을 닫고 들어앉아 조용히 책을 읽었는데 여름이 다 지나갈 때까지 이를 멈추지 않았다. 어떤 사람이 더위에 건강을 해치겠다고 주의를 주자, 선생께서는 "이 책을 읽으면 바로 가슴속에서 시원한 기운이 이는 것이 느껴져 더운 줄도 모른다. 그러니 어찌 병이 나겠는가." 하였다. 다 읽고 나서 마침내 중요한 말을 뽑아내어 한 질을 만들었는데, 지금 인쇄하여 간행한 『주자서절요』 8권이 바로 그것이다.

선생의 댁에 있는 『주자전서』 사본 한 질이 책이 몹시 오래되어 글자의 획이 거의 떨어져 나가다시피 되었는데, 이는 읽어서 그렇게 된 것이다. 이것을 보면 삼절(三絶)의 공부를 떠올릴 만하다. 그 후 사람들이 이 책을 많이 간행해 냈는데, 책을 구할 때마다 반드시 대조하고 고쳤다. 한번 익히고 나면 문장마다 충분히 이해하고 구절마다 완전히 파악하여 마치 손으로 잡는 듯, 발로 밟는 듯, 귀로 듣는 듯, 눈으로 보는 듯 받아들였다. 그래서 일상생활의 말과 행동, 사양하거나 취하는 일, 세상에 나아가고 물러나는 의리 등이 이 책의 내용과 부합하지 않는 것이 없었다. 누군가 의심스럽거나 어려운 일을 두고 질문을 해 오면 반드시 이 책을 인용해서 대답하였는데, 그것 역시 사정에 합당하지 않거나 도의(道義)에 맞지 않는 것이 없었다. 이는 바로 몸소 터득하고 믿게 되고 마음으로 이해하고 정신이 합치되었기에 가능한 것으로, 책에만 의존하거나 귀로 듣고 입으로 말하는 정도로는 할 수가 없는 일이다. 선생과 같은 분은 책을 잘 읽었다고 할 수 있다.

以帖誦決科爲業, 於身心了不相關, 陷溺旣久, 難以啓發, 若是書, 旣無其弊, 而讀之令人易以感發興起, 故接引初學, 必以是書云, 下是書, 卽朱書節要."

선생은 읽지 않은 책이 없었으나, 특히 성리학에 관심을 두었다. 문장마다 완전히 파악하고 구절마다 충분히 이해하여, 강론할 적에 친절하고 적당하기가 마치 당신의 말을 외우는 것 같았다. 만년에는 『주자전서』에만 전념하였는데, 평생에 얻은 힘이 모두 이 책에서 나왔다.[16]

창계는 독서의 순서에 대해 이렇게 말했는데 『경서석의』의 저술에서 퇴계가 지향했을 내용과 깊은 연관이 있는 내용도 있어 주목된다.

자손들을 훈계하여 가르침에 있어서는 반드시 먼저 『효경(孝經)』·『소학(小學)』 같은 책들을 가르쳤으며, 어느 정도 문리가 통한 다음에야 사서를 가르쳤는데, 정연한 순서가 있어서 일찍이 단계를 뛰어넘는 법이 없었다.[17]

선생께서는 배우는 자들과 강론하다가 의심나는 곳에 이르면 당신의 견해를 주장하지 않고 반드시 중론(衆論)을 널리 채택하였다. 비록 장구(章句)나 따지는 하찮은 선비의 말이라도 역시 유의하여 듣고 마음을 비워서 이해하였으며, 거듭 참고하고 수정하여 끝내는 바른 데로 귀결시킨

16) 林泳, 『滄溪集』 附錄 『退溪先生語錄』 "先生嘗得朱子書于都下, 自是閉戶靜觀, 歷夏不輟, 或以暑熱致傷爲戒, 先生曰講此書, 便覺肝膈生凉, 自不知其暑也, 何病之有, 旣讀, 遂刪節其要語爲一帙, 今之印行節要八卷是也, 先生家有朱子書寫本一帙, 卷帙甚舊, 字畫幾刓, 乃讀而然也, 觀此亦可想三絶之功, 其後人多印出, 每得帙必校讐點竄, 溫習一過, 章章融解, 句句爛熟, 其受用如手持而足蹈, 耳聞而目視, 故日用之間, 言默動靜, 辭受取予, 出處進退之義, 無不吻合於是書, 人或質疑問難, 則必授是書而答之, 亦無不合於事情, 宜傚道義焉, 是乃實見得信得及, 心融神會之所致, 非靠書冊徇口耳之所可能也, 若先生, 可謂善讀書矣."

17) 앞의, 책, "訓誨子孫, 必先以孝經, 小學等書, 略通文義, 然後及於四書, 循循有序, 未嘗躐等焉."

다음에야 그만두었다. 언해(論辨)할 즈음에는 기운이 화기롭고 말씀이 시원스러웠으며, 이치가 밝고 의리가 정대하여 비록 온갖 의견들이 쏟아져 나오더라도 뒤섞이지 않았다. 대화를 나눌 적에는 반드시 상대방의 말이 다 끝난 다음에 천천히 한마디 말로 이를 분석하여 가리었다. 그러나 반드시 그것이 옳다고 하지 않고 단지 '내 견해는 이러한데 어떤지 모르겠다'고만 하였다.[18]

"중론을 널리 채택했다"라거나 "거듭 참고하고 수정하여 끝내는 바른 데로 귀결시킨 다음에야 그만두었다"라는 언명은 퇴계가 『경서석의』를 저술했던 바로 그 자세였다.

한편 언해와 어록에 대한 기록도 주목할 만하다.

세상에 전하는 『언해(諺解)』와 『어록(語錄)』에 잘못된 것이 많았다. 선생께서 이를 모두 산정(刪定)하여 전현(前賢)의 의론에서 증험하고 중국 학자의 논변을 가지고 질정하니, 부절을 맞춘 듯이 일치하였다.[19]

이 이덕홍의 발언을 존중한다면 우리는 퇴계가 『경서석의』의 가장 많은 비중을 차지하는 어석(語釋) 부분에 대해 이전 조선 학자들의 견해는 물론 중국 학자들의 논의도 두루 수렴하고 있음을 확인할 수 있다. 특히 중국학자들의 변론과 부절을 맞춘 것처럼 일치한다고 한 것은 퇴계의 독서범위를 짐작하게 한다.

---

18) 앞의 책, "先生與學者講論, 到疑處, 不主己見, 必博采衆論, 雖章句鄙儒之言, 亦且留意聽之, 虛心理會, 反覆參訂, 終歸於正而後已, 其論辨之際, 氣和辭暢, 理明義正, 雖羣言競起, 而不爲參錯說話, 必待彼言之定, 然後徐以一言條析之, 然不必其爲是, 第曰鄙見如此, 未知如何."

19) 李德弘, 『艮齋集』 卷5 「溪山記善錄」, "世傳諺解語錄, 多有訛舛, 先生皆刪定之, 而證諸前賢之論, 質諸中朝之辨, 則如合符節矣."

2) 『경서석의』 저작의 전후 사정

퇴계의 『경서석의』 저작의 전후 사정도 간과할 수 없다. 퇴계는 50세 11월 조목에게 편지를 보내 퇴계에 은거하여 여생을 학문에 마치겠다고 밝혔는데, 이 때에 조목에게 경서에 대한 문의에 응했다. 이때 월천의 나이는 27세였다.

> 퇴계 선생에게 경서를 질의하였다. - 〈양혜왕 상편〉의 곡속(觳觫) 아래의 '약(若)' 자를 세상에서는 모두 아래로 붙여 '약무죄이취사지(若無罪而就死地)' 일곱 글자를 구두로 삼는데, 선생은 곧 위로 붙여 '곡속약(觳觫若)' 세 글자를 구두로 삼으니, 퇴계 선생이 이것을 지극히 옳다고 여겼다. 무릇 경서의 구두와 석의는 선생에게 질문하였기 때문에 개정한 것이 또한 많았다. 퇴계 선생은 매번 문인들이 질의할 때에는 반드시 말하기를 "마땅히 조사경에게 보여야 한다"라고 운운하였다.[20]

51세 2월에는 초기 거처였던 한서암을 철거하고 온계 북쪽에 계상서당을 짓고 농암 이현보가 온다는 소식을 듣고 지은 시 두 수 가운데 하나이다. 학봉의 기억에 따르면 계상서당을 비롯한 계상의 집은 불과 10여 칸에 불과했으나 퇴계는 학문에 침잠했다고 한다. 이 때의 심정을 읊은 시편의 마지막 구절은 그가 얼마나 학문에 대한 향념을 지녔는가를 증명한다.

퇴계는 "해마다 백성들의 생활은 곤란해지지만 호소할 데 없고

---

20) 趙穆, 『月川集』, "二十九年庚戌, 先生二十七歲 質經書于退溪先生, 梁惠王上篇觳觫下若字, 世皆接下無罪七字爲句, 先生乃上接觳觫三字爲句, 退溪先生以爲極是, 凡經書句讀釋義, 因先生稟質, 改正者亦多, 退溪先生每於門人質疑時, 必曰當示趙士敬云云."

사람들마다 인정은 제 맘 같지 않다고 싫어한다"고 당대 민생의 질고와 풍속의 퇴폐함을 염려하면서, 그런데 정작 자신은 병이 들어 습관처럼 책을 보던 것도 줄어들고 시름겨울 땐 술을 마시는 것도 금하기 어렵다는 처지를 드러내기도 했다. 그러면서도 전현들이 드리운 지극한 경계를 따라 잘못을 고칠 것이라고 다짐하면서 사람들에게 주자를 길이 기억하게 할 것[21]이라는 포부를 드러내기도 했다. 이러한 퇴계의 포부와 처신은 퇴계 나이 52세 때에 홍문관 응교에 임명된 당시 만났던 홍인우(1515~1554)에게는 이렇게 포착되었다.

> 6월 18일 응교 이황께 가서 뵙고 얼마간 토론하였다. 이 분은 을사년에 파직되었다가 풍기군수를 구했는데 오래지 않아 집으로 돌아갔다. 금년 여름 홍문관교리로 명을 받았고, 집의로 승진한 지 겨우 며칠 만에 병으로 사직했지만 또 응교를 제수받았다고 한다. 비록 반나절 강론하여 그 깊이를 알 수는 없지만 터득함이 있는 분이었다. 항상 고인의 사업을 연구하여 손에서 책을 놓지 않으면서 이 외에 다른 일에는 거의 마음을 두지 않으니 지금 세상에 어찌 쉽게 얻을 수 있겠는가?[22]

이해 7월에 성균관 대사성을 제수하며 내린 명종의 하명이나 좌의정 상진의 논평은 당시 퇴계에 대한 조정의 시각을 대변하는 것이

21) 李滉, 『退溪集』 卷2 「淸明溪上書堂」, "淸明溪上書堂 二首○撤寒棲, 移構小堂於溪北, 次老杜韻" 心通一語道猶東, 志異何殊聽借聾, 利欲只今河決海, 功名從古鳥過空, 年年民俗困無告, 箇箇人情嫌不同, 有恨風光催嶺日, 無言春色滿溪楓, 病來稍減書癡絶, 愁處難禁酒聖中, 補過希前垂至戒, 令人長憶紫陽翁

22) 洪仁祐, 『恥齋遺稿』 卷2, 「日錄鈔」, "六月十八日, 往謁李應教滉穩討, 此人於乙巳年, 被罷, 因求守豐基, 未久, 棄郡歸家. 今夏以弘文校理命召, 陞執義, 纔數日, 呈病, 又授應教云. 雖半日講論, 淺深未可知, 然有得者也. 常究古人事業, 手不釋卷, 此外, 少無他事也, 今世豈易得哉."

다. 퇴계를 임명하면서 명종은 돈박(敦博)한 학문, 고결한 절조를 평가하면서 여러 학생들의 표준일 뿐 아니라 일대의 모범이 될 것이라고 기대했다. 이러한 임금의 간절한 하유에 대해 당시 좌의정이었던 상진은 경연에서 이황이 구도의 자세는 매우 근실하고 몸가짐은 청간(淸簡)하여 한양에 있을 때에 한사(寒士)처럼 숙연하게 보냈다고 평가했다. 지경연이였던 조사수(趙士秀) 역시 이황은 역학지도(力學志道)하여 시속의 잘못된 풍속을 부식(扶植)할 수 있으니 조정에서 오래동안 버려두어서는 안 될 것이라고 청했다. 이에 명종은 수찰로 하유하면서 "탁월한 재학(才學), 청간한 지조, 세상에 소문난 문장"으로 평가하면서 속히 올라오라고 지시했다.[23] 조정에서 퇴계의 학문적 명성과 문장에 대한 평가는 이미 상당한 수준으로 올라가 있었던 것이다.

53세 3월 2일에는 서경덕의 「황극경세수」에 대해 토론하길 희망했으며, 그때 남언경을 동석을 권했다. 5월에는 성균관 대사성으로 사학(四學)에 하유하고, 도학이 흥기하지 않는 이유에 대한 책문을 제출했으나 답안을 제출하는 학생이 한 명도 없어 학궁 내에서 비난하는 여론이 일자 병을 이유로 사직을 청했다.

---

23) 李廷馨, 『知退堂集』 卷10, 「東閣雜記坤○本朝璿源寶錄」, "大司成閔箕, 以赴京遞職, 大臣啓請以堂下官能文有才行者擇差, 迺以副應教李滉除授, 滉固辭不獲, 乃出仕. 召詣政院, 以書諭之曰, 學校, 風化之源, 而頹靡已甚, 士氣, 國家之楨, 而壞敗漸敗, 是雖予不能鼓舞教養之所致, 而作成之方, 亦豈不係於師長乎. 唯爾學問敦博, 操行高潔, 可以表準於諸生, 模範於一代, 今玆拔擢 意非偶然. 指導之功, 誘掖之化, 予日望之, 爾無忽焉. 滉未幾謝病而歸. 左相尙震啓於經筵曰, 李滉求道勤孜, 持身淸簡, 在京之日, 蕭然若寒士, 宜可徵之, 以示優典. 知經筵事趙士秀曰, 李滉之爲人, 力學志道, 可扶渝俗, 朝廷不可久棄也. 上曰, 如李滉, 淸簡之人, 以病退去, 自上亦留念不置也, 仍下手札諭之曰, 惟爾才學卓越, 志操淸簡, 間世文章, 不啻煥猷, 況且不貪功名, 閑居村巷, 予常嘉其恬退之志, 冀其返洛之日, 而誠乏求賢, 不仕于朝, 予心缺然, 未忘于懷, 予雖乏周文之德, 爾豈好富春之隱乎. 斯速上來, 以副懇求之意."

이해 7월에 홍인우의 방문에 지난 2월 남명에게 보낸 편지에 대한 답장을 보여준 다음, 남명이 20년간 산림에 은거해 있으면서도 학문적 성취가 없음을 안타깝게 생각한다고 언급했다. 이해 가을에 조식의 답장에 대한 재답장을 보냈다. 이즈음에 남언경에게 보낼 정재기(靜齋記)를 작성했다. 10월에는 정지운의 「천명도설」을 개정했다. 이것을 12월에 수정하여 정본에 후서했다. 학문적으로 퇴계는 이 시기 매우 열정적으로 자기 학문의 중요한 여정을 가고 있었던 것이다. 이 달에 한질이 걸려 이듬해 1월까지 고생했고, 이언적의 서거 소식을 들었다.

해를 바꾸어 54세 7월 2일에 주세붕의 서거 소식을 듣고, 11일에 진도 적소에 있던 노수신(1515~1590)의 「숙흥야매잠」 주해에 대한 의견을 보냈다. 이 달에 경복궁의 편액을 썼다. 8월에는 조목에게 문경훈도의 자리를 주선하고, 『연평답문』의 발문을 짓는 일을 자처했으며, 주세붕의 장례에 관심을 두었다. 『계몽도서절요』에 발문을 붙였다. 16일에 청주목사 이정이 간행한 『연평답문』에 발문을 짓고, 그 원 소유주인 남언경에게 간본을 보낼 것을 지시했다.[24] 12월 「경복궁중수기」에 대한 삼정승의 의견으로 보인 이황에 대한 평가는 주목할 만하다.

> 경복궁 중수기는 이황에게 짓도록 할 것을 삼공이 아뢰니 윤허하다. 사인이 삼공의 뜻으로 아뢰기를, "경복궁 중수기는 지을 만한 사람 여

---

24) 이 당시 퇴계의 『연평답문』 작업에 대한 학술적 의미와 조선 사대부의 반향은 이봉규(2008), 「『延平答問』 논의를 통해 본 退溪學의 지평 -동아시아 유학사의 맥락과 연관하여」, 『동방학지』 144, 연세대 국학연구원 ; 오세현(2018), 「朱熹의 스승 李侗을 바라보는 조선시대 사대부들의 시선 -『延平答問』의 간행 및 독서와 이통의 文廟從祀를 중심으로」, 『한국사상사학』 58, 한국사상사학회 참조.

> 럿으로 하여금 짓도록 하여 가려서 써야 하니, 부제학 정유길과 첨지 이황【사람됨이 청간하여 벼슬이 높아졌어도 집에서 거처하는 것이 포의 때와 다름없어 문정(門庭)이 쓸쓸했다. 성리에 관한 학문과 문필에 관한 기예도 모두 묘경(妙境)에 도달하여 그를 앞설 사람이 없으므로 사림들이 모두 중시했다.】에게 모두 지어 올리게 하소서. 또 전각의 액자와 대보잠(大寶箴)・칠월편(七月篇) 및 억계(抑戒)는 모두 이황이 쓴 것을 사용했으니 관례대로 상을 주어야 합니다. 저 이황의 사람됨은 성리학과 문장을 겸비하였고 몸가짐이 청렴 근신하니 마땅히 경연관에 두고 고문에 대비하도록 해야 합니다" 하니, 답하기를, "아뢴 뜻은 알았다. 이황에게 숙마(熟馬) 1필을 내리고 중수기를 짓는 일도 아뢴 대로 하라" 하였다.[25)]

"성리에 관한 학문과 문필에 관한 기예도 모두 묘경에 도달하여 그를 앞설 사람이 없으므로 사림들이 모두 중시했다"라고 하여 당대 학자로서 문학과 주자학에 모두 최고 수준으로 평가받았다. 그러므로 퇴계를 경연관으로 제수하는 것이나 중수기를 짓게 하는 것은 논란이 되지 않았으며 숙마 1필을 하사받은 것 역시 자연스럽게 보인다. 이렇게 본인의 학술적 명성이 올라 조정 내외에 이미 상당한 수준으로 평가받고 있을 때 퇴계는 『경서석의』의 개정 작업을 진행하고 있었던 것이다.

55세 5월 조목에게 보내는 편지에서 『계몽전의』를 비롯하여 『제경석의』에 대한 개정을 시도하는 흔적을 볼 수 있다. 여기서는 『역

---

25) 『朝鮮王朝 明宗實錄』 9年 12月 14日, "舍人以三公意啓曰: "景福宮重修記, 令可製者, 多製擇用, 請副提學鄭惟吉、僉知李滉【爲人淸簡, 官雖高, 居家與布衣無異, 門庭冷落, 性理之學, 文墨之藝, 俱極其妙, 無出其右者, 士林皆重之.】竝令製進, 且殿閣額字、《大寶箴》、《七月篇》及《抑戒》, 皆用李滉所書, 賞格之典, 不可闕也, 大抵滉之爲人, 理學詞章兼備, 而持身淸謹, 宜在經筵官, 以備顧問." 答曰: "啓意知道, 賜李滉熟馬一匹, 作記事如啓."

석의』가 우선 거론되고, 시서논맹에 대한 것은 오천(烏川)에 있다고 지적되고 있는 바 그렇다면 55세 이전에 퇴계는 제경석의에 대한 기본 저작을 가지고 있었고, 이에 대한 개정을 서서히 진행하고 있었음을 알 수 있다.

> 한양에 있을 때에 『계몽전의』를 한두 명의 벗과 함께 고정(考訂)하여 초록해 두어서 잃어버리게 되는데 대비하였습니다. 지금 수정하여 고친 것을 정사(正寫)해 두고자 하는데 그 사이에 보충해야 할 곳도 살펴보려 합니다. 전날 빌려간 『계몽전의』는 우선 오는 아이편에 보내주기를 바랍니다. 제경석의는 제 견해가 아직 무르익지 않아 다른 사람에게는 보여줄 수 없습니다만 공에게는 평론을 받아 개정하는 유익을 얻고자 합니다. 그러므로 『역석의』를 우선 보내드립니다. 다만 이 역석의를 보낼 때에 원본을 찾아 날마다 전사하느라 내 뜻을 붙일 겨를이 없어 초솔함이 매우 심합니다만 간간이 사이에 제 생각도 붙여 두었으니 자세히 살펴 검토해서 기록해두어 보여준다면 다행이겠습니다. 시서논맹의 석의는 오천에 있어 아직 가져오지 않았습니다.[26]

한편, 55세 윤11월 남명의 을묘사직소(단성소)에 대해 진지도리자(眞知道理者)가 할 처신은 아니라고 비판했는데 그 비판의 내용 가운데 퇴계의 학술적 지향에 대한 취지도 없지 않다.

> 조식의 자는 건중이고 남명거사로 자호했다. 삼가 사람으로 젊어서는

26) 李滉, 『退溪集』 卷23, 「與趙士敬」, "在京日, 啓蒙疑義, 與一二友人考訂, 草錄以備遺忘. 今欲修改正寫, 其間有欲考要補解處. 前去啓蒙, 姑付進僮送來爲望. 諸經釋義, 鄙見左僻, 不欲示人, 於公則欲資評駁改定之益, 故易釋先送去. 但此釋傳時, 被其主等索還元本, 指日傳寫, 未暇參詳己意, 草草殊甚, 然間有妄見去取, 須細加校量, 識錄以示, 幸幸. 詩書論孟, 在烏川未來耳."

얽매이는 것을 싫어하고 의협을 자임했으며 장년이 되어서는 비로소 기절을 바꾸어 독서했는데 여러 차례 과거에 응시했으나 급제하지 못했다. 사십 전에 거업(擧業)을 버리고 마침내 학문에 전심하여 청수고절로 다소 진전이 있었다. 강직한 성품으로 악을 미워하여 곧잘 면전에서 다른 사람의 잘못을 지적하였으며 마음의 뜻이 소산하여 항상 세상의 밖에 있는 듯하였으며 세상의 영리는 마치 자신을 더럽힐 것으로 여긴 듯했다. 그러나 세상을 근심하는 뜻은 늙어갈수록 더욱 독실해져 비록 산림에 있었지만 시정의 득실을 들으면 탄식해 마지않았다. 일찍이 세 번의 부름을 받았는데 모두 부임하지 않았다. 을묘년에 단성현감에 제수되었으나 사직하여 나아가지 않으면서 시사를 상소하였는데 대왕대비를 두고 궁중의 일부인에 불과하다는 말을 하는 데 이르렀다. 상이 대노하여 정원에 하시하면서 "조식의 상소의 언사를 보니 불공(不恭)한 곳이 많다. 크게 죄를 묻고 싶지만 은사(隱士)라고 불리고 있으니 우선 불문(不問)에 부친다"라고 했다. 당시 진신(搢紳)들은 모두 죄를 얻지 않은 것이 다행이라고 여겼다.

퇴계께서는 일찍이 사람들에게 말씀하시기를, "남명은 비록 이학(理學)으로 자부하지만 다만 기사(奇士)일 뿐 이학을 한다고 지목할 수는 없다. 그의 의논과 식견은 매양 신기(新奇)한 것을 높게 여겨 세상을 놀라게 하는 의론을 내세우는 데 힘쓰니 이것이 어찌 도리를 참으로 아는 자라고 할 수 있겠는가?"[27]

56세 4월에는 주자서를 절요하여 7책으로 만든 다음 조목과 금

27) 鄭惟一, 『文峯集』 卷5 「閑中筆錄」 "曹植字楗仲, 自號南冥居士. 三嘉人, 少不羈任俠, 壯年, 始折節讀書, 屢擧不第. 未四十, 屛棄擧業, 遂致力於學, 淸脩苦節, 少有其比, 剛腸疾惡, 好面折人過, 意思蕭散, 常在塵表, 視世之榮利, 若將浼焉. 然憂世之志, 至老愈篤, 雖在溝壑, 聞時政得失, 輒嘅歎不已. 嘗三被召命, 皆不赴. 乙卯年, 除丹城縣監, 辭不赴, 上書言時事, 至謂大王大妃不過宮中一婦人. 上大怒, 傳于政院曰, "觀植疏詞, 多有不恭, 將欲深罪, 名之曰隱士, 故姑置不問." 搢紳皆以不得罪爲幸, 退溪嘗語人曰, "南冥雖以理學自負, 然直是奇士, 不可以理學目之, 其議論識見, 每以新奇爲高, 務爲驚世之論, 是豈眞知道理者哉"."

란수에게 선사하게 하였다. 6월에는 홍문관 부제학에 체직되었고, 57세 금보(1521~1584)가 사서(四書)에 대한 가르침을 받았는데 사서의 가르침을 받는 과정에서 질의한 것과 동문들과 논변한 것을 차록하여 1557년에 『사서질의(四書質疑)』를 엮었다. 이 『사서질의』는 이덕홍에 의해 편집되었지만 앞서 사계 김장생의 지적에서도 알 수 있듯이 그 내용은 퇴계의 저작 내지는 퇴계의 가르침을 기록한 것이라는 판단도 적지 않았다.

3) 저작 또는 출판의 신중함

또 하나 판단해 볼 수 있는 것은 저작 내지 저작의 인간(印刊)에 대한 퇴계의 신중함이다. 퇴계는 57세 7월에 『계몽전의』를 완성하고 서문을 붙였다. 저작을 하게 된 변명을 주로 서술한 것이지만 그 사이에 저작 과정에 대한 퇴계의 태도도 얼마간 간취할 수 있다.

> 내가 살피건대, 『역학계몽』에서는 심오하고 찬란한 이치를 마치 해와 별처럼 밝게 드러내었고 여러 유자들의 변론과 해석 또한 모두 정밀하고 두루 통하여 더 이상 유감이 없다. 그러나 이수(理數)의 학문은 너무 넓고 미묘하며, 복잡하고 착란하여 연구하기가 쉽지 않다. 한 겹을 뚫으면 또 한 겹이 있어서 연구할수록 더욱 끝이 없다. 더구나 사람의 소견이 서로 다르지 않을 수 없음에랴. 인자(仁者)가 볼 때에는 인(仁)이라고 이르고, 지자(知者)가 볼 때에는 지(知)라고 이르니, 반드시 참작하고 고치고 한 뒤라야 그 취지의 귀결을 알 수 있을 것이다. 그 증거로 삼은 말이 혹 구해 보기 어려운 책에서 나온 것이어서, 반드시 상고하고 논하여야만 그 참뜻이 어디에 속하는지 알 것이다. 이러므로 의심나고 어려운 것 중에

> 또 의심나고 어려운 것이 생기고, 주해(註解)한 것에다 또 주해가 필요하게 된다. 심오한 의미를 밝히지 않을 수 없고, 인본(印本)의 그릇된 것을 바로잡지 않을 수 없으며, 곱하고 나누는 법을 상세히 하지 않을 수 없는데, 늙고 병들어 정신이 혼미하니, 비록 약간 생각하여 얻은 것이 있더라도 곧 다시 잊어버리고는 까마득히 애초에 그 비슷한 것도 보지 못한 것 같은 때가 종종 있다. 아무래도 끝내 여기에서 더 나아감이 없을까 두렵다. 요 몇 년 이래로 이 책을 읽을 때마다 혹 생각하다가 깨우침이 있거나, 옛글을 살펴서 증거를 찾을 때마다 기록해 두었더니, 이것이 쌓여서 여러 권이 되었다. 이는 참고하여 열람하기에 편리하게 하고 잊어버리는 데 대비하고자 해서일 뿐이었고, 이것으로 옛사람보다 아는 것이 많은 것을 구한 것은 아니었다.[28]

"주해(註解)한 것에다 또 주해가 필요"하고 "인본(印本)의 그릇된 것을 바로잡지 않을 수 없다"는 생각으로 읽을 때마다 깨우침을 기록하고, 증거를 찾을 때마다 기록해 두었던 것이다. 곧 하나의 저술에 쏟는 퇴계의 긴밀한 자세를 읽을 수 있는데 이는 경서석의를 저술하는 과정에서도 관철되었을 것으로 짐작된다.

또한 하나의 책을 인간(印刊)하는 데 있어 퇴계의 신중함도 고려할 필요가 있다.

---

28) 李滉, 『退溪集』 卷42, 「啓蒙傳疑序」, "滉按啓蒙之書, 闡發幽賾, 昭如日星, 而諸儒辯釋, 又皆精密該暢, 無遺憾矣, 然而理數之學, 廣博微妙, 盤錯肯綮, 未易研究, 透得一重, 又有一重, 愈索而愈無窮, 矧乎人之所見, 不能無異同, 仁者見之謂之仁, 智者見之謂之智, 必須參訂而後得其歸趣, 其所援證之言, 或出於幽經僻書, 必須考論而後見其義類, 是以, 疑難之餘, 重生疑難, 註解之中, 又須註解, 至於隱奧之義, 有不得不明, 傳印之譌, 有不可不正, 乘除之法, 又不可不詳, 而老病昏瞀, 雖或少有所得, 輒復忘失, 往往茫然如未始窺其髣髴者, 誠恐終無以有進於是也, 頃年以來, 每讀是書, 或因思有契, 或考古有證, 不免隨手箚記, 累至成帙, 蓋所以便考閱備遺忘耳, 非以是求多于前修也."

이것이 내가 후세에 전하기에 의심스럽다고 생각하는 점들이니, 책이 좋지 않다는 게 아니라, 좋은 가운데에도 미진한 부분이 있어 반드시 고쳐야 모든 것이 훌륭하여 후세에 전하기에 의심이 없겠다는 것입니다. 옛날에 정자가 『역전』을 지을 적에 남들에게 경솔히 내보이지 않으면서 말하기를, "아직 더 나아지기를 바란다" 하였으며, 주자가 『집주』와 『장구』를 지을 때에도 완성한 이후에 스스로 그릇된 것을 알고 고친 것도 있으며, 문인의 질문과 논란으로 말미암아 고친 것도 있고, 당시의 현명한 사대부에게 질정하여 고친 것도 있습니다. 고치고 고치고 또 고치니 종신토록 이렇게 한 것이었습니다. 그러므로 그 책이 나오자 천지에 세워도 어긋나지 않고, 귀신에게 질정해도 의심이 없으며, 백세 뒤의 성인도 의혹하지 않게 되었습니다. 이것이 어찌 하루아침에 갑자기 해서 될 수 있는 것이겠습니까. 우리 동방에는 문헌이 적습니다. 비록 간혹 문장의 대가가 나와서 세상에 이름을 떨친 이도 있지만, 시문이나 부·영·소설·담학(談謔) 이외에 사문에 대한 저술은 전혀 없다시피 하여 아주 드문데, 다행히 있는 것도 얻어서 읽어 보면 혹 마음에 의문이 없을 수 없으니, 모두 이러한 이유로 말미암아 병통이 된 것이 아니겠습니까. 왕년에 상산(商山) 주경유(周景遊)가 풍읍(豊邑)에서 『죽계지(竹溪志)』를 찬하여 완성되자 바로 출판하였습니다. 내가 사우 몇 사람과 함께 자못 그 결점을 지적하여 고치기를 청하자 주경유가 스스로 옳다고 고집하며 듣지 않았는데, 지금 그 책을 보는 사람들은 병통이 있는 것으로 생각지 않는 이가 없습니다.

대개 공정한 시비는 누구나 똑같이 생각하는 것이니, 어찌 일개인의 사견으로 배척해 낼 수 있겠습니까. 나와 같은 자는 도에 어둡고 학문에 어두워 진실로 이것을 함께 의논하기에 부족합니다. 그러나 또한 일찍이 망녕되이 한두 가지 설을 지어 제공이 스스로 옳다고 고집하는 병통을 경계하고, 벗들의 충고를 받고자 시험 삼아 동지들에게 그 글을 보였더니, 뜻밖에 그 사람들이 병통은 단단히 지적하지 않고 이내 사람들에게 돌려 가며 보여 주었습니다. 뒷날 계속 수정하면서 전날 남들에게 보였던

> 것과는 차이가 있게 되었으니, 지난번 것이 미진할 뿐 아니라 뒤에 한 것과도 누가 되어, 이미 스스로 후회스럽기 짝이 없던 일이 있었습니다.[29]

퇴계의 『경서석의』는 퇴계의 당시에 정록본이 있음에도 불구하고 여전히 계속 수정 중인 텍스트일 수 있는 것이다.

4. 결론

한국의 경학 연구는 대개의 경우, 퇴계 이황의 『경서석의』를 그 연구자료의 시원으로 활용하고 있다. 그런 점에서 퇴계 이황의 『경서석의』는 그 자체로 한국 경학 연구의 원류와 같은 존재감을 가진다.

그런데 철학분야에 있어 퇴계의 위상은 매우 높아 퇴계와 율곡의 주자학에 대한 이해와 그 연구성과는 탁월한 것으로 평가되며, 그 후

---

29) 李滉, 『退溪集』 卷12, 「與朴澤之」, "此滉所以疑於傳後者, 非謂其書之不善, 於善之中, 有未盡善者存, 必待其修改, 然後可以盡善, 而無疑於傳後耳, 昔程子之爲易傳也, 不輕出而示人曰, 猶冀其有進也, 朱子之爲集註章句也, 旣成之後, 自覺其非而改者有之, 因門人問難而改者有之, 質之當世之賢士大夫而改者有之, 改之改之而又改之, 蓋以是終身焉, 故其書之出, 可以建諸天地而不悖, 質諸鬼神而無疑, 百世以俟聖人而不惑焉, 此豈一朝率然爲之而能至是哉, 吾東方文獻寥寥, 雖間有文章鉅公出而鳴世, 自詩文賦詠小說談諧之外, 斯文著述, 絶無而僅有, 其幸有之者, 及得而讀之, 或不能無疑於心者, 豈非由此其爲病乎, 往年, 商山周景遊在豐邑, 撰竹溪志, 甫成卽入梓, 滉與士友數輩, 頗指其病處而請改之, 景遊固執自是而不聽, 今人見其書者, 無不以爲有病, 蓋是非之公, 人心所同然者, 豈可以一己之私見勝排之乎, 至如滉者, 味道懵學, 固不足與議於此, 然亦嘗妄爲一二說, 懲諸公自是之病, 而欲資朋友之攻砭, 試示於同志, 不意其人不大段指擿其病, 而遽轉以示他, 及其後日, 續有修改, 則與前日示人者, 互有異同, 非徒前者之未盡, 幷與後者而相累, 已自不勝其悔矣."

대의 성과는 퇴율을 조술한 것으로 서술되어 있으나 경학연구의 경우, 퇴계와 율곡의 성과는 그야말로 걸음마를 시작하는 면모를 보인다. 일부 뛰어난 지점이 있음에도 불구하고 그 기본적인 수준은 경서의 번역으로서의 이해, 곧 언해를 넘어서지 않는다. 퇴계의 경우, '석의'의 단계에서도 빼어난 견해가 일부 제시되지만 전체적으로는 경전의 본문을 이해하는 데 요긴한 방향으로 제시된 것이 일반적이다.

이 논문에서는 그러한 점에 착목하여 퇴계의 『경서석의』의 내용에 나아가기보다는 그 저작이 형성되는 과정에 주목했다. 곧 저작의 성격과 형성배경, 퇴계의 당대 학술적 환경과 관심사에 주목한 것이다. 퇴계 후학들의 증언과 저작이 만들어지는 퇴계의 50대 학술환경, 나아가 퇴계의 저술에 대한 습관을 관찰하여 『경서석의』가 어떠한 학술사적 환경에서 저술되고 있는가를 음미했다.

퇴계는 강학의 필요에 의해 이 책을 저술했으며, 그 기본적인 이해의 관점은 주자학적인 시야였으나 그 시야에 국한된 것은 아니었고, 적극적으로 자신의 의견을 제시하는 것도 주저하지 않았다. 그리고 그러한 집필의 저변에는 독서와 학습에 대한 자신의 신념과 사우들과의 강학에 의한 연마, 아울러 여러 의견을 수용하고 결론을 내리는 데 있어서 유연한 본인의 성격, 나아가 한 편의 저작을 완성하는 데 있어서 신중한 저술 습관 등이 두루 적용되었다. 퇴계의 『경서석의』를 이해함에 있어 이러한 측면은 간과할 수 없는 중요한 점이다. 퇴계의 『경서석의』의 편찬은 학술문화사적 관점에서 볼 때 철학과 대비되는 비대칭적 수준으로서 다양한 경전 해석에 대해 주자학을 기준으로 하나의 특수한 관점의 표준적인 해석을 추구한 점에서 이전 시대와 구분되는 학술상 문화다원적 의미를 갖는다고 할 수 있다. ◆

참고문헌

원전류:

金誠一, 『鶴峯集』, 韓國文集叢刊 48, 民族文化推進會, 1989.
朴世采, 『南溪集』, 韓國文集叢刊 141, 民族文化推進會, 1995.
尹 拯, 『明齋遺稿』, 韓國文集叢刊 135, 民族文化推進會, 1994.
安鼎福, 『順菴集』, 韓國文集叢刊 242, 民族文化推進會, 2000.
李 滉, 『退溪集』, 韓國文集叢刊 31, 民族文化推進會, 1989.
李德弘, 『艮齋集』, 韓國文集叢刊 32, 民族文化推進會, 1989.
李廷馨, 『知退堂集』, 國文集叢刊 58, 民族文化推進會, 1990.
林 泳, 『滄溪集』, 國文集叢刊 159, 民族文化推進會, 1995.
丁若鏞, 『與猶堂全書』, 山學術文化財團, 2012.
鄭惟一, 『文峯集』, 國文集叢刊 42, 民族文化推進會, 1989.
趙 穆, 『月川集』, 國文集叢刊 38, 民族文化推進會, 1989.
洪仁祐, 『恥齋遺稿』, 國文集叢刊 36, 民族文化推進會, 1989.

단행본류:

정석태, 『퇴계선생연표월일조록』, 퇴계학연구원, 2006.
정순목, 『퇴계정전』, 지식산업사, 1992.

논문류:

김유곤, 「퇴계의 대학 해석의 특징」, 『국학연구』 25, 한국국학진흥원, 2014.
심경호, 「『시석의』와 퇴계 『시』 해석의 특징」, 『국학연구』 25, 한국국학진흥원, 2014.
엄연석, 「조선전기 『중용』 이해와 퇴계 『중용석의』의 해석」, 『국학연구』 25, 한국국학진흥원, 2014.
오세현, 「주희의 스승 이동을 바라보는 조선시대 사대부들의 시선 -『연평답문』의 간행 및 독서와 이통의 문묘종사를 중심으로」, 『한국사상사학』 58, 한국사상사학회, 2018.
유영옥, 「교정청본 사서언해의 경학적 연구」, 부산대학교 박사논문, 2010.
이봉규, 「『연평답문』 논의를 통해 본 퇴계학의 지평 -동아시아 유학사의 맥락과 연관하여」, 『동방학지』 144, 연세대 국학연구원, 2008.

이은호, 「조선 전기의 서경학과 『서석의』」, 『국학연구』 25, 한국국학진흥원, 2014.

전재동, 「퇴계학파 경전주석의 전승과 『논어석의』」, 『국학연구』 25, 한국국학진흥원, 2014.

최석기, 「조선전기 경서해석과 이황의 경학」, 『국학연구』 25, 한국국학진흥원, 2014.

함영대, 「훈고의 관점에서 바라본 조선 맹자학 -『사서석의・맹자』와 『사서변의・맹자』를 중심으로」, 『한자한문교육연구』 21, 한국한자한문교육학회, 2008.

함영대, 「퇴계의 『맹자석의』와 조선 전기의 맹자해석」, 『국학연구』 25, 한국국학진흥원, 2014.

황병기, 「퇴계 이황의 주역학과 『주역석의』」, 『국학연구』 25, 한국국학진흥원, 2014.

조호익 『역상설(易象說)』의 역학사상과 그 위상

황 병 기

* 이 글은 『태동고전연구』 제47집(한림대학교 태동고전연구소, 2021.12)에 게재한 동명의 논문을 본 저서의 간행 취지에 맞춰 일부 수정한 것이다.

1. 머리말

이 글은 조선의 주역경학사에서 조선 중기 조호익(曺好益, 1545~1609)의 역학사상이 갖는 의미와 문화다원적 위상을 밝히기 위해 구상된 글이다.

조호익은 조선 중기의 문신으로, 본관은 창녕(昌寧), 자는 사우(士友), 호는 지산(芝山)이며, 퇴계(退溪) 이황(李滉)의 문하생이다. 그는 학자이자 문신이었으나 임진왜란 때엔 무신으로도 활약한 의기를 지녔던 인물이다. 1575년(선조 8) 경상도 도사 최황(崔滉)이 군적(軍籍)을 정리할 때 그를 검독관(檢督官)으로 임명하여 군역(軍役)에 나가지 않은 장정들의 세금을 독촉하는 역할을 맡기자 이를 병을 핑계로 거절하였는데, 최황이 토호(土豪)로 모함하여 평안도 강동현에 유배된 적이 있다. 이를 보면 불의를 참지 못하는 또는 부당한 일은 하지 않는 성격을 지닌 올곧은 인물이었던 것으로 보인다. 1592년 임진왜란이 발발하자 유성룡(柳成龍)의 주청으로 해배되었고, 이후 소모관(召募官)이 되어 군민(軍民)을 규합하여, 중화·상원 등지에서 전공을 세우기도 하였다. 이를 계기로 형조정랑·절충장군(折衝將軍)에 승진하고, 1593년에는 평양전투에 참가하여 전공을 세웠다. 그 뒤 대구부사, 성주목사, 안주목사, 성천부사 등을 역임하였다. 저서로 『지산집(芝山集)』, 『심경질의고오(心經質疑考誤)』, 『가례고증(家禮考證)』, 『역전변해(易傳辨解)』, 『주역석해(周易釋解)』, 『역상설(易象說)』 등이 있다.

그의 역학 관련 저술로는 『역전변해(易傳辨解)』, 『주역석해(周易釋解)』, 『역상설(易象說)』 등이 있는데, 『역전변해』와 『주역석해』는 현재 전해지지 않는다. 『역전변해』는 1599년(55세) 그가 병이 극심했을 때 잡고를 모두 불태웠다고 하는데, 이 중에 포함되어 있었다.[1] 『주역석해』는 3년 뒤 1602년(58세)에 저술된 것으로, 연보를 편찬할 당시에는 존재했었던 것으로 보이나 현재는 남아 있지 않다. 연보에서는 정이(程頤)의 『역전(易傳)』과 주희(朱熹)의 『본의(本義)』를 가지고 단상(彖象)을 발휘한 것이 더없이 정밀했다고 하였다.[2]

현재 남아 있는 조호익의 역학저술로는 『역상설』이 유일하다. 이 책은 『주역석해』 저술 3년 뒤인 1605년(61세) 저술된 것인데, 연보에 등장하는 명칭은 『역상추설(易象推說)』이었다. 『주역』을 공부하다가 단상(彖象)의 의심스런 뜻을 추리하여 해설하였다는 의미로 정한 이름이다.[3] 『주역석해』도 단상(彖象)의 뜻을 밝힌 책이고, 『역상추설』도 단상(彖象)을 설명하는 책이니, 다년간 하나의 주제의식을 가지고 침잠했음을 알 수 있다. 연보의 같은 조에 따르면, 『역상설』은 처음부터 하나의 책으로 저술된 것이 아니라, 그가 조목별로 판의 두주로 달아 붙여 놓았던 것을 후인이 모아서 간행한 것이다. 『역상설』은 『주역』 경전(經傳) 전체를 추설(推說)한 것이 아니고, 건괘(乾卦)에서 풍괘(豐卦)까지의 55괘와 십익의 일부를 추설한 책이다.[4]

---

1) 『芝山集』 附錄 卷一, 年譜, 10. "二十七年己亥, 先生五十五歲, 二月, 病劇, 盡焚平日雜稿."

2) 『芝山集』 附錄 卷一, 年譜, 12. "先生雖未赴校正命, 自以易之傳與本義, 發揮彖象, 俱極精密."

3) 『芝山集』 附錄 卷一, 年譜, 13. "十三年乙巳, 先生六十一歲. 讀周易, 推說彖象疑義. 先生嘗著易傳辨解, 而入於焚稿, 至是. 讀易推明疑義, 貼錄於逐條板頭, 後儒裒集謄出, 謂之易象推說."

4) 조호익의 『역상설』에 대한 선행연구는 엄연석, 「조호익 역학의 상수학적 방법과 의리학적 목표」, 『대동문화연구』 38, 성균관대 대동문화연구원, 2001 ; 김인철, 「퇴계와 지산의 『주역』 해석」, 『퇴계학과 유교문화』 36, 경북대학교 퇴계연구소, 2005 ; 윤석민, 「조호익 『易象說』의 해석틀 분석(Ⅰ)」, 『동양철학』

윤석민이 두 논문에서 해석틀이라는 개념을 잡아 『역상설』의 상수학적 해석방법들을 소개하였고, 임재규가 『사고전서총목제요(四庫全書總目提要)』의 분류방식에 의거하여 그의 역학을 상수역으로 분류하였듯이, 그의 역학을 상수학적 방법론으로 집중하여 살펴보고자 한다. 그러나 그의 역학을 상수학으로 규정하는 것은 아니고, 엄연석과 김인철이 주장하는 것처럼 그의 역학이 상수적 방법론을 활용하여 의리역을 실현하고자 의도한 측면을 함께 살펴볼 것이다.

2. 조선시대 『주역』 학술의 경향

한국에서의 『주역』 학습은 이미 고구려, 백제, 신라의 삼국시대부터 시작된 것으로 알려져 있다. 중국사서 『당서(唐書)』에 고구려의 지방교육기관인 경당(扃堂)에 대한 기록이 있고[5], 『구당서(舊唐書)』에는 경당의 교과목이 소개되어 있다.[6] 이들 기록에 따르면 경당에서 오경(五經)이 주교재였으니, 국립교육기관인 태학에서도 오경을 교육했을 것으로 짐작된다. 백제와 신라 또한 마찬가지였다. 『주역』에

40, 한국동양철학회, 2013 ; 「조호익 『易象說』의 해석틀 분석(II) : 爻位·爻變과 기타 해석틀을 중심으로」, 『철학논총』 76, 새한철학회, 2014 ; 임재규, 「조호익 『易象說』의 상수학적 연원」, 『대순사상논총』 38, 대진대학교 대순사상학술원, 2021이 있다.

5) 『唐書』 卷220, 「列傳」 제145, 東夷. "人喜學, 至窮里厮家, 亦相矜勉, 衢側悉構嚴屋, 號扃堂, 子弟未婚者曹處, 誦經習射."

6) 『舊唐書』 卷199상, 「列傳」 제149상, 東夷. "其書有五經及史記, 漢書范曄後漢書三國志孫盛晉春秋玉篇字統字林, 又有文選, 尤愛重之."

대한 학습과 연구는 기록상 삼국시대 이래로 고려시대에도 상당한 진전이 있었을 것으로 짐작되나 현재 접할 수 있는 성과는 아쉽게도 없다.

한국에서 기록될 만한 연구의 성과는 아마도 여말선초를 살았던 권근(權近, 1352~1409)의 『주역천견록(周易淺見錄)』일 것이다. 필자는 대체로 조선의 역학사를 네 가지의 경향 내지는 단계로 구분할 수 있다고 본다. 첫 번째가 고려말 원나라로부터 일군의 사대부들이 정주(程朱)의 성리학적 역학을 수입하여 정착시켜 나갔던 역학이다. 원나라의 관학으로 정립된 주자학적 역학을 이 땅에 이식하는 일련의 과정이었다. 그 선봉에 권근의 『주역천견록』이 있다. 권근 스스로 '천견(淺見)'이라 겸양하였지만, 자신의 견해를 담았다는 역설적 표현이기도 하다. 이 책의 간행은 목판본으로 세종(世宗, 재위 1418~1450) 연간에 이루어졌다.

두 번째가 대체로 1433년 간행된 것으로 추정되는 『주역천견록』의 보급[7]과 함께 형성된 학술적 분위기를 이어, 세조(世祖, 재위 1455~1468) 때 시작하여 선조(宣祖, 재위 1567~1608) 때 완성한 『주역』에 대한 번역사업[8]을 통해 경전에 대한 주체적 이해를 높이려고 했던 지식인 주도[9]의 조선역학의 한 경향 내지는 『주역』의 조선적 해석의 한 단계이다. 번역작업은 언어적 차이를 완전하게 극복할 수

---

7) 『世宗實錄』 15년(1433) 2월 계사조.

8) 오늘날의 번역 개념과는 다르지만, 현토하고 우리글로 풀이하는 행위 자체를 광의의 번역으로 표현하였다.

9) 선조 때 완성된 『주역언해』는 사서삼경의 언해사업 자체가 국가주도의 사업이긴 하였으나, 그 출발은 퇴계 이황의 언해본을 토대로 하여 이황의 문도와 이후 율곡 이이의 문도들이 공동으로 참여하여 이룩한 과업이다.

없다는 한계와 맞닥뜨리지만, 훈민정음의 창제 이래로 어쨌든 '중국과 다른' 언어라는 확고한 인식이 이러한 번역작업을 수행하는 동력이 되었을 것이다. 이것은 이질적인 문화 간에 겪는 자연적인 수순이며, 차별적인 문화라는 격렬한 반작용과도 같다. 이 국가적인 번역사업의 결과 현토와 언해에 있어 정이의 『역전』이 압도적으로 반영되었고, 주희의 『본의』는 특별한 경우에만 참조용으로 제시되는 규모가 되었다.[10)]

세 번째가 소옹의 역학과 주희의 역학에서 드러나는 도서학적 경향으로, 조선에서는 퇴계 이황의 『역학계몽전의(易學啟蒙傳疑)』가 이후의 도서역학적 흐름의 물꼬를 튼 것으로 볼 수 있다. 이후 장현광의 『역학도설(易學圖說)』, 김석문의 『역학이십사도해(易學二十四圖解)』 등이 이러한 흐름을 대표한다. 이 논의는 별도로 다루어야 할 내용이다.

마지막으로 네 번째가 서양학문의 전래 이후 성리학적 세계관과의 수용, 충돌 또는 융해의 과정에서 형성된 새로운 천문학적 관점이 반영되거나 새로운 종교관이 반영되거나 새로운 박물학적 관점이 반영되는 경향이다. 이러한 경향은 거의 모든 분야에서 나타나는데, 성호 이익의 『역경질서』에서 서양의 천문학과 종교 및 과학 등을 박물학적으로 다루는 경향으로 시작하여, 세 번째의 경향에서 언급한 김석문의 『역학이십사도해』가 서양 천문학의 영향으로 음양의 개념이 과학적으로 변모한다든지, 다산 정약용의 『주역사전』에서 서양 종교의 모티브를 가지고 고래의 상제관을 복원한다든지 하는 경향 또는 서양과의 접촉으로 학술이 변모하는 단계이다.

---

10) 황병기, 「퇴계 이황의 주역학周易學과 『주역석의周易釋義』」, 『국학연구』 25, 한국국학진흥원, 2014.

크게 보면, 첫째 역학의 양대파인 의리학과 상수학의 입장에 따라 견해 차이가 있었고, 둘째 언해사업을 통해 드러난 한국적 역학과 한국역학 내의 분기가 있었으며, 셋째 송역의 특징이기도 한 도서역학의 특징이 중국과 상대하여 두드러진 점이 있었다고 보이고, 넷째 조선후기에 와서는 서양학문의 접목과 융합에 의해 동아시아에서 선진적인 도서학적 역학과 신학적 역학이 전개되었다.

도통론의 패러다임에서 『주역』은 우주와 인간을 망라한 보편적 진리를 담고 있는 지고무상의 책이지만, 문화다원론적 패러다임으로 보면 각 역학가들이 담고자 했던 당대의 특수한 시공간적 역사환경과 상징성이 드러난다. 한국의 주역경학사, 구체적으로는 조선조의 주역경학사에서 전개된 시공간적 상징성과 그 문화다원적 관심을 이제는 정확히 분별적으로 관찰해야 한다. 주석자의 특수한 패러다임에 따라 주역 언어에 대한 해석이 달라지는데, 그가 속한 특수한 환경이 배경이 되기 때문이다. 따라서 조선역학에 대한 상대적 접근이 가능한 것이다.

의리역학가들은 괘상(卦象)을 그 자체로 바라보면서 괘상의 위(位), 응(應), 비(比) 등의 관계를 탐구하여 의리적 지침을 직관적으로 주려고 한다. 반면에 상수역학가들은 괘상이 내적으로 어떤 논리적인 관계가 있는지, 괘효사는 어떤 방법으로 구성되었는지, 본괘와 변괘를 탐구하여 유사과학적 지식을 주려고 한다. 따라서 의리역은 위(位)의 관계에 처신하는 도덕서가 되고, 상수역은 괘효사의 상(象)과 수(數)를 분석한 해석학서가 된다. 그러나 『주역』은 본래부터 상수와 의리의 결합체이므로, 각 역학가가 지향한 시대정신을 담고 있으며, 발설자에 따라 다원적 성격으로 발출할 것임이 애초부터 내정되어 있다. 상수와 의리의 통합적 성격을 문화다원론적 관점에서 재해석하는 과업은 전통시대 지식인의 지성과 시대성에 대한 새로운 형식의 지식지도를 그리는 작업과 유사하다. 문명론의 차원에서 고립적이지 않으면서 상대적 평등성을 지닌 학문을 향유한 조선시대 지식인의 문명지도를 그리는 작업이 될 것이다.

여말선초 권근의 『주역천견록(周易淺見錄)』에는 격변기 신흥 사대부 지식인의 고민이 반영되어 있고, 조선 중기 이황의 『주역석의(周易釋義)』와 『역학계몽전의(易學啟蒙傳疑)』, 그리고 이이의 「역수책(易數策)」 같은 역설들에는 성리학을 도덕적으로 실천하고 대중화하려는 조선 지식인의 노력이 녹아들어 있다. 조선 후기 김석문의 『역경이십사도해(易經二十四圖解)』, 서명응의 『역학계몽집전(易學啟蒙集箋)』, 신후담의 『주역상사신편(周易象辭新編)』 등에는 동점하는 서학에 대한 도전과 응전의 시대정신이 반영되어 있다. 정약용의 『주역사전(周易四箋)』과 『역학서언(易學緖言)』에는 19세기 초 초월자에 기대어 조선을 새롭게 하고자 했던 한 지식인의 고뇌가 녹아 있다.

역학자들은 당대의 역사와 문화를 기술하는 데 주역의 상징들을 비유와 은유로 활용하였다. 정치적 수사로 활용하기도 하고, 사회의 문화현상을 해석하기도 하고, 인간의 도덕을 확립하기 위해 주역의 상징들을 이용하였다.

3. 주역 언해의 다원적 독자성과 조호익의 『주역석해』

세조 때부터 시작된 경전의 한글화 즉 언해작업에는 주역경학사에 있어서 정이의 역전의 권위가 인정받는 기능적 역할을 하였다. 조선 중기 선조 대에 와서 언해청에서 완성된 사서삼경의 언해서에는 정이와 주희의 관점이 선택적으로 활용되었고, 『주역언해』에 있어서는 결국 정이의 완승에 가까웠다. 세조가 이미 정이의 역전에 근거하여 구결하도록 명한 바 있고, 선조 때의 최종 언해본에서도 구결과 언해가 『이천역전』의 관점대로 되었기 때문이다.[11] 그러나 무엇보다 한국사에 있어 조선 초중기의 언해(한글화) 사업은 당대 조선의 지식사회가 추구한 거대한 문화다원적 지향이었다.

한국은 삼국시대에 이미 중국의 유교경전이 전래되었고, 고구려의 국립대학인 태학(太學)과 지방교육기관인 경당(扃堂)에서 오경을 교육하였다. 신라 때의 국학(國學), 고려의 국자감(國子監), 조선의 성균관(成均館)에서도 유교경전을 교육하였다. 그 가운데 『주역』은 필수교재였다.

한국은 글과 말이 중국과 달랐기 때문에 민족형성기부터 끊임없이 중국문자를 우리의 말과 글로 읽고 번역하였다. 신라 때 원효(元曉, 617~686)의 아들 설총(薛聰, 655~?)은 방언(方言: 신라어)으로 구경(九經)을 번역하였다.[12] 그의 저작은 현재 전하지 않지만, 한국 최초

11) 황병기, 「퇴계 이황의 주역학周易學과 『주역석의周易釋義』」, 『국학연구』 25, 한국국학진흥원, 2014 참조.

12) 『三國遺事』 卷4, 「元曉不羈」, "聰生而睿敏, 博通經史, … 以方音通會華夷方俗物名,

의 번역언어인 구결(口訣)이 이렇게 탄생한 것이다. 전해지고 있는 최초의 구결자료는 불교경전인 『구역인왕경(舊譯仁王經)』으로 12세기 중엽의 것이다.

유교경전의 구결은 14세기 무렵 처음 등장한다. 훈민정음 창제 이전에 정몽주(鄭夢周, 1337~1392)의 『시구결(詩口訣)』이 있었다고 하고[13], 권근(權近)은 시토(詩吐)와 서토(書吐), 역토(易吐)를 지었다고 한다.[14] 이러한 구결과 현토는 왕명에 의해 수행된 것이지만, 비판과 이설들이 많았다. 국가 표준안 구결로 확정하기에는 너무 개인적인 것이었을 가능성이 높았을 것으로 추측된다. 이에 세종(世宗)은 경서의 구결 표준을 유신들에게 명하여 확정하고자 하였다.[15]

세종의 명으로 최항과 서거정이 구결사업을 진행하였으나 세종 당대에 완성하지 못하고 세조 대에야 완성을 볼 수 있었다. 세조는 불경(佛經)에 구결을 달게 하였고, 유교경전에 대해서는 직접 구결작업에 참여하기도 하였다.[16]

『주역』의 구결은 세조 대에 일차 정리된다. 세조는 1465년(세조 11)에 주희의 『본의』가 명쾌하지 않다고 보고, 정이의 『역전』에 근거하여 구결하도록 명하였고, 이듬해인 1466년(세조 12)에 드디어

訓解六經文字."

13) 『世祖實錄』 11년 11월 丙辰. "令禮曹, 廣求本國先儒所定四書五經口訣, 與鄭夢周詩口訣."

14) 『世宗實錄』 10년 윤4월 己亥. "上語卞季良曰, 昔太宗命權近, 著五經吐, 近讓之不得, 遂著詩書易吐, 唯禮記四書無之."

15) 『徐四佳全集』 補遺, 「崔文靖公碑銘」, "英陵命臣金汶金鉤及公等, 定小學四書五經口訣, 居正亦與其後."

16) 세조의 구결사업은 이충구의 「周易諺解의 過程과 特徵」, 『동양철학연구』 14 참조.

국가가 최초로 확정한 표준 『주역구결』을 완성하여 성균관에 반사(頒賜)하였다. 3년 뒤인 1468년(세조 14)에는 유신들을 불러 모아 직전에 반사한 『주역구결』에 대해 오류를 참정(參訂)하게 하였다. 반사 이후에도 이러한 교정작업이 선조 때 완성되기까지 지속적으로 진행되었다.

구결작업에 쓰인 저본은 『주역대전』으로 추측된다. 세조의 구결본은 현존하고 있는데 『주역전의구결(周易傳義口訣)』이 그것이다.17) 그러나 이 책은 『주역전의(周易傳義)』 전체에 구결을 한 것이 아니라, 『주역전의』라는 책을 취해 전문(傳文)에는 구결하지 않고 경문(經文)에만 정이의 『역전』에 근거하여 구결을 한 것이다. 따라서 엄밀히 말하자면 정이의 『역전』에 근거하여 역경(易經)에만 구결한 '주역경문구결'인 셈이다.

세조 이후 『주역』의 구결작업은 퇴계의 문도인 조목(趙穆, 1524~1606)과 이이(李珥, 1536~1584), 그리고 최립(崔岦, 1539~1612) 등에 의해 진행되었다. 조목은 『개표주역구결(改標周易口訣)』을 저술하였는데, 세조 때 반사되었던 『주역구결』에서 의심스런 곳에 표식을 하여 수정한 책이다. 이와는 별도로 조목은 또 『본의』에 근거한 구결을 지었다. 이 구결은 스승인 이황의 질정을 거쳐 공동으로 진행된 것이지만, 이황의 생전에 상경(上經)만 완성되고, 하경은 이황의 사후 20여 년이 지난 1596년에 완성된다.

율곡 이이(李珥)도 『주역구결』을 저술했다는 기록이 연보에 남아 있다. 그러나 전하지 않아 전혀 그 내용을 알 수가 없다. 최립은 『주

17) 안병희, 「世祖의 經書口訣에 대하여」, 『규장각』 7, 서울대학교 도서관, 1983, 7쪽.

역본의구결부설(周易本義口訣附說)』을 저술했다. 선조 때 『주역언해』가 완성된 뒤 주희의 『본의』에 근거하여 역경에 구결을 한 것이다.

이황은 1557년 이후에 『사서삼경석의』를 저술하였는데, 간행은 사후 1609년에 이루어진다. 간행을 주도한 제자 금응훈(琴應壎, 1540~1616)에 따르면, "경서석의는 퇴계 선생께서 제가의 해석을 모아서 증명하여 바로잡고 또 문인들과 질의응답한 것을 따라 연구한 것으로 선생이 손수 기록한 책이다."[18] 그런데 이황의 이 석의에 대해 찬사뿐만 아니라 비판이 뒤따랐다. 특히 서인의 영수인 송시열은 그 비판들을 집록하여 1677년 『퇴계사서질의의의(退溪四書質疑疑義)』[19]라는 책을 간행하였다. 다만 송시열의 이 비판서는 사서에 대한 비판을 모은 것이라, 아쉽게도 『주역』과 관련하여 두 사람 간의 견해차를 알 수는 없다.

이 문맥 속에 퇴계의 문도인 조호익이 언급될 만한 의의가 있다. 그는 이황의 문하생으로서 이황의 언해작업을 계승 및 비평하는 역할을 했다. 비록 오늘날 전하지 않아 실체를 알 수 없지만, 그의 『주역석해(周易釋解)』는 『역상설』과 함께 의미 있게 검토해야 할 필요성이 있다.

그의 연보에 따르면, 1602년(58세) 경서언해를 담당할 교정청 당상관에 임명되었으나 병 때문에 부임하지 못하게 되었는데, 이 일을

---

18) 『大學釋義』, 琴應壎 後識. "右經書釋義, 惟我退溪先生, 裒聚諸家訓釋而證訂之, 又因門人所嘗問辨者而研究之, 皆先生手自淨錄者也."

19) 송시열의 『退溪四書質疑疑義』는 『宋子大全』 133권 「雜著」에 총 3권으로 수록되어 있는데, 『논어』 58조목, 『맹자』 7조목, 『대학』 5조목, 『중용』 4조목 등 총 74조목으로 이루어져 있다. 이에 대한 자세한 분석은 전재동, 「宋時烈과 朴世采의 退溪說 批判」, 『한국한문학연구』 42, 한국한문학회, 2008을 참조.

계기로 석해(釋解)를 지었다고 한다.

> 선생은 비록 교정청의 소명에 부임하진 않았으나, 스스로 주역의 정전과 본의로서 단사와 상사의 의미를 풀이한 것이 더없이 정밀하였고, 전부터 전해져 온 언석(諺釋)을 경문과 비교해 보니, 구두와 의미에 오히려 차이가 있기에 드디어 이 『주역석해』를 지었으니 모두 5권이다.[20]

조호익은 비록 스승인 이황의 사후에야 교정청 당상관에 임명되는 계기로 석해 작업을 시작하였으나, 언해청의 언해사업에 퇴계의 문도들이 상당수 참여하여 기여한 바 있고, 비록 조호익이 병으로 그 일에 참여하지는 못하였으나 스승의 학술을 계승하는 일을 개인적으로 수행한 셈이다. 이황과 조호익이 각각 수행한 주역의 언해는 오늘날 경전의 한글화사업과 역사적 위상으로 볼 때 비슷한 목적과 기능을 했을 것으로 짐작된다. 조호익의 『주역석해』가 현존한다면 스승과 제자의 언해를 통해 비평적 학문분과를 형성했을 수도 있는 매우 중요한 시대적 과제이지 않았을까 싶다. 조호익이 진행한 『주역』의 석해작업이 지닌 조선 주역학술사의 독자성으로 볼 때 『역상설』에도 무의식적으로 그의 관점의 독자성이 드러나 있을 것으로 짐작된다. 물론 이러한 추론은 그의 『주역석해』가 남아 있지 않은 상태라서 심증으로만 논할 수 있다. 김인철은 조호익의 사라진 두 역학저작 『역전변해』와 『주역석해』가 지닌 가치를 두 가지로 정리한 바 있다. 첫째, 『주역석해』가 퇴계의 『주역석의』처럼 언해와 관련되어 있으면서 정전과 본의의 동이점을 염두에 둔 저술이라는 사실과,

20) 『芝山集』 附錄 卷1 「年譜」, 12. "先生雖未赴校正命, 自以易之傳與本義, 發揮彖象, 俱極情密, 而舊傳諺釋, 較諸經文, 其句讀旨義, 猶有異同, 遂著是解, 凡五卷."

둘째, 『역전변해(易傳辨解)』는 언해를 고려함 없이 주로 정전과 본의의 차이점을 중심으로 경문의 의미를 분별한 책이라고 한다.[21]

4. 조호익의 『역상설』과 조선후기 상수학적 맥락

필자는 정약용의 역상설의 기원을 탐구하는 과정에서 성호학파 역학의 재평가와 다산역학을 비교 연구한 논문을 제출한 바 있다. 정약용은 조선 후기의 인물이고 또 그의 역학이 매우 독특하다고 하더라도, 방법론적 토대와 사상적 기원이 있을 것이라는 전제 아래 먼저 그가 사숙한 성호 이익의 문하에서부터 관련성을 탐구하고자 했기 때문이다. 정약용의 역학을 한국역학사의 내적 발전사에서 살펴보고자 한다면 먼저 성호학파 내에서 이익과 신후담, 안정복 등과의 관련성이 명확해질 필요가 있다고 보았다. 그러나 다산역의 상수역학 방법론인 역리사법(易理四法)은 성호 역학과의 직접적인 사승관계가 불분명했다. 그런데 신후담의 『주역상사신편』은 전혀 기대하지 않았지만, 정약용이 활용한 역리들이 거의 동일하게 등장했다. 그러나 신기하게도 정약용과 신후담은 서로 거의 교류가 없던 관계이다. 신후담의 흔적은 정약용의 저술 어디에도 없지만, 이익의 역학에서 언급된 상수적 방법론들이 정약용의 저술에서와 마찬가지로 마치

21) 김인철, 「퇴계와 지산의 『주역』 해석」, 『퇴계학과 유교문화』 36, 경북대 퇴계학연구소, 2005, 18~19쪽.

동일한 학파의 선행자처럼 드러난다는 점이다.

이익은 『역경질서』에서 효변(爻變), 추이(推移), 호체(互體) 등의 방법을 해석에 활용하였고, 신후담(愼後聃)은 효변을 모든 효에 철저히 적용했다.[22] 정약용은 신후담이라는 인물의 존재조차 인지하지 못했던 것으로 보이지만, 마치 신후담 역학의 계승자처럼 『주역사전』에서 효변과 추이, 물상(物象) 그리고 호체라는 역리사법을 가지고 하나의 체계를 구성하였다.

신후담이 상수적 방법론으로 사용한 효변과 지괘 그리고 본괘와 지괘의 물상을 활용하는 방식은 정약용의 방법론과 너무나도 닮았다. 신후담은 일정 정도 자신만의 역학체계를 정립한 상태에서 이익과 교류했던 것으로 추측된다.[23] 신후담의 『주역상사신편』은 이익의 지도를 받고 난 뒤의 저작이다.

정약용은 신후담과 마찬가지로 효변을 효사 해석에 전면적으로 활용하였다. 신후담은 괘효사에 대해 의리적으로 해석함으로써 정주역학을 계승하고 있으나, 효변을 전적으로 모든 효에 활용한 것은 정주역학에서 볼 수 없는 특징이다.[24]

또한 같은 성호 문하의 안정복은 역학에 있어 의리학과 상수학에 대한 통합적 관점을 설파하였다.[25] 그는 『주역』이 본래 점서의

---

22) 신후담의 역상설에 대해서는 최영진·이선경의 「河濱 愼後聃의 周易해석 일고찰 -乾卦를 중심으로-」(『정신문화연구』 37-2, 2014)와 황병기의 「성호학파의 주역 상수학설 연구 -李瀷, 愼後聃, 丁若鏞의 易象說을 중심으로-」(『다산학』 26, 다산학술문화재단, 2015.06)를 주로 활용하였다.

23) 원재린, 『조선후기 성호학파의 형성과 학풍』, 연세대 박사학위논문, 2001, 24~27쪽 참조.

24) 최영진·이선경, 「河濱 愼後聃의 周易해석 일고찰 -乾卦를 중심으로-」, 『정신문화연구』 37-2, 한국학중앙연구원, 2014. 6, 143쪽 참조.

책이지만 의리역의 성격을 담고 있다는 통합적 인식을 하고 있다. 엄연석은 『순암집(順菴集)』의 역학 관련 내용을 분석하여 안정복이 상수학적으로는 호체괘와 효변설과 같은 방법론을 중시하였고, 의리학적으로는 괘명(卦名)과 함께 괘효 사이의 비응(比應) 관계와 같은 방법 기준을 중시했다고 규명한 바 있다.[26] 안정복은 『주역』이 상수와 의리가 유기적으로 결합하고 있다고 보았기 때문에, 정이의 의리역과 주희의 상수역을 통합적으로 이해한다. "원형이정은 리를 위주로 하여 말하면 사덕이 되고, 점을 위주로 하여 말하면 대형이리어정(大亨而利於貞)이 된다"[27]라고 해석한다. 이를 두고 엄연석은 상수역과 의리역의 통합으로, 이영호는 점서역과 의리역의 통합체계라고 평가하였다.

이영호는 안정복의 통합적 이해방식이 멀리는 조선역학사의 원두에 위치한 권근(權近)에게서 그 단초가 마련되었고, 이후 면면하게 이어져 19세기 말 채종식(蔡鍾植)의 『주역전의동귀해(周易傳義同歸解)』[28]에까지 계승된다고 주장했다.[29]

그런데 최근의 연구성과에 의하면, 이러한 상수와 의리의 통합적

---

25) 안정복의 역학에 관해서는 엄연석의 「순암 안정복의 『周易』 인식과 象數義理論」(『철학사상』 34, 서울대학교 철학사상연구소, 2009)과 이영호의 「순암의 경학관과 역학의 일면」(2019년 한국실학학회 한국경학학회 공동학술대회 자료집, 2019.12)을 주로 참조.

26) 엄연석, 「순암 안정복의 『周易』 인식과 象數義理論」, 『철학사상』 34, 서울대학교 철학사상연구소, 2009, 64쪽.

27) 安鼎福, 『順菴先生文集』 卷3, 「答邵南尹丈別紙」, "元亨利貞, 主理而言, 則爲四德, 主占而言, 則爲大亨而利於貞."

28) 蔡鍾植, 『一齋文集』 卷5, 「周易傳義同歸解」.

29) 이영호, 「순암의 경학관과 역학의 일면」, 2019년 한국실학학회 한국경학학회 공동학술대회 자료집, 2019.12 참조.

이해방식은 조선 초의 권근에서 시작되어, 위에서 열거한 조선 후기의 이익과 신후담, 정약용, 안정복으로 연결되는 맥락이 있는데, 그 사이의 매개로 조호익의 『역상설』을 언급하지 않을 수 없다.

조호익의 『역상설』은 앞선 연구자들에 의해 대체적인 규모와 의의가 규명되었다. 조호익의 역학 저서로 『역전변해(易傳辨解)』와 『주역석해(周易釋解)』, 『역상설(易象說)』이 있는데, 특히 『주역석해』와 『역상설』에 주목할 필요가 있다. 『역전변해』는 그 자신에 의해 불태워졌고, 『주역석해』는 오늘날 전해지지 않지만, 같은 주제의식을 가지고 저작했을 가능성이 높고, 연보에 따르면 『주역석해』도 단상(彖象)의 뜻을 밝힌 책이고, 『역상설』도 단상를 설명하는 책이니, 『역전변해』로부터 10여 년간 하나의 주제의식을 가지고 저작을 한 것이다. 곧 『주역석해』와 『역상설』은 정이의 『역전』과 주희의 『본의』에 근거하여 단상을 발휘한 것이니, 의리역과 상수역의 통합적 관점에서 석해를 진행했다고 할 것이다.

5. 『역상설(易象說)』의 역해석 방법론

선행연구로는 엄연석과 김인철, 윤석민, 임재규의 논문을 들 수 있는데, 시간적 간격을 두고 대체로 3단계로 연구의 질적 변화가 있었다. 2001년 최초로 엄연석이 「조호익 역학의 상수학적 방법과 의리학적 목표」를 발표하고, 4년 뒤 김인철이 「퇴계와 지산의 『주역』 해석」을 발표했는데, 이 두 사람의 논문은 조호익을 퇴계 문하의 학통상에서 이황의 상수역과 의리역의 통합적 성격이 어떻게 조호익의 역학에 계승되는지를 분석한 것이라 할 수 있다. 엄연석은 조호익의 호체론과 괘변론을 상수학적 방법으로 설명하면서, 그가 중정(中正)과 비응(比應)으로 유가의 의리적 실천을 목표로 했다는 통합적 인식을 제시하였다. 김인철은 조호익의 역학이 퇴계의 역학과 궤를 같이한다고 주장하면서 엄연석의 논지를 발전시켰다. 두 사람의 연구는 조선 전기의 상수역과 의리역의 관계성에 주목한 논문이라 할 것이다.

그 뒤를 이어 윤석민은 조호익이 사용한 상수역학적 해석틀을 분석하여 심화단계로 접어들었다. 그는 2013년과 2014년에 연속하여 「조호익 『역상설』의 해석틀 분석」 1, 2편을 발표하였는데, 조호익의 주역해석 방법론 즉 괘기(卦氣), 괘변(卦變), 효위(爻位), 효변(爻變) 등을 상수학적 관점에서 분석하였다. 특히 '해석틀'이라는 개념을 가지고 조호익의 역학에서 어떤 상수역학적 해석틀이 활용되는지를 상세하게 분석 정리하였다. 그는 십이소식(十二消息), 납갑(納甲), 승강(升降), 호체(互體), 비복(飛伏), 반체(反體), 사체(似體), 효위, 효변 등의 해석틀을 가지고 조호익의 역학을 상수역학으로 규명하는 작업을 하였다.

임재규는 이들의 논의를 더 한층 진전시켜 조호익 『역상설』의 상수학적 연원을 밝히는 데 역점을 두었다. 그는 호체, 사체, 복체(伏體), 반체, 변체(變體) 등을 조호익이 사용한 상수역적 방법론으로 규명하면서 더 나아가 이러한 방법론의 연원을 탐구하였다. 특히 원대의 호일계(胡一桂, 1247~?)와 남송의 주진(朱震, 1072~1138)의 역학에서 그 연원을 찾았다. 그는 이렇게 결론 내렸다. "조호익 『역상설(易象說)』의 상수학적 연원은 호일계의 『주역본의부록찬주(周易本義附錄纂

注)』와 주진의 『한상역전(漢上易傳)』에서 모두 찾을 수 있을 것 같다. 특히 『주역본의부록찬주』의 ‘우위(愚謂)’나 ‘우안(愚案)’ 부분, 그리고 『한상역전(漢上易傳)』의 한대 상수학적 성격에 있다.”[30]

윤석민의 논문에서 사용한 ‘해석틀’ 곧 십이소식, 납갑, 승강, 호체, 비복, 반체, 사체, 효위, 효변 등은 중국 한대로부터의 상수학자들의 방법론이다.

흥미로운 것은 조호익이 퇴계 이황의 문하에서 주희의 상수 의리 겸전의 학통 속에 있지만, 정이는 물론 주희도 거의 활용하지 않은 상수역학적 방법론들을 사용한 점에 그의 역학사상의 특징이 있다.[31] 결코 간과해서는 안 될 점이 바로 이것이다. 정이와 주희는 호체, 효변 같은 상수역학의 방법을 거의 쓰지 않았지만, 반면에 조호익은 많은 괘효에서 정이와 주희가 쓴 중정(中正)과 비응(比應) 개념을 이용하여 괘효사를 해석하고 있다는 점이다. 조호익은 상수학적 방법론으로 해석하면서도 의리역학적 목표와 방법론을 완전히 놓지 않았다는 것이다. 바로 이 지점이 정이, 주희, 이황과 조호익의 역학적 연속성과 불연속성을 함께 말할 수 있는 부분이다.

연보에 따르면, 지금은 전하지 않는 그의 『역전변해(易傳辨解)』와 『주역석해(周易釋解)』뿐만 아니라 『역상설(易象說)』도 정이와 주희의 관

30) 임재규, 「조호익 『역상설』의 상수학적 연원」, 『대순사상논총』 38, 대진대학교 대순사상학술원, 2021, 결론부 참조.

31) 정이와 주희가 호체, 효변 같은 상수역학의 방법을 거의 쓰지 않았지만, 조호익은 많은 괘효에서 정이와 주희가 쓴 중정 비응 개념을 이용하여 괘효사를 해석하고 있다는 것이 중요한 것이다. 다시 말하면 조호익이 상수역학적 해석을 통하여 상수역학적 지향을 가진 것은 분명하지만, 그렇다고 의리역학적 방법을 완전히 무시한 것이 아니다. 이 지점이 바로 정이, 주희, 이황과 조호익의 역학적 연속성과 불연속성을 함께 말할 수 있는 부분이다.

점을 수용하여 단상(彖象)을 설명한 책이라고 하였으니, 사라진 두 책을 제외하고 『역상설』 한 책으로도 조호익의 대체적인 역학사상을 추론할 수 있을 것이다. 『역상설』을 가지고 분석해 보면, 조호익은 정이와 주희의 의리적 해석방법론을 일부 계승하면서도 주로 상수역학의 해석 방법으로 괘효사를 해석한 점에서 상수학적 방법을 강조했다고 할 수 있다. 그의 역학은 해석 방법론에 있어 정이와 주희를 넘어 상수역학의 해석방법을 적극 수용했다는 것이다.

물론 조호익은 의리와 상수의 통합적 관점을 가지고, 상수적 방법론을 통해 의리를 밝히려고 하는 목적의식이 분명 있었지만, 윤석민의 표현대로 그가 사용한 '해석틀' 다시 말해 해석방법론은 완전히 다르다. 주희의 『주역본의』와 『역학계몽』에서는 상수역학 방법론인 호체, 사체, 복체, 반체, 변체 등을 거의 활용하지 않았다. 『본의』에서 호체, 복체, 변체 등을 가끔 사용하였으나, 불가피한 경우에 사용한 것으로 주류의 방법론이라 칭할 만하지 못하다. 정이와는 달리 주희가 『주역』의 점서적 성격을 회복하고자 한 것과 조호익이 역해석에 사용한 상수학적 방법론들은 같지가 않다. 그렇게 보면 주희의 방법론은 조호익이 사용한 한대의 상수학적 방법론과 상당한 거리가 있는 것이다.

엄연석과 김인철은 조호익의 역학을 퇴계역학의 연장선상에서 의리학적 목표의식과 상수학적 방법론을 혼용한 것으로 파악하였지만, 이 두 연구자의 관점은 조호익의 역학을 주희가 『본의』에서 지향한 의리와 상수의 겸비라는, 어쩌면 역해석의 이상적 프레임을 적용한 것일 뿐이다. 분명한 것은 조호익이 주희의 역학을 추종하면서도 주희가 사용하지 않은 해석틀을 집중적으로 활용했다는 점이다.

왜 이런 모순 같은 상황이 발생하는 것일까.

한대의 상수역학은 엄밀하게는 상학(象學)과 수학(數學)의 결합 체계인데, 송대 이후에 역수학적 전통은 소옹과 주희의 도서학적 역학에서 비교적 독자적인 모습으로 계승 발전하였고, 역상학은 상과 수가 결합된 상수역학이라는 큰 프레임 속에서 일정한 역할과 기능을 하면서 그 존재가치를 발휘하였다. 조호익의 역해석에서 사용된 승강, 호체, 비복, 반체, 사체, 효위, 효변 등은 역상학의 전형적인 해석틀이다. 이것은 주희가 『주역』을 점서로 파악하면서 상(象)과 점(占)을 『주역』의 핵심가치로 부각시킨 것과 관련이 있지만, 점(占)이 역수학과 밀접한 관련이 있다는 점을 감안하면 주희와는 역해석 방법론에 있어 상당한 거리를 두고 있음을 보여준다.

다시 말해 주희는 『주역』의 의리적 목표가 점서적 원형에서 출발하여 진화한 것으로 인식한 것이라면, 조호익은 역상학적 방법론을 가지고 바로 그 상(象)의 의리적 목표를 드러내고자 한 것이다. 따라서 애초에 주희의 방법과, 아마도 이황의 방법도 주희와 같을 것인데, 조호익의 방법은 매우 다른 것이라고 하겠다.

바로 이 지점에서 원대 역학에 대한 재평가를 할 필요성이 제기된다. 고려 말에 원나라로부터 다양한 성리학풍이 수입되었는데, 『고려사』에 실린 정몽주의 일화에서 그 단면을 읽을 수 있다.

> 공민왕 16년에 (정몽주가) 예조정랑(禮曹正郎)으로 성균박사를 겸하였다. 당시에 동방에 들어온 경서는 오직 『주자집주(朱子集註)』뿐이었는데, 정몽주의 강설이 탁월하여 사람들의 생각을 뛰어넘으므로 듣는 사람들이 자못 의심하였다. 후에 호병문(胡炳文)의 『사서통(四書通)』을 보니 합치하지 않음이 없으므로 여러 학자가 더욱 탄복하였다.[32]

이미 원나라에서 관학으로 지정된 주희 집주본을 학습하던 고려 말 성균관 학생들에게 정몽주가 강설한 내용이 주희의 것과 달라서 신뢰하지 못하다가, 나중에 수입된 호병문(胡炳文, 1250~1333)의 『사서통(四書通)』과 내용이 일치하여 학자들이 놀랐다는 이 기사는 주희의 학설과 다른 학풍을 지닌 호병문의 학설이 이미 수용되고 있었다는 것을 보여준다. 호병문은 가학(家學)을 통해 주희의 학문을 전수한 인물이다. 그는 사서(四書)와 『서경』 및 『주역』 관련 저술을 많이 남겼고, 일생을 향리에서 연구와 교육에 종사하여, 당시 중국 동남(東南) 지역의 대학자로 명성을 날렸다. 호병문은 허형(許衡, 1209~1281)을 위주로 한 원대 관학과는 노선이 다른 학자였다. 고려 말 정몽주가 강설한 호병문의 학설은 원대 성리학의 학설들이 다양하게 고려의 사대부층에게 수용되고 있었음을 보여준다. 이는 성균관의 학문 경향을 단순히 원대 관학으로만 한정할 수 없음을 의미한다고 할 수 있다.

조호익의 연보에 따르면, 그는 임진왜란이 끝나고 경북 영천에 정착한 때로부터 문인들의 질의에 답변하는 한편 원근의 사림들과도 학문적 유대를 돈독히 하였는데, 이때 교유한 대표적인 인사는 한강 정구(鄭逑), 우복 정경세(鄭經世), 여헌 장현광(張顯光), 망우당 곽재우(郭再祐) 등이다. 그의 『역상설』은 이러한 학문적 역량을 총결하는 저자 평생의 성과로, 3권 1책으로 구성되었다. 『역상설』에서 주목해야 할 점은 『주역전의대전(周易傳義大全)』에 인용되어 있는 총 112명의 송원대 역학자 중에서 30여 명의 주석을 인용하는데, 원대의 학자 호일계(胡一桂, 1247~?)를 70회 이상 인용하였고, 그다음으로 원대의

32) 『高麗史』 卷117, 列傳 30, 「鄭夢周傳」.

학자 호병문(胡炳文)을 35회 가량 많이 인용하고 있다는 점이다. 정몽주의 일화에서 언급했듯이 원대 관학과는 성격을 달리하는, 곧 주희의 역학과는 성격이 다른 역학의 흐름을 좇고 있다는 것이다. 그러나 호일계와 호병문이 모두 주희의 역학을 계승하고 있다고 자임하고 있으니, 결국 주희역학 내에서 관학적 성격과는 다른 별도의 역학 성격을 계승한다고 해야 할 것이다.

윤석민은 "호일계의 해석을 반대하는 경우는 극히 드물고, 대부분의 경우 호일계의 관점을 상수역학적 관점으로 해설하거나 이를 토대로 물상을 확장해 간다. 그가 정이나 주희를 인용하는 경우는 모두 합해서 70회를 넘지 않는다. 인용의 대부분은 정주의 해석 뒤에 이들과 상이한 관점을 보여주는 후학들의 해석을 소개하거나 자신의 관점을 '愚曰, …'이라고 부기한다. 이러한 사실은 조호익의 『역상설』과 『역전』, 『본의』의 상관관계를 읽어내는 데에 의미 있는 근거가 될 것이다"[33]라고 평가하였다. 또한 "『역상설』에서 호일계 다음으로 많이 인용되는 자는 호병문이다. 『역상설』은 호병문의 주석을 약 35회 정도 인용한다. 그중 20회 정도는 호병문의 해석을 적극적으로 취하는 입장이다. 요컨대, 주희·이천의 해석보다 호병문의 것을 취하는 예가 더 많다"[34]고 평가하였다.

아울러 임재규의 분석에 유의할 필요가 있다. 그는 조호익의 상수학적 해석방법론에 대해 다음과 같이 평가하였다. "중국역학사에서 상수학은 『사고전서총목제요(四庫全書總目提要)』의 분류법 중의 하나이다. 『사고전서총목제요』에 의하면, 중국역학은 양파육종으로 분류

33) 윤석민, 「조호익 『역상설』의 해석틀 분석(1)」, 『동양철학』 40, 한국동양철학회, 2013, 127~128쪽.

34) 윤석민, 위의 논문, 129쪽.

된다. 양파는 상수파와 의리파이고, 육종은 상수파에 해당하는 한대의 상수설, 경방(京房)·초연수(焦延壽)의 재이설, 진단(陳摶)·소강절(邵康節)의 도서설(圖書說)과 의리파에 해당하는 왕필(王弼)의 노장설, 호원(胡瑗)·정자(程子)의 유가설, 이광(李光)·양만리(楊萬里) 등의 사사설(史事說) 등이다.[35] 상수파에 속하는 한대의 상수설, 경방(京房)·초연수(焦延壽)의 재이설, 진단(陳摶)·소강절(邵康節)의 도서설 중 조호익(曺好益) 『역상설(易象說)』이 속하는 것은 한대의 상수설이다. 물론 조호익이 주자의 『주역본의』를 받아들이고 있기 때문에 기본적으로 진단(陳摶)·소강절(邵康節)의 도서설(圖書說)에도 속한다고 볼 수 있지만, 『역상설(易象說)』의 내용을 근거해보면 도서설에 해당하는 내용은 거의 없다고 할 수 있다."[36]

6. 성리학적 도덕이상과 역상에 대한 직관과 분석

조호익이 정이와 주희가 사용하지 않은 상수학 방법론을 다양하게 활용했다는 이유로, 그가 성리학적 역해석을 버리고 단순하게 한

35) 王雲五 主持, 『合印四庫全書總目提要及四庫未收書目禁燬書目(一)』(臺灣商務印書館, 1978), 「四庫全書總目提要」 一, 經部, 易類一, 2. "左傳所記諸占, 蓋猶太卜之遺法. 漢儒言象數, 去古未遠也. 一變而為京焦, 入於禨祥, 再變而為陳邵, 務窮造化, 易遂不切於民用. 王弼盡黜象數, 說以老莊. 一變而胡瑗程子, 始闡明儒理, 再變而李光楊萬里, 又參證史事, 易遂日啟其論端. 此兩派六宗, 已互相攻駁."

36) 임재규, 「조호익 『역상설』의 상수학적 연원」, 『대순사상논총』 38, 대진대학교 대순사상학술원, 2021, 185쪽.

대 상수학을 추종한 것으로 보아서는 안 된다. 그는 정이와 주희, 그리고 퇴계 이황을 계승한 성리학자이다. 『역상설』에서 그의 성리학 관점이 논리적으로 표현되지는 않았지만, 단편적으로 성리학적 관점을 관찰할 수 있는 언급들이 있다.

먼저 잡저편의 「이기변(理氣辨)」에서 그의 성리학적 도덕관념을 살펴보자. 그는 「이기변」의 첫 문장을 『중용』의 첫 문장을 들고 이를 풀이하는 것으로 시작하였다.

『중용』의 첫문장은 바로 "天命之謂性, 率性之謂道, 修道之謂教"이다. 이에 대해 조호익은 다음과 같이 주석하였다.

> 천명을 성(性)이라 한다. 주자는 말하기를, '명(命)은 마치 임금이 내린 칙령(誥勅)과 같고, 성(性)은 마치 칙령을 받은 사람의 직무(職事)와 같고, 정(情)은 마치 그 직무의 실행(施設)과 같고, 마음[心]은 곧 그 사람이다'라고 하였다.37)

조호익은 이 『중용』 수장(首章)의 3단계 언급에서 1단계의 천명/본성 관계만을 주석한 것이다. 성(性)/도(道) 및 도(道)/교(教)의 관계성은 관심조차 두지 않았다. 원래 주희의 이 말은 『주자어류(朱子語類)』「성리2(性理二)」편의 「성정심의등명의(性情心意等名義)」에 하손(賀孫)의 기록으로 등장하는 문장이다. 따라서 『중용』 수장에 대한 조호익의 주석은 『주자어류』에서 말하고자 한 '성정심의(性情心意)'의 의미를 밝히려는 도구라고 할 것이다. 다시 말해 '성(性)'은 어떤 사람에게 내려진 임금의 명령과 같고, 그 사람이 명령을 수행하는 행위는 '정(情)'

---

37) 『芝山集』 卷6, 「雜著」, 「理氣辨」, 1a. "天命之謂性. 朱子曰, '命猶誥勅, 性猶職事, 情猶施設, 心則其人也'."

이며, 이 성(性)과 정(情)을 통제하는 주체는 바로 사람 그 자신이라는, 이른바 '심통성정(心統性情)'의 성리학 논리를 보여준 것이다. 주희는 초월과 내재의 연관성 곧 천명과 본성의 연관성을 『중용』을 통해 증명하였지만, 조호익은 초월의 문제는 전혀 관심이 없는 듯이 현실의 '심(心)'만을 논하고 있다. 이러한 조호익의 현실도덕적 또는 도덕실천적 관심은 「이기변」의 바로 다음 문장에서도 발휘된다.

조호익은 『중용』 수장에 이어 『주역』 「계사전상」의 문장 "一陰一陽之謂道, 繼之者善也, 成之者性也"를 인용하고 주석하였다.

> 도(道)가 곧 천(天)이니, 선을 잇는 것[繼善]은 바로 명(命)이고, 본성을 이루는 것[成性]은 바로 성(性)이다. 주자가 이르기를, "음과 양은 기(氣)이므로, 음이 되고 양이 되는 까닭이 바로 도(道)이다. 잇는다[繼之]는 것은, 기(氣)가 막 나왔으나 이루어진 바가 없는 것을 이른다. 선(善)은 천리[理]가 막 행해지나 아직 세워진 이름이 없는 것으로, 양(陽)에 속하는 것이다. 성(成)은 사물이 이미 이루어진 것이고, 성(性)은 리(理)가 이미 세워진 것으로, 음(陰)에 속하는 것이다" 하였다.[38)]

여기에서도 발견할 수 있는 것은 조호익이 '일음일양지위도(一陰一陽之謂道)'라는 형이상학적 논의를 거의 회피했다는 것이다. 태극(太極)과 음양(陰陽), 이기(理氣) 등 초월적 형이상학이 될 수 있는 논의는 일관되게 자제하고 있는 것이다. 그는 '일음일양(一陰一陽)'이 왜 '도(道)'가 되는지에 대한 형이상학적 원인추구형 질문에는 관심이 없고, 그 도(道)를 잇거나 이루는 것에 대해서만 관심을 갖는다. 이 주

38) 『芝山集』 卷6, 「雜著」, 「理氣辨」, 1a-b. "道卽天也, 繼善卽命也, 成性卽性也. 朱子曰, '陰陽是氣, 所以陰陽者, 乃道也. 繼之者, 氣之方出而未有所成之謂也. 善則理之方行而未有所立之名也, 陽之屬也. 成則物之已成, 性則理之已立者也, 陰之屬也."

석 아래에서도 계속해서 '계(繼)'와 '성(成)' 자에 대해서만 집중적으로 주희의 말을 끌어다가 주석하고 있다. "계(繼)와 성(成) 두 글자는 모두 기(氣)의 의미를 이어서 말한 것이다", "계(繼)는 잇달아 이어져서 그침이 없다는 뜻이고, 성(成)은 이루어져서 주(主)가 되는 것이 있다는 뜻이다", "계선(繼善)은 누구나 할 수가 있는 것이고, 성성(成性)은 자기가 얻은 것이다" 등등. 그러고 나서 다시 한번 주희의 말로 이 조항을 총결한다.

> 한 번 음이 되고 한 번 양이 되는 도(道)는, 사람의 몸을 가지고 말해보면, 도는 나의 마음(心)이고, 계(繼)는 나의 마음이 측은지심과 수오지심을 발현하는 따위이고, 성지자성(成之者性)은 나의 마음의 리(理)로, 인의예지가 바로 그것이다.[39]

곧 조호익은 '일음일양(一陰一陽)'을 우주론적, 초월적 논의로 다루는 것을 최대한 피하고, 인사와 인륜의 실천상에서 언급한다는 것을 알 수 있다. 이미 인간에게 내재화된 도덕심리를 이어가고 이루어 나가는 인간의 태도와 자세가 바로 인의예지라 한 것이다. 아마도 조호익은 이기(理氣)와 성리(性理)에 대한 형이상학적 논의는 정이와 주희, 그리고 스승인 이황의 단계에서 이미 정립되었다고 보고, 이들의 논의를 추종하면서 인사와 인륜상에서 논의를 확장하고자 했을 것이다.

이러한 조호익의 태도는 「계사전상」 12장의 주석에서 분명하게 드러난다. 「계사전」의 문장은 다음과 같다.

---

39) 『芝山集』 卷6, 「雜著」, 「理氣辨」, 1b. "一陰一陽之道, 就人身言之, 道是吾心, 繼是吾心發見惻隱羞惡之類, 成之者性, 是吾心之理, 仁義禮智是也."

形而上者謂之道, 形而下者謂之器.[40)]

이 문장에서 상대하는 개념들은 형이상과 형이하, 도(道)와 기(器), 다시 말해 추상과 구체, 초월과 내재, 이상과 현실, 이념과 실천 등으로 표현될 수 있는 것들이다. 그런데 조호익은 이 상대 개념을, 주희가 『맹자(孟子)』 「고자상(告子上)」에서 맹자와 고자가 개와 소의 본성을 인간의 본성과 비교한 것에 대해 주석했던 내용을 가져와 성(性)과 생(生)의 논의로 전환시켜 놓았다.

주자가 말하기를, "성(性)은 사람이 하늘의 리(理)에서 얻은 것이고, 생(生)은 사람이 하늘의 기(氣)에서 얻은 것이다. 성(性)은 형이상자이고, 기(氣)는 형이하자이다." 하였다.[41)]

도(道)/기(器), 형이상자/형이하자 등의 상대개념은 이기(理氣)의 문제로서, 우주론 또는 우주탄생론 같은 형이상학 논의를 유발하지만, 이 문제를 성(性)과 생(生)의 논의로 전환하면 기질론 또는 심성론 같은 인사와 인륜에 관한 문제로 전이할 수가 있다. 조호익은 바로 이 점을 기획한 것 같다.

따라서 『역상설』에서도 이기에 대한 구체적 논의의 필요성이나, 의리적 목표와 지향 등을 별도로 정립해야 할 필요성을 느끼지 못했을 것이다. 역상(易象)을 설명하는 김에 태극(太極), 도(道), 리(理), 음양(陰陽)과 같은 개념에 대해 장황하게 주장을 펼칠 수도 있었을 것이

40) 『周易』 「繫辭傳上」 12章.

41) 『芝山集』 卷6, 「雜著」, 「理氣辨」, 11a-b. "朱子曰, '性者, 人之所得於天之理也. 生者, 人之所得於天之氣也. 性, 形而上者也, 氣, 形而下者也'."

지만, 조호익은 그렇게 하지 않았다. 무망괘(無妄卦)의 해석에서 조호익의 성향이 잘 드러난다. 그는 무망괘의 괘사[42] 가운데 '비정(匪正)'을 '반천리(反天理)'로 해석하였다. 바르지 않은 것은 천리에 반하는 것이라는 것이 조호익의 뜻이다. 그는 천리에 대해서 더 논할 필요가 없는 듯이 말을 간단히 끝맺었다. 그러고는 장황하게 괘사의 물상들을 설명했다. 괘사와 「단전」, 「상전」에 대한 조호익의 주석을 차례대로 살펴보자.

> 괘사(卦辭) 주: "匪正, 反天理."
> 단전(彖傳) 주: "无妄者, 誠也. 誠者, 天之道也, 故曰天命."
> 상전(象傳) 주: "无妄者, 誠也. 誠卽太極也. 所謂萬物各具一太極也."[43]

무망괘에서 '무망(無妄)'은 천리이자, 천도이고, 천명인데, 그것은 성(誠)이며 태극이다. 성리학의 대전제인 '이일분수(理一分殊)'에서 '이일(理一)'에 대한 언급을 할 법하지만, 천리, 천도, 천명, 태극을 말하면서도 그것의 내용에 대해서는 전혀 언급이 없다. 아마도 이것은 조호익에게 있어 이미 보편적 개념으로서 더 이상 논할 거리가 없었을 것이다. 상전(象傳) 주의 마지막 구가 조호익의 영역이 될 것이다. "이른바 만물은 각각 하나의 태극을 갖추고 있다." 다시 말해 조호익은 이일(理一)은 이미 전제되어 있는 상태에서 분수리(分殊理)를 다루는 것을 자신의 업으로 생각했던 것 같다. 따라서 인사와 인륜의 도덕적 실천의 문제를 『역상설』에서 의리학적 방법과 상수학적 방

42) 『芝山集』 「易象說」 卷1, 28a, 無妄卦 卦辭. "無妄. 元亨利貞, 其匪正, 有眚, 不利有攸往."

43) 『芝山集』 「易象說」 卷1, 28a-b.

법을 모두 동원하여 규명하려고 했던 것이다.

의리학 방법론인 중정(中正)과 비응(比應), 상수학 방법론인 효변(爻變)과 호체(互體) 등은 그가 「이기변」에서 보여주었던 현실도덕적 실천의 문제를 펼치기 위한 도구로 다양하게 활용되었다.44)

그가 상수학 방법론으로 활용한 호체45)는 이른바 중효(中爻), 곧 2-3-4효를 내호체로 하고 3-4-5효를 외호체로 삼아 역상을 논하는 것이고, 사체(似體)46)는 정체(正體)와 호체(互體) 외에 4개, 5개, 6개 효의 상을 취하는 방법이다. 또한 드러난 그 이면에 숨어 있는 괘체를 활용하는 복체(伏體)47), 단괘(單卦)를 거꾸로 뒤집은 괘체를 활용하는 반체(反體)48) 등은 괘상을 직관(直觀)하는 방법으로는 얻어지지 않는 물상을 확보하는 방법론들이다. 조호익이 한대에 사용되던 상수학적

---

44) 사실 본 논문에서는 조호익이 사용한 의리적 방법과 상수적 방법론을 구체적으로 언급할 공간적 여유가 없다. 앞에서 언급한 엄연석, 윤석민, 임재규 등의 논문에 상세하니 그들의 논문을 참조해 주기 바란다.

45) 『芝山集』 「易象說」 卷1, 29b, 無妄卦 九五. “雙湖曰, ‘藥, 下體震, 互體巽, 草木之象’.” ; 卷2, 28b, 漸卦 初六. “以互體言, 則坎在下, 坎爲水, 離在上, 離爲鳥, 有水鳥之象.” “二至四互坎, 有水涯之象.” ; 卷1, 35b, 坎卦 六四. “下震木, 上坎水, 三四二爻, 虛中而盛水, 有樽酒之象. 下震竹, 上艮手, 有爲簋之象.” ; 卷2, 19a, 萃卦 上六. “自三至五巽, 巽爲眼, 兌在巽外, 有出涕之象. 自二至四艮, 艮爲鼻, 兌在艮外, 有出洟之象.” 등 참조.

46) 『芝山集』 「易象說」 卷1, 32b, 頤卦 六四. “視, 全體似離, 目象. 或曰, ‘四變, 則離, 耽耽下視’.” ; 卷2, 15b-16a, 益卦 六三. “雙湖曰, ‘告, 自初之五, 有頤口象. … 全體似圭, 互艮手, 執圭象’.” ; 卷2 17b, 夬卦 九三. “壯, 全體似大壯, 取象.” ; 卷2, 23a, 鼎卦 九二. “卦自初至五, 全體似坎, 有疾之象.” 등 참조.

47) 『芝山集』 「易象說」 卷1, 12a, 同人卦 上九. “或曰, ‘乾之伏坤, 自三至五坤, 上在坤之外, 故曰郊’.” ; 卷2 9b, 睽卦 六三. “兌伏艮, 艮鼻伏, 而兌毁折, 有劓象.” 등 참조.

48) 『芝山集』 「易象說」 卷1, 12a, 권2 1b, 咸卦 初六. “愚謂, 震爲足, 艮震之反, 亦有拇之象.” ; 卷2 23a, 鼎卦 初六. “或曰, ‘巽之反兌, 兌爲妾, 初顚而向上, 則成兌, 有得妾之象’.” 등 참조.

방법론을 거의 모두 동원하다시피 하는 것은 그 방법들이 중요해서가 아니라, 어떤 방법을 사용하느냐 하는 것이 중요하지 않기 때문이다. 괘효사의 물상과 의리를 해석하여 성리학적 도덕실천을 도모할 수 있다면 방법론은 그 도구일 뿐이다.

이상의 방법으로 해결되지 않는 효사의 물상과 의리는 효변(爻變)을 이용한 변체(變體)를 사용하기도 한다. 효변은 일반적으로 384효 모두에 적용하는 경우가 많지만, 조호익은 필요한 경우에만 활용한다.[49] 또한 강유(剛柔)의 승강(升降)에 따라 만들어지는 변체도 사용한다. 승강설은 「단전(彖傳)」에서 주로 사용하는 방법으로 상수학과 의리학의 구분이 없다. 공자로부터 한대의 상수학자들, 송대의 정이와 주희 같은 역학자들이 모두 필요한 경우 승강설을 활용하였다.[50] 승강설도 「단전」에서 이미 언급된 것들 가운데서 필요한 경우 활용한 것으로서, 새로운 상수학 이론을 만들어 낸 것이 아니며, 괘효사 해석의 필요에 따라 선택적으로 활용되었다. 따라서 조호익에게 있어 이와 같은 효변과 승강을 통한 변체도 모두 괘효사의 물상과 의리를 해석하기 위해 사용한 수단이다. 이상에서 사용한 상수학적 방법론들은 괘상을 정체와 호체, 사체, 복체 등으로 분석하고, 효변과 승강을 이용하여 새로운 괘체를 형성한 뒤 또 그 괘체를 분석하는 방식

49) 『芝山集』「易象說」 卷1, 15b, 兼卦 六五, "侵伐, 五變, 則離體, 離有戈兵象."; 卷1, 32b, 頤卦 六四. "視, 全體似離, 目象. 或曰, '四變, 則離, 耽耽下視'." 등 참조.

50) 『芝山集』「易象說」 卷1, 30a, 大畜卦 卦辭. "卦變自需來, 飮食象, 坎變艮, 亦不食象."; 卷1, 30b, 大畜卦 象傳. "或曰, '言兌象, 自睽來, 則兌口變爲乾, 有前言象, 自需來, 則五往爲艮止, 有往行象'."; 卷2, 3b, 恒卦 彖傳. "雙湖曰, '卦自乾坤交, 故以天地言也'."; 卷2, 12b, 損卦 彖傳. "下體本乾, 上體本坤, 乾之九三變而爲上九. 坤之上六變而爲六三, 是損乾之九三, 益坤之上六."; 卷2, 15a, 益卦 象傳. "坤之初六上於乾之四而爲巽, 乾之九四下於坤之初而爲震. 亦風雷相益之象." 등 참조.

으로 해석을 도모한 것이다.

조호익은 의리학 방법론도 적극적으로 활용하였다. 그는 상수학 방법론만을 고집하지 않았다. 의리학 방법론은 상수학 방법론과는 달리 직관적이다. 괘상 자체의 위(位)에서 서로 교감하고 호응하고 대응하는 위(位)들 사이의 관계성을 직관하는 것이다. 이 관계성은 의리적 관계성뿐만 아니라 괘효상의 관계성까지도 포함한다. 괘효상의 관계성을 정체나 호체 등의 물상 사이의 관계성으로 한정할 때는 상수학적 방법론으로 이해될 수도 있다.[51] 대표적인 방법론이 중정(中正)과 비응(比應)론이다.

중정(中正) 개념은 십익 이래로 역해석의 중요한 방법론으로 사용되었다. 왕필은 역해석에 있어 가장 중요한 개념으로 사용하였고, 정이가 그것을 계승하였다. 중(中)은 일반적으로 상하괘의 가운뎃자리가 갖는 중립적 위상을 가리키는데, 6효괘의 3-4효 자리가 그 위상이 될 때도 있다. 정(正)은 음양과 위(位)의 가치의 일치여부를 결정짓는 개념이다. 양위와 음위에 해당하는 음양이 일치할 때 정(正)이 된다. 엄연석의 논의에 따르면, 조호익에게 있어 중정 개념은 인간의 도덕실천 기준이었을 뿐만 아니라, 괘효사 물상들의 정합적이고 타당한 근거로 제시되는 개념이다.[52]

비응(比應) 개념은 효들 사이의 관계에서 벌어지는 상호 교감을 가리킨다. 의리역에서는 특정한 효의 비응 관계가 인간의 사회적 관

---

51) 조호익이 사용한 의리적 방법론에 대해서는 엄연석의 「조호익 역학의 상수학적 방법과 의리학적 목표」(2001)의 〈3장 중정과 비응 개념을 통한 괘효사 해석〉을 참조하기 바란다.

52) 엄연석, 「조호익 역학의 상수학적 방법과 의리학적 목표」, 『대동문화연구』 38, 성균관대 대동문화연구원, 2001, 223~224쪽 참조.

계에서 그 지위와 신분의 적절한 도덕적 실천과 연관되어 있다. 효가 하나의 주체로서 효들 사이에서 형성하는 친소관계, 대응관계 등이 어떠한가를 비응으로 표현한다. 엄연석의 논의에 따르면, 조호익에게 있어 비응 개념은 의리역의 본래 목적인 도덕실천을 부분적으로 지향하고 있지만, 대부분은 괘효사가 지니는 특정한 의미를 해석하는 상수역 방법으로 활용되었다.[53)]

7. 맺음말

이상에서 조선 전기 조호익의 역학사상에 나타난 상수역학적 특징을 살펴보았고, 조선 역학의 문화다원론적 관점에 기초하여 조선의 주역경학사의 한 경향성을 규명하였다.

조호익은 영남의 학자로 문신이었으나, 임진왜란기에는 소모관(召募官)과 무장(武將)을 지내기도 했던 문무겸전의 학자였다. 퇴계 이황의 문하생으로 역학 분야에서 이황이 주력했던 주역언해 작업과 『역학계몽전의』의 상수역학 발휘라는 두 가지를 계승한 인물로 평가할 수 있다.

조호익이 수행했던 『주역』의 석해(釋解)는 한국의 역사 이래로 구결과 현토 등을 통해 중국과 차별화하는 조선 특유의 학술현상이며, 비록 그의 『주역석해(周易釋解)』가 현재 전하지 않는다 하더라도, 이황의 문도로서 퇴계학파에서 처음 시도했던 주역언해의 학통을 계승한 것이라는 점에서 의의가 있다. 조선 전기 훈민정음의 창제로 역

53) 엄연석, 위의 논문, 228쪽 참조.

학과 관련하여 중국과의 차별화의 정점에 있던 현상이 바로 언해(諺解)일 것이다. 글과 말이 일체가 되면서 언해작업은 조선의 역학을 차별화하고 상대화하는 데에 큰 역할을 하였다. 조호익의 석해 저작은 이황의 사후에 교정청에서 언해사업을 담당하는 당상관으로 임명된 일을 계기로 시작된 것이고, 스승인 이황의 『사서삼경석의』 저작시기와 40여 년의 거리가 있는 것이어서 만약 오늘까지 전해졌다면 언어학사의 좋은 자료가 되었을 것이다. 병으로 당상관에 부임하지 못하여 언해사업에 직접 참여하지 못했으나, 이미 이황에게서 시작된 언해작업을 그의 제자들이 계승하고 있었고, 조호익과 동문수학한 동학들이 이이(李珥)의 문도들과 함께 언해청에서 언해사업을 완성하였으니, 모두 동일한 학술적 경향을 가진 것으로 판단할 수 있다.

현재 조호익의 역학을 알 수 있는 것으로는 유일하게 『역상설』이 있는데, 연보에서 말한 것처럼 『주역석해』와 『역상설』이 모두 정이(程頤)의 역전(易傳)과 주희(朱熹)의 본의(本義)를 가지고 단상(彖象)을 발휘한 것이 정밀했다고 하니, 정이의 의리학과 주희의 상수학을 겸전하여 단상(彖象)의 의미를 밝힌 것으로 볼 수 있다. '단(彖)'은 괘사의 총론으로서 주로 의리적 판단을 한 것이고, '상(象)'은 괘상과 효상을 각각 밝힌 것으로 각각의 상의 총론으로 주로 상수적 내용이므로, 결국 조호익의 역학은 의리와 상수의 조합인 셈이다. 조호익은 선배 연구자들이 밝힌 것처럼 의리학과 상수학의 통합적 입장을 가진 학자이다.

조호익은 『역상설』에서 한대 상수학에서 사용했던 십이소식(十二消息), 납갑(納甲), 승강(升降), 호체(互體), 비복(飛伏), 반체(反體), 사체(似

體), 효위(爻位), 효변(爻變) 등의 상수학적 방법들을 적극 활용하였는데, 유의해 보아야 할 점은 조호익이 이황의 문하에서 주희의 상수의리 겸전의 학통 속에 있지만, 그가 사용한 방법론들은 정이는 물론 주희조차도 거의 활용하지 않았다는 것이다. 그의 『역상설』이 정이와 주희의 관점을 수용하여 단상(彖象)을 설명한 책이라고 하지만, 해석방법론은 정이와 주희의 의리적 해석방법론을 부분적으로 계승하면서도 주로 상수역학의 해석 방법으로 괘효사를 해석한다는 점에서 상수역학의 방향으로 한 단계 나아갔다고 할 수 있다.

조호익은 의리와 상수의 통합적 관점을 가지고, 상수적 방법론을 통해 의리를 밝히려는 목적의식이 분명 있었지만, 그가 사용한 해석방법론은 정이와 주희의 의리역학적 방법론으로서 중정(中正)과 비응(比應)론으로 괘효사를 해석하면서도 호체(互體)와 효변(爻變) 등 상수역학의 방법론을 주로 사용하였다. 또한 위 문단에서 언급한 상수학적 방법론 외에도 음양(陰陽)의 상을 취하기도 하고, 사상(四象)의 상을 취하기도 하는 등 다양한 취상법을 사용하였다.

『역상설』에서 조호익이 긍정적으로 인용하고 있는 원대 역학자 호일계(胡一桂)와 호병문(胡炳文)의 방법론을 주로 사용하고 있는 것으로 보면, 원대 상수학자의 방법론을 적극 수용한 것이며, 조호익이 정주의 역학관점을 발휘했다고 하는 것은 정이의 의리적 목적의식과 주희의 점서(占筮) 원형에 대한 긍정의식을 발휘했다는 의미인 것이고, 그것을 발휘하는 데 사용한 방법론은 정이와 주희를 넘어 상수역학의 해석방법을 적극 수용했다는 것이다.

조호익의 이러한 상수학적 방법론은 조선 후기의 신후담, 정약용의 상수학적 방법론으로 이어지는 조선 전기의 중요한 매개이며, 조선의 역학사에서 최초로 거의 모든 취상(取象)의 방법론을 사용한 것이라고 할 것이다. 이것은 조선의 역학사에서 상(象)을 매개로 한 하나의 학술적 경향을 형성하는 것이다. 조호익이 이처럼 한대 상수역학으로부터 정이, 주희를 넘어 원대 역학자에 이르기까지 다양한 상수역학적 지평을 포괄한 점에서 문화다원론적 시각을 발휘한 것으로 설명할 수 있다. ◈

참고문헌

원전류:

李鼎祚, 『周易集解』.

程頤, 『伊川易傳』.

朱熹, 『周易本義』.

『주역전의대전』(학민문화사본), 2008.

신후담, 『周易象辭新編』, 『河濱先生全集』, 아세아문화사본, 2006.

이익, 『易經疾書』(영인본).

정약용 지음, 방인・장정욱 옮김, 『주역사전』, 소명출판사, 2007.

정약용, 『周易四箋』・『易學緖言』, 『정본 여유당전서(與猶堂全書)』, 다산학술문화재단, 2012.

단행본류:

廖名春 外, 『周易哲學史』(심경호 역, 『주역철학사』, 예문서원, 1995), 長沙: 湖南出版社, 1991.

林忠軍, 『象數易學發展史』, 齊南: 齊魯書社, 1998.

徐遠和, 『洛學源流』(손흥철 역, 『이정의 신유학』, 동과서, 2011).

방인, 『다산 정약용의 주역사전, 기호학으로 읽다』, 예문서원, 2014.

엄연석, 『조선전기역철학사』, 학자원, 2013.

정병석, 『점에서 철학으로』, 동과서, 2014.

황병기, 『정약용의 주역철학』, 동과서, 2014.

논문류:

김병애, 「하빈 신후담 주역상사신편 상경 역주」, 고려대학교 고전번역 박사학위논문, 2017.

김영우, 「정약용의 역학 사상 연구」, 서울대 박사학위논문, 2000.

김인철, 「성호 이익의 역학관」, 『태동고전연구』 23, 한림대 태동고전연구소, 2007.

김인철, 「퇴계와 지산의 『주역』 해석」, 『퇴계학과 유교문화』 36, 경북대 퇴계학연구소, 2005.

서근식, 「성호학파에서 다산 정약용 역학(易學)의 성립과정(2) -하빈 신후담의

『주역상사신편』에 나타난 『주역』 해석 방법-」, 『한국철학논집』 48, 한국철학사연구회, 2016.

송갑준, 「성호 이익의 역학사상」, 『철학논집』 6, 경남대학교, 1991.

엄연석, 「조호익 역학의 상수학적 방법과 의리학적 목표」, 『대동문화연구』 38, 성균관대 대동문화연구원, 2001.

원재린, 「조선후기 성호학파의 형성과 학풍」, 연세대 박사학위논문, 2001.

윤석민, 「조호익 『역상설』의 해석틀 분석(1)」, 『동양철학』 40, 한국동양철학회, 2013.

윤석민, 「조호익 『역상설』의 해석틀 분석(2)」, 『철학논총』 76, 새한철학회, 2014.

임재규, 「조호익 『역상설』의 상수학적 연원」, 『대순사상논총』 38, 대진대학교 대순사상학술원, 2021.

최영진・이선경, 「하빈 신후담의 주역해석 일고찰 -乾卦를 중심으로-」, 『정신문화연구』 37-2, 한국학중앙연구원, 2014. 6.

황병기, 「성호학파의 주역 상수학설 연구 -李瀷, 愼後聃, 丁若鏞의 易象說을 중심으로-」, 『다산학』 26, 다산학술문화재단, 2015. 6.

黃昞起, 「원대 이후 『주역』 주석사에 나타난 중부괘 돈어(豚魚)의 의미 연구」, 『溫知論叢』 37, 2013.

장현광의 태극설과 경위설의 문화다원론적 재조명
-『여헌선생성리설』의 이론적 해명을 중심으로-

엄 연 석

* 이 글은 『남명학연구』 제70집(경상국립대학교 경남문화연구원, 2021.06)에 게재한 동명의 논문을 본 저서의 간행 취지에 맞춰 일부 수정한 것이다.

1. 경위설을 중심으로 한 역학 이론

이 장에서는 기후위기와 사회문화적 갈등과 대립 등 현대사회의 당면 문제에 대한 이론적 추구로서 충돌로부터 융화로의 전환이라는 목표 하에 여헌(旅軒) 장현광(張顯光, 1554~1637)의 역학을 구성하는 핵심 이론으로서 '경위설(經緯說)'에 내포되어 있는 문화다원론[1]적 의미를 재조명하고자 한다. 그는 『역학도설(易學圖說)』과 『여헌선생성리설(旅軒先生性理說)』에서 자신의 역학사상의 기본 원리를 개진하고, 여러 구체적인 역학이론을 자연 및 인사의 여러 영역에 적용하여 설명하였다. 장현광의 경위설(經緯說)이 집중적으로 제시된 부분은 원형이정(元亨利貞)으로 편을 나눈 『여헌선생성리설』 중에서도 '이(利)'에 해당하는 부분이다. 『여헌선생성리설』은 명칭은 '성리설'이라고 하였지만 '원형이정'의 대부분 내용이 태극(太極)과 64괘를 중심으로 하

---

1) 이 장에서 주제의 방향으로 설정하고 있는 '문화다원론'이라는 개념을 요약하면 다음과 같은 의미를 갖는다. 루스 베네딕트(Ruth F. Benedict)는 문화다원론의 의미를 "각각의 문화는 서로 상대적인 측면들을 가지고 있으며, 문화적 가치는 그 사회적 환경과 조건에 따라 고유한 의미를 내포하고 있어서, 각기 다른 규범체계를 구성한다. 이 또한 문화 사이의 가치론적 비교가 불가능하며, 평등한 시각에서 문화마다 그 요소들은 고유한 상대적 가치를 가지는 것으로 이해하는 입장이다"라고 정의하였다. 이러한 문화다원론적 관점은 인류 사회에 다양한 개별 문화들이 수평적인 평등성과 다양성을 가지면서 상대적으로 고유한 특성들을 가지고 있으며, 반대로 수직적인 우열에 따라 위계적으로 평가되지 않는다는 것이다. 이러한 사유방식에 따라 이 장에서 장현광의 태극설과 경위설이 함축하고 있는 문화다원론적 함의를 해명한다는 것은 태극 개념과 경위 개념을 구성하는 理와 氣를 수직적 가치의 차이를 가지는 것이 아니라 수평적이고 상보적인 의존성을 가지고 조화를 이루는 측면을 지니고 있음에 주목하고자 하는 것이다.

는 『주역』의 여러 개념과 이론에 대하여 분석적으로 규명하였고, '정(貞)'에서 성리설의 우주론, 심성론, 실천론, 경세론을 구성하는 개념 및 이론을 제시하였다. 특히 정에서는 이러한 여러 영역의 개념 및 이론들을 '분합(分合)'이라는 개념을 써서 그 상관적 관계를 분석하고 있다. 천지(天地), 성명(性命), 음양(陰陽), 사덕오행(四德五行), 삼재(三才), 성정(性情), 정의(情意), 오상(五常), 본연기질(本然氣質), 인심도심(人心道心), 칠정(七情), 도기(道器) 등은 분합론을 구성하는 개념군이다. 이들 개념군이 내포하고 있는 분합(分合)의 의미를 경위(經緯)로 재해석하는 과제 또한 이 글에서 중점적으로 점검할 사항이다.

장현광은 경위설의 기본적 의미에 대하여 마치 '날실[經]'과 '씨실[緯]'이 서로 필수불가결하게 의지하며 어울려 피륙을 짜 나아가듯이 리(理)와 기(氣)도 리경기위(理經氣緯)로서 상수불리(相須不離)임을 밝혔다. 그에 따르면, 리경기위(理經氣緯)의 의미를 갖는 가운데 기(氣)는 도(道)의 위(緯)로서 선악의 양쪽에 모두 걸치는 것으로 사물의 다양한 양상을 드러낸다. 이에 대해 경(經)으로서의 리(理)는 위(緯)로서 기(氣)를 바로잡는 것으로서 장현광은 이것을 '주경치위(主經治緯)'로 규정하였다. 장현광의 경위설에서 이러한 상관성을 갖는 리기(理氣)를 통합하는 것은 도(道)이다. 그래서 그의 경위설은 그의 도본론(道本論)과 연속성을 가지고 있다.

이 글은 『여헌선생성리설』에서 경위설을 중심으로 하되, 자연과 인사의 여러 응용 영역을 포괄하는 『역학도설』의 이론을 함께 참조하고자 한다. 나아가 장현관의 경세론에 반영되어 있는 경위론적 관점을 검토함으로써 그의 역학 이론이 사회문화적 제도적 실천 영역에 어떻게 적용되고 있는가를 함께 검토하고자 한다. 이를 통하여 장현광의 경위설을 중심으로 하는 역학사상과 경세론에 내포되어 있는 문화다원론적 함의를 해명하고자 한다.[2] 특히 이 글은 장현광의 경위설이 상보적 조화와 공존, 그리고 공감의 세계를 지향하는 의미가 포함되어 있다는 점에서 문화다원론적 의미를 갖는다고 보았다. 장현광의 태극설과 경위설을 문화다원론적 관점에서 읽어내고자 하는 것은 그의 이러한 학설에 현대사회에서 여전히 인간과 자연, 인간과 인간 사이에 수직적 위계적 질서로부터 파생하는 여러 문제를 해결하는 철학적 이론적 함의가 풍부하게 내포되어 있다고 판단되기 때문이다.

장현광의 경위설은 그 유례를 볼 수 없을 만큼 독특한 의미를 가진다. 왜냐하면 직물을 짜는데 필요한 씨줄과 날줄은 각각 불변과 변화의 한 축을 대표하는 것으로 해석되면서 함께 짜여질 때 하나의 직물이 제작되는데, 여기에서 경위가 상호적으로 수평적으로 균형을

2) 장현광의 태극이기설과 경위론, 경세론에 내포되어 있는 문화는 기본적으로 '유가문화'의 의미를 내포하고 있다. 그러나 문화다원론적 해석에는 미시적 접근과 거시적 접근이 있다고 할 수 있는데, 거시적 접근은 외연적인 측면에서 공시적으로 문화권 사이, 그리고 다양한 문화 사이에 평등하고 고유한 상대성을 강조하는 입장이라면 미시적 접근은 동일한 문화 안에서 현상의 다양한 사태를 수평적으로 포용하고 조화를 이루도록 할 수 있는 철학적 개념상의 내포된 의미 분석을 뜻한다고 할 수 있다. 예컨대, 전자가 유가문화, 도가문화, 불교문화 등과 같이 문화 사이에 수평적이고 평등한 비교와 다양성고 특수성에 대한 설명을 추구한다고 한다면, 후자의 경우는 동일한 유가문화에서 예컨대, 성리학과 양명학을 수평적으로 바라보는 관점을 제시하거나, 또는 조선 중기 이기론에 대한 퇴계와 율곡의 학설을 수평적으로 비교하거나, 또는 율곡 학설 자체에 내포되어 있는 理와 氣 개념 사이의 보편성과 특수성이라는 차이를 다원론적으로 해석하는 경우 등이 있을 수 있다. 이 점에서 장현광의 太極說과 經緯論, 河圖洛書說에 대한 문화다원론적 해석은 미시적 접근에 속한다고 할 것이다.

이루는 관계를 볼 수 있다. 이 점에서 장현광의 경위설 속에 내포되어 있는 문화다원론적 의미는 그의 이론의 두드러진 특징으로 평가할 수 있다.

그러면 본 연구의 상대적 의미를 부각시키기 위하여 장현광의 이기경위설과 연관되는 기존의 연구 성과를 요약하기로 한다. 먼저 최정준은 음양론을 기반으로 한 여헌 역학사상을 체계적으로 구축하고자 하는 목표를 가지고 그의 역학사상을 체용 경위론적으로 정초시키기 위해 근거로 삼은 상수론과 선후천론, 순환적 우주론 등을 고찰하였다. 또 그는 리와 기를 도의 체용으로 보아 '리기합도(理氣合道)' 혹은 '리기일도(理氣一途)'로 보는 것에 여헌 역학의 통합성과 독창성이 있다고 보았다.3) 윤현태는 장현광이 리기경위설(理氣經緯說)을 제기한 것은 퇴계학파의 이기 분리설을 비판하기 위한 것이었고, 리기가 경위처럼 상수불리(相須不離)의 관계로서, 리의 주재성을 강조한 퇴계와 '리기지묘(理氣之妙)'를 주장한 율곡(1536~1584)의 학설을 절충한 것으로 성리학의 탕평론이라고 할 만하다고 하였다. 그는 또 장현광이 도를 우주의 근본 실체로 보고서 태극마저 도의 하위 개념으로 보았으며, 도(道)로부터 리와 기가 나누어지고, 다시 이들이 결합하여 도가 된다고 하여 분합론을 제시한 것으로 보았다.4)

정병석은 장현광이 태극지묘(太極之妙), 무극지묘(無極之妙)와 같은

3) 최정준(2005), 1~217쪽.

4) 윤현태(2014), 98~99쪽. 정병석과 윤현태는 장현광이 "이기의 경위적 합에 의해 도가 이루어지고 이 도에 의해 천지가 생성 운행되는 리기불리와 일원의 관점을 제시하였고, 그러면서도 리의 주재성을 강조하고, 수양론에서도 주경치위를 언급함으로써 심성의 수양을 경위론적 관점에서 해석한 것으로 보았다.(정병석・윤현태(2016), 131~132쪽)

개념을 통하여 상관상포(相貫相包)와 도덕적 근원으로서의 의미를 가지는 것으로 태극 개념을 독창적으로 재해석한 것으로 보았다. 그는 태극의 이러한 특성을 통하여 '태극즉리(太極卽理)', 태극의 본체론적 규정이나 이기경위론 등의 철학적 문제를 분명하게 해석하였다고 하였다.[5] 엄진성은 장현광 철학의 특징이 태극을 체용의 관점에서 바라봄으로써, 이것이 만사만물의 원인과 만사만물의 변화와 작용을 포섭한다는 데 있음을 해명하였다.[6]

조장연은 장현광 역학의 연원이 소옹의 선천역학과 도설에 있으며, 그가 도설을 중시하여 이를 우주자연에 확장시키는 태도는 소옹으로부터 받은 영향이라고 해석하였다. 하지만 장현광의 역학은 소옹에게 영향을 받았음에도 성리학의 범위 안에서 자유로울 수 있었다고 보았다.[7] 김문용은 장현광의 상수학적 우주론이 경험이나 지식의 확장을 가능케 하는 것을 어렵게 하는 한계에도 불구하고, 당시 성리학의 자연학적 근거를 마련했다는 점에서 긍정적으로 평가할 수 있다[8]고 보았다.

이희평은 "여헌이 '리지기(理之氣)'와 '기지리(氣之理)'의 논리에 입각하여 기존의 학설을 통합 절충하고, 리기경위설을 정립하여 리기와 일원에 근거하면서도 리의 주재성을 강조하고, 리기일도에 의하여 세계가 조화된다는 관점에 입각해 있음을 확인할 수 있다. 이러한 여헌의 이론은 이기경위설을 제기하고 이에 의하여 우주론, 수양론 등을 전개하고 역학과 성리학의 관계를 밝히는 대목에서 여헌이

5) 정병석(2013), 119~148쪽.
6) 엄진성(2020), 183~215쪽.
7) 조장연(2004), 205~228쪽.
8) 김문용(2008), 7~29쪽.

독자적인 영역을 가진 사상가임을 파악할 수 있다"[9]라 하였다. 김낙진은 장현광의 '리발(理發)'에 주목하여 리의 '필연'의 의미를 규명하고, 선악의 문제와 인간 심정의 해석에 이것을 적용하여 설명하였으며, 이것은 이황과 이이의 이론을 절충하면서도 이황 이론을 수정 보완한 것에 가까운 것으로 평가하였다.[10]

유권종은 『역학도설』에 대한 연구에서 "예(禮)의 원리를 역학적 근거 위에 세움으로써 예에 대한 연구가 실은 역학과 별개가 아니라 그 일부이며, 역(易)의 원리가 예(禮)라는 영역으로 분화 내지 특수화되어 나온 것이라는 철학적 사고의 틀을 정립한다"[11]고 해석하였다. 김경호는 장현광의 인심도심설을 사람의 마음이 현실세계에 구체적으로 드러나는 점에 주목하고 이 마음을 통하여 도덕과 윤리를 실천하기 위한 근거로 삼고자 하였다. 그리고 이를 통하여 그는 장현광이 공적인 마음과 사적인 마음을 대비함으로써 일상적 의리의 실천이라는 문제를 핵심 주제로 삼고 있다[12]고 보았다. 안유경은 각각 퇴계와 율곡의 이론과 구분되는 장현광과 송시열의 사단칠정론을 이발일도와 기발일도, 사단칠정의 중절(中節) 부중절(不中節)의 관점에서 비교하였다. 그는 장현광이던 송시열이던 사단과 칠정을 모두 성에 근원하는 것으로 보았으나, 여헌은 칠정의 부중절을 강조했지만 성에 근원하는 칠정의 절제를 통하여 성을 회복할 것을 강조하였

9) 이희평(2001), 1~187쪽.

10) 김낙진(2015), 135~170쪽.

11) 유권종(2012), 41~74쪽. 유권종은 『역학도설』 전체 체계 속에서 類究篇을 둔 것은 易의 학습과 운용이 괘획의 운용에 한정된 것이 아니라 실제 인문적 영역에서 응용되고 실행되어야 하는 것을 의미한다고 하여, 『역학도설』의 구상이 인문적 실천 영역과 적용을 목표로 하고 있음을 강조하였다.

12) 김경호(2005), 163~192쪽.

다[13]라고 하였다.

이러한 여러 연구 성과는 장현광의 성리설과 경위설에 내포되어 있는 선험적 원리론보다 현실적 경험론적 특징을 잘 드러내 주고 있다. 그러면 이러한 성과에 기반하여 다음 제2장에서는 퇴율을 지양 종합한 태극이기심성론의 핵심 내용을 검토하고자 한다.

2. 퇴율을 지양(止揚) 종합한[14] 태극이기심성론

이 장에서는 장현광 역학의 핵심 내용으로서 태극이기론과 심성론 사이의 관계를 검토함으로써 이들 이론적 구조가 어떻게 문화다원론적 함의를 갖는가를 해명하고자 한다. 구체적으로 논의할 내용은 장현광이 태극 개념과 연관하여 '무극(無極)' 개념에 대하여 설명하는 독창적인 해석 방식, 태극(太極)의 체용론, 도(道)와 리기(理氣) 사이의 상수불리(相須不離)와 분합론(分合論), 인심도심설(人心道心說), 사단칠정론(四端七情論) 등이다. 특히 필자는 이들 이론적 체계가 문화다원론적 지향을 가지고 어떻게 정합적으로 해석될 수 있는가를 분석하고자 한다.

먼저 장현광은 「태극설(太極說)」에서 주돈이의 「태극도설(太極圖說)」

13) 안유경(2017), 179~215쪽.

14) '止揚'과 '綜合'이라는 말은 변증법적 용어로 헤겔이 만물의 생성, 발전을 定立 These과 反定立 Antithese의 대립과 止揚 Aufheben에 의한 綜合 Synthese의 과정으로 설명하면서 쓴 용어이다. '지양'과 '종합'은 모순개념이 아니라 정립과 반정립이 융합되는 과정을 설명해 주는 단계적이고 연속적인 개념이다.

의 '무극이태극(無極而太極)'이라는 구절을 독창적인 개념으로 해석하였다. 그는 주희가 『역전(易傳)』의 태극을 "상수가 아직 드러나지 않았으나 그 '리(理)'가 이미 갖추어져 있는 것과 형체가 이미 갖추어져 있으나 그 리(理)가 조짐이 없는 것이다"[15]라고 해석한 것에 대하여 다음과 같이 설명하였다.

> 이른바 '상수가 아직 드러나지 않았으나 그 리가 이미 갖추어져 있는 것을 말하고, 형체는 이미 갖추어져 있으나 그 리가 조짐이 없는 것이다'고 한 것은 모두 『역경』에 있는 태극(太極)으로 말한 것이고, 이른바 '조화의 추뉴'라는 것은 천지에 있는 태극으로 말한 것이며, '품휘의 근저'라는 것은 만물에 있는 태극으로 말한 것이다. 내가 도덕(道德)의 머리라고 한 것의 경우는 삼재(三才)를 모두 아우르는 태극으로 말한 것이다.[16]

장현광은 주희(朱熹, 1130~1200)가 「태극도설」에서 말한 '태극'에 대하여 주석하면서 만물을 생성시키는 근원의 관점에서, 그리고 이미 형성되어 있는 만물에 내재해 있는 것으로 해석하였다. 한걸음 나아가 태극을 도덕의 머리라고 함으로써 천지자연과 인간을 모두 아우르는 삼재(三才)의 관점에서 해석하였다. 이것은 그가 태극을 도덕적 이념 및 실천의 본체론적 근거로 간주하는 것을 뜻하는 것으로 인간 사회의 도덕적 규범과 실천을 위한 근거를 정립한다는 의미를 갖는다. 장현광은 다음과 같이 무극과 태극에 '묘(妙)'자를 붙였다.

---

15) 『旅軒先生性理說』 卷3-1, "朱晦庵註易傳曰 太極者 象數未形而其理已具之稱 形旣已具而其理無朕之目."

16) 『旅軒先生性理說』 卷3-1, "象數未形而其理已具之稱 形旣已具而其理無朕之目 以太極之在易經者言之也 所謂造化之樞紐 以太極之在天地者言之也 所謂品彙之根底 以太極之在萬物者言之也 至於愚所謂道德之頭顱 乃以太極之兼總三才者而言之也."

> 공자가 이미 태극(太極)이라고 말한 이상 그 '무극지묘(無極之妙)'가 그 가운데 함축되어 있다. '태극'이라고만 말하였으나, 주렴계가 반드시 태극 위에 '무극'이란 글자를 붙인 것은 많은 뜻을 구하고자 한 것이 아니라, 후대인들이 저 '태극'이란 명칭에 실로 자체로 무극지묘(無極之妙)가 있다는 것을 알지 못할까 염려해서이다. 그래서 '무극이태극(無極而太極)'이라고 말할 때, 이른바 '무극'은 바로 저 '태극지묘'를 밝히기 위한 것이다. 이것은 태극 이외에 따로 무극이 하나의 극으로 되는 것이 아니다.[17]

위에서 장현광은 '태극도설'에 '무극지진(無極之眞)'이라고 표현한 구절의 '진(眞)'을 '묘(妙)'로 바꾸어 '무극지묘(無極之妙)'라고 하고, 나아가 '태극지묘(太極之妙)'라고 썼다. '묘(妙)'자는 율곡이 이기의 오묘한 변화로서 '이기지묘(理氣之妙)'라고 할 때 사용한 사례가 보인다. 여기에서 '묘(妙)'는 기본적으로 리(理)와 기(氣)가 떨어지지 않고 결합됨으로써 예측할 수 없는 오묘한 변화를 낳는 작용을 뜻하는 용어이다. 따라서 '무극'과 '태극'에 이 '묘(妙)'자를 붙인다는 것은 '무극'이나 '태극'이 어떤 항구 불변하는 실체나 원리로 존재하는 것이 아니라, 현상 사물을 낳기 이전에 이미 예측할 수 없는 무한한 변화를 낳는 근원이자 작용을 포괄하여 지칭하는 것이다.

장현광은 공자가 태극이라고 말한 것에는 이미 '무극지묘'가 그 속에 포함되어 있다고 하였는데, 이것은 태극이란 말이 이미 하나의 원리로 고정되어 있지 않고 헤아릴 수 없는 변화를 내포하고 있음을

---

17) 『旅軒先生性理說』 卷3-1, "孔子旣謂之太極 則其爲無極之妙 含在其中 故止曰太極矣 而濂溪須加無極於太極之上者 非所以求多焉 惟慮後人不及知夫太極之稱 實自有無極之妙 故曰無極而太極 所謂無極者 卽所以明夫太極之妙者也 此非太極之外 別有無極之自爲一極也."

뜻한다고 본 것이다. 여기에서 그는 무극과 태극 개념에 하나의 불변하는 보편적 원리보다도 구체적 현실에서 헤아릴 수 없는 변화를 낳는 근원으로서의 의미를 부여함으로써 현상의 다원적 특수성을 포괄하는 철학적 근거를 세우고 있다. 이처럼 묘(妙)자 자체가 예측불가능성을 가지고 변화하는 특수한 현상을 포괄하는 의미를 가지는 만큼 장현광의 무극이라는 개념에는 이미 문화다원론적 의미가 내포되어 있다.

다음으로 장현광은 리와 기 사이의 관계에 대해서도 기존의 이황과 이이의 철학에서 불상잡(不相雜)을 강조하거나 불상리(不相離)를 강조하는 입장과 달리 제삼의 길을 개척하고 있다. 그는 기본적으로 리가 기 속에 포함되어 있음으로써 리기가 분리되지 않고 하나의 도로 돌아간다는 것을 다음과 같이 언급하였다.

> 하지만 리가 비록 기와 형을 낳지만 또 기와 형 가운데 있지 않은 적이 없고, 기가 비록 형을 낳지만 또 형 가운데 있지 않은 적이 없다. 그러니 이것 또한 대소선후가 결국은 하나의 道로 돌아간다. 이것이 바로 이 도(道)가 이기형기(理氣形器)를 합하여 일컫는 까닭이다.[18]

장현광은 리는 기와 형을 낳고, 기는 형을 낳는 동시에 그 속에 내재함으로써 리기 두 가지가 결합해 있는 것으로 보았다. 또한 그는 이기를 하나로 결합되어 있는 것으로 보면서도 동시에 이들이 보다 근본적 본체인 하나의 도(道)에 의지하는 것으로 보았다.

---

18) 『旅軒先生性理說』 卷3-1, "然而理雖生氣與形 而又未嘗不在於爲氣爲形之中焉 氣雖生形而又未嘗不在於爲形之中焉 則此又大小先後 畢竟同歸於一道也 此乃此道之合理氣刑器而爲名者也."

그는 도가 천지와 우주를 만들면서도 그런 천지나 우주와 분리되어 따로 존재하는 것이 아니라고 하였다. 곧 "만물을 만들고 품휘(品彙)를 만든 것은 천지다. 천지를 만들고 우주를 만든 것은 도(道)이다. 그러나 천지를 만든 도는 하나이지만 천지 외에 따로 하나의 도가 있는 것은 아니다."[19] 그에 따르면 생성시키는 도와 생성되는 천지나 품휘가 분리되지 않는다는 것이다. 이러한 연유로 도는 이기를 합하고 체용을 겸하는 것으로 언제나 하나로 존재하는 것으로 보았다.[20] 그는 리와 기가 근본적인 도의 체용이 되는 것으로 언급하였다. "리(理)는 도(道)의 리이며 기(氣)는 도의 기가 되지만, 하나의 '도(道)'자만으로 그 체용의 묘를 밝힐 수 없다. 그래서 다시 반드시 '리'자와 '기'자를 써서 그 이름을 구분하니, 이것은 빌리는 것 가운데 중요한 것이다"[21]라고 하였다. 이를 역으로 말하면 장현광에 있어서 도는 오직 이기 개념을 빌어서만이 그 체용의 묘를 밝힐 수 있다는 것이다. 다시 말하면 도는 천지와 만물을 생성시키는 데 이런 리기를 통해서 비로소 체용의 묘가 실현될 수 있다. 장현광의 도는 사물을 낳아 창조하는데 그 중간과정의 매개가 되는 것이 이기이고 이것이 신묘한 작용을 이루어 다양한 변화를 포괄할 수 있다는 것이다.

장현광은 리와 기를 상보적으로 의존하는 존재로서 별개로 분리

19) 『旅軒先生全書』, 「性理說」 권8, 「宇宙說」, "造萬物爲品彙者天地也 造天地爲宇宙者道也 然而造天地之道 非別有天地外之一道也."

20) 『旅軒先生全書』, 「性理說」 권8, 「宇宙說」, "夫所謂道乃是合理氣兼體用 而常一常存者也."

21) 『旅軒先生性理說』 권4-1, "理爲道之理 氣爲道之氣 而不可以一道者 而明其體用之妙 故又必以理字氣字而分其名 此其借中之大者耳."

되지 않는 것으로 보았다. 그는 기의 움직이고 고요한 것은 바로 리가 움직이고 고요한 것이라고 하여 리와 기의 동시적인 동정(動靜)을 말하고 있다. 하지만 리와 기가 결합하여 동정을 함께 하면서도, 기가 동할 수 있는 것은 자율적 기틀이 있기 때문이 아니라, 리 때문에 동정하는 것이라고 보아 운동과 정지의 추동력이 리에 있음을 강조하였다. 이것은 현상에서 리기가 결합되어 있는 존재이면서도 리가 기를 움직이는 주재가 되는 것을 뜻한다. 장현광은 리기의 동시적인 동정과 리의 주재성을 다음과 같이 제시하였다.

> 이른바 리는 기의 리이고, 이른바 기는 리의 기이니, 리 밖에 기가 있거나, 기 밖에 리가 있는 것이 아니다. 리는 기를 낳고 기는 리로 말미암아 나오니, 기의 동은 바로 리의 동이고, 기의 정은 바로 리의 정이다. 기가 동할 수 있고 정할 수 있는 것은 스스로 동하고 정할 수 있는 것이 아니고, 곧 리로써 동정하는 것이니, 주자(周子)가 말한 '태극의 동정'이라는 것이 어찌 기의 동정을 곧 리의 동정으로 여기기 때문이 아니겠는가?[22]

이처럼 장현광이 말하는 도(道)의 신묘한 작용은 리와 기의 체용과 동정을 통하여 이루어진다고 할 수 있다. 이렇게 선험적 실체로서 리가 아닌 리기의 체용동정을 통하여 도의 신묘한 작용을 이루는 것을 강조하는 것은 바로 현실의 다양한 현상을 포괄하는 의미를 갖는다.

---

22) 『旅軒先生性理說』 권3-33, "所謂理者 氣之理也 所謂氣者 理之氣也 不是理外有氣 氣外有理也 理以出氣 氣由理出 則氣之動 便是理之動也 氣之靜 便是理之靜也 氣之能動能靜 非自能動靜也 卽以理而動靜 則周子所謂太極之動靜者 豈不以氣之動靜 卽理之動靜故也."

그러면 장현광에게 있어서 도의 신묘한 작용을 리기의 체용동정으로 이루고자 하는 관점에서 그의 인심도심설과 사단칠정론은 이러한 철학적 관점과 어떻게 연속성을 갖는가? 그의 심성론과 태극이기론과의 일관성에 대한 이해는 그의 이러한 이론적 정합성이 문화다원론적 관점을 설명해 줄 수 있는 근거가 되기 때문이다. 장현광은 인심도심에 대하여 도(道)에까지 거슬러 올라가 각각 그 경(經)과 위(緯)에 대응하여 다음과 같이 해석하였다.

> 인심은 도(道)의 위(緯)로 말한 것이니, 곧 마음에서 칠정의 정으로 오상(五常)의 용(用)이 되는 것이 이것이고, 도심은 도(道)의 경(經)으로 말한 것이니, 곧 마음에서 오상의 성으로 칠정의 주가 되는 것이 이것이다. 성정은 모두 심에 통섭되기 때문에 그것을 함께 심이라고 한다. … 심의 리가 경이 되는 것이 도심(道心)이고, 심의 기(氣)가 위(緯)가 되는 것이 인심(人心)이다.[23]

장현광은 경위(經緯)의 원의를 설명하고 있다. 그에 따르면, 경(經)은 곧 세로로 된 직물로 바디에 있는 것이고, 위(緯)는 가로로 된 직사로 베틀 북에 있는 것이다. 경은 처음부터 끝까지 관통하여 변화가 없는 것이고, 위는 좌우로 반복하여 오고가면서 모름지기 곡절을 갖추어 그 직물을 빼내는 것이다.[24] 경은 곧 고정되어 변하지 않은 것을 말하는 반면, 위는 오고가면서 반복하여 변하는 것을 말한다.

---

23) 『旅軒先生性理說』 권4-37, “人心以道之緯者言 即七情之情於心 而爲五常之用者 是也 道心 以道之經者言 即五常之性於心 而爲七情之主者 是也 性情皆統於心 故竝謂之心 … 心之理爲經者 道心也 心之氣爲緯者 人心也.”

24) 『旅軒先生性理說』 권4-1, “經即織縷之縱而在柚者也 緯即織絲之橫而在杼者也 經則自始至終 通貫在達 而無變易 緯則一左一右 反覆往來 而須備曲折.”

따라서 인심은 도(道)의 위(緯)이자 현실에서 칠정(七情)의 정(情)으로 상황에 따라 바뀌는 것이라면, 도심은 도의 경(經)이자 오상의 성(性)으로 바뀌지 않는 것이다. 그래서 그는 경이 되는 심의 리를 도심으로, 위가 되는 심의 기를 인심이라고 하였다. 그는 인심도심설에서 변치 않는 도심과 변하는 인심을 경위로 설명하면서도 모두 마음에 통섭되는 측면을 강조하였다.

사단칠정론과 관련해서도 그는 사단과 칠정이 연속적으로 하나의 조리에 따라 이어지는 것으로 다음과 같이 이해하였다.

> 이른바 '사단'이라는 것은 맹자가 단지 칠정에 나아가 성으로부터 곧바로 나와서 처음 발할 때 사사로운 뜻을 범하지 않은 것을 가리켜 말한다. 그래서 '단(端)'이라고 하였으니, 마치 씨앗이 처음 싹이 트는 것처럼 인의예지가 발현되는 것을 말한다. 그러나 사단은 곧 칠정 가운데 정이므로 칠정 밖에 어찌 따로 사단의 정이 있겠는가?[25]

장현광은 현상으로 드러난 칠정에서 성으로부터 처음에 발할 때 사사로운 마음이 침해하지 않은 상태를 말하는 것이라고 하면서, 이것이 바로 단(端)의 의미라고 언급하였다. 뿐만 아니라 그는 "성발위정(性發爲情)의 명제를 성이 발하여 사단을 거쳐 칠정(七情)에 이르는 하나의 경로로 해석하고 있다. 그는 '사단은 성이 처음 동한 것으로 정이 아직 이루어지지 않은 것이요, 정은 단(端)이 되는 데 그치지 않고 스스로 하나의 작용을 이룬 것이다"[26]고 하였다. 하지만 그는

25) 『旅軒先生續集』 권6, 「平說」, "所謂四端者 孟子特就七情上 指其從性中直出底發露初頭 不犯私意者而言之 故曰端 謂仁義禮智之發見 如物種之始有萌芽爾 然四端 卽是七者中之情 豈七情之外 別有四端之情乎."

26) 안유경(2017), 185쪽.

사단과 칠정이 모두 리가 발한 것이지만, 사단 역시 칠정 중의 이발(已發)이기 때문에 사단칠정이 모두 기(氣)에 속한다고 보았다.[27] 이렇게 볼 때, 장현광에서 사단과 칠정은 모두 이기를 겸한다는 것이다. 이것을 선악 개념으로 설명하면, 칠정에 선악이 있을 뿐만 아니라 사단에도 선악이 있다는 말이 된다.[28] 이처럼 사단과 칠정이 성에서 발함에도 불구하고 발현하고 나서 그 외적 조건에 따라 부중절(不中節)한 상태가 될 수 있음을 예견할 수 있다.

3. 경위설의 구성 체계와 내용

이 장에서는 이 글의 핵심적인 부분인 무극태극, 이기심성론, 『주역』 체계와 연관하여 장현광의 경위설(經緯說)이 어떻게 구성되어 있으며 그 특징이 어떤 것인가를 살펴보고자 한다. 그의 경위설은 역학사상과 연관되는 내용을 중심으로 하며, 『여헌선생성리설』에 수록되어 있다. 그러면 경위설이 역학사상과 긴밀한 연관성을 가진다는 것을 고려하면서 『여헌선생성리설』에 실려 있는 경위설의 체제를 점검해 보기로 한다. 아래는 경위설을 중심으로 한 『여헌선생성리설』의 권별 주제를 정리한 「도표」이다.

27) 『旅軒性理說』 「經緯說」, “七情之外無他情也 四端斷不出七者之區域矣 合而言之 四端七情 皆理之發 何則七情爲性之用也 四端七情皆屬於氣也 何則四端亦七情中已發也.”

28) 안유경(2017), 190쪽.

❖ 『여헌선생성리설』의 구성체계 및 내용

卷	內 容	參考
1	• 圖書發揮篇題, 河圖洛書, 申增(30), 圖書總數說(52),	
2	• 易卦總說(65)-宇宙, 道, 太極, 陰陽, 四象, 六虛奇偶, 六十四卦, 八卦, 卦名, 小成卦, 大成卦, 卦變, 交易, 六十四卦方圓圖, 錯綜, 道之模範, 卦爻變, 變易, 八卦方位, 五行, 太極圖說, 理氣象數,	
3	• 太極說(1-92), 諸說會通(93), 無極太極說(106) *太極說附錄(113)	
4	• 經緯說:論經緯可以喩理氣(1), 論理氣爲經緯(7), 論最上經緯(27), 論天地經緯(36), 論在人經緯(48), 申論理氣經緯(55), 太極, 兩儀, 四象, 八卦, 六十四卦, 周子太極圖說	
5	• 經緯說總論:	
6	• 經緯排說帖序, 理爲氣經排說之帖, 氣爲理緯排說之帖, 經緯合一排說之帖, 性情爲經緯排說之帖,	
7	• 晩學要會:易簡篇(1), 近思篇(15), 身惟則(17), 心惟誠(20), 性惟善(25), 情惟正 (31), 性命分合(34), 道惟中(37), 德惟敬(44), 學惟成(47), 天地分合(60), 陰陽分合(62), 陰陽五行分合(63), 四德五行分合(66), 三道分合(68), 三才分合(71), 理氣分合(74), 五常分合(76), 性情分合(80), 本然氣質兩性分合(83), 情意分合(85), 四端七情分合(87), 人心道心分合(91), 七情分合(95), 精神魂魄分合(99), 道理分合(103), 道德分合(108), 義理分合(110), 體用分合(111), 知行分合(114), 禮義禮法分合(116), 道器分合(119), 鬼神分合(122), 誠敬分合(128), 經權分合(130), 中庸分合(134), 五學分合(139), 道德事業分合(144), 虛實分合(150), 敬義分合(155), 理數分合(157), 一太極之不離乎陰陽不雜乎陰陽二說分合(159), 同異分合(161)	
8	• 宇宙說:論理氣體用無窮之妙, 論品彙互備之理, 附答童問	

『여헌선생성리설』은 전체 8권으로 되어 있으며 역학의 도표, 『주역』의 전문 용어, 태극설, 경위설, 이기경위설, 그리고 중국철학의 여러 개념 또는 이론 분야를 아우르는 분합론(分合論), 이기체용론 등으로 구성되어 있다. 구체적으로 『여헌선생성리설』의 내용상의 체계는 순서에 따라 다음과 같이 요약할 수 있다. 첫째 제1권에서는 「하

도낙서」를 중심으로 하는 천지지수, 음양노소의 수리적 원리를 설명하였고, 「도서총수설(圖書總數說)」에서 「하도낙서」의 세부적인 수리를 부연 설명하였다. 둘째, 제2권에서는 「역괘총설(易卦總說)」이란 제명으로 우주, 도, 태극, 음양으로부터 64괘, 괘변, 착종, 오행, 이기상수 등과 같은 『주역』의 전문용어를 자세하게 설명하였다. 3권에서는 무극으로부터 태극, 음양오행으로 나아가는 발생론적 문제, 음양이기의 동정 문제 등을 제시한 「태극설(太極說)」로부터 「제설회통(諸說會通)」과 「무극태극설(無極太極說)」을 제시하였다.

이와 같이 수리적 연산 및 원리, 기본적인 개념에 대한 의미설명, 태극에 대한 설명과 무극태극설 등 『주역』의 여러 핵심적인 내용을 설명하고 나서 제4권에서는 본격적으로 경위설을 제시하였다. 구체적으로 경위 개념을 설명함으로써 리기의 상관관계와 특성을 밝힐 수 있다고 하는 「논경위가이유리기(論經緯可以喩理氣)」를 필두로 이기가 그대로 경위가 되는 것, 천지에서의 경위와 인간에 있어서의 경위를 논하고 나서, 태극으로부터 양의 사상을 거쳐 64괘, 「주자태극도설(周子太極圖說)」에 이르기까지 여러 단계를 경위(經緯)의 관점에서 해석하였다.

제4권에서 『주역』의 여러 단계, 천지와 인간 사회, 리기와 경위 사이의 이론적 연관성과 내재된 의미 등을 설명하고 나서, 제5권에서는 이를 총괄하여 경위에 관한 일반적인 이론을 총괄하여 「경위설총론(經緯說總論)」으로 제시하였다. 여기에서는 '경위'의 원형적 의미, 일리와 음양의 승강굴신, 천지생성의 수, 이기 사이의 발생, 불리불잡 등의 문제에 대하여 해명하였다. 제6권에서는 「경위배설첩서(經緯排說帖序)」, 「리위기경배설지첩(理爲氣經排說之帖)」, 「기위리위배설지첩(氣爲理緯排說之帖)」, 「경위합일배설지첩(經緯合一排說之帖)」, 「성정위경위배설지첩(性情爲經緯排說之帖)」과 같이 문장 도표를 그려서 리가 기의 경(經)이 되고, 기가 리의 위(緯)가 되며, 경위가 합일되는 경우, 성정(性情)이 경위가 된다는 주장을 정리한 도표와 그에 대한 해설을 제시하였다.

제7권에서는 「만학요회(晩學要會)」라는 제목으로 「이간편(易簡篇)」, 「근사편(近思篇)」, 「신유칙(身惟則)」, 「심유성(心惟誠)」, 「성유선(性惟善)」, 「정유정(情惟正)」 등의 문제를 설명하고, 이어서 천지성명 음양으로부터 성정(性情), 본연기질(本然氣質), 인심도심(人心道心), 도덕(道德), 의리(義理), 도기(道器), 귀신(鬼神), 경권(經權), 지행(知行) 등 37개 항목을 포괄하는 유학의 많은 대립적인 한 쌍의 개념들에 있어서 분합론(分合論)을 제시하였다. 제8장에서는 「우주설(宇宙說): 논리기체용무궁지묘(論理氣體用無窮之妙)」, 「논품휘호비지리(論品彙互備之理)」, 「부답동문(附答童問)」과 같이 이기체용과 만물의 온전한 이치에 관하여 설명하였다.

그러면 지금부터 이러한 내용을 중심으로 하는 경위설의 핵심내용과 특징을 살펴보기로 한다. 먼저 장현광은 「경위설총론」에서 경위의 원형적 의미를 다음과 같이 설명하였다.

> 전해진 기록 가운데 '경위(經緯)'라는 글자가 기록된 곳은 한두 군데가 아니고, 그 해석 또한 한두 가지 설에 그치지 않는다. 그러나 두 글자는 모두 '계(糸)'를 변으로 하므로 포백 가운데 '날줄과 씨줄[經緯]'이 대체로 글자를 제작한 근본적인 뜻이다. 저 베를 짜는 공정을 관찰해보면 그 이치는 또한 천지에 뿌리를 두고서 그 원리를 취한다. 이것을 포백을 짜는 일에 적용해보면, 베틀의 북과 바디가 가로세로로 신묘하게 움직이고 빈틈없이 일관되고 솜씨 있게 처리하더라도 천지에 고유한

이치가 아니고 신묘하고 묵묵히 이해하는 성인의 지혜가 아니면 이것을 만들어낼 수 없다.[29]

장현광에 따르면, 경위라는 글자는 고전적 전거에 많이 나오는 글자인데, 실사[糸] 변을 쓰고 있으므로 포백(布帛)의 날줄과 씨줄이 글자를 제작한 의미라고 보았다. 북과 바디가 가로세로로 번갈아 움직이면서 피륙이 짜여지는 경위의 신묘한 이치는 성인이 천지의 고유한 이치를 묵묵히 체득하는 것에서 얻어지는 것으로 보았다. 그는 이러한 경위의 이치를 성리학의 우주론적 형이상학적 개념으로 이기 개념에 적용하여 다음과 같이 설명하였다.

'경위'로써 우주 사이의 크고 작고 정밀하고 거친 온갖 사물에 견주어 보면 그 뜻 아닌 것이 없으며, 그 중요한 뜻은 이기가 이것이다. 그러나 포백의 경위에서 경과 위는 모두 사람이 만드는 것이다. 하지만 리가 경이 되는 것은 옛날부터 지금까지 본래부터 있었던 것으로 더하거나 뺄 수 있는 것이 아니다. 기가 위가 되는 것은 그 사이에서 무수하게 변화하는 것이 이것이니, 또한 이 리 가운데 절로 이루어지는 작용 아닌 것이 없다.[30]

대소정조(大小精粗)의 우주만물을 견주어보면 경위의 관점으로 설

---

29) 『旅軒先生性理說』 卷5 「經緯說總論」, "傳記中'經緯'字之行非一 而其釋亦非一說矣 然而兩字皆從'糸' 則布帛中經緯 蓋其制字之本旨也 觀夫織之爲工也 其理則亦本於天地矣 而取其理 用之於織出布帛之事 則杼柚縱橫之妙 綜理互貫之巧 如非天地固有之理 又非聖神默識之智 不可得而制作也."

30) 위의 책, 같은 곳, "以此經緯擬之於宇宙間 萬事萬物 小大精粗之類 無非其義也 而其義之大者 理氣是也 然布帛之經緯 經與緯 皆人所造也 理之爲經也 則亘古亘今 固自有者也 非其所加損也 氣之爲緯 則其間許多變化者 是也 亦莫非此理中自然之用也."

명하지 못할 것이 없으며, 이기(理氣)는 경위(經緯)로 설명할 수 있는 아주 중요한 뜻이다. 인위적인 공작물로서 포백의 경위와 달리, 리(理)가 경(經)이 되는 것은 고금에 걸쳐 항구 불변하는 것으로 가감할 수 없는 것이며 기(氣)가 위(緯)가 되는 것은 시간적 순서에 따라 변하는 것이면서도 그것의 작용은 리(理) 속에서 이루어지는 것으로 보았다. 리기를 경위론으로 해석하면서 장현광은 '경리(經理)'의 항구 불변하는 보편성과 함께 '기위(氣緯)'의 시간적 순서에 따르는 변화의 특수성과 다양성에 주목하였다.

장현광은 리기를 경위론으로 해석하면서 경과 위가 불변의 보편성과 함께 변화하는 상황에서 표준적인 시의성을 가지는 것으로 해석하는데, 여기에서 리기의 경위를 그대로 따라 행하는 것을 표준적인 위(緯)를 갖춘 성현의 일이라고 언급하였다.

> 사람과 사물에 있는 기(氣)의 경우는 천지와 덕을 합하여 표준 아님이 없는 '위(緯)'를 갖춘 성인이 아니라면 반드시 전적으로 인공을 써서 닦아 행하고 난 후에야 본연의 이치에 부합하여 중정의 도를 행할 수 있다. 그래서 고대 이래 성현의 사업은 모두 이 리의 경을 주체로 하여 이 기의 위를 다스리는 것에서 벗어나지 않는다. 리가 기 속에서 행해지고 기가 리에 순응한 후에야 체용과 본말이 서로 어긋남이 없이 그에 따라 경위가 될 수 있다.[31]

성인이 아닌 수준의 사람은 덕을 닦아 행함으로써 표준적인 리

---

31) 위의 책, 같은 곳, "至於在人在物之氣 若非聖人與天地同德 無不準之緯者 則必須專用人功而修爲 然後得合於本然之理 爲中正之道焉 故從古以來 聖賢事業 都不出乎主此理之經 治此氣之緯者也 理行乎氣 氣順乎理 然後無體用本末之相戾 而所以爲經緯者得矣."

기의 경위에 합할 수 있으며 성현의 사업 또한 리(理)의 경(經)을 주체로 하여 기의 위를 다스리는 것에 중점이 있다. 다시 말하면 이것은 보편적인 리에 기반하면서도 변화하는 상황에 대한 대응력을 가지고 기의 위를 적절하게 다스림으로써 체용과 본말이 순조로워야 올바른 경위가 확립될 수 있다는 것이다.

이기에 적용된 경위(經緯)는 계속하여 공부를 행하는 주체로서 인간의 몸의 경위, 천지의 화육에 참여하는 측면에서 천지의 경위로 확대된다. 장현광은 경위의 영역을 도와 덕을 닦는 학문의 경지, 천지의 운행원리, 그리고 제왕의 치도에까지 적용하였다.

> 이 일을 강론하고 익히는 것은 학문이고, 이 일을 몸소 행하는 것은 도이며, 마음으로 이 일을 체득하는 것은 덕이다. 그것으로 몸을 닦으면 한 몸의 경위가 이로부터 얻어지고, 이것으로 사람을 다스리고 사물을 다스리면 사람과 사물의 경위가 얻어지며, 이것으로 천지에 참여하여 도우면 천지의 경위가 얻어진다. 그래서 사람의 선악과 세상의 치란은 모두 경위의 득실에 따라 결정된다. 그래서 경을 위주로 하여 위를 다스리는 방도는 제왕의 도이고 성현의 가르침으로 무릇 경전 가운데 실려 있는 것에 갖추어져 있지 않은 것이 없다.[32]

장현광에 따르면, 학문을 하고 도와 덕을 체득하는 것은 몸의 경위를 얻는 일이고, 천지의 이치에 참여하는 것은 천지의 경위를 얻는 일이라고 하였다. 또한 이를 이어 인간 세상의 선악과 치란은 모

32) 위의 책, 같은 곳, "講習此事者 學也 躬行此事者 道也 心得此事者 德也 以之修身 則一身之經緯得焉 以之治人治物 則人物之經緯得焉 以之參贊天地 則天地之經緯得焉 然則人之善惡 世之治亂 皆決於經緯之得失矣 故其主經治緯之術 則帝王之道 聖賢之訓 凡載在經傳中者 無不備也"

두 경위가 올바르게 세워졌느냐에 의존하는 것이므로, 제왕의 통치 원리는 경위를 잘 다스리는 데 달려 있다고 보았다.

요컨대, 장현광에 있어서 경위설은 천지자연의 경위로부터 인문세계의 학문, 도덕적 수양, 그리고 제왕의 이상적인 통치에 이르기까지 전 영역에 적용되며, 경위의 적절한 운용이 도덕적 고양과 이상적인 통치의 핵심 관건이 된다. 특히 장현광의 경위설은 불변하는 경과 함께 변화하는 상황을 시의(時宜)에 맞게 처리하는 것으로서 '위(緯)'가 특수성과 다양성을 포괄할 수 있는 의미를 가진다는 점에서 현실적 경험상의 다원성을 수용하는 방향으로 해석할 수 있다. 위(緯)가 특수성과 다양성을 포괄하는 의미를 갖는 까닭은 '위'는 피륙에서 가로로 중첩되어 세로로 쌓이는 씨줄로 지구상으로 보면 위도와 같은 의미를 갖는다. 이것은 동일한 '경도'상에서 남북의 위치에 따라 끊임없이 변화하는 것을 뜻하기 때문에 위(緯)는 특수성과 다양성을 포괄하는 의미를 갖는 것이다.

4. 경위설과 「하도낙서」, 『주역』 64괘 구성 원리와의 연관

장현광의 경위설(經緯說)은 그의 태극이기론과 리기상수, 그리고 이를 토대로 이루어지는 「하도낙서」의 수리와 음양오행론, 생수성수론, 방위론 등을 기초로 이루어지고 있다. 그는 이기상수(理氣象數) 사이의 관계와 「하도낙서」의 수리를 말하기 위하여 먼저 태극(太極)의

리(理)의 시공간적 존재론적 지위가 어디에 있는가를 다음과 같이 언급하였다.

> 그러므로 그 우주 이전에 이 태극의 리 되는 것은 과연 어느 때에 있고 어느 곳에 있는가? 말하자면, 그 우주 이전에 그것이 우주 이전이 되도록 하는 것은 실로 이 태극의 리이다. 이 우주 가운데서 그것이 이 우주가 되도록 하는 것 또한 이 리이며, 그 우주 이후에 그것이 우주 이후에 있으면서도 다시 이 우주와 같도록 하는 것은 다른 이치가 있는 것이 아니라, 바로 이 하나의 태극의 리이다.[33]

천지사방과 시간적 연장을 포괄하는 의미로 시공(時空)을 뜻하는 우주가 존재하기 이전과 우주 한 가운데, 그리고 우주가 없어진 뒤에 걸쳐서 항구적으로 우주의 앞과 가운데, 뒤에 편재하여 그것을 규정하는 것이 바로 유일 태극의 리이다. 장현광에 따르면, 이러한 태극의 리는 복희와 우(禹)가 태어나면서 산출한 「하도」와 「낙서」에서 천지의 리로 표현되는데[34], 이 리(理) 속에는 다시 기(氣), 상(象), 수(數)가 포함되어 있기 때문에 우리는 이러한 상과 수리적 연산을 통하여 만세 이후에도 통할 수 있다[35]고 하였다. 장현광의 이러한 견해는 경위설과 연관하여 볼 때, 리, 기, 상, 수가 모두 경위설을

---

33) 『旅軒先生全書』下, 「性理說」 2-1, "然則其在宇宙之前 此理之爲太極者 果在何時 果在何地歟 曰其在宇宙之前 而使之爲宇宙之前者 固此太極之理也 其在此宇宙之中 而使之爲此宇宙者 亦此理也 其在此宇宙之後 使之有後宇宙 復如此宇宙者 非有他理 卽此一太極之理也."

34) 『旅軒先生全書』下, 「性理說」 1-6, "天生伏羲遂出河圖 此固天地無心而似有心也 蓋非天地之有心也 理不得不然者也 洛書之出於大禹 其亦此理此數也."

35) 위의 책, 같은 곳, "河圖洛書 無非此理也 氣爲理中之氣 象爲理中之象 數爲理中之數 故吾人知覺 雖在千萬世之下 皆可得以通焉."

구성하는 요소가 될 수 있음을 보여준다. 왜냐하면 그는 리를 경으로 기를 위로 규정하고 있기 때문이며, 특히 상과 수는 기로부터 파생된 것으로 볼 때 「하도낙서」가 경위설과 긴밀한 연관성을 가지는 것임을 알 수 있다.

장현광은 「하도낙서」의 여러 수리적 원리를 여러 시간 공간적 요소의 관점에서 분석적으로 해명하고 있다. 그는 「하도」의 1부터 10까지 10개의 수의 근원이 되는 것을 1로 간주하면서 2이하 10까지 모든 수는 1을 축적하여 이루어진 수라고 보았다.

> '일(一)'은 최초의 원두가 되는 수이다. 그 이전도 없고, 그 위도 없다. 일에 일을 더한 것이 이(二)이고, 이에 일을 더한 것이 삼이며, 삼에 일을 더한 것이 사이고, 사에 일을 더한 것이 오이다. 그 나머지 육, 칠, 팔, 구, 십 모두 일을 더해 쌓은 것 아님이 없다. 이것이 '일'이라는 머릿수가 이로부터 십에 이르는 수에 행해지지 않음이 없는 것이다. 이것을 알아서 미루어 보면, 무릇 큰 것은 작은 것에서 나오고, 작은 것으로 큰 것을 이루며, 적은 것은 많은 것을 총괄하고, 많은 것은 적은 것을 높이고, 시초에서 종결에 이르고, 종결로 시초를 완성하는 리를 밝힐 수 있다.[36]

다시 말하면, 「하도」의 수 '이'부터 '십'까지는 모두 '일'을 연속하여 더한 수로 이루어진다는 것으로, 역으로 생각하면 십부터 이까지는 순차적으로 '일'을 연속하여 빼면 차례로 십에서 이까지의 숫자가

---

36) 위의 책, 같은 곳, "一者, 最初元頭之數也 無其前焉 無其上焉 一而加一者 二也 二而加一者 三也 三而加一者 四也 四而加一者 五也 其餘爲六爲七爲八爲九爲十者 無非加一之積也 此其所以一之首數 無不行于從二至十之數焉 知乎此而推之 則凡爲大以出小 小以成大 寡以總多 多以尊寡 始以至終 終以成始之理 可以明矣."

된다. 이것은 '일'이라는 근원이 되는 수가 하나의 태극처럼 「하도」의 생성수 모두에 내포되어 있다는 것이면서도, 태극 양의 사상, 팔괘의 가일배법의 분화와는 달리 근원이 되는 일에서 다른 일이 반복하여 분화하는 과정을 거쳐서 생성의 열 가지 수가 형성되는 것이다.

장현광은 생성수가 결합하여 이루어지는 오행 가운데 토가 나머지 사행(四行)의 토대가 되는 것임을 생수에 '오'를 더하는 방식으로 설명하고 있다.

> 일이삼사오는 모두 생수이고, 육칠팔구십은 모두 성수이다. 그러나 오직 오와 십만 유독 중앙에 있는 것은 무슨 까닭인가? 말하였다. 오와 십은 오행 중의 오직 토의 생성 수이다. 수화금목의 사행은 토가 아니면 생겨날 수 없고, 이루어질 수 없다. 그러나 토가 있은 후에 물이 되고, 불이 되며, 금이 되고 목이 될 수 있다. 그래서 토는 반드시 사방의 중앙에 있어야 사방의 사행이 이에 각각 그 자신의 성(性)을 성(性)으로 삼고 각각 자신의 행(行)을 행(行)으로 삼을 수 있으며, 태극음양의 리기(理氣)를 계승하여 조화와 생육의 커다란 공을 만들어낼 수 있으니, 실로 또한 자연스런 이치이다.[37]

위에서 토(土)의 생수와 성수 오와 십은 각각 일이 연속하여 더해진 사와 구에 다시 일을 더할 때 이루어지는 수로 수화금목의 생수와 성수 일이삼사와 육칠팔구의 수를 모두 거친 마지막 수이다. 다시 말하면 토의 생성수 오와 십에는 수화금목의 생성수를 모

---

37) 위의 책, 같은 곳, 1-7, "一二三四五 皆生數也 六七八九十 皆成數也 而惟五與十獨可居中者 何歟 曰五與十 乃五行中惟土 生成之數也 水火金木之四行 非土則不能生不能成 而有土然後得爲水 得爲火 得爲金 得爲木 故土位須居四方之中 然後四方之四行乃得以各性其性 各行其行 而承太極陰陽之理氣 出造化生育之大功矣 固亦理之自然也."

두 포함하고 있기 때문에 이 중앙 토의 생성수 오와 십이 있어야 나머지 사행이 각각의 고유한 성(性)과 행(行)을 갖출 수 있다고 본 것이다. 또한 이 오행을 통하여 태극음양의 이기를 이어 만물을 낳고 기르는 커다란 일을 이룰 수 있다고 보았다. 곧 금목수화토의 오행이 생수와 성수가 결합되고, 생수와 오가 더해져서 성수가 이루어지면서 태극의 리와 기우(奇偶)의 음양이 오행으로 나누어지고 이로부터 만물이 생성되고 길러진다는 것이다. 장현광에 있어서 이러한 「하도」 생성수의 수리적 결합과 분화는 만물의 생성과 변화를 설명하는 체계로 그의 경위설이 태극음양으로부터 사상, 오행, 팔괘를 거쳐 만물이 생성되는 것과 연관되는 만큼 경위설을 구성하는 요소가 된다.

장현광은 『주역』 64괘를 구성하는 한 괘 여섯 효 각각과 상호관계를 양의, 사상, 팔괘의 관점에서 설명하였다.

> 한 괘 전체 여섯 효 각각을 양의의 관점에서 말하면 초일은 태극의 양의이고, 이는 양의의 양의이며, 삼은 사상의 양의, 사는 팔괘의 양의, 오효는 사획십육의 양의이고, 육은 오획삼십이의 양의이다. 이것은 여섯 획이 '의(儀)' 아님이 없는 것이다. 한 괘 여섯 효 전체를 사상의 관점에 말하면, 위의 두 효는 천의 사상이고, 가운데 두 효는 인(人)의 사상이며, 아래 두 효는 지(地)의 사상이다. 또 일에서 이는 태극의 사상이고, 이에서 삼은 양의의 사상이고, 삼에서 사는 사상의 사상이며, 사에서 오는 팔괘의 사상이고, 오에서 육은 사획십육의 사상이다. 여기에서 두 효가 서로 연결된 것은 '상(象)' 아님이 없다. 한 괘 여섯 효를 팔괘의 관점에서 말하면, 일에서 삼까지는 태극의 팔괘이고, 이에서 사까지는 양의의 팔괘, 삼에서 오까지는 사상의 팔괘이며, 사에서 육까지는 팔괘의 팔괘이다. 여기에서 세효가 이어진 것은 괘가 아님이 없으며, 따라서 양의사상

팔괘는 다른 리가 아니고, 기수우수는 다른 도가 아니다.[38]

『주역』 육십사괘는 여섯 효로 이루어져 있는데, 장현광은 이 각 괘 여섯 효 각각, 그리고 상하와 인접한 두 괘와 세 괘 사이의 관계를 각각 태극, 양의, 사상, 팔괘의 관점에서 중첩하여 이해하고자 하였다. 여기에서 예컨대, 세 번째 삼효의 경우는 초이효로 이루어진 사상(四象)이 다시 음 또는 양으로 나누어진 것이 삼효라는 의미이다. 또 삼효와 사효는 가운데 있다는 점에서 인(人)의 사상(四象)인 동시에 초이효 위에 중복되어 있다는 의미에서 사상(四象)의 사상(四象)이기도 하다. 이처럼 그는 한 괘 여섯 효의 내적 상관관계를 태극, 양의, 사상, 팔괘를 존재론적 관점과 생성론적 관점에서 종횡(縱橫)으로 입체적으로 연결하여 보고 있는데, 이러한 시각은 경위설과 긴밀한 연결성을 갖는다.

『주역』에서 태극이 양의를 낳고, 이후 가일배법(加一倍法)에 따라 사상, 팔괘, 육십사괘로 분화되는 구조와 음양으로부터 오행(五行)으로 펼쳐지는 것은 우주구조론과 발생론을 포괄하는 의미를 가지면서도 일치하지는 않는다. 또한 두 가지는 각각 우주구조론과 발생론으로 구별되는 측면이 있다. 장현광은 이러한 두 가지 사이의 관계

---

38) 위의 책, 같은 곳, 2-4, "通一卦六爻 以兩儀言之 初一 太極之兩儀也 二卽兩儀之兩儀也 三卽四象之兩儀也 四卽八卦之兩儀也 五卽四畫十六之兩儀也 六卽五畫三十二之兩儀也 此則六畫無非儀也 通一卦六爻 以四象言之 上二爻卽天之四象也 中二爻 卽人之四象也 下二爻卽地之四象也 又自一至二 卽太極之四象也 自二至三 卽兩儀之四象也 自三至四 卽四象之四象也 自四至五 卽八卦之四象也 自五至六 卽四畫十六之四象也 此則二爻之相連者 無非象也 通一卦六爻 以八卦言之 自一至三 太極之八卦也 自二至四 兩儀之八卦也 自三至五 四象之八卦也 自四至六 八卦之八卦也 此則三爻之相連者 無非卦也 蓋儀象卦 非異理也 奇偶 非異道也"

를 다음과 같이 음양 개념을 중심으로 연결시켰다.

> 도서(圖書)의 근본은 일태극(一太極)인데 양의(兩儀)가 있으면 반드시 사상(四象)이 있고, 사상이 있으면 팔괘가 있는 것이 바로 역(易)의 순서이다. 오행(五行)의 생성은 반드시 이기로부터 말미암는데, 이기는 바로 음양이다. 사상(四象)은 곧 음양의 노소이니 또한 어찌 오행의 상이 아니겠으며, 팔괘의 괘됨과 자리 또한 오행이 분포되어 있는 것 아님이 없는 것이다.[39)]

여기에서 가일배법에 따라 육십사괘가 성립되는 논리에서 사상(四象)은 음양의 노소로서 음양과 연관되는 것이고, 오행 또한 음양에서 생겨나기 때문에 오행과 사상은 동일한 위상을 갖는 것으로 사상이 바로 오행의 상이라는 것이다. 그는 팔괘의 괘와 자리 또한 오행의 포치와 같은 것으로 해석하였다. 그는 "「낙서」의 수가 비록 기우

39) 『旅軒先生全書』下, 「性理說」2-42, "圖書之本 則一太極也 而有兩儀 則必有四象 有四象則必有八卦者 易之序也 五行之生 必由二氣 則二氣卽陰陽也 四象 卽陰陽之老少 則亦豈非五行之象也 而八卦之爲卦爲位者 亦莫非五行之分布也" 장현광은 경(經)과 위(緯)의 관계를 설명하면서, 이를 태극과 음양에 대응시켜서 다음과 같이 설명하였다. "경(經)은 위(緯)에 대해서 지극히 참되고 순일한 리(理)인데, 위(緯)는 경(經)에 대해서 어둡고 나쁜 것을 아우름이 있는 것은 무엇 때문인가? 이것은 이른바 음양이 길을 나누고 강유가 갈마들 때에 그 유명(幽明)과 숙특(淑慝), 서로 이기고 번갈아 우세한 형세가 있는 것이니, 비록 지극히 참되고 순일한 리가 그 경이 되어 어찌할 수 없는 것이 있다. 태극이라는 것이 유명과 숙특을 아우르는 작용이 있는데 동정합벽의 기틀이 전혀 없겠는가? 이것이 경이 하나의 태극이 되고, 위가 되는 것에 반드시 양이 있고 음이 있는 까닭이다.(經於緯者 是至眞至純之理也 而緯於經者 有此屬幽屬慝之竝 何也 此所謂陰陽分路 剛柔磨蕩之際 其有幽明淑慝互勝迭旺之勢者 雖至眞至純之理 爲之經矣 而亦所無如之何者也 爲太極者 其可以有幽明淑慝或竝之故 而全無動靜闔闢之機耶 此所以爲經者 一太極也 而緯之者 必有陽有陰也)

가 다른 자리이지만, 「하도」 오행의 수 아님이 없으며, 팔괘는 모두 그것을 얻어서 괘가 되었으니, 팔괘는 그 오행 안에 있지 않으며 오행은 팔괘 가운데 있는 것이 아니겠는가?"[40]라고 하였다. 요컨대, 팔괘와 오행은 「하도낙서」의 자리를 통하여 서로 연결되는 의미를 가진다. 이렇게 볼 때, 그는 사상과 팔괘 사이에 오행을 유기적으로 연결하여 우주구조론과 생성론을 결합시키고 있다. 이것은 다시 말하면 장현광이 불변의 기준으로서 경(經)과 변화를 뜻하는 위(緯)를 종합하는 것으로 자신의 경위설을 적용한 것이라고 할 수 있다.

장현광은 『주역』 64괘의 괘효기우(卦爻奇偶)와 음양강유(陰陽剛柔)로부터 만사만물의 상과 만변만화의 오묘함, 인의예지의 성명, 오륜의 윤기(倫紀), 일월귀신, 산천풍화, 치란성쇠 사생의 변화의 이치가 그 가운데서 이루어지는 것으로 설명하는데, 이를 교역(交易)과 변역(變易)으로 요약하고 있다.

그는 교역과 변역을 다음과 같이 설명하였다.

> 건(乾)과 곤(坤)은 순양으로 순음에 대응하는 이외에 나머지 62괘는 어느 하나도 좌우로 서로 대응하지 않는 효가 없으니 양이 음의(陰儀)에 있고, 음이 양의(陽儀)에 있는 것이 交易의 뜻 아닌 것이 없다. 변역(變易)의 의미는 64괘 「괘변도」에 따라 볼 수 있다. 대개 64괘는 각각 63가지 변화가 있지 않은 것이 없으니, 이것이 변역의 뜻이 아니겠는가? 오호라! 교역과 변역의 두 가지를 통하여 역의 이치와 역을 쓰는 도를 이해할 수 있다. 리(理)에 교역이 없으면 어떻게 조화의 경(經)을 세우고 온갖 등급의 사물을 갖출 수 있겠는가? 도에 변역이 없으면 어떻게 온갖 단서의 일이 응하고 온갖 사물에 대응하겠는가?[41]

40) 위의 책, 같은 곳, "洛書之數 雖其奇偶異位 亦莫非河圖五行之數也 而八卦皆得之而爲卦 則八卦其不在五行之內而五行其不在八卦之中耶"

장현광은 순음 순양으로 구성되어 있는 건곤과 함께 나머지 62괘의 모든 효가 음양이 대칭적으로 대응하지 않는 효가 없이 양이 음위에 있고, 음이 양위에 있는 것처럼 음양이 서로 교차하는 것을 교역(交易)이라고 하였고, 64괘는 어느 한 효라도 변화하여 각각 다른 63괘로 변화하는 것을 변역(變易)이라고 하였다. 교역이 있어야 조화의 기준과 사물의 등급이 생기고, 변역이 있어야 온갖 일의 실마리와 변화에 대응할 수 있다. 이러한 관점에서 그는 교역과 변역을 각각 역의 체(體)와 용(用)이라고 하였고, 양 가운데 다시 음양이 있고, 음 가운데도 음양이 있는 것처럼 체 가운데 다시 체용이 있고, 용 가운데 다시 체용이 있다고 하였다.[42] 그는 교역과 변역 사이에도 체용이 복합적으로 중첩하여 음양의 교차를 기준으로 일정한 순환과 무한한 변화를 낳는 것으로 보았다.

특히 그는 또한 교역과 변역은 본래 일리(一理)의 교역이고 변역이며, 리에 교역과 변역의 구별이 있는 것은 아니라는 것이다. 그에 따르면, 리의 본체는 아직 번갈아 바뀌는[互易] 경(經)이 없지만, 용을 이루는 리에 만약 교역과 변역이 없으면 또한 경(經)을 이어서 위(緯)를 이룰 수가 없다. 이것이 태극의 리가 되는 까닭인데, 리에 체만 있고 용이 없으며, 경만 있고 위가 없으면 어떻게 태극이 될 수 있겠는가?[43] 장현광의 논리는 첫째, 교역과 변역이 일리(一理)에 의지

---

41) 『旅軒先生全書』下, 「性理說」 2-16, "乾坤以純陽對純陰之外 其餘六十二卦 無一爻不相對於左右 則陽居陰儀 陰居陽儀 無非交易之義也 若其變易之義 則可據六十四卦變圖而見之矣 凡六十四之各卦 莫不各有六十三之變焉 則此非變易之義乎 嗚呼 就交易變易之兩義 而可以會得爲易之理用易之道矣 理無交易 其何以立造化之經 備品彙誌等哉 道無變易 則其何以應萬緖之事 酬萬類之物哉"

42) 위의 책, 같은 곳, "交易者 易之體也 變易者 易之用也 體中易自有體用 用中亦自有體用 如陽中亦自有陰陽 陰中亦自有陰陽也"

하고, 둘째, 리의 본체에는 현상적 호역(互易)의 경은 없으나, 리의 작용에 교역과 변역이 있어야 경을 이어서 위를 이룰 수 있다. 셋째, 태극은 바로 체용이 있고 경위가 있는 리를 뜻하는 것이라는 말이다. 여기에서 그는 교역과 변역을 리의 체용과 경위를 포함하는 태극에 근거하여 가능한 것으로 이해하고 있으며, 교역과 변역, 체용의 리와 태극을 경위설의 관점에서 해설하였다.

5. 경위설과 경세론의 연속적 의미

이 장에서는 장현광이 제시한 분합론(分合論)을 경위설과 관련하여 검토하고 나서 그의 경세론적 관점과 연속되는 의미를 살펴보고자 한다. 나아가 이러한 경위설과 경세론이 내포하고 있는 문화다원론적 함의를 도출해 보고자 한다. 경세론이라고 하면 일반적으로 유학 혹은 성리학의 정치 경제적 이념과 주요방법론, 그리고 군주론과 같은 내용이 포함된다. 이 장에서는 장현광이 제시한 경세론과 연관되는 내용 중에 유일한 존재로서 군주의 지위, '인재의 등용'과 '정책의 입안'과 같은 문제를 중심으로 살펴보고자 한다.

장현광은 이기(理氣), 성정(性情), 본연기질(本然氣質), 도덕사업(道德事業), 경권(經權), 의리(義理), 인심도심(人心道心), 중용(中庸) 등과 같은 유학의 핵심 이론을 구성하고 있는 여러 개념 쌍이 지니는 분합의 의

43) 위의 책, 같은 곳, "交易者 自是此一理之有交易也 變易者 亦自是此一理之有變易也 理何嘗有交易變易者哉 理之本體 固未有互易之經矣 而理之致用 若無交易變易 則又無以承經而成緯焉 此所以爲太極之理也 理若有體無用 有經無緯 其何以爲太極乎哉"

미를 제시하고 있는데, 이를 경위설 또는 문화다원론적 관점에서 규명해 보기로 한다. 먼저 그는 도덕과 사업이 동일한 근원을 가지면서도 정조와 대소를 가지므로 다음과 같이 나누어지면서도 결합되는 것으로 이해하였다.

> 이것(도덕사업)은 동일하게 성(性)과 직(職)의 측면에서 나와서 성은 리 밖의 성이 없고, 직은 도 밖의 직이 없다. 그러니 비록 미세한 만물이라고 해도 일종의 도덕, 일종의 사업이라고 말하지 않을 수 없다. 대개 도덕이라 하면 정조(精粗)가 없을 수 없고, 사업은 대소가 없을 수 없다. 그래서 도덕의 정미함을 따라 사업을 행하는 사람은 그 사업 또한 대(大)가 아닌 적이 없고, 도덕의 조야함을 따라 사업을 행하는 자는 그 사업 또한 소(小)가 아닌 적이 없다. 이것이 바로 정미함에 조야함이 없을 수 없고, 대 또한 소가 없을 수 없어서 반드시 서로 함께 구비되고 갖추어진 후에 만물이 함께 길러지고 서로 해치지 않으며, 도가 함께 행해져서 어그러지지 않게 되어, 삼재의 도덕사업이 여기에서 극진해진다.[44)]

위에서 장현광은 도덕과 사업은 각각 정조(精粗)와 대소(大小)가 있어서 구별되면서도, 만물이 모두 일종의 도덕이면서 사업이라고 함으로써 온갖 일에는 도덕과 사업이 결합되어 있는 것으로 이해하였다. 나아가 정미한 도덕을 따르더라도 그 사업이 대(大)일 수도 있고, 조야한 도덕을 따르는 사업 또한 소(小)일 수 있어서 도덕과 사업의 대소정조가 서로 유기적으로 결합되기도 하고 나누어지기도 한다고

---

44) 『旅軒先生全書』 下, 「性理說」 7-73, "是同出於性分職分　而性無理外之性　職無道外之職　則雖在萬物之微細　亦不可不謂之一種道德一種事業也　蓋凡爲道德也　不得無精粗　凡爲事業也　不能無大小　故從道德之精而爲事業者　其事業亦未嘗不大焉　從道德之粗而爲事業者　其事業亦未嘗不小焉　此固精不可無粗　大不可無小　而必須咸具互備　然後萬物竝育而不相害　道竝行而不相悖　三才之道德事業　於是乎　乃盡之矣."

보았다. 이처럼 도덕과 사업의 대소정조가 함께 갖추어지고 나서 비로소 만물이 동시에 길러지고 도가 병행된다는 것이다. 이러한 시각은 만물이 단일한 도리나 기준에 따라 서로 모순되거나 충돌하는 것이 아니라, 현실적 상대성과 특수성에 따라서 도리가 다원적으로 실현될 수 있음을 말하는 것이다.

그는 중용(中庸)의 의미에 대한 해설을 통해서도 불변의 의미와 상황에 따른 의미의 변화에 따라 중(中)과 용(庸)을 구분하면서도, 두 가지가 서로 연결성을 가지는 것으로 보았다. 그에 따르면 전체로 볼 때, 중은 곧 용이고, 용은 바로 중이다. 용이 아니면 중이 아니고, 중이 아니면 용이 아니다. 이것이 중과 용이 나누어질 수 없는 것이다. 대용(大用)으로 말하면, 중(中)은 고정된 형체가 없고 상황에 따라 존재하고, 용(庸)은 이륜(彛倫)의 덕으로 변화될 수 없는 것이니, 이것이 중용이 나뉠 수 없는 것이다.[45] 여기에서 중을 말하면서 반드시 용을 말하고, 용을 말하면서 먼저 중을 말하는 것은 두 가지를 함께 거론하지 않을 수 없는 것이고, 고정된 체가 없는 것이 이륜(彛倫)이 되는 것이고, 바뀔 수 없는 것이 바로 수시에 따라 존재하는 것이라는 의미가 두 가지를 합하여 말하는 것이라고 보았다. 다시 말하면 중(中)은 고정된 실체가 없음으로써 상황에 따른 다양성과 다원성을 포괄하는 반면, 반대로 용(用)은 일정한 이륜을 내포함으로써 변할 수 없는 기준을 가진다는 것이다. 이러한 의미는 그의 불변의 경(經)과 변화를 포괄하는 위(緯)를 결합하는 경위설과 연속적인 의미를 갖는다.

---

45) 위의 책, 같은 곳, 7-68, "以全體言之 中是庸也 庸是中也 非庸則不中 不中則非庸 此則中庸者 不可分者也 以大用言之 中無定體 隨時而在 庸爲彛德 不可變移 此則中庸之不可無分者也"

장현광은 경권(經權) 개념이 결합되고 나뉘는 측면에 대해서도 경위의 관점에서 경(經)과 권(權)을 서로 연결하여 다음과 같이 이해하였다.

> 도이면서 불변성[常]을 지키는 것을 경(經)이라고 말하고, 도이면서 변화[變]에 대응하는 것을 권이라고 말한다. 경은 도의 경이고, 권 또한 도의 권이다. 그래서 도 밖의 경도 없고 또 도 밖의 권도 없다. 대개 도는 만사만물의 리(理)로 이른바 형이상자이고, 경권은 만사만물의 공용(功用)으로 이른바 형이하자이다. 사물에는 반드시 형이상의 도가 있으므로 반드시 형이하의 경권이 있다. 만약 체리의 도가 없다면 공용의 경권이 있겠는가? …경은 경위의 경이고, 권은 권형의 권이다.[46]

장현광은 기본적으로 불변성과 가변성으로서 상변(常變)을 기준으로 경과 권을 구별하면서, 동시에 형이상하의 관점에서는 경권(經權)을 형이상의 도와 구별하여 모두 형이하로 결합하고 있다. 따라서 그는 경을 불변하는 측면과 함께 형이하의 공용을 뜻하는 의미를 함께 가지는 것으로 보면서 경과 권을 수평적으로 이해하고자 하였다. 이렇게 형이하의 공용으로서 권과 결합되는 의미로서 경을 그는 위와 결합하는 의미로서 경이라고 하였다. 장현광에서 경위(經緯)의 위(緯)가 사물의 변화를 의미하는 것으로 해석되는 만큼, 마찬가지 변화를 헤아리는 기능으로서 권(權)과 일치하는 의미를 갖는다. 이렇게

46) 위의 책, 같은 곳, 7-65, "道焉而守常曰經 道焉而應變曰權 經固道之經也 而權亦道之權也 故旣無道外之經 而又無道外之權也 蓋道者 萬事萬物之理也 卽所謂形而上者也 經權者 萬事萬物之功用也 卽所謂形而下者也 萬物必自有形而上之道 故乃必有形而下之經權 若無體理之道 其何以有功用之經權哉 若無功用之經權 其何以爲體理之道哉 … 經者 經緯之經也 權者 權衡之權也"

경권은 경위 개념으로 해석되며, 권(權)과 위(緯) 개념은 모두 현상 사물의 다양한 변화를 헤아리는 기능의 의미를 갖는다. 장현광에 있어서 경위(經緯)는 불변하는 인륜의 원칙과 함께 구체적인 시대적 변화에 따르는 특수한 상황을 규정하는 다원적 규범을 설명할 때 언급되는 개념이다.

그러면 경위(經緯) 개념을 적용할 수 있는 외적 환경으로서 장현광이 불변하는 인륜적 원칙과 다양한 사회문화적 요소를 포괄하는 정치적 환경을 어떻게 설명하고 있는가를 검토하기로 한다. 그는 한 몸 속에 있는 마음과 백 가지 신체 기관을 유일무이한 군주와 신하와 만백성에 비유하여 마음의 표준의 성립 여부가 온갖 신체 기관의 순응여부를 결정하는 것으로 보아 군주의 한 마음과 신하와 만백성의 마음이 서로 상응하는 것으로 해석하였다.

> 마음[心]은 한 몸의 군주이고 몸의 안과 밖의 백 가지 기관은 바로 한 마음의 신하이고 백성들이다. 그래서 군주는 온 나라 신하와 백성들의 마음이 되고, 온 나라의 신하와 백성은 곧 군주의 백 가지 기관이 된다. 마음의 표준이 세어지느냐 세워지지 않느냐에 따라서 백 가지 기관이 순응하느냐 않느냐가 결정되기 때문에 신하와 백성이 도모하고 행하며 지키는 것이 무엇인가를 보면 군주가 표준을 잘 세우고 있는가 그렇지 않은가를 알 수 있다.[47]

여기에서 말하고자 하는 것은 군주의 마음 속 인륜의 표준 확립이 만백성의 순응여부를 결정한다는 것으로 일(一)의 확립이 다(多)의

47) 『旅軒先生文集』 卷二, 「告歸進言疏」, "心爲一身之君 而身之內外百體 卽爲一心之臣民 則人君 爲擧國臣民之所心 而擧國臣民 卽爲人君之百體也 因心極之建與不建 而爲百體之順與不順 故觀臣民之有猷有爲有守 而可以知人君建極之克不克也"

순응을 이끌어내는 근거가 되는 것으로, 보편적 일자가 특수하고 다양한 현상과 변화를 포괄할 수 있다는 것이다. 이런 점에서 그의 경세론은 경위론(經緯論)으로 해석할 수 있으며 다원론적 지향을 가진다고 할 수 있다.

장현광은 통치의 기본원칙을 '인재의 등용'과 '정책의 입안' 두 가지로 요약하는데, 이 두 가지를 바르게 하는 요체를 인재의 등용에서는 선인과 악인을 잘 구별하는 것이고, 정책의 입안에서는 시비를 잘 밝히는 것이라고 보았다. 그래서 그는 인재를 등용하는 상도를 선한 사람은 반드시 등용하고 선하지 않은 사람은 반드시 제거하는 것, 옳은 것은 반드시 행하고 옳지 않은 것은 행하지 않는 것이 바로 인재 등용의 불변의 도리이고 정책 입안의 불변의 도리라고 보았다.[48] 이것은 그가 선악을 분별하고 시비를 밝히는 것을 인재등용과 정책입안의 상도로서 경(經)으로 본 것이다.

이러한 관점에서 그는 나라의 임금에게는 반드시 측근에서 보필하는 신하가 있으며, 육관(六官)과 백사(百司)와 내외의 직책에서 그들이 각각 그 직분을 다한 후에 평화로운 정치적 업적을 이룰 수 있고 나라 임금의 도리를 다할 수 있다고 보았다.[49] 요컨대, 그는 육관과 백사와 같은 수많은 상하의 관직에 선한 자가 임명되어 올바른 시비 판단에 따라 군주를 보필하는 신하가 있어야 비로소 임금은 정치적

48) 『旅軒先生文集』 卷二, 「告歸進言疏」, "人才之用 不可不辨者 善與惡也 政事之出 不可不明者 是與非也 善必用之 不善必去者 用人之常道也 是必行之 非必不行者 出政之常道也 其於善惡是非之間 若能善其果善 不善其果不善 是其當是 不是其當不是 則百工皆得其人 萬事皆得其理 衆心以之咸服矣"

49) 『旅軒先生文集』 卷六, 「心說」, "國君必有左右輔弼 六官百司內外之任 各致其職 然後致治平之業 而盡國君之道焉"

업적을 이룰 수 있다고 본 것이다. 이러한 차원에서 장현광은 수많은 상하 정치적 지위에 대하여 각각 적재적소에 인재가 배치되어야 한다는 것을 다음과 같이 강조하였다.

> 임금이 국가의 인재를 등용하려면 함께 수렴하고 더불어 모아서, 여러 자리에 배열해야 한다. 큰 직책은 큰 일을 맡기고 적은 직책은 적은 일을 맡기며, 문인은 인문적인 일을 맡기고 무인은 군사적인 일을 맡기면, 버려지는 인재가 없고 폐기되는 일이 없을 것이다.[50]

국가의 인재를 등용하는 방법을 언급하면서 장현광은 하나의 단일한 기준이 아니라, 관직에 따라 수평적 차원에서 수많은 관직에 필요한 다양한 인재를 두루 고려하여 함께 모아서 적재적소에 배치해야 한다고 보았다. 이러한 관점은 수많은 관직의 특수한 직분과 의무 등을 다양성과 상대성의 측면에서 바라보고 인재를 선발해야 하는 것을 의미한다. 이러한 포괄성에 따라서 관직의 중요성과 크기, 그리고 관직의 특성으로서 문무(文武)의 차이 등을 포괄적으로 고려해야 한다는 것이다. 이처럼 관직의 높낮이 중요도의 수준과 일의 특성 등 특수성을 고려하여 인재를 구비하여 배치할 때 버려지고 소외되는 인재가 없을 것이라고 주장하고 있다. 장현광의 이러한 인재 등용관은 직책의 다양성과 다원성을 충족시킬 수 있도록 한다는 의미와 현실의 다양한 현실과 변화를 수용하고 지향한다는 의미에서 이것을 인재등용에서 응변(應變)의 위(緯)의 관점에서 볼 수 있겠다. 요컨대, 이러한 관점은 그의 경위설(經緯說)을 중심으로 하는 경세론

---

50) 『旅軒先生文集』 卷二, 「擬箚」, "其爲國家之用 則俱收幷聚 列于庶位 大以責大 小以責小 文以責文 武以責武 人無遺棄之才 事無廢墜之務"

이 정치문화적 다원성을 수용하거나 또는 문화다원론적 지향을 가지고 있음을 의미한다.

6. 맺음말

이 장은 현대사회의 생태계 위기와 사회문화적인 여러 문제를 해결하기 위한 이론적 추구로서 충돌로부터 융화로의 전환이라는 목표를 가지고 장현광 역학(易學)의 응용 이론으로서 경위설(經緯說)에 내포되어 있는 문화다원론적 의미를 재조명하고자 하였다. 장현광은 무극과 태극 개념 속에 하나의 불변하는 보편적 원리보다도 구체적 현실에서 헤아릴 수 없는 변화를 낳는 근원으로서의 의미를 부여함으로써 현상의 다원적 특수성을 실현시켜주는 철학적 근거를 세우고 있다. 그는 리와 기가 상보적으로 의존하는 존재로 보아 별개로 분리될 수 없는 것으로 보았다. 그가 또한 선험적 실체로서 리가 아닌 리기의 체용동정을 통하여 도의 신묘한 작용을 이룰 것을 강조하는 것은 바로 현실의 다양한 가치를 포괄하는 철학적 의미를 갖는다.

장현광은 리기를 경위론(經緯論)으로 해석하면서 경과 위가 불변의 보편성과 함께 변화하는 상황에서 표준적인 시의성을 가지는 것으로 해석하는데, 여기에서 리기의 경위를 그대로 따라 행하는 것을 표준적인 위(緯)를 갖춘 성현의 일이라고 언급하였다. 그에 따르면, 학문을 하고 도와 덕을 체득하는 것은 몸의 경위를 얻는 일이고, 천지의 이치에 참여하는 것은 천지의 경위를 얻는 일이라고 하였다. 이를 이어 인간 세상의 선악과 치란은 모두 경위가 올바르게 세워졌느냐에 의존하는 것이므로, 제왕의 통치 원리는 경위(經緯)를 잘 다스리는 데 달려 있다고 보았다.

요컨대, 장현광에 있어서 경위설은 천지자연의 경위로부터 인문세계의 학문, 도덕적 수양, 그리고 제왕의 이상적인 통치에 이르기까지 전 영역에 적용되며, 경위의 적절한 운용이 도덕적 고양과 이상적인 통치의 핵심 관건이 된다고 할 수 있다. 특히 장현광의 경위설은 불변하는 경과 함께 이 경으로 변화하는 상황을 시의성에 맞게 처리하는 것으로서 '위(緯)'가 특수성과 다양성을 포괄할 수 있는 의미를 가진다는 점에서 현실적 경험상의 다원성을 수용하는 방향으로 해석할 수 있다.

장현광은 「하도」 생성수의 수리적 결합과 분화를 통하여 만물의 생성과 변화를 설명하며, 이것들은 그의 경위설(經緯說)이 태극음양으로부터 만물이 생성되는 것과 연관되는 만큼 경위설을 구성하는 요소가 된다. 또한 그는 한 괘 여섯 효의 내적 상관관계를 태극, 양의, 사상, 팔괘를 존재론적 관점과 생성론적 관점에서 종횡으로 입체적으로 연결하여 보고 있는데, 이러한 시각은 경위설과 긴밀한 연결성을 갖는다. 이어서 그는 사상과 팔괘 사이에 오행(五行)을 유기적으로 연결하여 우주구조론과 생성론을 결합시키고 있는 것이다. 이것은 다시 말하면 장현광에게 있어서 불변의 기준으로서 경(經)과 변화를 뜻하는 위(緯)를 종합하는 것으로 자신의 경위설을 적용한 것으로 추론된다.

장현광은 통치의 기본원칙을 '인재의 등용'과 '정책의 입안' 두 가지로 요약하는데, 이 두 가지를 바르게 하는 요체를 인재의 등용에서는 선인과 악인을 잘 구별하는 것이고, 정책의 입안에서는 시비를 잘 밝히는 것이라고 보았다. 이것은 그가 선악을 분별하고 시비를 밝히는 것을 인재등용과 정책입안의 상도로서 경(經)으로 본 것이다. 반면에 그의 인재 등용관이 직책의 다양성과 다원성을 충족시킬 수 있도록 한다는 것과 다양한 현실과 그 변화를 수용하고 지향한다는 의미를 가지는 것은 응변(應變)의 위(緯)의 관점에서 볼 수 있다. 요컨대, 이런 관점은 그의 경위설(經緯說)을 중심으로 하는 경세론이 정치문화적 다원성을 수용함과 동시에 문화다원론적 지향을 내포하고 있음을 의미한다. ◆

참 고 문 헌

원전류:

『易學圖說』, 『韓國經學資料集成』 3, 4冊, 成均館大 大東文化硏究院, 1996.

『旅軒先生性理說』, 國立中央圖書館.

단행본류:

홍원식 외, 『여헌 장현광의 삶과 사상:조선 중기의 '낙중학'(洛中學)』, 계명대학교출판부, 2017.

고려대 민족문화연구원 한국사상연구소, 『여헌 장현광의 학문 세계』 1, 「우주와 인간」, 예문서원, 2004.

고려대 민족문화연구원 한국사상연구소, 『여헌 장현광의 학문 세계』 2, 「자연과 인간」, 예문서원, 2006.

고려대 민족문화연구원 한국사상연구소, 『여헌 장현광의 학문 세계』 3, 「태극론의 전개」, 예문서원, 2008.

박병련, 『여헌 장현광 연구』, 태학사, 2009.

박학래, 『여헌 장현광 평전』, 예문서원, 2017.

이희평, 『여헌 장현광의 철학사상』, 월인, 2006.

장숙필, 『여헌학의 이해:여헌 장현광의 학문과 사상』, 예문서원, 2015.

논문류:

윤현태, 「旅軒 張顯光의 理氣經緯說 硏究」, 영남대학교 대학원 석사논문, 2014.

이희평, 「旅軒 張顯光의 哲學思想 硏究: 性理學을 중심으로」, 성균관대학교 대학원 박사논문, 2001.

최정준 「旅軒 張顯光 易學思想의 哲學的 探究」, 성균관대학교 대학원 박사논문, 2005.

김동윤, 「여헌 장현광의 「반길편」에 관한 연구」, 안동대학교 대학원 석사논문, 2009.

김경호, 「旅軒 張顯光의 人心道心論 연구」, 『유교사상문화연구』 22, 한국유교학회, 2005.

김낙진, 「여헌 장현광의 성리학에서 理發의 의미와 필연성 의식」, 『남명학연구』 47, 경상대 경남문화연구원, 2015.

김문용, 「장현광 우주론의 상수학적 성격에 대한 검토」, 『동양고전연구』 33, 동양고전학회, 2008.
안유경, 「여헌 장현광과 우암 송시열 사단칠정론의 비교 고찰」, 『율곡학연구』 35, (사)율곡학회, 2017.
엄진성, 「太極의 體・用의 개념을 통해 본 여헌 장현광의 易學觀 -자연학에서 도덕학으로-」, 『민족문화논총』 74, 2020.
정병석・윤현태, 「張顯光의 理氣에 대한 經緯論的 解釋」, 『민족문화논총』 63, 영남대 민족문화연구소, 2016.
정병석, 「"易有太極"의 해석을 통해 본 여헌 장현광의 역학 사상」, 『한국학논집』 52, 2013.
조장연, 「장현광 역학의 원천에 관한 고찰」, 『한국철학논집』 15, 한국철학사연구회, 2004.

제2부
경세와 제도

허형(許衡)과 정몽주(鄭夢周)의 화이관(華夷觀) 연구

-『공양전(公羊傳)』의 화이관(華夷觀)을 중심으로-

이 해 임

* 이 글은 『태동고전연구』 제46집(한림대학교 태동고전연구소, 2021.06)에 게재한 동명의 논문을 본 저서의 간행 취지에 맞춰 일부 수정한 것이다.

1. 서론

『맹자』에서 "공자가 『춘추』를 짓자 난신적자가 두려워했다"[1]라고 주장한 이래로, 『춘추』는 공자의 저작으로 꼽힌다. 그 내용은 공자의 '정명(正名)' 사상을 근거로 역사적 사실을 판별하는 포폄(褒貶)의 원칙에 따라 서술되어 있다. 특히 공자는 노사(魯史)를 통해서 주례(周禮)를 살리고 참칭(僭稱)을 억누르려고 했다. 예컨대 당시 제후(諸侯)는 이미 왕공(王公)으로 칭해졌으나, 『춘추』에서는 본래 작위를 썼다. 또 주 왕실은 이미 쇠락했으나, 경문에서는 극진한 존경을 표하고 있다. 이는 공자가 봉건적 종법 사회를 지향했음을 보여준다. 그리고 종법 사회는 종족 혹은 제하(諸夏) 개념으로 이어지고, 이 제하라는 테두리 밖에 소위 오랑캐라는 이적(夷狄) 사회가 존재한다.

제하와 이적의 차이는 일차적으로 종족에 있다. 『좌전』, 「성공-4년」[2]과 『논어』, 「헌문-18」[3]이 이를 뒷받침할 만한 근거로 제시될 수 있다. 이에 비해 『공양전』과 『곡량전』은 문화의 측면에서 제하와 이적의 차이를 드러내는 데에 중점을 두었다. 특히 『공양전』은 제하의 군사적 열세 속에서도 존왕양이(尊王攘夷)를 이룩하는 데에 체계적인 이론을 완성하려던 저작이다. 『공양전』의 화이관(華夷觀)에는 세 가지 특징이 보인다. 첫째, 중화의 나라는 한족을 중심으로 구성하되 이민족과 혼인도 꺼리지 않는다. 둘째, 중화의 나라는 중국을 차

---

1) 『맹자』, 「등문공(하)-9」, "昔者禹抑洪水而天下平, 周公兼夷狄, 驅猛獸而百姓寧, 孔子成春秋而亂臣賊子懼."

2) 『좌전』, 「성공-4년」, "史佚之志有之曰, '非我族類, 其心必異.'"

3) 『논어』, 「헌문-18」, "子曰, 管仲相桓公, 霸諸侯, 一匡天下, 民到于今受其賜. 微管仲, 吾其被髮左衽矣."

지하고 있다. 셋째, 이적이 유교 문화를 받아들이면 중화의 일원이 될 수 있고, 또 어떤 종족이든 유교 문화에 어긋나면 이적으로 전락한다. 이로써 보건대, 『공양전』의 중화론은 종족, 지역, 문화의 측면에서 중화와 이적을 구별하면서도 문화에 좀 더 중점을 두었다고 할 수 있다.4)

허형과 정몽주는 모두 문화를 준거로 삼아서 제하와 이적을 구별한다. 허형은 원대 남방 유학자들과 달리 종족으로 중화와 이적을 구별하지 않는다. 그는 북방 유학의 영향으로 정주성리학(程朱性理學)을 받아들였을 뿐만 아니라 유학의 도를 체득한 군주는 누구나 중화의 통치자가 될 수 있다고 주장한다.5) 한편 정몽주는 중국인에게 오랑캐라는 비아냥거림을 받을 때, 『춘추』 의리를 체득한 사람은 중화에 이미 진입했다고 주장한다.6) 그는 고려가 기자국으로부터 연원하고 있음을 밝힐 뿐만 아니라, 또 정주성리학으로 고려를 개혁함으로써 문명국의 면모를 완비하려고 했다. 이로써 보건대, 허형과 정몽주는 모두 중화와 이적을 구별하는 데에 정주성리학을 준거로 삼고 있으며, 또 그 사상의 연원이 『공양전』에 있다고 추정할 수 있다.

그런데 허형과 정몽주는 정주성리학 이해의 측면에서 차이를 보인다. 원대 황제들은 분명 유학을 통치 이념으로 받아들인다. 이로

---

4) 히하라 도시쿠니(日原利國) 지음, 김동민 옮김, 『국가와 백성 사이의 漢: 한 제국, 덕치와 형벌의 이중주』, 글항아리, 2013, 246~265쪽.

5) 刘俊, 〈元代"华夷之辨"的特质、缘由及影响〉, 《社会科学战线・中国哲学》, 2018年 第4期.

6) 『圃隱集』, 卷2, 「冬夜讀春秋」, "仲尼筆削義精微. 雪夜青燈細玩時, 早抱吾身進中國, 傍人不識謂居夷."

인해서 유학자들이 조정에 진출한다.[7] 그 가운데 대표적인 인물이 허형이다. 다만 원대 황제들은 장전 불교를 중심으로 통치를 했고[8], 유학 또한 법가 요소를 가미하여 세금징수와 같은 실용적 업무에 활용할 만한 인물의 의견을 중용했다.[9] 이 같은 상황에서, 허형은 정주성리학에 정통하려고 노력하기보다 황제의 구미에 맞는 실용적인 내용을 토대로 정주성리학을 이해하려고 한 것이다.[10] 이는 정주성리학에서 강조하는 형이상과 사대부 중심의 논의를 멀리하는 데서 발견할 수 있다.

정몽주는 적극적으로 불교를 비판할 뿐만 아니라 왕권을 견제하는 사대부의 언로(言路)를 확보하는 데에 힘을 기울였다.[11] 또 정몽주는 실용적 학문 노선보다 정주성리학에 정통하려고 노력했다. 이는 여말선초뿐만 아니라 조선이 개국한 이래로 유학자들에게 큰 영향을 미쳤다.[12] 또 정몽주의 화이관이 원명 교체기에 사대관계와 관

---

7) 羅立剛, 『宋元之際的哲學與文學』, 上海: 復旦大學出版社, 1999, 10~11쪽.

8) 같은 책, 18~21쪽.

9) 『元史』, 卷157, 「張文謙」, "上新卽位, 國家經費止仰稅賦, 苟復減損, 何以供給."

10) Wing-tsit Chan, "Chu Hsi and Yüan Neo-Confucianism", *Yüan Thought-Chinese Thought and Religion Under the Mongols*, ed by Hok-lam Chan and Wm. Theodore de Bary, New York: Columbia University Press, 1982, pp.209~210; Wm. Theodore de Bary, *Neo-Confucian Orthodoxy and the Learning of the Mind-and-Heart*, New-York: Columbia University Press, 1981, p.70.

11) 『高麗史』, 卷117, 「列傳-諸臣」, "夢周與同列上疏曰, "信者人君之大寶也, 國保於民, 民保於信. 近日殿下, 下敎求言曰, '言之者無罪.' 於是, 人皆抗疏, 極論政事之得失, 民生之休戚, 眞所謂不諱之朝也. 有國子博士生員等, 亦以排斥異端, 上書陳說, 言語不謹, 觸犯天威, 在朝之臣, 不勝恐懼. 臣等以爲, 斥詆佛氏, 儒者之常事, 自古君王, 置而不論. 况以殿下寬大之量, 蕞爾狂生, 在所優容. 乞霈寬恩, 一皆原宥, 示信國人." 王從之, 貂等得免."

련해서 종족이나 형세의 측면을 강조했다는 견해도 있다.[13] 이는 다소 지나친 부분이 있다. 정몽주가 종족이나 형세를 중시했다면, 이는 한족이 세운 명을 문명국으로 규정하는 데에는 필요충분조건이 되지만, 고려가 문명국임을 자처하기에는 온전한 근거라고 할 수 없다. 또 조선 개국 이래 퇴계학파와 율곡학파를 막론하고 조선 성리학의 비조로 정몽주를 꼽는 데는 그의 탁월한 식견이 한몫했다. 이는 정몽주가 성리학을 이해하는 데 정통주의를 표방했다고 할 수 있는 근거이다.

따라서 필자는 중국서 이민족 통치자를 섬기는 한족인 허형의 화이관은 성리학을 이해하는 데에 어떤 작용을 하는지, 그리고 변방이자 이민족인 정몽주의 화이관은 성리학을 이해하는 데에 어떤 작용을 하는지에 대해 비교하고 분석함으로써 그 의미와 의의를 밝혀 보고자 한다.

---

12) 『高峯集』, 「高峯先生論思錄卷之下」, "我國學問, 箕子時事, 則無書籍難考, 三國時, 天性雖有粹美,而未有學問之功. 高麗時, 雖爲學問, 只主詞章, 至麗末禹倬鄭夢周後, 始知性理之學."

13) 김순자, 「원·명 교체와 여말선초의 화이론」, 『한국중세사연구』 10, 2001, 115~145쪽 ; 권정안, 『춘추의 근본이념과 비판정신에 관한 연구』, 성균관대 박사학위 논문, 1990, 179쪽.

2. 『공양전(公羊傳)』의 화이관(華夷觀) : 문화 중심의 화이관

중국은 고대에 이미 자국 문화의 우수성에 대한 자부심이 대단했다. 이는 중화의식(中華意識)으로 지역적 측면에서 중앙의 땅을 차지하고, 문화적 측면에서 왕도(王道)를 표방하는 것이다. 종족의 측면은 다른 두 가지 요소보다 상대적으로 그 의미가 약하다고 할 수 있다.[14] 예컨대 춘추시대 한족이 이민족과 결혼을 꺼리지 않은 풍속이라든지[15], 중화의 나라라고 하더라도 도의(道義)가 없다면 이적(夷狄)으로 여기는 데서[16] 그 실마리를 찾을 수 있다. 무엇보다도 누구든 왕도를 추구한다면 출신과 관계없이 성인(聖人)이 될 수 있다는 점은 크게 주목할 만하다.

> 맹자가 말했다. "순임금은 제풍(諸馮)에서 태어나서 부하(負夏)로 옮겼다가 명조(鳴條)에서 죽었는데, 동이(東夷) 사람이다. 문왕은 기주(岐周)에서 태어나서 필영(畢郢)에서 죽었는데, 서이(西夷) 사람이다. 두 지역은

---

14) 히하라 도시쿠니(日原利國) 지음, 김동민 옮김, 『국가와 백성 사이의 漢: 한제국, 덕치와 형벌의 이중주』, 글항아리, 2013, 246~249쪽.

15) 『사기』, 「진세가-12년」, "十二年, 驪姬生奚齊. 獻公有意廢太子, 乃曰, '曲沃吾先祖宗廟所在, 而蒲邊秦, 屈邊翟, 不使諸子居之, 我懼焉.' 於是使太子申生居曲沃, 公子重耳居蒲, 公子夷吾居屈. 獻公與驪姬子奚齊居絳. 晉國以此知太子不立也. 太子申生, 其母齊桓公女也, 曰齊姜, 早死. 申生同母女弟爲秦穆公夫人. 重耳母, 翟之狐氏女也. 夷吾母, 重耳母女弟也. 獻公子八人, 而太子申生·重耳·夷吾皆有賢行. 及得驪姬, 乃遠此三子."

16) 『공양전』, 「정공-4년」, "庚辰, 吳入楚, 吳何以不稱子. 反夷狄也, 其反夷狄奈何? 君舍于君室, 大夫舍于大夫室, 蓋妻楚王之母也."

> 천여 리 떨어져 있고, 세대는 천여 년 차이가 난다. 뜻을 얻어 중국서 왕도를 행함은 부절(符節)을 합한 듯이 같다. 앞선 성인과 뒷선 성인의 헤아림이 같다."[17]

순임금은 동이 사람이고, 문왕은 서이 사람이다. 두 사람은 모두 말 그대로 이민족 출신이다. 종족의 측면에서 보면, 순임금과 문왕은 중화에 속할 수 없는 인물이다. 그런데도 순임금과 문왕은 중화를 대표하는 성인으로 추앙받는다. 이러한 점을 미루어볼 때, 춘추시대부터 전국시대에 이르기까지 중화는 다른 요소보다 문화, 즉 왕도를 실현하는 데에 강조점을 두고 있다.

『공양전』 또한 중화와 이적에 대해 종족·지역보다 문화의 측면을 강조한다. 『공양전』은 『좌전』의 기록처럼 종족의 측면에서 중화와 이적을 구별하지 않는다. 예컨대 『좌전』의 "융은 짐승이다"[18] 혹은 "융적은 승냥이와 이리떼이다"[19]라는 표현은 『공양전』에서 전혀 보이지 않는다. 이는 『공양전』에서 중국인과 이민족의 구별은 종족의 문제가 아니라 문화의 문제임을 방증하는 것이다.

> 형나라 사람이 와서 예빙했다. 형 족속을 왜 사람이라고 부르는가? 형

---

17) 『맹자』, 「이루(하)-1」, 孟子曰, "舜生於諸馮, 遷於負夏, 卒於鳴條, 東夷之人也. 文王生於岐周, 卒於畢郢, 西夷之人也. 地之相去也, 千有餘里, 世之相後也, 千有餘歲. 得志行乎中國, 若合符節, 先聖後聖, 其揆一也."

18) 『좌전』, 「양공-4년」, 魏絳曰, "諸侯新服, 陳新來和, 將觀於我. 我德, 則睦; 否, 則攜貳. 勞師於戎, 而楚伐陳, 必弗能救, 是棄陳也. 諸華必叛. 戎, 禽獸也. 獲戎、失華, 無乃不可乎!"

19) 『좌전』, 「민공-1년」, 狄人伐邢. 管敬仲言於齊侯曰, "戎狄豺狼, 不可厭也; 諸夏親暱, 不可棄也. 宴安酖毒, 不可懷也. 詩云, '豈不懷歸?畏此簡書.' 簡書, 同惡相恤之謂也. 請救邢以從簡書." 齊人救邢.

나라가 비로소 예빙할 수 있기 때문이다.[20]

> 겨울, 초나라 자작이 초에게 예물을 가지고 빙문하게 했다. 초는 누구인가? 초나라 대부이다. 초나라는 대부가 없는데, 여기에 어찌하여 초나라 대부라고 쓰는가? 초나라는 비로소 대부 제도를 갖추게 되었기 때문이다.[21]

형(荊)은 주(州)의 이름이다. 이는 애초에 초나라가 한 국가로 인정받지 못했을 뿐만 아니라, 미개한 민족으로 분류된 것임을 보여주는 호칭이다.[22] 이런 형에 대해 사람[人]이란 표현을 사용함은 이해할 수 없는 일이다. 이 때문에 "왜 사람이라고 부르는가?"라는 질문을 한다. 이에 대해 화자는 예로써 빙문할 수 있다면 이런 족속은 사람에 속한다고 대답한다. 초나라는 외교뿐만 아니라 정치체제에도 유교의 예법[문화]을 안착시켰다. 이제 초나라는 오랑캐가 아니라 중화의 일원이 된 것이다. 따라서 『공양전』은 중국인과 이민족을 종족이나 지역보다 문화로 구별하는 데에 방점이 있다.

이 구별법은 중화의 국가라고 하더라도 도의(道義)가 없거나 신의(信義)가 없다면 이들은 이적으로 전락하게 된다고 주장하는 곳에서 좀 더 확실해진다. 예컨대 오나라 또한 '오나라 사람[人]'이라는 칭호를 얻었다. 이는 오나라가 이적에서 중화로 편입된 것임을 나타낸다. 양공(襄公) 29년 기사를 보면[23], 오나라는 군주도 대부도 없는 무

---

20) 『공양전』, 「장공-23년」, "荊人來聘, 荊何以稱人. 始能聘也."

21) 『공양전』, 「문공-9년」, "冬, 楚子使椒來聘, 椒者何? 楚大夫也, 楚無大夫, 此何以書, 始有大夫也."

22) 히하라 도시쿠니(日原利國) 지음, 김동민 옮김, 『국가와 백성 사이의 漢: 한제국, 덕치와 형벌의 이중주』, 글항아리, 2013, 584~585쪽. 역자주 참조.

도한 상태에서 유교 문화를 받아들임으로써 군주와 대부라는 통치 체제를 갖추게 된다.

그런데 오나라는 중화의 지위를 빼앗기고 다시 이적의 상태로 돌아간다. 그 원인은 그들이 오랑캐이기 때문이 아니라, 도의가 없는 짓을 했기 때문이다.

> 오나라는 왜 자작이라고 부르지 않는가? 이적의 상태로 돌아갔기 때문이다. 오가 이적의 상태로 돌아감은 어째서인가? 오나라 군주가 초나라 왕실에 머물렀고, 오나라 대부는 초나라 대부 집에 머물렀다. 오나라 군주가 초나라 왕의 어머니를 처로 삼았다.[24)]

여기서 오나라가 초나라와 전쟁을 치른 이야기가 등장한다. 전쟁이 끝난 후, 승전국이 패전국을 복속하는 것은 자연스러운 일이다. 그런데 오나라는 초나라의 왕실과 대부 집을 차지하는 것도 모자라서, 초나라 왕의 어머니를 처로 삼는 반인륜적 행위를 저질렀다. 이는 인륜을 망치는 것으로, 오랑캐의 무도한 짓거리에 지나지 않는다. 이 때문에 오나라는 중화의 지위를 잃고 다시 이적으로 돌아가게 된다.

『공양전』은 기본적으로 공격과 정벌을 일삼는 전쟁을 부정한다. 전쟁은 이기는 것을 목표로 하며, 이로 인해서 상대를 제압할 수 있다면 수단과 방법을 가리지 않기 때문이다.

---

23) 『공양전』, 「양공-29년」, "吳子使札來聘, 吳無君, 無大夫, 此何以有君, 有大夫, 賢季子也. 何賢乎季子, 讓國也."

24) 『공양전』, 「정공-4년」, "吳何以不稱子. 反夷狄也, 其反夷狄奈何? 君舍于君室, 大夫舍于大夫室, 蓋妻楚王之母也."

그렇다면 어째서 중화의 국가를 전쟁의 주체로 삼지 않았는가? 중화의 국가 또한 이적으로 탈바꿈할 수 있기 때문이다.[25]

중화의 국가가 이적과 다른 까닭은 존귀한 이를 존귀하게 대하기 때문이다. 왕실이 혼란스러운데도 이를 구하길 달갑게 여기지 않고 군신과 상하 질서가 무너져내렸으니, 이는 또한 이적으로 탈바꿈하는 짓거리가 있었기 때문이다. 그러므로 중화의 나라를 전쟁의 주체로 삼지 않았다.[26]

전쟁이 권력다툼의 양상이 되는 경우라면, 자식은 부모를 죽여서라도 왕좌를 차지하려고 한다. 이는 왕실을 혼란에 빠트리는 일이다. 이 상황에서 분쟁을 막지 않고 부추긴다면 이는 인면수심의 패륜을 서슴지 않고 저지르는 꼴이 된다. 이로 인해서 신하가 군주를 시해하는 일도 빈번히 일어나게 된다. 이 같은 일이 발생하면 군주는 종묘사직을 보전하지 못할 뿐만 아니라 상하 질서도 무너지게 된다. 또 전쟁은 승리의 적기를 탐하는 것으로, 예컨대 장례를 치르고 있는 나라를 침략하는 무도한 짓거리가 되거나, 혹은 열국과 맺은 맹약을 깨트리고 상대방을 배반하는 신의 없는 작태가 된다. 이 때문에 중화의 나라는 전쟁의 주체로 나가려 하지 않는다.

다만 『공양전』은 전쟁에 대해 두 가지 예외를 두었다. 첫째, 복수를 위한 전쟁이다. 둘째, 이적에 대한 전쟁이다.[27] 이 점은 희공 4년 기사 속에서 잘 드러난다.

25) 『공양전』, 「소공-23년」, "然則曷爲不使中國主之. 中國亦新夷狄也."

26) 『공양전해고』, 「소공-23년」, "中國所以異乎夷狄者, 以其能尊尊也. 王室亂莫肯救, 君臣上下壞敗, 亦新有夷狄之行. 故不使主之."

27) 히하라 도시쿠니(日原利國) 지음, 김동민 옮김, 『국가와 백성 사이의 漢: 한제국, 덕치와 형벌의 이중주』, 글항아리, 2013, 259~264쪽.

> "사(師)에서 맹약하고, 소릉(召陵)에서 맹약했다"라고 말하는데, 무슨 뜻이냐? 사가 소릉에 있기 때문이다. 사가 소릉에 있다면 어째서 두 번이나 맹약했다고 말하는가? 초나라를 복종시킴이 기뻤기 때문이다. 어째서 "초나라를 복종시킴이 기뻤다"라고 말하는가? 초나라는 천자가 있으면 이후에 복종한다. 천자가 없으면 먼저 배반한다. 이적은 자주 중국을 괴롭혔다. 남쪽 이적과 북쪽 이적이 번갈아서 공격했다. 중국은 마치 끊어질 듯한 선과 같았다. 환공(桓公)이 중국을 구해내고 이적을 물리쳤다. 끝내 초나라를 굴복시켰다. 이를 천자의 일로 여긴다. "왔다"라고 말했는데, 무슨 뜻이냐? 환공을 패주로 인정함이다.[28]

초나라는 중국을 호시탐탐 노리는 골칫거리 가운데 하나이다. 그 이유는 화자가 한 번의 맹약에 대해 "사에서 맹약하고, 소릉에서 맹약했다"라고 두 번이나 말한 까닭을 밝히는 데서 잘 드러난다. 바로 초나라를 복종시킴이 너무 기뻤기 때문이다. 초나라는 천자가 있으면 복종하고 천자가 없으면 배반하는 습성을 가지고 있다. 중국에 위기 상황이 발생하면 초나라는 언제든 중국을 차지하려고 했을 뿐만 아니라, 다른 이적과 협력해서 중국을 공격하는 집요함도 갖고 있었다. 이로 인해서 중국은 금방이라도 끊어질 것 같은 선과 같은 형국이었다. 중국의 위기의식은 환공이 초나라를 굴복시킨 것에 대해 천자의 일로 평가하는 데서 잘 드러난다. 제후국이 천자와 같은 칭송을 받는 것은 기이한 일이다.

그렇다면 이는 중국이라는 지역을 지킨 것 이상의 성과로 평가

---

28) 『공양전』, 「희공-4년」, "其言盟于師, 盟于召陵何? 師在召陵也. 師在召陵, 則曷爲再言盟. 喜服楚也. 何言乎喜服楚. 楚有王者則後服. 無王者則先叛. 夷狄也, 而亟病中國. 南夷與北狄交. 中國不絶若線. 桓公救中國. 而攘夷狄. 卒怗荊. 以此爲王者之事也. 其言來何? 與桓爲主也."

하는 것이다. 춘추 의리상, 제후국은 천자의 명령을 받지 않고 다른 나라를 토벌할 수 없기 때문이다.[29] 즉 복수를 위한 전쟁이든 이적에 대한 전쟁이든 의리가 분명해야지, 전쟁이 단순히 중국이라는 영토를 빼앗기지 않는 차원이라면, 이적에 대한 교화는 이루어질 수 없고 종족 우월의식에 기반한 힘의 논리만 남을 수 있다. 초나라 토벌의 의의는 예컨대 공자가 제나라 환공을 패자로 만든 관중을 칭송한 일화에서 추론해볼 수 있다.

> 자공(子貢)이 물었다. "관중(管仲)은 인자(仁者)가 아니지요? 환공(桓公)이 공자(公子) 규(糾)를 죽였는데, 자신은 죽을 수 없어서 또 환공을 도왔습니다." 공자가 대답했다. "관중이 환공을 도와서 제후(諸侯)의 패자가 되었다. 환공이 한 번 천하를 바로잡자, 백성들이 지금까지 혜택을 받고 있다. 관중이 없었다면 우리는 머리를 풀고 옷깃을 왼편으로 하는 이적의 문화를 가졌을 것이다."[30]

여기서 관중은 공자 규를 따르던 인물이다. 그런데 관중이 공자 규를 죽인 환공에 귀의한 모습을 보고서, 자공은 관중의 처세법에 대해 힘의 논리를 따른 것이라고 비판하였다. 공자는 자공의 의견에 동의하지 않는다. 비록 관중이 왕도가 아닌 패도를 실현했지만, 공자는 관중의 도움으로 유학의 문화를 지킬 수 있었다고 평가한다. 따라서 『공양전』에서 용인하는 전쟁은 이적으로부터 유학의 문화를

29) 『공양전』, 「선공-11년」, "諸侯之義, 不得專討也, 諸侯之義不得專討, 則其曰實與之何? 上無天子, 下無方伯, 天下諸侯有爲無道者, 臣弑君, 子弑父, 力能討之, 則討之可也."

30) 『논어』, 「헌문-18」, 子貢曰, "管仲非仁者與? 桓公殺公子糾, 不能死, 又相之." 子曰, "管仲相桓公, 霸諸侯, 一匡天下, 民到于今受其賜. 微管仲, 吾其被髮左衽矣."

지키는 데에 주요한 목적이 있음을 알 수 있다.

3. 허형의 화이관(華夷觀)과 성리학(性理學) 이해

원대 『춘추』 관련 저술은 총 122부에 이른다. 근거자료는 『사고전서(四庫全書)』, 『원사(元史)·예문지(藝文志)』, 『경의고(經義考)』, 『문헌통고(文獻通考)』 등이다.[31] 원대 『춘추』 관련 저자는 총 97명이다. 북방 출신은 10명이고, 출신지 미상은 11명이고, 남방 출신은 76명이다. 또 『춘추』 관련 저술은 총 122부이다. 이 가운데 유실되거나 아직 발견되지 않은 것이 101부이고, 현재 21부가 겨우 남아있다. 남방 출신 가운데 대다수는 무원(婺源)을 근거지로 삼았다. 무원은 남송(南宋)의 성도(城都)이고, 이로 인해서 남방 출신의 『춘추』학은 화이론(華夷論)에 중점을 두고 있다. 예컨대 이들은 원을 중원의 침략자로 규정할 뿐만 아니라 금수와 소인의 무리로 낙인찍는다. 대표적인 인물이 가현옹(家鉉翁), 진칙통(陳則通)이다. 이에 반해 학경(郝經), 허형(許衡)은 몽골족의 중원 지배를 옹호한다.[32]

1) 중화에서 종족, 지역, 문화의 의미

학경은 '중국, 즉 한족 왕조는 이미 망하였다'라고 선포한다. 그

---

31) 刘俊, 〈元代《春秋》学的特质、成因及价值〉, 《江淮論壇》, 2018.4, 119쪽.

32) 刘俊, 〈元代"华夷之辨"的特质、缘由及影响〉, 《社会科学战线·中国哲学》, 2018年第4期, 64쪽.

리고 이 같은 상황에서 중원의 통치는 종족에 달려 있지 않고 도에 달려 있다고 주장한다.

> 중국은 이미 망했다. 어찌 반드시 중국인 통치자가 나온 이후에 중원이 잘 다스려지겠는가? … 야만인이라고 하더라도 잘 다스리는 사람이 있으면 그와 함께해도 좋고 그를 따라도 좋다. 어찌 중국인이니 야만인이니 따지겠는가?[33]

> 중국의 도를 실천할 수 있다면 중국의 군주이다.[34]

종족과 관계없이 통치를 잘하는 사람이 나타나면 누구든 그와 함께해야 하고 그를 따라야 한다. 여기서 잘 다스리는 사람은 단순히 안정된 사회를 이룩하는 데 목적을 두는 것이 아니라 중국의 도를 실천할 수 있는 사람이어야 한다. 중국의 도는 유학의 전장(典章)과 예법(禮法)을 말한다. 이 같은 점은 허형의 주장 속에서 좀 더 명확하게 드러난다.

허형은 "중하(中夏)와 이적(夷狄)의 명칭에 대해 지역과 종족에 달려 있지 않고 오직 도에 달려 있다"라고 주장한다.

> 중하와 이적의 명칭은 지역과 종족에 달려 있지 않고 오직 도에 달려 있을 뿐이다. 『춘추』의 법도는 중국인이면서 이적의 예법을 사용하면 이적이 되고, 이적이면서 중국의 문명에 가까워지면 중국이 되니, 지역과

33) 『陵川集』, 卷19, 「論辨微論時務」(元郝經撰), "中國而既亡矣, 豈必中國之人而後善治哉. … 苟有善者, 與之可也, 從之可也, 何有於中國於夷."

34) 『陵川集』, 卷37, 「使宋文移與宋國兩淮制置使書」(元郝經撰), "能行中國之道, 則中國之主也."

> 종족에 마음 쓰지 말라. 순임금은 동이에서 태어났고, 문왕은 서이에서 태어났고, 공유와 고공의 무리는 모두 융적에서 태어났는데, 후세 사람들이 그들을 성현이라고 칭송하였다. 어찌 그들의 지역과 종족을 따지겠는가? 원의 군주는 비록 옛 성현과 견주어 논할 수 없지만, 하늘을 공경하고 백성을 부지런히 살피고 현명한 자를 등용하여 나라의 안녕을 도모하니, 이 또한 중국의 도에 달음질하여 나아감이다. 이적의 풍습은 공격하고 정벌하여 죽임을 어짊이라고 여기는데, 민생의 해가 됨이 크다. 만약 그 풍속을 바꾸어서 민생이 썩어 문드러지지 않게 할 수 있다면 인한 사람과 군자는 거기에 마땅히 마음을 쏟아부어야 할 것이다.[35)]

지역과 종족에 근거해서 중하와 이적을 나눈다면 순임금, 문왕, 공유, 그리고 고공은 모두 중하에서 태어나지 않은 오랑캐가 된다. 또 고대 중국인들이 지역과 종족으로 중하와 이적을 차별했다면 이들은 순임금을 비롯한 오랑캐 출신의 인물을 통치자로 받아들이지 못할 뿐만 아니라 그들을 성현이라고 칭송하지도 않았을 것이다. 이 같은 점에 착안해서, 허형은 중하와 이적을 지역과 종족으로 구별해서는 안 된다고 입장을 제시한다. 또 이적의 풍습은 상대를 무자비하게 살육하는 것으로, 민생에 전혀 도움이 되지 않는다는 점을 지적하면서, 원대 통치자는 민생을 가장 우선으로 삼음으로써 인정(仁政)을 베풀려고 노력하고 있음을 재차 강조한다. 이는 중국의 도가 바로 민생을 근본으로 하는 왕도정치임을 드러내는 것이고, 또 원대

---

35) 『魯齋遺書』, 卷14, 「郡人何瑭題河内祠堂記」, “中夏夷狄之名, 不系其地與其類, 惟其道而已矣. 故『春秋』之法, 中國而用夷禮則夷之, 夷而進於中國則中國之, 無容心焉. 舜生於東夷, 文王生於西夷, 公劉、古公之儔皆生於戎狄, 後世稱聖賢焉, 豈問其地與其類哉? 元之君雖未可與古聖賢並論, 然敬天勤民, 用賢圖治, 蓋亦駸駸乎中國之道矣. 夷狄之俗, 以攻伐殺戮爲賢, 其爲生民之害大矣. 苟有可以轉移其俗, 使生民不至於魚肉糜爛者, 仁人君子尚當盡心焉.”

통치자들이 중화 문명을 이어나갈 수 있음을 제시한 것이다. 이로써 보건대, 북방 유학자들의 『춘추』학은 "용하변이(用夏變夷)", 즉 중국의 문명으로 이적을 변화시킨다는 관점으로 형성된 것이다.

2) 허형의 정주성리학 이해

원대 유학은 정주성리학(程朱性理學)을 표방하고 있다. 특히 조복(趙復, 생몰연대 미상)은 원대 정주성리학의 대표적인 인물이라고 할 수 있다.

> 생각건대, 주자·정자 이후 관련 글이 너무 많아서 배우는 사람들이 이를 관통할 수 없다. 이 때문에 마침내 복희·신농·요순이 하늘의 도리를 이어 표준을 세운 까닭, 공자·안연·맹자가 세세토록 전할 가르침을 세운 까닭, 주돈이·이정·장재·주희가 이어받아 밝힌 것에 근거하여 『전도도(傳道圖)』를 지었고 목록을 써서 뒤에 나열했다. 별도로 『이락발휘(伊洛發揮)』를 지었고, 이로써 그 종지를 밖으로 드러내었다. 주자의 문인 가운데 기록으로 보이는 사람과 입으로 전해지는 사람을 가지고 『사우도(師友圖)』를 만들어 사숙의 뜻을 담았다.[36]

조복은 양유중(楊惟中, 1205~1259)과 요추가 세운 태극서원(太極書院)에서 그들에게 정주성리학을 강의했다. 또 그는 허형, 학경(郝經, 1223~1275), 유인(劉因, 1249~1293) 등을 가르침으로써 북방 지역에

36) 『史傳三編』, 卷8, 「名儒傳6-趙復」, "復以周程而後, 其書廣博, 學者未能貫通, 乃原羲農堯舜所以繼天立極, 孔子顏孟所以垂世立教, 周程張朱氏所以發明紹續者, 作傳道圖, 而以書目條列于後. 別著伊洛發揮, 以標其宗, 至朱子門人, 則以見於登載, 得諸傳聞者, 作師友圖, 以寓私淑之志."

정주성리학을 전하게 되었다.[37] 조복은 『전전도』를 지음으로써 복희·신농·요순부터 공자·안연·맹자, 그리고 주돈이·이정·장재·주희로 이어지는 도통설(道統說)을 확립한다. 또 그는 『사우도』를 만들어 주희의 문인들까지 망라함으로써 원대까지 도통을 이어나가려는 의지를 엿보인다. 조복의 영향 아래, 허형이 정주성리학을 받아들인다.

다만 허형이 주희의 저작을 읽고서 그 의미를 온전하게 이해하고 계승했는지에 대해 의문이 남는다.

> 노재(魯齋) 허형(許衡)은 어려서 책을 읽고는 바로 성현의 도에 뜻을 두었다. 후에 주희의 『소학』과 『사서』을 얻고서 마침내 옛 습성을 모두 버리게 되었고, 종신토록 『소학』과 『사서』 공부를 업으로 삼았다. 그러므로 자신의 기반을 확립함과 몸가짐, 조정에 나아감과 군주를 섬김, 물러나 쉼과 후학을 가르치는 데 모두 주자를 귀의처로 삼았고 배우는 데 몸소 실천함을 급선무로 삼았지 공연히 언어와 문자에 일삼음이 없었고, 방법으로는 실용을 우선으로 삼았지 공연히 성명의 오묘함을 다 알고자 하지 않았다.[38]

허형은 주희의 저작 가운데 『소학』과 『사서』를 평생의 학업으로 삼고 숙독한다. 그런데 허형은 『소학』과 『사서』 공부의 목적을 상달(上達)보다 하학(下學)에 두었다. 예컨대 관직의 진퇴 상황에서 유학자

37) https://baike.baidu.com/item/%E8%B5%B5%E5%A4%8D/4257100

38) 『魯齋遺書』, 卷14, 「又表彰文正公碑記」, "魯齋幼而讀書, 卽有志于聖賢之道, 後得考亭小學四書, 乃盡棄故習, 一終事於其間. 故立身行已, 立朝事君, 及乎退休教授, 皆以朱子為依歸, 學以躬行為急, 而不徒事乎語言文字之間, 道以致用為先, 而不徒極乎性命之奥."

가 어떻게 처신해야 하는지에 관심을 가졌다. 이는 경전 탐구[知]보다 실천[行]에 중점을 둔 것이고, 또 태극과 같은 형이상학의 주제보다 실제 통치를 하는 데 필요한 실용을 우선하는 것이다.[39] 이 같은 허형의 학문관은 표면적으로 주자학을 표방한 것이지만, 그 이면에는 이민족 통치자인 세조의 정치적 성향[실용성 강조]을 반영한 것이다.[40]

허형은 좨주(祭酒)의 자리에 오른다. 그는 관직 생활을 이어나가면서 주자의 책으로 제자들을 가르치는 일을 놓아버린다.

> 문정공 허형이 좨주가 되었다. 처음에는 주자의 『소학』 등의 책으로 제자들을 가르쳤는데, 시간이 좀 흘러서는 점차 주자의 책으로 가르치는 일을 놓아버렸다. … 또 배우는 사람들을 위해서 말했다. '주자는 도문학 공부에 대해 자처함이 많았지만, 육자정은 존덕성을 위주로 한다. 묻고 배움이 덕성에 근거하지 않는다면 그 폐단은 반드시 언어를 새기고 풀이하는 말단에 치우치게 된다. 이 때문에 배움은 반드시 덕성을 근본으로 삼아야만 완전히 터득하게 될 것이다.' 의론하는 사람들이 마침내 오징은 육자정의 학문을 종주로 삼은 것이고, 허형은 주자의 본의를 존중하고 믿은 것은 아니라고 여겼다.[41]

---

39) Wing-tsit Chan, "Chu Hsi and Yüan Neo-Confucianism", *Yüan Thought-Chinese Thought and Religion Under the Mongols*, ed by Hok-lam Chan and Wm. Theodore de Bary, New York: Columbia University Press, 1982, pp.209~210.

40) Wm. Theodore de Bary, *Neo-Confucian Orthodoxy and the Learning of the Mind-and-Heart*, New-York: Columbia University Press, 1981, p.70.

41) 『元史』, 卷171, 「吳澄傳」, "許文正公衡為祭酒, 始以朱子小學等書授弟子, 久之, 漸失其舊. … 又嘗為學者言, '朱子於道問學之功居多, 而陸子靜以尊德性為主. 問學不本於德性, 則其敝必偏於言語訓釋之末, 故學必以德性為本, 庶幾得之.' 議者, 遂以澄為陸

오징(吳澄)과 허형은 주자를 도문학(道問學) 공부로, 육자정을 존덕성(尊德性) 공부로 구별한다. 이는 두 사람만의 특별한 관점은 아니다. 다만 '묻고 배움을 덕성에 근거하지 않으면 그 폐단이 언어를 새기고 풀이하는 말단에 치우치게 된다'라고 말하면 사물의 이치를 궁구하는 격물치지(格物致知)보다 성의정심(誠意正心)이 앞서게 된다. 이는 배우는 데 격물치지를 가장 우선하는 주자학과 정반대 방향으로 나아가는 것이다. 이로 인해서 오징은 육자정의 학문을 종주로 삼고, 허형은 주자의 본의를 존중하는지에 대해 의심받는 지경까지 이르게 된다.

급기야 허형은 오징처럼 육자정의 학문을 종주로 삼을지도 모르겠다는 의심을 불러일으킨다. 주자학에서 경전 공부는 격물치지의 방법 가운데 굉장히 중요한 요소이다.

> 허형이 다른 사람에게 말했다. "반드시 책을 한 번 태워버려야 한다. … 무슨 이유 때문인가? 전적은 많은데 공부를 제대로 하지 않으면 감각기관이 혼란스러워지고 지각이 밝지 않게 되니, 군자가 이를 우려함이 마땅하다. … 『육경』은 공자가 쓴 것인데, 배우는 사람들은 단순히 글만 암송하고 의미를 잊어버리니, 『육경』은 껍데기에 지나지 않게 된다. 이는 완물상지(玩物喪志)와 같다."[42]

허형은 '반드시 책을 태워버려야 한다'라고 말한다. 이어서 그 이유에 대해, 그는 '전적은 많은데 공부를 제대로 하지 않으면 감각

氏之學, 非許氏尊信朱子本意."

42) 『陳白沙集』, 「白沙子1-道學傳序」, "許文正語人曰, 也須焚書一遭. … 夫何故, 載籍多而功不專, 耳目亂而知不明, 宜君子之憂之也. … 六經, 夫子之書也, 學者徒誦其言而忘味, 六經一糟粕耳, 猶未免于玩物喪志."

기관이 혼란해지고, 이로 인해서 지각이 어두워지기 때문이다'라고 말한다. '책을 태워버려야 한다'라는 말이 다소 과격해 보인다. 이 말에 대해, 허형이 '쓸데없는 글이 공부를 방해하니, 그런 책은 없어도 된다'라는 의미로 순화한다고 하더라도, 여전히 허형이 순전한 주자학자인가에 대한 의심을 접을 수 없다. 특히 허형이 '『육경』은 껍데기에 지나지 않는다.'라고 말한 것은 바로 육구연(陸九淵)이 "배우는 데 근본을 알면 『육경』은 모두 내 마음속의 주석일 뿐이다"[43]라고 말한 것을 연상시킨다.

허형은 '몸을 닦음은 마음을 바르게 하는 데에 달려 있다'라는 말을 인용한다. 이는 『대학』의 8조목 가운데 수신 앞에 정심이 있음을 나타낸다. 또 이어지는 논의는 정심부터 평천하까지 평이하게 이어지는 구절이다. 이로써 보자면, 해당 구절은 허형의 학문적 성향을 드러내는 데에 그다지 특색있는 논거는 아닐 수 있다.

> 공자는 몸을 닦음이 마음을 바르게 하는 데에 있다고 말했다. 이는 『대학』에서 좋은 법도로, 마음을 바르게 할 수 있다면 자신을 닦을 수 있고, 자신을 닦을 수 있으면 집안을 안정시킬 수 있고, 집안을 안정시킬 수 있으면 나라를 다스릴 수 있고, 나라를 다스릴 수 있으면 천하를 평안하게 할 수 있다. 저 뜻을 성실하게 함과 사물에 나아가 이치를 앎은 모두 여기서부터 뿌리를 두고 해나가는 것이다. 대체로 보건대 이는 마음을 바르게 하는 데서 한 발짝씩 나아가는 것이다. 한번 마음이 바르게 되면 한번 몸이 바르게 되고 한번 가정이 바르게 되고 한번 나라가 바르게 된다. 이것이 바로 천하를 평안하게 하는 큰 틀이다.[44]

---

43) 『상산어록』, 권1, "學苟知本, 六經皆我註脚."

44) 『魯齋遺書』, 卷3, 「大學要略」, "孔子道脩身在正心, 這的是大學裏一箇好法度, 能正心, 便能脩身, 能脩身便能齊家, 能齊家便能治國, 能治國便能平天下. 那誠意格物致知,

다만 허형은 '성의와 격물치지가 마음을 바르게 하는 데에 뿌리를 두고 있다'라고 주장한다. 이는 마음을 바르게 함이 성의와 격물치지뿐만 아니라 평천하까지 모두 포괄하는 근본 공부임을 나타내는 것이다. 또 마음을 바르게 함이 천하를 평안하게 하는 큰 틀이라고 한다면, 이는 사서인(士庶人)의 차원이 아니라 천자와 같은 통치자의 차원에서 『대학』 공부를 논하는 것이라고 할 수 있다. 설령 허형이 사서인의 공부를 논했다고 하더라도, 이는 주희와 같이 사물의 이치를 탐구하거나 독서 등을 통해 지식을 획득하는 것이 아니라 자기 본심을 온전하게 보존하는 간명한 공부로 해석될 수 있다.

또 허형은 명덕(明德)을 기질의 차원에서 논하고 있다. 이로 인해서 그는 명명덕(明明德)을 기질의 변화로 풀어낸다.

> 밝은 덕을 밝히면 탁하고 악한 기질이 맑고 선하게 변한다. 타고난 성인의 밝은 덕은 온전하게 밝아서 조금의 공부도 필요하지 않으니, 천하의 모든 일에 대해 모두 깨달아 알 수 있고, 모두 근간을 알 수 있고, 천하 사람을 모두 자신과 같은 존재로 보게 된다. 밝은 덕은 다만 타고나면서 기품에 얽매이게 되는 경우가 있고, 또 태어난 후에 감각기관이 욕망으로 가리어지는 경우가 있으므로 밝은 덕이 어둡고 막히면 이는 금수와 차이가 별로 없게 된다. 성인이 이를 애처롭게 여겼으므로 학교를 세워서 그 기질을 변화시키고자 했다.[45)]

都從這上頭做根脚來. 大槩看來, 這箇當於正心上, 一步一步行著去, 一心正呵, 一身正, 一家正, 一國正. 這的便是平天下的體例."

45) 『魯齋遺書』, 卷3, 「大學要略」, "明明德, 則濁惡變為清美, 天生聖人, 明德全明, 不用分毫功夫, 於天下萬事, 皆能曉解, 皆能了幹, 見天下之人, 皆有自己一般的. 明德只為生來的氣稟拘之, 又為生以後, 耳目口鼻身體的愛欲蔽之, 故明德暗塞, 與禽獸不遠, 聖人哀憐, 故設為學校以變其氣."

성인(聖人)은 타고난 기질이 온전한 존재이다. 이 때문에 성인은 공부하지 않더라도 천하의 모든 일을 알 수 있다. 그리고 성인은 범인(凡人)이 자신과 같은 존재임을 안다. 타고난 기질로 성인과 범인을 논한다면, 성인과 범인은 근본적으로 다른 존재이다. 그렇다면 성인이 범인을 자신과 같은 존재라고 규정하는 까닭은 무엇인가? 허형은 사람의 타고난 기질을 변화시키거나 외부대상의 자극을 통제해서 명덕을 성인과 같이 온전한 상태로 변화시킨다면 범인 또한 성인이 될 수 있다고 주장한다. 그리고 기질 변화는 학교 교육의 목적이라고 설파한다.

그런데 이 관점은 주희의 명덕과 다른 방향을 지향하는 것이다. 주희의 명덕은 하늘로부터 얻은 인의예지이다. 이 인의예지는 마음속에 담긴 빛나는 구슬과 같은 것으로, 기품과 물욕에 의해서 얽매이거나 가려질 수 있는 것이다. 이 때문에 기품이나 물욕을 없애면 마음속의 인의예지는 온전하게 회복되는 것이다. 이 회복이 바로 밝은 덕을 밝힘[明明德]이다.[46] 명덕은 변화의 대상으로 존재하는 것이 아니라, 그 자체로 완전한 것이다. 성인도 범인도 같은 본성을 갖고 있다. 이 때문에 명덕은 기질의 차원에서 논할 수 있는 것이 아니라 본성, 즉 인의예지이다.

이상의 논의로써 보건대, 원대 제국의 통치는 유교보다 불교가 중심 역할을 했다. 또 불교 가운데 몽골족과 문화적 친연성이 강한 장전 불교가 가장 강한 영향력을 발휘했다. 이는 통치자들이 자신들

46) 『어류』, 「14:115」, "明德, 是我得之於天, 而方寸中光明底物事. 統而言之, 仁義禮智. 以其發見而言之, 如惻隱・羞惡之類; 以其見於實用言之, 如事親・從兄是也. 如此等德, 本不待自家明之. 但從來爲氣稟所拘, 物欲所蔽, 一向昏昧, 更不光明. 而今卻在挑剔揩磨出來, 以復向來得之於天者, 此便是'明明德'."

에게 익숙한 문화나 체제를 선호한 것임을 보여준다. 또 유학자들 가운데서도 경학 연구에 몰두한 유학자들보다 유가와 법가를 아울러 세금징수와 같은 눈에 보이는 성과를 낼 수 있는 인물이 중용되었다. 이런 상황에서 유학자들이 변방으로 물러나는 것은 자연스러운 현상이다. 또 허형이 조복에게 정주성리학을 배웠다고 하지만, 그 시간이 오래지 않았고, 또 허형이 주자의 문헌을 넓고 깊게 읽지 못했다. 따라서 원대가 유학[정주성리학]을 기반으로 중화를 지향했다고 표방하기 어렵다.

4. 정몽주의 화이관과 정주성리학(程朱性理學) 이해

정몽주(鄭夢周)는 중화와 이적을 구별하는 데 문화를 준거로 삼았다. 여기서 문화는 정주성리학을 뜻한다. 이는 원대 허형의 춘추관과 일맥상통하는 부분이라고 할 수 있다. 허형 또한 정주성리학을 존숭했다. 다만 허형이 정주성리학의 통치 이념을 군주 중심의 실용주의로 변용했다면, 정몽주는 이에 대해 사대부 중심의 정통주의를 고수했다는 데 차이점이 있다. 허형의 실용주의는 문화, 즉 유교라는 범주를 좀 더 유연하게 적용함으로써 종족 개념을 자신의 춘추관에서 희석했다. 이에 비해, 정몽주의 정통주의는 정주성리학의 이론 체계를 고스란히 계승하려는 것이다. 또 그는 고려 문화의 기원을 기자로까지 끌어올림으로써 중국에서는 원과 중국 밖에서는 일본과 구별한다. 이는 문화의 측면에서 고려는 원, 일본과 구별되는 문명국임을 자처하는 것이다. 또 지역과 종족의 측면에서 고려는 문명국으로서 중국과 다르지 않은 국가임을 자부하는 것이다.

1) 중화에서 종족, 지역, 문화의 의미

정몽주는 중국인으로부터 이적의 땅에 사는 사람이라고 비아냥거림을 받는다. 이는 중원에 살지 않는 사람은 문명인이 아니라 야만인이라는 뜻을 함축하는 것으로, 지역과 종족을 중심으로 화이론을 펼치는 것이다.

> 중니(仲尼)가 필삭하여 『춘추』의 의리가 정미하네. 눈 내리는 밤 밝은 등불로 세세하게 완미할 때, 내 몸은 이미 중화로 진입하였는데, 옆의 사람은 알아보지 못하고 이적에 산다고 말하네.[47]

정황상, 정몽주가 『춘추』의 의미를 완미하고 체득한 일이 언제 일어났는지에 대해 명확하게 밝히기 어렵다. 예컨대 마침 중국서 정몽주가 『춘추』를 읽으며 그 뜻을 완미하고 체득했을 때, 중국인이 옆에서 비아냥거린 것인지 아니면 중국인의 비아냥거림을 통해서 자신이 화이론을 정립했던 과정을 회상하는 것인지 단정하기 어렵다. 분명한 점은 정몽주의 화이론 특징이다. 그는 『춘추』의 의리를 완미하여 체화하였다. 이는 의리가 체화되기만 하면 출신 지역이나

---

47) 『圃隱集』, 卷2, 「冬夜讀春秋」, "仲尼筆削義精微. 雪夜青燈細玩時, 早抱吾身進中國, 傍人不識謂居夷."

종족과 상관없이 누구든 중화로 진입한다는 것을 뜻한다. 그리고 중화에 진입한 사람은 그 말이나 행동이 야만인의 수준에 머물지 않는다. 이를 입증하는 방법은 그 사람과 대화를 나누어보는 것이다. 옆의 사람은 이 같은 과정을 생략한 채, 정몽주가 고려인이라는 이유만으로 이적으로 분류하고 있다. 따라서 정몽주의 화이론은 문화를 중심축으로 삼았음을 알 수 있다.[48]

또 정몽주는 일본에 건너가서 그곳의 지형과 풍속을 살펴보고 소회를 밝힘으로써 자신의 화이론을 재차 강조한다. 정몽주는 일본을 고려의 동쪽에 바다로 둘러싸인 신비의 땅으로 묘사하고 있다. 그러면서 정몽주는 일본의 풍속 가운데 중국의 면모를 발견할 수 있다고 설명한다.

> 산천 촌락은 예나 지금이나 같은데, 땅이 부상과 가까워 새벽 해가 붉다. 신선만이 바다에 산다고 하더니, 누군들 민가가 동쪽 편에 있는지 알았겠는가? 채색한 옷은 진나라 동자로부터 변했을 것 같고, 치아에 물들임은 월나라 풍속과 통한다. 고개 돌리면 삼한은 먼 곳에 있지 않으니, 삼한은 기자가 남긴 풍속이 지금까지 전해온다.[49]

여기서 채색옷이라든지 치아에 물들임은 진나라나 월나라 풍속으로, 일본이 중국 풍속에 영향을 받았다는 사실을 뒷받침해주는 것

---

48) 엄연석, 「圃隱 鄭夢周의 유가적 의리실천과 역사철학적 인식」, 『한국인물사연구』 11, 2009, 74~76쪽 ; 정성식, 「鄭夢周의 經學思想에 대한 연구」, 『東洋文化硏究』 2, 2008, 18~19쪽.

49) 『圃隱集』, 卷1, 「洪武丁巳奉使日本作」, "山川井邑古今同, 地近扶桑曉日紅, 但道神仙居海上, 誰知民社在天東, 斑衣想自秦童化, 染齒曾將越俗通, 回首三韓應不遠, 千年箕子有遺風."

들이다. 다만 정몽주는 이런 것들이 문명국의 문화는 아니라고 주장한다. 이는 진나라나 월나라가 지역상 중국에 속하더라도 문화의 차원에서 중화가 될 수 없다는 것이다. 그리고 이 같은 문화를 고수하고 있는 일본 또한 문명국이 될 수 없다는 것이다. 정몽주는, 고려가 일본과 달리 문명국의 풍속을 갖고 있다고 주장한다. 또 그는 삼한으로부터 고려에 이르기까지 기자가 전한 풍속이 잘 보존되어 있다고 역설한다. 이는 지역상 중국에 속하든 그렇지 않든 간에 한 국가가 문명국이 되느냐의 여부는 문화에 달려 있음을 재차 강조하는 것이다.

2) 정몽주의 정주성리학 이해

당시 고려 풍속은 상례든 제례든 유교의 법식을 따르지 않고 불교의 법식을 따르고 있었다. 이는 사서인에까지 널리 퍼진 풍속이다.

> 당시 풍속에서 상례와 제례는 오로지 승려의 법식을 높였다. 정몽주가 처음으로 사서인에게 『주자가례』에 근거해서 가묘를 세우고 선조의 제사를 받들라고 명하였다. 또 수령은 참외와 이서를 뒤섞어서 임용했기 때문에, 이들은 품계가 낮고 사람됨이 용렬했다. 처음으로 참관 가운데 청렴하고 신망 있는 사람을 뽑았고, 그 출척도 엄격하게 했다. 또 금전과 곡식을 출납하는 도평의사 녹사가 백첩을 시행하여 업무 가운데 외람됨이 많았다. 처음으로 경력과 도사를 두어 그 출납을 기록했다. 또 도성 안에 오부학당을 세우고 외지에는 향교를 설치하여 유교 문화를 일으켰다. 그 밖에도 의창을 세워 궁핍한 사람들을 진휼했고, 수참을 설치하여 조운을 편리하게 한 일이 모두 정몽주의 계획이었다.[50]

정몽주는 우선 사서인이 유교의 법식을 따라서 상례와 제례를 실행할 수 있도록 했다. 이 조치가 바로 『주자가례』 보급이다. 예컨대 정몽주는 사서인에게 『주자가례』에 근거해서 가묘를 세우고 선조의 제사를 받들도록 했다. 또 그는 청렴하고 신망 있는 사람을 뽑을 수 있는 합리적인 제도를 마련하였다. 이는 덕 있는 사람이 관직을 획득하는 유학의 근본 취지와 부합하는 지점이다. 그리고 정몽주는 금전이나 곡식을 관리하는 데에 전문 관리를 두었고, 또 의창과 수참을 설치함으로써 민생을 안정시키는 데에 크게 이바지했다. 무엇보다도 도성 안의 오부학당과 외지의 향교 설치는 민간에 유교 문화를 확산하는 데에 큰 힘이 되었다. 이로써 보건대, 정몽주는 그간 고려에 뿌리 깊게 박혀있던 불교를 청산하고 그 자리에 유교를 이식하는 데에 중요한 역할을 했다.

또 정도전은 정몽주를 사서오경(四書五經)에 달통한 인물로 평가한다. 당시 사람들은 사서오경, 특히 주자집주(朱子集註)에 대한 이해도가 높지 않았다.

선생님[정몽주]은 『대학』의 제강과 『중용』의 회극에서 도를 밝히고 도를 전하는 뜻을 얻었고, 『논어』와 『맹자』의 정미에서 조존·함양의 요체와 체험·확충의 방법을 얻었다. 『주역』에서는 선천과 후천이 서로 본체와 작용이 됨을 알았다. 『상서』에서는 정일과 집중이 제왕이 전수하는 심법임을 알았다. 『시경』은 사람이 지켜야 할 법도와 사물의 법칙이라는 교훈을 근본으로 삼았다. 『춘추』는 도의와 공리의 차이를 분별했다. 우리

50) 『高麗史』, 卷117, 「列傳-諸臣」, "時俗, 喪祭專尙桑門法, 夢周始令士庶倣朱子家禮, 立家廟奉先祀. 又以守令, 雜用叅外吏胥, 秩卑人劣, 始選用叅官有淸望者, 嚴其黜陟. 又以金穀出納都評議司錄事, 白牒施行, 事多猥濫, 始置經歷都事, 籍其出納. 又內建五部學堂, 外設鄕校, 以興儒術. 其他如立義倉賑窮乏, 設水站便漕運, 皆其畫也."

동방 500년에 이 이치에 이른 사람이 몇 명이나 되겠는가? 유생들이 각자 학업에 전념하여 사람마다 견해를 달리 제시했는데, 선생님은 질문에 따라 분석하고 강설하여도 조금의 차이가 나지 않았다.[51]

정몽주는 『대학』과 『중용』을 통해서 도를 밝히고 도를 전하는 뜻을 터득했다. 그리고 그는 『논어』와 『맹자』를 통해서 조존함양(操存涵養)이나 체험확충(體驗擴充)과 같은 수양론을 알게 되었다. 이는 사서 가운데 하늘의 도가 인간의 본성과 연결되어 있음을 밝힌 것일 뿐 아니라, 하늘의 도를 전하고 밝힘으로써 자신의 본성을 길러낼 수 있음을 체득한 것이다. 당시 유학자들이 사서집주를 정확하게 파악하는 데 어려움을 겪었다는 점에 착안해보면, 정몽주가 사서의 핵심을 간명하게 정리함으로써 당대 및 후대 학자들에게 적잖은 도움을 주었다는 사실을 추정해볼 수 있다.

오경과 관련해서, 정몽주는 『주역』을 선천과 후천의 구도로 읽어낸다. 이는 선천을 본체로, 후천을 작용으로 해석하는 것이다. 이 같은 점은 원대 허형과 달리, 정몽주는 형이상과 형이하의 구도를 모두 제시한 것이다. 또 『상서』 가운데 16자 심법에 대한 주목은 후대 유학자들이 제왕학과 관련해서 논의를 펼치는 데에 기점을 마련했다고 할 수 있다. 『시경』 해석과 관련해서 법도와 사물의 법칙을 교훈으로 삼은 점은 주자의 『집전』을 충실히 따른 것이다. 『춘추』 가운데 도의(道誼)와 공리(功利)의 차이를 밝힌 점은 주자의 춘추의리관

51) 『三峯集』, 卷3, 「圃隱奉使藁序」, "先生於大學之提綱, 中庸之會極, 得明道傳道之旨, 於論孟之精微, 得操存涵養之要, 體驗擴充之方. 至於易, 知先天後天相爲體用. 於書, 知精一執中爲帝王傳授心法. 詩則本於民彝物則之訓. 春秋則辨其道誼功利之分. 吾東方五百年, 臻斯理者幾何人哉? 諸生各執其業, 人人異說, 隨問講析, 分毫不差."

을 따른 것이다. 오경 가운데 『예기』와 관련된 논의는 빠져있다. 그렇다고 하더라도 정몽주가 『주자가례』를 중시했다는 점으로 미루어 보면, 그는 분명 유학의 경장과 예법에 대해서도 해박한 지식과 견해를 갖고 있었음을 추론해볼 수 있다. 이 같은 점을 미루어볼 때, 정몽주의 경학론(經學論)은 주자의 구도를 충실하게 이해하고 받아들인 것이라고 할 수 있다.

당대 고려 유학자들뿐만 아니라 원대 허형과 비교해보아도, 정몽주는 그들보다 훨씬 정확하고 깊이 있게 정주성리학을 이해하고 있다. 이는 허형의 실용주의와 노선을 달리하는 정통주의라고 할 수 있다. 대표적인 개념이 바로 이일분수(理一分殊)이다.

> 크고 작은 것이 만 가지로 분분히 다르지만, 그 속에는 제각각 분명한 이치가 들어 있네. 사물을 처리함이 지극한 곳에 이른다면, 외물과 나 사이에 안팎이 없으리라. 부처의 가르침은 이것과 서로 달라서 허공에 매달아 놓고 묘한 뜻을 말하네. 일체 만유를 환영과 망념으로 돌리니, 군부의 도리가 설 곳을 잃게 되었네. 이로부터 천백 년 세월 내려오면서 의론이 마침내 벌 떼처럼 일어났었지. 상인은 마음을 텅 비운 사람인지라 바르고 옳은 도리 함께 찾기 바라오.[52]

정몽주는 현상세계의 다양성과 함께 그 속에 존재하는 보편성을 논하고 있다. 이 보편성은 현상세계 가운데 당위의 법칙으로 존재하지만, 이것이 가능한 소이연(所以然)의 법칙은 현상 너머에 존재한다. 당위의 법칙이 형이하의 영역에 속하는 것이라면, 그 소이연은 형이

52) 『圃隱集』, 卷2, 「幻庵卷子」, "鉅細紛萬殊, 粲然斯有理, 處之苟臻極, 物我無表裏, 浮屠異於此, 懸空譚妙旨, 一切歸幻妄, 君父失所止, 自是千百年, 議論竟蠭起, 上人虛心者, 願與求正是."

상의 세계에 존재한다. 다만 형이상은 형이하와 분리될 수 없다. 예컨대 우리가 살아계신 어버이를 대할 수도 있고, 돌아가신 어버이를 대할 수도 있다. 살아계신 어버이에게는 봉양으로, 돌아가신 어버이에게는 상례와 제례를 드려야 한다. 그래도 그 가운데 우리가 실현해야 하는 덕목은 하나이다. 이는 당위의 덕목인 효이다. 여기서 효는 근본적으로 어버이를 사랑하는 인으로부터 파생된 것이다. 그리고 인은 모든 사람이 부여받은 본성이고, 이 본성은 곧 리[소이연]이다. 따라서 형이상의 리는 본체로서 인이고, 이로부터 발행한 효는 형이하의 덕목으로, 두 가지는 본체와 작용의 관계로 분리될 수 없다.

그런데 불교는 일상, 즉 형이하와 분리된 형이상의 세계를 상정하고 있다. 그것이 바로 공(空)이다. 공은 현상세계에 존재하는 모든 것은 고정불변의 모습이 없다는 것이다. 이를 인륜 관계에 적용해보면, 부자 관계도 일시적인 인연의 조합이지 영속적인 것은 아니다. 이 때문에 우리가 부자 관계에 집착하면 만물의 본질인 공을 깨우치지 못하게 된다. 오히려 우리 마음속에서 부자 관계를 없애버려야 우리는 참된 자유를 얻게 된다. 이는 형이하의 세계와 동떨어진 초월의 세계를 상정하거나 사람의 마음을 일상과 멀어지게 하는 것이다. 이 같은 논의를 통해서 볼 때, 정몽주의 이일분수는 일상의 도덕적 삶이 보편성을 획득할 수 있는 형이상의 구도, 즉 정주성리학을 충실하게 계승한 것이다.

또 정몽주는 형이상과 형이하의 구도로써 미발과 이발의 수양론을 논할 수 있는 발판을 마련한다.

건도는 일찍이 쉰 적이 없고, 곤괘는 순전히 음이다. 일양이 처음 움

> 직이는 곳에서 하늘의 마음을 볼 수 있다. 조화는 치우친 기운이 없지만, 성인은 오히려 음을 억눌렀다. 일양이 처음 움직이는 곳에서 내 마음을 증험할 수 있다.[53]

건괘(乾卦)는 양효(陽爻)가 모두 드러난 것이다. 이는 하늘이 사물을 낳는 마음으로, 한순간도 하늘의 도가 끊김이 없음을 나타낸다. 그리고 곤괘(坤卦)는 모두 음효이지만, 그 가운데 양효가 숨어있다. 『주역』 64괘에서 양효와 음효는 각각 드러나기도 하고 숨기도 한다. 다만 순 양효 가운데서도 음효가 뒤에 숨어있고, 순 음효 속에서도 양효는 숨어있다. 이 때문에 곤괘 가운데도 양효가 생겨나고, 초효에 양효가 생겨난 것을 복괘(復卦)라고 한다. 복괘는 인(仁)을 나타내고 천지가 만물을 낳는 마음을 뜻한다. 복괘에서 천지의 마음을 볼 수 있으며, 여기서 양효를 잘 길러내는 공부를 미발함양(未發涵養)이라고 한다. 이는 주자의 미발함양 구도를 따른 것이라고 할 수 있다. 또 정몽주가 '성인은 음을 억눌러서 양이 처음 움직이는 곳에서 내 마음을 징험한다'라고 말한다. 이는 정이(程頤)의 부양억음설(扶陽抑陰說)을 계승한 것으로, 인욕을 억제하고 천리를 보존하는 정주성리학의 수양론과 맥을 같이 한다고 할 수 있다.[54]

정몽주은 경전을 읽고 그 가운데 이치를 궁구하는 데에 힘을 쏟는다. 이는 정주성리학의 격물 개념과 일맥상통하는 부분이다.

> 책을 읽고 성현의 뜻을 궁리(窮理)하고, 책 짐을 지고 서울로 왔다. 도

---

53) 『圃隱集』, 卷2, 「冬至吟」, "乾道未嘗息, 坤爻純是陰, 一陽初動處, 可以見天心. 造化無偏氣, 聖人猶抑陰, 一陽初動處, 可以驗吾心."

54) 엄연석, 「圃隱 鄭夢周의 유가적 의리실천과 역사철학적 인식」, 『한국인물사연구』 11, 2009, 71~72쪽.

가 태평하여 바다로 나가길 사양하고, 봄볕 따뜻해서 기수로 목욕하러 갔다. 『시경』을 담론하며 훈고를 잊어버리고, 『주역』을 완미하며 정미함을 꿰뚫었다.[55]

정몽주는 경전 가운데 성현의 뜻이 담겨 있다고 생각한다. 이 때문에 그는 상경하면서도 책 짐을 풀어놓지 않는다. 그렇다고 해서 정몽주가 마음의 여유도 없이 책 속에서만 성현의 뜻을 찾으려고 한 것은 아니다. 그는 『논어』, 「공야장-6」[56]과 「선진-25」[57]를 인용함으로써 일상 속에서 즐거움을 얻는 학문을 논한다. 예컨대 증점이 기수로 목욕하러 간다고 말한 내용은 지엽적인 것에 얽매이지 않고 동정 가운데 인욕을 제거하고 천리가 자연스럽게 유행하도록 하는 공부를 뜻하는 것이다.[58] 이로써 미루어보면, 정몽주의 궁리 공부는 경전 공부를 통해 성현의 뜻을 체득할 뿐 아니라, 이를 통해서 일상 가운데 인욕을 제거하고 천리를 즐겁게 실천하는 데 목적을 두고 있다.

정몽주는 정주성리학을 자득한 인물로 평가된다. 그렇다고 해서

---

55) 『圃隱集』, 卷2, 「賀李秀才登第還鄕」, "讀書窮聖域, 負笈走王畿, 道泰辭浮海, 春暄趁浴沂, 談詩遺訓詁, 玩易貫精微."

56) 『논어』, 「공야장-6」, 子曰: "道不行, 乘桴浮于海. 從我者其由與?" 子路聞之喜. 子曰: "由也好勇過我, 無所取材."

57) 『논어』, 「선진-25」, "'點! 爾何如?' 鼓瑟希, 鏗爾, 舍瑟而作. 對曰: '異乎三子者之撰.' 子曰: '何傷乎? 亦各言其志也.' 曰: '莫春者, 春服旣成. 冠者五六人, 童子六七人, 浴乎沂, 風乎舞雩, 詠而歸.' 夫子喟然歎曰: '吾與點也!'"

58) 『논어』, 「선진-25」, 집주 : "曾點之學, 蓋有以見夫人欲盡處, 天理流行, 隨處充滿, 無少欠闕. 故其動靜之際, 從容如此. 而其言志, 則又不過卽其所居之位, 樂其日用之常, 初無舍己爲人之意. 而其胸次悠然, 直與天地萬物上下同流, 各得其所之妙, 隱然自見於言外. 視三子之規規於事爲之末者, 其氣象不侔矣, 故夫子歎息而深許之. 而門人記其本末獨加詳焉, 蓋亦有以識此矣."

그의 학문이 자의적이거나, 형이하이든 형이상이든 어느 한쪽으로 치우치지 않는다. 오히려 정몽주가 묵묵히 터득한 성리학은 당대뿐만 아니라 후대 유학자들에게도 동방의 이학 비조라는 평가를 받는다.

> 오천(烏川) 출신 문충공(文忠公) 포은(圃隱) 정몽주는 고려말에 태어났다. 타고난 자질이 순수하고 선하고 학문이 정밀하고 깊었다. 그의 학문은 묵묵히 마음으로 깨달음을 핵심으로 여기고 몸소 실천함을 근본으로 삼아서 성리학(性理學)을 동방에서 창도하였니, 당시 뛰어난 사람들이 모두 높이 받들며 따랐다. 예컨대 이색은 정몽주의 강학에 대해 말했다. "형이하에 대해 말하든 형이상에 대해 말하든 이치에 맞지 않는 것이 없었다." 이숭인이 그의 인품을 매번 '정몽주는 탁월하다'라고 평하였으니, 선생의 학문과 재주를 알 만하도다.[59]

지역상 정몽주는 중국과 멀리 떨어진 고려에서 태어났다. 또 그의 출생지는 중국보다 일본과 가까운 곳이다.[60] 종족상 정몽주의 주장대로 고려가 기자의 후예라고 하더라도 고려인은 순전한 중국인이라고 할 수 없다. 이 때문에 정몽주의 화이론은 지역이나 종족의 차원에서 논할 수 있는 것이 아니라 문화의 측면에서 접근해야 한다. 이 문화 중심의 화이론은 『공양전』에 연원을 두고 있다. 『공양전』에서 말하는 문화는 유교의 전장과 예법이며 반인륜적 행위를 하는 전쟁보다 인정을 베푸는 것이다. 이같이 유교 문화에 입각한

---

59) 『圃隱集』, 「圃隱先生詩卷序-權採」, "烏川圃隱鄭文忠公生於高麗之季. 天資粹美, 學問精深. 其爲學也, 以默識心融爲要, 以踐履躬行爲本, 性理之學, 倡道東方, 一時名賢, 咸推服焉. 如牧隱稱其講學曰, 橫說竪說, 無非當理. 陶隱論其人品, 每稱達可之卓越, 則先生之學之才可知矣."

60) 김인규, 「포은 정몽주의 생애와 그의 학문관 -출생지와 그의 춘추의리 사상을 중심으로」, 『포은학연구』 3(3), 2009.06.30, 5~25쪽.

화이론은 면면히 이어져 고려까지 내려온다. 정몽주는 이 흐름 가운데 원대 허형과 같이 문화에 주목한다. 허형이 정주성리학을 표방했으나 이론적 내실을 갖추지 못한 것과 달리, 정몽주는 정주성리학의 체계를 심도 있게 탐구하여 형이상과 형이하를 아우르는 이론체계를 제시했을 뿐 아니라 경전의 의미를 깨우치는 것으로부터 실천으로 나아가는 구도를 제시한다. 이는 문화의 측면에서 고려가 중화문명을 정통으로 계승했을 뿐만 아니라 기자의 후예임을 강조함으로써 종족과 지역상으로도 중국과 연결되어 있음을 강조하는 것이다. 따라서 정몽주의 화이론은 문화를 중심으로 종족과 지역을 아우르는 특징을 갖고 있다.

5. 결론

허형과 정몽주의 화이론은 유사한 측면을 갖고 있다. 두 사람 모두 화이론에서 문화를 중시하고 있다. 그리고 이는 『공양전』의 화이론에 연원하고 있다. 『공양전』에서 중화와 이적은 종족이나 지역으로 구별되지 않는다. 중화이든 이적이든 유교의 전장과 예법을 따르느냐 따르지 않느냐에 따라서 중화에서 이적으로, 이적에서 중화로 탈바꿈할 수 있다.

허형이 원나라를 문명국으로 바꾸고자 함은 『공양전』의 논리를 충실하게 따른 것일 뿐이다. 예컨대 쿠빌라이가 학경과 허형의 건의를 받아들여 『춘추』를 통치 이념으로 받아들인 일은 중요한 변화라고 할 수 있다. 이를 토대로, 쿠빌라이 이후 성종과 무종이 유학을 존숭하였을 뿐만 아니라 『사서집주』도 중시하게 된다. 또 인종이 역대 성현에게 제사를 지내거나 과거제를 부활시킨 것은 괄목할 만한 변화라고 할 수 있다.

다만 원대 통치자들은 다원적 문화 정책으로 이민족의 문화를 존중했다. 다시 말해서 원대 유교 문화의 수용은 이민족을 통치하려는 방편이지 제국의 통치 이념으로 활용하려는 것은 아니었다. 원대 통치자들은 몽골 문화로 다른 민족을 동화시킬 수도 없었고, 유교를 포함한 다른 문화로 각 이민족을 동화시킬 만한 역량도 갖추지 못했다. 그들은 애초에 중화와 이적의 차이, 즉 화이지변에 관심을 두지 않았다. 이 때문에 조정에 진출한 북방 출신 유학자들은 『춘추』에서 화이지변(華夷之辨)보다 용하변이(用夏變夷)를 추구하게 된다. 대표적인 학자가 바로 허형이다.

허형은 통치 이념으로 정주성리학을 표방하였다. 특히, 이 가운데서도 실천을 강조하는 『소학』을 강조하였다. 이로 인해서 그는 태극(太極)과 같이 형이상학적인 개념을 다루지 않는다. 급기야 허형은 관료 생활과 함께 주자학을 견지하던 모습도 점점 퇴색되어간다. 오히려 그는 육구연의 심학 노선으로 선회하는 모습을 보인다. 이는 격물치지보다 성의정심을 강조한다든지 경전은 껍데기에 지나지 않는다고 주장하는 것에서 여실하게 드러난다. 이 같은 측면은 유교 문화 가운데 전장과 예법을 강조하는 중화와 거리가 있다. 따라서 허형은 표면상 용하변이의 기치를 내걸었으나, 실상 원대를 중화로 변모시킬 만한 견실한 학문적 역량을 갖추었다고 보기 힘들다.

정몽주 또한 허형과 같이, 고려를 중화 문명국으로 탈바꿈시키고자 노력하였다. 그 중심에는 『춘추』의 화이론이 있다. 중화는 지역,

종족, 문화의 요소로 이루어져 있다. 원은 종족을 제외한 지역과 문화라는 요소를 갖고 있었다. 이 때문에 허형은 문화라는 측면을 자연스럽게 강조하게 된다. 그런데 고려는 지역, 종족의 측면에서 중화와 거리가 있었다. 다시 말해서 지역은 중국 밖이고, 종족은 한족이 아니며, 문화는 유교보다 불교에 좀 더 깊이 물들어 있었다. 이 때문에 정몽주는 지역이나 종족의 한계를 문화라는 요소로 극복하려고 했을 뿐만 아니라 문화를 중심으로 지역과 종족 또한 그 가운데 통합하려고 했다.

우선 정몽주는 기자 동래설을 주장함으로써 지역과 종족의 측면에서 중화와 맞닿아있음을 강조한다. 즉 정몽주는 고려의 연원을 기자국으로 설정함으로써, 고려가 지역이나 종족의 측면에서 중화 문명국과 이질적이지 않음을 표방한다. 이는 고려의 본래 문화는 유교이지 불교가 아님을 강조하는 것이다.

당시 고려에는 불교가 성행하였다. 이는 고려 공양왕 때 승려 찬영(粲英)을 왕사(王師)로 받아들이려고 했던 일이나 성균박사(成均博士) 김초가 불교를 비방하는 글을 올렸다가 엄벌을 받게 될 뻔한 일들에서 잘 드러난다. 정몽주는 고려 사회에 뿌리박힌 불교문화를 없애고자 『주자가례』를 보급한다. 이 작업의 대상이 사서인이라는 점을 주목할 필요가 있다. 당시 고려 유학자들 또한 상례든 제례든 불교의 법식을 따르고 있었다. 다시 말해 이는 당시 유학자들 또한 유교 문화를 제대로 이해하지 못했음을 방증하는 사례이다. 그리고 『주자가례』 보급은 통치자의 마음을 바로잡는 데에 중점을 둔 허형과 극명하게 구별되는 유교 문화의 이해이다. 사서인이 유교 문화를 명확하게 파악하고 있어야만, 위로는 군주를 견제하고 아래로는 백성을 교화할 수 있다. 즉 유교 문화에 대해, 허형이 군주에 중점을 두었다면 정몽주는 사서인을 중요한 요소로 꼽은 것이다. 이는 여말뿐만 아니라 조선 개국 당시 성리학자들의 역할 설정에 큰 영향을 끼친 부분이라고 할 수 있다. 무엇보다도 정몽주는 사서오경을 철저하게 탐구함으로써 정주성리학이 원대를 거쳐 여말선초까지 이어지는 데 큰 주춧돌을 마련하였다. 이는 고려와 조선이 문명국으로 발돋움하는 데에 문화적 토대를 마련한 것이다. 따라서 정몽주는 정주성리학을 엄밀하게 분석하고 계승함으로써 지역적 종족적 한계를 극복하는 문화 중심의 화이론을 정립했다.

덧붙여서 문화 다원주의 측면에서 볼 때, 정몽주는 다원성보다 고대로부터 당대에 이르기까지 보편성을 추구했다고 할 수 있다. 당시 중국이든 한반도든 불교가 중심이고 유교는 보조 역할을 하고 있었다는 데에 공통점이 있다. 또 이때는 왕조 교체 시기로, 혼돈의 시대가 태동했던 시점이다. 이로써 보면 문화의 다원성이 정치적 혼란과 함께 국가를 패망의 길로 이끌고 있었다. 따라서 정몽주 화이관은 문화 다원성을 정리함으로써 당시 폐단을 척결하는 데에 정주학이라는 보편성을 제시했다는 데서 그 의의를 드러낼 수 있다. ◆

참고문헌

원전류:

『고려사』, 『공양전』, 『노재유고』, 『논어』, 『맹자』, 『사기』, 『사고전서』(전자판), 『사전삼편』, 『삼봉집』, 『상산어록』, 『원사』, 『좌전』, 『주자어류』, 『진백사집』, 『포은집』

단행본류:

도현철, 『高麗末 士大夫의 政治思想硏究』, 一潮閣, 1999.

정성식, 『포은과 삼봉의 철학사상』, 심산, 2003.

杉山正明, 「モンゴル時代史研究の現狀と課題」, 『宋元時代史の基本問題』, 東京: 汲古書院, 1996.

日原利國(히하라 도시쿠니) 지음, 김동민 옮김, 『국가와 백성 사이의 漢: 한 제국, 덕치와 형벌의 이중주』, 글항아리, 2013.

羅立剛, 『宋元之際的哲學與文學』, 上海: 復但大學出版社, 1999.

徐遠和, 『理學與元代社會』, 北京: 人民出版社, 1992.

王民信, 「許衡」, 『中國歷代思想家』, 臺北: 臺灣商務印書館, 1978(2판).

Wing-tsit Chan, "Chu Hsi and Yüan Neo-Confucianism", *Yüan Thought-Chinese Thought and Religion Under the Mongols*, ed by Hok-lam Chan and Wm. Theodore de Bary, New York: Columbia University Press, 1982.

Wm. Theodore de Bary, *Neo-Confucian Orthodoxy and the Learning of the Mind-and-Heart*, New-York: Columbia University Press, 1981.

논문류:

권정안, 『춘추의 근본이념과 비판정신에 관한 연구』, 성균관대 박사학위 논문, 1990.

김보정, 「포은 정몽주의 사상 -성리학 이해를 중심으로-」, 『한국사상과 문화』 39, 2007.

김순자, 「원・명 교체와 여말선초의 화이론」, 『한국중세사연구』 10, 2001.

김인규, 「포은 정몽주의 생애와 그의 학문관 -출생지와 그의 춘추의리 사상을 중심으로」, 『포은학연구』 3(3), 2009.0630.

박지훈, 『송대 화이론 연구』, 이화여자대학교 박사학위논문, 1990.

엄연석, 「圃隱 鄭夢周의 유가적 의리실천과 역사철학적 인식」, 『한국인물사연구』 11, 2009.

정병석, 「포은 정몽주의 의리정신과 순절의 의미」, 『민족문화논총』 50, 영남대 민족문화연구소, 2012.

정성식, 「정포은의 역사의식과 사회사상」, 『한국철학논집』 1, 한국철학회, 1991.

정성식, 「鄭夢周의 經學思想에 대한 硏究」, 『동양문화연구』, 동양문화연구원, 2008.

刘俊, 〈元代“华夷之辨”的特质、缘由及影响〉, 《社会科学战线・中国哲学》, 2018年 第4期.

刘俊, 〈元代《春秋》学的特质、成因及价值〉, 《江淮論壇》, 2018.4.

三浦秀一, “許衡試論 -金元の際における程朱學の受容者として”, 『日本中國學會報』 第49集, 東京: 日本中國學會, 1997.

『서천견록』을 통해 본 권근의 서경관

-근엄(謹嚴)과 흠(欽)을 중심으로-

윤 상 수

* 이 글은 『태동고전연구』 제46집(한림대학교 태동고전연구소, 2021.06)에 게재한 동명의 논문을 본 저서의 간행 취지에 맞춰 일부 수정한 것이다.

1. 들어가는 말

1) 권근

권근(權近, 고려 공민왕 1년 · 1352~조선 태종 9년 · 1409)은 자(字)가 가원(可遠, 뒤에 사숙(思叔)으로 고침), 호(號)가 양촌(陽村)으로 본관은 안동(安東)이며, 시호는 문충(文忠)이다. 금장태는 다방면에 걸친 권근의 업적을 평가하여 "조선왕조의 창업기에 한 시대의 문장을 장악하던 문형(文衡)으로서 대문장가요, 왕조변혁기에 복잡하게 얽혀 긴장된 대명(對明) 외교 문제에 활약하여 커다란 공을 이룬 정치가요, 후진 교육에 힘썼던 교육가"이자 "새로운 시대의 이념적 기틀을 마련한 사상가"[1]였다고 말한다.

권근은 문학, 정치, 교육, 사상 등 여러 방면에 걸쳐 여말선초의 역사에 커다란 발자취를 남긴 인물이지만 그에 대한 후대의 엇갈린 평가 역시 간과해서는 안 될 점이라 생각된다. 『연려실기술(燃藜室記述)』에 실린 다음의 일화는 그러한 후대의 평가를 잘 보여준다.

> 신광한(申光漢)의 집에 양촌의 초상이 있었는데, 김안국(金安國)은 그것을 보고서 절하며 "이 공(公)은 우리 도(道)에 공이 있다"라고 말하였다. 송인수(宋麟壽)는 그것을 보고서 절하지 않으며 "이는 절개를 잃은 사람이다"라고 하였다. (『해동문헌록』)[2]

---

1) 금장태, 『朝鮮 前期의 儒學思想』 서울대학교출판부, 1997, 151쪽.

2) 李肯翊, 『燃藜室記述』 卷2. "太祖朝文衡, 權近. "申光漢家有陽村畫像, 金安國見之拜, 曰: 「此公於吾道有功矣.」 宋麟壽見之不拜, 曰: 「此是失節人也.」 (≪海東文獻錄≫)"

권근은 사후 '유교에 공이 있는 인물'이라는 평가와 함께 '절개를 잃은 사람'이라는 상반된 평가를 받았다. 예를 들어 허목(許穆, 1595~1682)은 권근이 조선의 창업기에 "전적으로 유교의 경술을 사용함으로써 문명의 정치를 일으키고", "이단(=불교)을 배척하고 예교를 숭상하여 선왕의 도를 밝히고 일대의 다스림을 확정"하는 데 커다란 공을 세운 점을 높이 평가한다.[3] 반면 신흠(申欽, 1566~1628)은 그가 고려에 절개를 지키지 않았다는 점을 문제 삼으면서 "당시에 권근을 조롱하는 시(詩)가 있어 '대낮에 양촌이 의리를 말하고 있으니, 세상에 어느 시대인들 어진 이가 없었으랴'라고 하였으니, 어찌 부끄럽지 않겠는가!"라고 비난한다.[4]

권근에 대한 이러한 상반된 평가는 시대에 따라 그 강조점이 변했는데, 강문식에 의하면 조선 초기인 15세기에는 권근의 업적을 긍정하고 높이 평가하는 것이 주류였지만, 16세기 이후 사림이 성장하고 성리학의 도덕적 명분이 강조되면서 비판적·부정적인 평가가 대세를 이루게 되었다고 한다.[5]

2) 『오경천견록』

한편, 유학자로서 권근의 업적을 대표하는 저작이 『입학도설(入

3) 許穆, 「陽村權文忠公遺文重刊序」, 『陽村集』 卷首. "我太祖、太宗創業垂統, 專用經術, 以興文明之治, 公實有力焉. 東方尊信浮屠, 自新羅終麗之世千餘年, 能斥異端, 崇禮教, 明先王之道, 定一世之治, 其功大矣."

4) 申欽, 『象村稿』 卷46, 外稿第五, 彙言(五). "其時有譏近之詩曰: 「白晝陽村談義理, 世間何代更無賢?」 豈不可羞也哉! 惟其子姓相承, 冕弁不絕, 至今猶盛, 故人皆曰陽村陽村, [有若有德行者然, 甚矣盜也.])" ([ ]은 大東野乘·象村雜錄에서 보충)

5) 강문식, 『권근의 경학사상 연구』, 일지사, 2008, 347~8쪽.

學圖說)』과 『오경천견록(五經淺見錄)』이다. 이 외에도 "사서(四書)와 오경(五經)의 구결(口訣)을 정했다"는 기록도 있으나 이 책은 현재 전해지지 않는다.[6] 『입학도설』은 고려 공양왕 2년(1390, 39세) 가을, 금마군(金馬郡, 현 전북 익산)에 유배되어 있을 때 초학자들에게 『대학』과 『중용』을 가르치기 위해 지은 도설(圖說) 형식의 성리학 입문서이다.[7]

『입학도설』이 경학의 핵심을 정리한 입문서라면 『오경천견록』은 본격적인 경학 저술이라고 할 수 있다.[8] 권근은 고려 말 공양왕 3년(1391, 40세) 3월부터 『오경천견록』의 집필에 착수하여 조선에 출사하는 태조 2년(1393, 42세) 2월까지 약 2년 동안 『시』·『서』·『주역』·『춘추』의 『천견록』을 완성하였다. 2년이라는 비교적 짧은 기간 동안 4경의 『천견록』을 완성할 수 있었던 데는 여러 가지 요인이 있었겠지만, 무엇보다도 40세가 된 권근이 이미 이들 경전에 대해 나름의 견해를 정립하고 있었기 때문에 가능한 작업이었다고 생각하는 것이 타당할 것이다.[9] 한편, 26권 12책의 거질인 『예기천견록』은 16년의 세월을 들여 조선 태종 6년(1406)에 완성되었다.[10]

『오경천견록』에서 가장 특기할 만한 점은 그것이 현전하는 우리나라 최고(最古)의 유교 경전 해설서라는 점이다. 권근 이전에도 고려

---

6) 강문식, 『권근의 경학사상 연구』, 일지사, 2008, 113쪽.

7) 權近, 「入學圖說序」, 『入學圖說』 卷首. "洪武庚午秋, 謫在金馬郡, 有一二初學輩來讀≪庸≫≪學≫二書者, 語之諄復, 尙不能通曉. 乃本周子之≪圖≫, 參≪章句≫之說, 作圖以示; 又取先賢格言, 以釋其意; 學者因有所問, 又隨而答之, 仍記其問答之言, 以附其後, 名之曰≪入學圖說≫. 旁取他經, 凡可作圖者皆圖之, 往往各附臆見之說."

8) 강문식, 『권근의 경학사상 연구』, 일지사, 2008, 110쪽 참고.

9) 강문식, 『권근의 경학사상 연구』, 일지사, 2008, 135쪽.

10) 강문식, 『권근의 경학사상 연구』, 일지사, 2008, 133쪽.

중기에 김인존(金仁存, 미상~1127)이 『논어신의(論語新義)』, 윤언이(尹彦頤, 1090~1149)가 『역해(易解)』를 지었으며, 권근의 스승인 이색(李穡, 1328~1396)도 원나라에 유학할 때 『역의(易義)』를 지었다는 기록이 있지만 이 책은 모두 남아 있지 않다.[11] 이런 점에서 본다면 『오경천견록』은 지금까지 전해지는 우리나라 사람이 쓴 유교 경전 관련 저작 중에서 가장 오래된 책이라고 할 수 있다.

『오경천견록』의 의의에 대해 김종진은 "한·당 유학의 경전 해석이 주자학의 경전 해석으로 대치되는 과정에서 여말·선초의 경학 사상을 알 수 있는 귀중한 자료"[12]라고 말하고, 강문식은 "고려 경학을 총정리하고 동시에 조선 경학의 출발점이 되었던 매우 중요한 저술"[13]이라고 평가한다. 권근이 자타가 공인하는 여말선초를 대표하는 유학자 중 한 명이며, 유학자로서 남긴 업적 중 가장 중요한 저작이 『오경천견록』이라는 점, 그리고 당시의 자료가 별로 남아 있지 않은 상황 등을 고려해 볼 때, 『오경천견록』이 여말선초의 유학, 특히 그 성리학의 수용과 이해 등을 해명하는 데 있어 대단히 중요한 저작이라는 점에는 이견의 여지가 없을 것이다.

3) 선행 연구 검토

다만 우리가 『오경천견록』 전체를 볼 수 있게 된 것이 비교적 최근의 일이라는 점 또한 잊어서는 안 될 것이다. 『예기천견록』은 조

11) 강문식, 『권근의 경학사상 연구』, 일지사, 2008, 110쪽.

12) 김종진, 「『시·서천견록』 해제」, 이광호 외 역주, 『국역 삼경천견록』, 청명문화재단, 1999, 8쪽.

13) 강문식, 『권근의 경학사상 연구』, 일지사, 2008, 345쪽.

선시대에 여러 차례 간행되었고, 1418년(태종18)과 1706년(숙종32)에 간행된 2종의 판본이 전해지고 있다. 하지만 그 외의 경우에는 목판본 『주역천견록』, 『시 · 서천견록』이 통문관(通文館)을 경영하던 이겸로에 의해 발굴되어 전자가 1971년, 후자가 1973년 보물로 지정되고, 이후 권오영이 소장하고 있던 필사본 『시 · 서 · 춘추천견록』이 1983년 『동양철학연구』 4집에 소개되면서 『오경천견록』 전체가 알려지게 되었다.[14)]

이후 『오경천견록』 전체 혹은 『예기천견록』, 『주역천견록』, 『시천견록』 각각을 대상으로 하여 다수의 연구가 발표되고,[15)] 1999년에 시 · 서 · 주역 『천견록』이 번역되었다.[16)] 하지만 『서천견록』과 『춘추천견록』의 경우에는 아직까지 전문적인 연구가 적은 것이 현실이다.[17)] 『서천견록』을 대상으로 하여 지금까지 발표된 주요한 연구는 다음과 같다.

- 김종진, 「권근의 『시 · 서천견록』에 대하여」, 『서지학보』 5, 1991.
- 김종진, 「『시 · 서천견록』 해제」, 이광호 외 역주, 『국역 삼경천견록』, 청명문화재단, 1999.
- 이은호, 「조선전기 서경 해석 연구 -양촌과 퇴계를 중심으로」, 성균관대 박사논문, 2010.
- 이은호, 「양촌 권근의 서경 인식」, 『동양고전연구』 59, 2015.

---

14) 강문식, 『권근의 경학사상 연구』, 일지사, 2008, 110~111쪽.

15) 권근에 대한 선행연구 목록과 그 내용에 대해서는 강문식(2008), 「서론」 참고.

16) 이광호 외 역주, 『국역 삼경천견록』, 청명문화재단, 1999.

17) 김동민, 「『춘추천견록(春秋淺見錄)』에 보이는 권근(權近)의 『춘추(春秋)』 이해」, 『유교사상문화연구』 54, 2013.

• 강문식, 「권근의 『시천견록』·『서천견록』에 대한 연구」, 『한국학보』 28, 2002.

• 강문식, 『권근의 경학사상 연구』, 일지사, 2008.[18]

이 글에서 다루고자 하는 『서천견록』(일명 『서설(書說)』)[19]은 채침(蔡沈)의 『서집전(書集傳)』을 기본 텍스트로 삼아 『서경』의 몇몇 부분에 대해 자신의 견해를 변론한 글[20]로서 전체 32조로 구성되어 있다. 『서경』 전체를 대상으로 주석을 달거나 해설을 한 것이 아니라 일부 독립된 주제를 선택하여 자유롭게 자신의 견해를 피력하고 있다.[21] 이처럼 통일된 구조나 일관된 형식이 없기 때문에 『서천견록』을 검토하려고 할 때는 전체 32조를 내용에 따라 몇 개의 그룹으로 분류하고, 그로부터 이 책의 전반적인 특징이나 『서경』에 대한 권근의 생각 등을 추출하는, 말하자면 일종의 귀납적인 방법을 사용할 수밖에 없다. 위의 선행연구들도 대체로 몇 가지 기준을 설정하여 『서천견록』을 분류하고 있는데, 그 내용은 다음과 같다.

---

18) 저자가 일치하면 내용도 중복되고 있다. 따라서 이 글에서는 각각 김종진(1999), 이은호(2010), 강문식(2008)을 중심으로 그 내용을 검토하였다.

19) 『서천견록』은 현재 목판본, 필사본이 1종씩 남아 있다. 목판본은 「≪詩·書淺見錄≫影印」(『서지학보』 5, 1991), 필사본은 「시·서·춘추천견록 합본」(『동양철학연구』 4, 1983)에 실려 있다.

20) 김종진, 「『시·서천견록』 해제」, 이광호 외 역주, 『국역 삼경천견록』, 청명문화재단, 1999, 1쪽.

21) 『서천견록』 전체의 구성과 32조의 개략적인 내용에 관해서는 강문식(2008) 152쪽, 〈표2-3〉 『서천견록』의 구성』 및 205~8쪽의 〈표 2-12〉 〈표 2-13〉 〈표 2-14〉 〈표 2-15〉, 그리고 이은호(2010) 102쪽, 〈표〉 5 『서천견록』의 구성과 내용 등 참고.

○ 김종진(1999, 5~11쪽)

① 통설에 대해 이견을 제시한 경우: 15, 25조.

② 『집전』과 타설 가운데 타설을 옹호한 경우: 21조(공영달 설 옹호).

③ 『집전』에서 두 설을 제시하고 어느 쪽이 옳은지 단정을 유보한 경우, 변증을 통해 어느 한쪽을 단정하거나 제삼의 설을 제시한 것: 22, 9조.

④ 『집전』의 해석에 근거하여 이를 강조하거나 보충 설명한 것: 3조(측후測候), 4조(윤법閏法), 19조(강리疆理), 13조(홍범洪範) 및 29조(「금등(金縢)」 "아지불벽(我之弗辟)"), 14조(「고요모(皐陶謨)」 "일선삼덕(日宣三德)").

⑤ 공자의 산서설(刪書說)에 근거하여 편제(篇第)에 의미를 부여한 경우: 32조.

⑥ 성탕(成湯)의 방걸(放桀)과 무왕의 벌주(伐紂), 그리고 이윤(伊尹)·미자(微子)·비간(比干) 등의 처신을 다룬 내용: 25, 26조.

⑦ '흠(欽)'에 대한 언급: 2, 16, 17조.

⑧ '천문학'과 관련된 내용: 3, 4, 7, 30조.

⑨ 불교에 대한 비판적 언급: 7, 30조.

○ 강문식(2008, 205~12쪽)

① 『서집전』의 주석을 그대로 따르고 있는 경우: 1, 2, 3, 4, 7, 12, 14, 20, 21, 29, 30조.

② 『서집전』에서 판단을 유보한 부분들에 대해 『맹자』 등 여타 자료들을 인용하거나 혹은 『서경』 본문의 의미를 재검토하여 나름

의 결론을 내린 경우: 9, 11, 22조.

③ 『서집전』과 다른 해석을 내리거나 『서집전』의 오류를 지적한 경우: 1, 23, 24조.

④ 동일한 사건에 대해 『서집전』과 『시집전』의 해석이 서로 다를 때 『서집전』의 해석을 선택한 경우: 4, 29조.

○ 이은호(2010, 105쪽 이하)

① 이견(異見): 제가(諸家)의 설 등과 비교하여 채주(蔡註)와 다른 의견을 제시한 부분: 1, 8, 9, 12, 18, 21, 23*, 24조 → "6곳(8조목)".

② 단정(斷定): 채주(蔡註)에서 궐의(闕疑)한 부분을 권근이 그 뜻을 확정한 부분: 11, 22조 → 2조목.

③ 보충(補充): 채침의 주(註)와 관련하여 권근 자신의 지식과 생각을 부연 설명한 부분으로 나머지 대부분: 3, 4, 5, 6, 10, 13, 15, 16, 23*, 25, 26*, 27, 28, 29, 31, 32조 → 16조목.

④ 독자(獨自): 권근 자신의 독창적인 경학관을 반영하는 독자적 견해: 2, 17, 20 → 3조목.

⑤ 제가(諸家) 비판: 채주가 아닌 기타 제가(諸家)의 설에 대한 비판: 14, 19 → 2조목.

⑥ 벽이단(闢異端): 불교의 세계관을 공격한 변론: 7, 30 → 2조목.

(* 23, 26은 2개의 조목으로 나눌 수 있다고 함)

김종진의 경우는 『서천견록』의 내용을 중심으로 9가지로 나누고 있으나 분류에 통일성이 없고, 「해제」라는 제목에서도 알 수 있듯이 전반적으로 내용을 소개하는 정도에 머물고 있다. 강문식의 경우에는 『서집전』과의 관계를 기준으로 『서천견록』의 내용을 분류하였으나 양자의 내용을 깊이 있게 비교 분석하는 데는 미치지 못하고 있다고 할 수 있다. 이은호의 경우에는 『서집전』과의 관계를 중심으로 분류하고 『서집전』과 『서천견록』의 내용을 비교 분석하고 있다. 아울러 권근이 원(元)나라 동정(董鼎)이 지은 『서전집록찬주(書傳輯錄纂註)』를 참고하였음을 밝히고 있는 점은 중요한 성과라고 생각된다(138, 146쪽). 다만 『서집전』과 『서천견록』의 내용을 비교하는 데에서 좀 더 세밀한 분석이 필요하지 않을까 하는 아쉬움이 있다.

전반적으로 검토해 보았을 때 『서천견록』에서 보이는 특징으로 『서경』이라는 경(經)이 지니는 '근엄(謹嚴)'에 대한 믿음, 그리고 『서경』의 핵심이 '흠(欽)'이라는 점에 대한 강조 등을 들 수 있지 않을까 생각된다. 전자는 1, 8, 12, 17, 18, 32조 등에서 나타나며, 후자는 2, 16, 17조 등에서 중심적인 주제가 되고 있다. 『서경』의 '근엄함'에 대한 믿음과 '흠'에 대한 강조는 권근이 『서경』을 어떻게 인식하고 있는가라는 문제와도 밀접하게 관련되어 있다. 이하에서는 이 두 가지를 중심으로 『서집전』과 『서천견록』의 내용을 비교하면서 권근이 『서경』을 어떻게 바라보고 있는가에 대해 검토하고, 이를 통해 권근 경학의 특징에 대해서도 살펴볼 것이다. 아울러 권근이 경세론을 위한 경학적 기초를 구축하고자 한 부분은 왕조 건국기의 정치 문화적 특수성과 다원성을 드러내는 것이라는 점에 유의하여 근엄(謹嚴)과 흠(欽)의 함의를 해명하고자 한다.

2. 『서경』의 근엄함과 구성체계

1) 필법의 근엄함

먼저 『서천견록』의 특징으로 들고 싶은 것은 『서경』의 필법이 지니는 엄정함을 강조하고 있다는 점이다. 이와 관련된 논의는 『서천견록』 1조, 8조, 18 등에 보인다. 특히 18조에서는 이러한 필법의 엄정함을 "근엄(謹嚴)함"이라는 말로 표현하고 있다.

> 「우공(禹貢)」은 〈하서(夏書)〉에 들어 있는데 (우(禹)를) '우'라고 부르고 '왕'이라고 칭하지 않은 것은 그가 공법(貢法)을 만든 일이 요(堯)임금 때 정해졌기 때문이다. 「탕서(湯誓)」와 「태서(泰誓)」에서 아직 (걸·주를) 방벌(放伐)하기 전인데 (탕·무를) 벌써 '왕'이라고 칭한 것은 이름을 정해서 걸·주의 죄를 바로잡은 것이다. 『서경』의 근엄함이 이와 같다.[22]

「우공」은 〈하서(夏書)〉에 들어 있는데도 불구하고 하(夏)나라의 시조인 우(禹)를 '왕'이라고 부르지 않은 데 반해, 탕(湯)·무(武)의 정벌을 기록한 「탕서」, 「태서」에서는 방벌이 아직 끝나지 않았는데도, 달리 말하면 탕·무가 왕이 되기 전인데도 불구하고 두 사람을 '왕'이라고 칭하고 있다. 이처럼 모두 즉위하기 전인데 우는 이름을 부르고, 탕·무는 왕이라고 칭한 이유는 무엇인가? 이것이 여기에서 던지는 질문이다. 이에 대한 권근의 설명은 「우공」에서는 우가 아직

22) 『書淺見錄』 18條. "〈禹貢〉列於〈夏書〉, 稱禹不稱王者, 作貢定於堯時也. 〈湯誓〉〈泰誓〉, 猶未放伐之前, 而已稱王者, 定名以正桀紂之罪也. ≪書≫之謹嚴如此."

요(堯)임금의 신하였을 때 한 일을 기록하고 있기 때문에 이름을 불렀지만, 「탕서」와 「태서」에서는 걸·주의 죄를 드러내기 위해서 탕·무를 '왕'으로 칭했다는 것이다.

경전의 글자나 표현에 대해 왜 그런 글자나 표현이 사용되었는지를 묻고, 그에 대해 설명하는 방식은 전통적인 『춘추』 필법에 관한 논의를 연상시킨다. 권근은 『춘추』와 마찬가지로 『서경』의 경우에도 한 글자, 한 글자에 모두 중대한 의미가 담겨 있다고 생각하였다. 그렇기 때문에 우와 탕·무의 호칭에 대해 질문을 던지고, 그 의미를 찾으려고 했던 것이다. 그리고 『서경』에 보이는 필법의 엄정함을 한유(韓愈)의 "『춘추』의 근엄함[春秋謹嚴]"(「진학해(進學解)」)이라는 말을 빌려 "『서경』의 근엄함"이라고 표현한 것이라 생각된다.

『서경』의 필법에 대한 논의는 『서천견록』 1조에도 보인다. 여기에서 제기하는 질문은 이제(二帝), 즉 요·순의 일을 기록한 「요전(堯典)」「순전(舜典)」과 달리 우의 일을 서술한 「대우모(大禹謨)」에 "대(大)" 자가 있는 이유는 무엇인가라는 것이다. 이에 대한 권근의 설명은 요·순의 경우는 비교할 대상이 없을 정도로 위대하므로 "대" 자를 붙일 필요가 없었지만, 우의 경우에는 그가 동료였던 고요(皐陶), 익(益), 직(稷)보다 위대하다는 점, 그리고 뒤에 순에게서 천하를 물려받았다는 점을 드러내기 위해 편명에 "대" 자를 넣었다는 것이다.23)

『서경』 필법과 관련된 논의는 착간(錯簡)에도 미치고 있다. 『서천견록』 8조에서는 「요전」에는 "오옥·삼백·이생·일사지(五玉、三帛、二生、一死贄)"의 9자가 엉뚱한 자리에 들어가 있는데, 이러한 착간이 공

---

23) 『書淺見錄』 1條. "二帝不以大稱, 而禹獨稱大, 何也? 二帝如天, 無與爲比. 凡物有對, 然後有小大. 禹稱大, 所以別於皐陶、益、稷, 而明其受舜天下也."

안국의 『고문상서(古文尙書)』뿐만 아니라 복생(伏生)의 『금문상서(今文尙書)』에도 나타나는 것은 무엇 때문인가라는 질문을 제기한다.[24]

> 이는 필시 부자(夫子, 공자)께서 『서경』을 산정하기 이전에 이미 잘못되어 있었을 것이다. 그렇다면 부자께서는 어째서 그것을 바로잡지 않은 것인가? 이는 "(나는) 그래도 사관(史官)이 의심나는 대목은 빼놓는 것을 보았다"는 뜻이니, 『춘추』에서 "갑술일, 기축일에 진후포(陳侯鮑)가 (졸(卒)했다)"고 (죽은 날을 두 가지로 기록한 것과) 같은 종류이다. 하문(下文)의 "기왈(夔曰)" 절도 마찬가지이다.[25]

권근의 생각에 의하면, 이 구절은 공자가 『서경』을 산정하기 이전에 이미 착간이 있었다. 그런데도 공자가 착간을 바로잡지 않은 것은, 옛날의 사관(史官)이 의심나는 대목은 빼놓고 기록하지 않은 태도를 본받아 의심스러운 것을 그대로 남겨두었기 때문이다.

이상의 논의에서 권근이 제기한 질문만 정리해 보면 다음과 같다.

- 1조: 「요전」, 「순전」과 달리 「대우모(大禹謨)」에 "대(大)" 자가 있는 것은 무엇 때문인가?
- 12조: 『고문상서』와 『금문상서』에 똑같이 착간이 있는 것은 무엇 때문인가?
- 18조: 모두 즉위하기 전인데 우를 이름으로 부르고, 탕・무를

---

24) 『書淺見錄』 8條. "〈舜典〉今文古文, 皆有「五玉、三帛、二生、一死贄」一節錯簡. 安國爲隸古定於錯亂磨滅之餘, 容有錯誤; 伏生背文暗誦, 而亦失次, 何歟?"

25) 『書淺見錄』 8條. "是必夫子刪≪書≫之前而已錯矣. 然則夫子奚不正之? 是「猶及史闕文」之意, 如≪春秋≫書「甲戌己丑陳侯鮑」之類, 下文「夔曰」一節亦然."

왕이라고 칭한 것은 무엇 때문인가?

이제 권근을 본받아 질문을 던져 보자. 『서천견록』에서 『서경』의 표현이나 착간 등에 담긴 의미를 찾아내려고 한 것은 무엇 때문인가? 한마디로 말해 "공자가 『서경』을 산정했다[夫子刪書]"(『서천견록』: 8)라고 생각했기 때문이다.[26] 성인이신 공자께서 『서경』을 산정했다면 아무리 사소한 곳이라도 그냥 넘기지 않고 엄정한 필법을 적용했을 것임에 틀림없다는 생각, 달리 말하면 '공자산서설'에 대한 믿음, 그리고 그에 근거한 "『서경』의 근엄함"에 대한 확신이 권근으로 하여금 위와 같은 질문들을 던지고, 그 해답을 찾게 만들었던 것이다.

2) 〈우서〉의 구성

공자가 『서경』을 포함해 육경(六經)을 산정했다는 생각은 유교의 전통적인 믿음 가운데 하나였다. 이 문제와 관련하여 후세에 많이 언급되는 글 가운데 하나가 한대(漢代)의 공안국이 지었다고 전해지는 「상서서(尙書序)」이다.

> 우리 선조이신 공자께서는 주(周)나라 말에 태어나 사관의 서적에 실린 글이 번잡한 것을 보고서 그것을 읽는 사람들이 다르게 생각하지 않을까 두려워하셨다. 그리하여 마침내 예악을 정하고 옛 선왕의 법도를 밝

26) "산서(刪書)"라는 표현은 『서천견록』에는 3조에도 보인다. 아울러 다음을 참고. 『陽村集』 卷16, 送裵仲員修撰晒史七長寺序. "周之衰, 文過其實, 孔子傷之甚. 故於≪書≫, 芟其繁亂; 於≪春秋≫, 直以一言斷一事. ≪書≫≪春秋≫, 史也, 更聖人所刪定筆削, 故爲經焉."

> 히셨으니, 시를 줄여서 3백 편으로 만들고, 역사서를 요약하여 『춘추』를 편찬하고, (십익을 지어) 『역』의 도를 보조하여 (팔괘에 관해 말한) 『팔색(八索)』을 쫓아내고, 『직방(職方)』(『주례(周禮)』)을 서술하여 (구주(九州)의 지리지인) 『구구(九丘)』를 없앴다.
>
> (복희·신농·황제의 책인) 『삼분(三墳)』과 (소호·전욱·고신·당·우의 책인) 『오전(五典)』을 정리하여 당(唐)나라·우(虞)나라로부터 끊고 아래로 주(周)나라에 이르렀다. 번잡한 부분을 삭제하고 근거 없는 글자를 제거하여 그 대강을 들고 그 핵심을 취하였으니, 세상에 전하여 가르침으로 세우기에 충분하였다. 그것은 전(典)·모(謨)·훈(訓)·고(誥)·서(誓)·명(命)의 글로 이루어졌는데 모두 100편이었다.[27]

공자가 상고시대로부터 전해 오는 서적들을 산정하여 『시경』 『춘추』 『주역』 『주례』를 편찬하였으며, 복희·신농·황제의 역사를 기록한 『삼분』과 소호·전욱·고신·당·우의 역사를 기록한 『오전』을 정리하여 당(唐)나라, 우(虞)나라부터 주(周)나라에 이르기까지 제왕의 역사를 기록한 『서경』을 편찬했다는 것은 전통 시대에 유교를 배우던 사람이라면 누구나 믿어 의심치 않았던 일종의 교조였다. 위에서 살펴본 것처럼 권근은 공자가 『서경』을 산정했다는 이른바 '공자산서설'에 근거하여 『서경』의 근엄한 필법에 담겨 있는 의미를 탐구하였다.

그런데 『서천견록』에서는 필법뿐만 아니라 『서경』의 구성 역시 엄정한 체계를 지니고 있다는 생각에서 그 속에 담긴 의미를 찾아보

---

27) 孔安國, 「尙書序」, 『尙書正義』, "先君孔子生於周末, 覩史籍之煩文, 懼覽之者不一, 遂乃定禮樂, 明舊章, 刪詩爲三百篇, 約史記而修≪春秋≫, 讚易道以黜≪八索≫, 述≪職方≫以除≪九丘≫. 討論≪墳≫≪典≫, 斷自唐虞, 以下訖于周, 芟夷煩亂, 翦截浮辭, 擧其宏綱, 撮其機要, 足以垂世立教, 典謨訓誥誓命之文, 凡百篇."

려는 논의들도 보인다. 위에서 소개한 바와 같이 김종진은 『서천견록』의 내용 중 하나로 "공자의 산서설에 근거하여 편제(篇第)에 의미를 부여"한 것을 들고 그 예로 32조를 말하고 있는데, 『서천견록』에서 『서경』의 '편제', 즉 편의 배열순서에 대해 논한 것으로는 32조 외에도 1조, 17조 등이 있다.

『서집전(書集傳)』의 저자인 채침(蔡沈)이나 『서천견록』을 지은 권근이나 공자산서설을 믿는다는 점에서는 다를 바가 없었다. 하지만 권근의 경우에는 『서경』을 해석할 때 적극적으로 산서설을 끌어들이고 있는데, 이러한 경향은 『서천견록』 1조에서부터 나타난다.

『서경』은 크게 말해 우(虞)나라, 하(夏)나라, 상(商)나라, 주(周)나라의 역사를 기록한 4부의 서(書), 즉 〈우서(虞書)〉, 〈하서(夏書)〉, 〈상서(商書)〉, 〈주서(周書)〉로 이루어져 있다. 그 중 〈우서〉에는 이른바 '이전(二典)'과 '삼모(三謨)', 즉 「요전(堯典)」과 「순전(舜典)」 및 「대우모(大禹謨)」, 「고요모(皐陶謨)」, 「익직(益稷)」 총 5편이 들어 있다. 『서천견록』의 1조에서 다루고 있는 것은 이 〈우서〉의 구성에 관한 문제이다.

1조에서는 먼저 채침 『서집전』 〈우서〉의 제하주(題下注)를 요약해서 인용하고 있는데[28] 논의의 편의상 관련된 『서집전』의 구절 전체를 인용해 보자.

> 「요전」은 당(唐)나라 요(堯)임금의 일을 기록한 것이지만 본래 우(虞)나라의 사관이 지은 것이기 때문에 〈우서(虞書)〉라고 하였다. 「순전」 이하 4편은 하(夏)나라의 사관이 지은 것이므로 〈하서(夏書)〉라고 해야 한다. 『춘추좌씨전』에서도 (「순전」 「대우모」를) 인용하면서 〈하서〉라고 한 곳이 많다. 그런데 여기(=『서경』)에서 〈우서〉라고 한 것에 대해 혹자는

28) 『書淺見錄』 1條. "〈堯典〉, 虞史所作, 故曰虞書; 〈舜典〉以下, 夏史所作, 當曰夏書."

공자가 정한 것이라고 한다.[29]

채침의 설명에 따르면, 「요전」은 당(唐)나라 요임금의 일을 기록한 것인데 〈우서(虞書)〉에 넣은 것은 그것을 지은 사람이 우(虞)나라의 사관이기 때문이다. 이처럼 '사관이 살았던 시대'를 기준으로 한다면 「순전」, 「대우모」, 「고요모」, 「익직」은 하(夏)나라의 사관이 기록한 것이므로 당연히 〈하서(夏書)〉라고 해야 한다. 실제로 그러한 예를 『좌전』에서 볼 수 있다. 『좌전』에서 〈하서〉를 인용한 것은 전부 15번인데 그중에는 「순전」 1번, 특히 「대우모」 8번이 포함되어 있다.[30] 『좌전』에서는 『서경』의 〈우서〉에 들어 있는 「순전」 「대우모」를 〈하서〉라고 불렀던 것이다. 『좌전』은 공자가 살았던 춘추시대를 기록한 역사서이다. 그렇다면 공자의 시대에 「순전」, 특히 「대우모」는 〈하서〉라고 불렸음을 알 수 있다.

그런데 공자는 『서경』을 산정하면서 「요전」은 물론 「순전」 「대우모」 「고요모」 「익직」을 모두 〈우서〉에 집어넣고 있다. 이것은 『좌전』에서 「순전」과 「대우모」를 〈하서〉라고 부른 것, 달리 말하면 '사

---

29) 『書集傳』 虞書, 題下注. "〈堯典〉雖紀唐堯之事, 然本虞史所作, 故曰虞書. 其〈舜典〉以下, 夏史所作, 當曰夏書, ≪春秋傳≫亦多引爲〈夏書〉. 此云〈虞書〉, 或以爲孔子所定也."

30) 『서경』에서 확인해 보면 다음과 같다. 참고로 「오자지가」와 「윤정」은 『서경』 〈하서〉에 들어 있다.

- 「순전」(1곳): 희공(僖公)27년:4
- 「대우모」(8곳): 장공(莊公)8년:2; 희공(僖公)24년:3; 문공(文公)7년:8; 양공(襄公)5년:7; 양공(襄公)21년:2; 양공(襄公)23년:8; 양공(襄公)26년:10; 애공(哀公)18년:2
- 「오자지가」(2곳): 성공(成公)16년:12; 애공(哀公)6년:4
- 「윤정」(2곳): 양공(襄公)14년:6; 소공(召公)17년:2
- 미상(1곳): 소공(召公)14년:7.

관이 살았던 시대'를 기준으로 역사책을 부르던 춘추시대의 예와 다른 것이다. 그렇다면 공자가 동시대의 일반적인 방식과 달리 「요전」부터 「순전」·「대우모」 등을 모두 하나로 묶고 〈우서〉라고 부른 것은 무엇 때문인가? 이 문제에 대한 채침의 설명은 간단하다. 그것도 자신의 설명이 아니라 혹자의 견해를 인용하여 "공자가 정한 것"이라고 말한 것이 전부이다.

『서천견록』 1조의 논의는 이 지점에서 출발한다. 이는 물론 채침의 설명에 만족하지 못했기 때문이기도 하겠지만, 공자가 『서경』을 산정하면서 『좌전』이나 동시대의 역사서 편성 방식과 다르게 〈우서〉를 편성했다면 거기에는 필시 무언가 중대한 의미가 담겨 있을 것이라는 생각이 그 바탕에 깔려 있다. 그런데 권근이 생각하는 "수사지법(修史之法)", 즉 사서(史書)를 편찬하는 법은 위에서 인용한 채침의 견해와는 다르다.

내 생각에 의하면, 사서(史書)를 편찬하는 법은 모두 후세 사람들에 의해 정해지지만 그 책에 전대(前代)의 이름을 붙이는 것은, 책이 비록 후세에 이루어졌더라도 그 일이 전대의 일이기 때문이다. 예를 들어 반고(班固)가 후한에 살면서 전한의 역사를 편찬하고서 그 책을 『전한서(前漢書)』라고 부르고, 범씨(范氏, 범조우范祖禹)가 송(宋)나라에 살면서 당(唐)나라의 역사를 엮고서 그 책을 『당감(唐鑑)』이라고 명명한 것은 모두 그런 종류의 일이다. 그렇다면 「요전」은 우나라 사관에 의해 지어졌으므로 〈당서(唐書)〉라고 해야 하고, 「순전」 이하는 하나라 사관이 지은 것이므로 〈우서〉라고 해야 한다. (다만) 「대우모」 한 편만은 (『전한서』의) 「한고조본기(漢高祖本紀)」의 예와 같이 〈하서〉의 첫머리가 되어야 한다. 그래서 (『서집전』에서 말한 것처럼) "『춘추좌씨전』에서도 (「대우모」를) 인용하면서 〈하서〉라고 한 곳이 많은 것이다."[31]

권근에 의하면, 사서(史書)의 명칭은 후한(後漢) 사람인 반고(班固)가 전한(前漢)의 역사를 쓰고서 『전한서(前漢書)』라고 하고, 송(宋)나라 사람인 범조우(范祖禹)가 당(唐)나라의 역사를 쓰고서 『당감(唐鑑)』이라고 했던 것처럼, '사관이 살았던 시대'가 아니라 '사건이 일어났던 시대'를 기준으로 정해야 한다. 그렇다면 「요전」은 당(唐)나라의 일을 기록한 것이므로 〈당서(唐書)〉라고 해야 하고, 「순전」 이하 4편은 우(虞)나라의 일을 기록한 것이므로 〈우서(虞書)〉라고 해야 한다. 다만 「대우모」는 뒤에 하(夏)나라의 시조가 되는 우(禹)의 일을 기록하고 있으므로 『전한서』의 첫머리에 「한고조본기(漢高祖本紀)」가 놓인 것처럼 〈하서(夏書)〉의 처음에 와야 할 듯하다. (다만, 권근이 「대우모」를 〈하서〉에 넣어야 한다고 주장한 것은 아니다. 그렇게 생각할 수도 있다는 정도의 의미이다. 이에 대해서는 후술)

그런데 앞에서 말했던 것처럼 공자는 『서경』을 산정하면서 「요전」 「순전」 「대우모」 등을 모두 〈우서〉에 편성하였다. 채침의 견해처럼 '사관이 살았던 시대'를 기준으로 보더라도, 권근의 생각처럼 '사건이 일어났던 시대'를 기준으로 보더라도 〈우서〉의 편성에는 일관된 원칙이 결여된 것처럼 보인다. 그렇다면 공자가 춘추시대의 예나 일반적인 사서(史書) 편찬의 방법과 다르게 〈우서〉를 편성한 이유는 무엇인가? 거기에는 어떤 의도가 담겨 있는 것인가? 이것이 『서천견록』 1조에서 권근이 제기하는 문제이다. 이에 대한 권근의 설명

---

31) 『書淺見錄』 1條. "愚按: 修史之法, 皆定於後世之人, 而其書名以前代者, 書雖成於後世, 而事則前代之事故也. 如班固在後漢而修前漢之史, 其書稱爲≪前漢≫; 范氏在宋而編唐家之史, 其書名曰≪唐鑑≫之類, 皆是也. 然則〈堯典〉作於虞史, 當曰〈唐書〉; 〈舜典〉以下, 夏史所作, 而當曰〈虞書〉也. 獨〈禹謨〉一篇, 如〈漢高祖紀〉之例, 當爲〈夏書〉之首, 故≪春秋傳≫亦多引爲〈夏書〉."

은 다음과 같다.

> 공자가 위로는 「요전」을 〈당서〉로 삼지도 않고, 아래로는 「대우모」를 〈하서〉로 삼지도 않으면서 전부를 끊어서 〈우서〉로 삼았다. 그것은 (요·순·우) 세 성인이 (천하를) 주고받은 일이 도(道)를 서로 전한 것이며, 후세의 혁명(革命, 역성혁명)과는 비교할 수 없는 것임을 밝힌 것이다. 그래서 (〈우서〉에서) 위로는 요임금을 포함시키고 아래로는 우임금을 포함시킨 것이다.[32)]

공자가 『서경』을 산정하면서 일반적으로 사서를 편찬하는 방식과 달리 각각 요·순·우 세 성인의 일을 기록한 「요전」·「순전」·「대우모」를 모두 〈우서〉에 포함시킨 이유는 요→순→우로 이어지는 선양(禪讓)이 서로 도를 전한 것이며, 그것은 후세의 역성혁명과는 비교할 수 없을 정도로 훌륭한 일이었음을 밝히기 위해서였다, 라는 것이 권근의 해석이다.

요·순·우의 선양이 위대한 일이었음을 강조하기 위해 그와 같이 〈우서〉를 편성했다고 하더라도 거기에는 조금 더 해명해야 할 문제가 있다. 똑같이 우(禹)가 한 일을 기록하고 있음에도 불구하고 공자는 「대우모」를 〈우서〉에, 「우공(禹貢)」을 〈하서〉에 수록하였는데, 그 이유는 무엇인가?

권근에 의하면, 「대우모」를 〈우서〉에 수록한 것은 "「대우모」에서 기록한 바가 우(禹)가 임금의 지위에 오른 뒤의 일이 아니라 고요(皐陶)·익(益)과 함께 순임금 앞에서 계책을 진술한 일"이기 때문이다.

---

32) 『書淺見錄』 1條. "孔子上不以〈堯典〉爲〈唐書〉, 下不以〈禹謨〉爲〈夏書〉, 總斷以爲〈虞書〉者, 明三聖授受, 以道相傳, 非若後世革命之比. 故上以該堯, 下以該禹也."

그 내용이 "모두 우(虞)나라 조정의 임금과 신하 사이에 있었던 아름다운 말과 착한 정치"이므로 〈하서〉가 아니라 〈우서〉에 편성하는 것이 당연하다.[33]

하지만 「우공」에서 기록하고 있는 우(禹)의 치수와 그 성공에 관한 기록도 요임금 때 있었던 일이니, 그 역시 임금의 지위에 오르기 전의 일이다. 그런데도 『서경』에서는 「우공」을 〈하서〉에 수록하고 있다. 그것은 무엇 때문인가? 이에 대해 권근은 "이 일은 우(禹)가 단독으로 한 일이고, 그가 천하를 소유하게 된 것도 이 공적 때문이므로 〈하서〉의 첫머리로 삼았다"고 설명한다.[34]

결론적으로 말해 〈우서〉에서 「대우모」를 「요전」·「순전」에 다음에 배치하고, 〈하서〉의 첫머리에 「우공」을 놓은 것은 모두 "우임금이 이제(二帝, 요·순)를 계승하여 천하를 소유했음을 밝힌 것이다"[35]라는 것이 권근의 주장이다.

이상 『서천견록』 1조에서 제기하는 질문은 다음의 3가지이다.

- 공자가 『서경』을 산정하면서 「요전」·「순전」·「대우모」 등을 전부 〈우서〉에 수록한 이유는 무엇인가?
- 「대우모」를 〈하서〉가 아닌 〈우서〉에 편성한 이유는 무엇인가?
- 「우공」을 〈하서〉의 처음에 배치한 이유는 무엇인가?

---

33) 『書淺見錄』 1條. "然其所記, 非禹踐阼以後之事, 乃與陶、益陳謨於帝舜之前者也. 是皆虞廷君臣嘉言善政爾, 安得以爲〈夏書〉乎?"

34) 『書淺見錄』 1條. "〈禹貢〉作於堯時, 亦非禹踐阼之後事, 而爲〈夏書〉者, 〈禹貢〉一書, 專記禹治水成功之事, 陶、益諸賢所不與焉. 是則禹之所獨, 而其有天下, 亦以是功, 故可以爲〈夏書〉之首也."

35) 『書淺見錄』 1條. "前則以〈禹謨〉繼二典, 後則以〈禹貢〉首〈夏書〉, 皆明禹繼二帝而有天下也."

이에 대한 권근의 주장은, 공자는 요→순→우의 선양이 도를 전한 것이며, 그것이 후대의 역성혁명과는 비교할 수 없을 정도로 위대한 일이었음을 강조하기 위해서 그와 같이 〈우서〉와 〈하서〉를 구성하고 각 편들을 배열했다는 것이다.

3) 〈주서〉의 구성

『서천견록』 1조 외에 공자산서설에 근거하여 『서경』의 편제에 대해서 논한 것으로 17조와 32조를 들 수 있다. 먼저 32조에서는 공자가 〈주서(周書)〉의 마지막을 「문후지명(文侯之命)」→「비서(費誓)」→「진서(秦誓)」의 순서로 배열한 이유에 대해 논하고 있다. 〈주서〉에서 주(周)나라에 관한 기록은 실질적으로 「문후지명」에서 끝나는데 그 뒤에 노(魯)나라의 일을 기록한 「비서」, 진(秦)나라의 일을 기록한 「진서」가 이어지는 이유는 무엇인가라는 것이 32조에서 다루는 문제이다.

이 문제에 대해서는 채침도 언급하고 있다. 하지만 『서집전』에서는 이번에도 "「비서」와 「진서」는 모두 제후국의 일인데 제왕의 서(書, 〈주서〉) 끝에 단 것은 『시경』에 〈상송(商頌)〉과 〈노송(魯頌)〉을 기록한 것과 같다"[36]라고 말하는 데 그치고 있다. 그런데 "『시경』에 〈상송〉과 〈노송〉을 기록한 것과 같다"는 공안국(孔安國)의 전(傳)을 인용한 말이다.

> 공자가 『서경』을 편찬할 때 노(魯)나라는 서융(徐戎)을 다스리고 정벌

---

36) 『書集傳』 費誓, 題下注. "又按: 〈費誓〉〈秦誓〉, 皆侯國之事, 而繫於帝王書末者, 猶≪詩≫之錄〈商頌〉〈魯頌〉也."

하는 데 준비가 있고, 진(秦)나라는 잘못을 뉘우치고 스스로 맹세하는데 경계가 있어 세상의 법도가 되기에 충분하다고 여겼다. 그래서 (「비서」와 「진서」를) 기록하여 제왕의 일을 구비한 것이니, 이는 『시경』에서 상(商)나라와 노(魯)나라의 송(頌)을 기록한 것과 같다.[37]

공안국의 설명에 따르면, 『시경』의 마지막에 〈노송〉과 〈상송〉을 배치한 것과 마찬가지로 공자는 「비서」와 「진서」가 제후국의 일이기는 하지만 세상의 법도가 되기에 충분하다고 판단하여 제왕의 일을 기록한 『서경』에 포함시켰다. 이를 인용하고 별다른 설명도 없으므로 채침은 공안국의 견해를 수용한 것이라 생각된다.

하지만 이 문제에 대한 권근의 생각은 공안국이나 채침과 다르다. 채침의 결론만을 간단하게 말하면 우선, 공자가 「문후지명」→「비서」의 순서로 배치한 것은 한마디로 말해 "노나라가 주나라를 계승하기를 바란 것"[38]이다. 다음으로 「비서」→「진서」로 배열한 이유는 "백익(伯益)의 후예(=진나라)가 나날이 강대해지자 부자(夫子, 공자)께서 천하의 형세가 결국 진(秦)나라에 의해 병합될 것임을 알았기" 때문이다.[39]

〈주서〉의 마지막이 「문후지명」→「비서」→「진서」의 순서로 배열된 것, 나라를 중심으로 말하자면 주(周)→노(魯)→진(秦)의 순서로 배열된 것은 노나라가 주나라를 계승하여 천하의 왕자가 되기를 바라는 공자의 희망, 그럼에도 결국에는 진나라가 천하를 통일할 것임을 알았

37) 『尙書正義』 費誓, 序, 孔安國傳. "孔子序≪書≫, 以魯有治戎征討之備, 秦有悔過自誓之戒, 足爲世法, 故錄以備王事, 猶≪詩≫錄商、魯之頌."

38) 『春秋淺見錄』 1條. "或曰: 子之說≪書≫, 以〈費誓〉繼〈文候命〉, 望以魯繼周也."

39) 『書淺見錄』 32條. "伯益之後, 日以强大, 夫子蓋知天下之勢, 終幷于秦矣, 故以秦誓繼周而終焉."

던 공자의 예지(豫知)에서 나왔다는 것이 권근의 주장이다.

공자가 “노나라가 주나라를 계승하기를 바랐다”는 주장에는 일면 수긍이 가는 점도 있지만, 진나라가 천하를 통일할 것임을 알았기 때문에 「진서」를 마지막에 배치했다는 주장은 아무리 생각해도 견강부회이다. 공자가 『서경』을 산정했다는 사실에 집착한 나머지 『서경』의 구성에 과도한 의미를 부여하고 있다는 인상을 지울 수 없다.

4) 『시』·『서』·『춘추』의 구성

한편, 『서천견록』 17조에서는 『서경』, 『시경』, 『춘추』의 보이는 구성상의 공통점을 언급하고 있다.

> 『서경』의 전모(典謨, 이전과 삼모)는 “요임금이 두 딸을 치장하여 순에게 시집보낸 일”(「요전」)을 기록한 데서 시작하여 “봉황이 날아와서 춤을 춘 일”(「익직」)로 끝을 맺고, 『시경』의 이남(二南, 〈주남〉·〈소남〉)은 「관저(關雎)」에서 시작해서 「인지지(麟之趾)」, 그리고 「추우(騶虞)」로 끝나는데, 이는 모두 규문(閨門, 가정)에서 시작하여 왕자의 상서(祥瑞)에 이른 것이다. 『춘추』는 “천왕이 재(宰)인 훤(咺)을 보내서 부의를 보낸 일”(은공 원년)에 시작을 의탁하고, “서쪽에서 사냥하다가 기린을 잡은 일”(애공 14년)에서 절필하였는데, 그 의미 역시 이와 마찬가지이다.[40)]

『서경』의 〈우서〉, 『시경』의 〈주남〉과 〈소남〉, 그리고 『춘추』의

40) 『書淺見錄』 17條. “≪書≫之典謨, 始記「釐降」而終以「鳳儀」; ≪詩≫之二南, 始於〈關雎〉而終之以〈麟趾〉〈騶虞〉, 皆自閨門而至於王者之瑞. ≪春秋≫托始於「宰咺歸賵」, 而絶筆於「獲麟」, 其意亦猶是也.”

서술이 모두 가정에서 시작하여 왕자의 상서로 끝나고 있다는 말이다. 그렇다면 이러한 구성상의 공통점이 의미하는 바는 무엇인가?

이에 관해서는 『서천견록』 16조를 참고할 수 있다. 그에 따르면 요임금이 두 딸을 시집보내 순을 시험한 것은 "인도(人道)의 바름이 반드시 규문에서 시작되기" 때문이다. "봉황이 날아와서 춤을 추었다"는 상서에 관한 기록은 성인이 인도(人道)→지도(地道)→천도(天道), 즉 "삼재지도(三才之道)"를 다하여 천지와 나란히 셋이 되어 그 화육을 돕는 "참찬지공(參贊之功)"이 이루어졌기 때문에, 그 결과로 "천지의 위대한 조화[天地之太和]"가 찾아왔음을 상징한다.41)

그렇다면 『서경』, 『시경』, 『춘추』의 서술이 모두 가정에서 시작하여 왕자의 상서로서 끝나는 것은 곧 이 3경이 인도→지도→천도 및 그 효과를 기술하는 순서로 구성되었음을 의미한다. 이는 물론 공자가 육경을 산정할 때 그러한 순서를 염두에 두면서 배열했기 때문이라는 것이 권근의 생각일 것이다.

『시경』의 구성에 관해서는 『시천견록』에서도 논하고 있다. 『시천견록』에서는 "〈주남〉에 실린 11편의 시는 가(家)·국(國)·천하(天下)의 3절(節)로 나누어 봐야 한다"고 말한다. 〈주남〉의 시는 「관저(關雎)」 이하 5편, 「도요(桃夭)」 이하 3편, 그리고 「한광(漢廣)」·「여분(汝墳)」·「인지지(麟之趾)」의 3편으로 나눌 수 있는데, 이 3부분은 제가(齊家)→치국(治國)→평천하(平天下) 및 그 효과를 노래한 시(詩)라는 것이 권근의 해

41) 『書淺見錄』 16條. "聖人參兩儀而立極, 所理會者, 三才之道而已. 故典謨所載, 不越乎此三者. … 人道旣盡, 然後天地之道, 可得而治. … 然人道之正, 必始於閨門, 故堯欲試舜而先釐降焉. … 三者旣盡, 參贊之功始備. 及其功成, 治定、禮備、樂作, 則充塞天地, 一大和爾. 故於三謨之末, 而以夔樂終之, 所以形容有虞之氣象也. 「祖考來格, 虞賓德讓」, 神人之極和也; 「鳥獸蹌蹌, 鳳凰來儀」, 天地之太和也, 聖神功化之極, 無以復加矣."

석이다.[42] 이는 『시경』의 〈주남〉·〈소남〉이 가정에서 시작해서 왕자의 상서로 끝난다는 『서천견록』의 말을 자세히 설명한 것이라 할 수 있다.

이에 대해 김종진은 "〈주남〉과 〈소남〉을 수신·제가·치국·평천하의 단계로 설명한 주희의 『시집전』에 근거한 것이지만 권근은 이를 확대하여 국풍 전체의 구조와 체계를 설명하는 도구로 삼고 있다"[43]고 말한다. 그런데 "공자의 산시설(刪詩說)에 근거하여 국풍을 구조적이고 체계적인 시각에서 설명하고 있는 부분"[44]은 『시천견록』에만 있는 것이 아니다. 위에서 살펴본 바와 같이 『서천견록』에서도 공자의 산서설(刪書說)에 근거하여 〈우서〉·〈주서〉의 구성과 편제 등에 대해 논하고 있을 뿐만 아니라, 『서경』·『시경』·『춘추』에는 구성상의 공통점에 대해서도 논하고 있다. 이처럼 육경 산정설에 근거하여 『시경』·『서경』·『춘추』의 구성 등에 담겨 있는 공자의 의도를 찾으려고 했다는 점은 개별 경전 연구를 넘어서 권근의 경학에서 전반적으로 나타나는 특징 중 하나라고 말할 수 있을 것이다.

끝으로 한 가지 덧붙이고 싶은 것은 권근이 『시경』의 구성에 대해 논하면서 "근엄(謹嚴)하다"는 표현을 사용하고 있다는 점이다.

---

42) 『詩淺見錄』 3條. "〈周南〉十一篇, 當以家、國、天下, 分爲三節而看. 〈關雎〉, 正家之始; 〈葛覃〉〈卷耳〉〈樛木〉, 宜家之事; 〈螽斯〉, 家齊之極致, 福慶及於子孫矣. 〈桃夭〉, 國治之事; 〈兎罝〉, 國已治而賢材多也; 〈芣苡〉, 國治之極, 家室和平, 婦人無事, 相與歌其所事, 以形容其胸中之樂, 無一毫贊美之辭, 益可見文王德化之大, 所謂王者之民皡皡而不知爲之者也. 〈漢廣〉〈汝墳〉, 以南國之詩附焉. 天下已有可平之漸, 若〈麟之趾〉, 則王者之瑞應焉, 齊治平之極效, 無以復加矣."

43) 김종진, 「『시·서천견록』 해제」, 이광호 외 역주, 『국역 삼경천견록』, 청명문화재단, 1999, 3쪽.

44) 김종진, 「『시·서천견록』 해제」, 이광호 외 역주, 『국역 삼경천견록』, 청명문화재단, 1999, 3쪽.

그러나 (〈주남〉과 〈소남〉을) 아(雅)로 삼지 않고 풍(風)으로 삼은 것은 (이 시가 지어진 문왕의 시대를) 감히 순수하게 천자의 시대라고 여기지 못했기 때문이다. 그 근엄함이 지극하다.[45]

『시경』의 구성이 '근엄(謹嚴)하다'면, 『시경』과 마찬가지로 가정에서 시작해서 왕자의 상서로 끝나는 방식으로 구성되어 있는 『서경』과 『춘추』 역시 '근엄하다'고 할 수 있을 것이다. 또한 앞에서 살펴본 것처럼 권근은 『서경』에 보이는 필법의 엄정함을 '근엄하다'는 말로 표현하고 있다. 그렇다면 권근이 생각하는 '근엄함'에는 필법뿐만 아니라 구성도 포함되는 것은 아닐까.

권근은 마치 『춘추』에서 미언대의(微言大義)를 찾는 공양학자(公羊學者)처럼 육경산정설에 근거하여 공자가 산정한 이상 육경은 엄정한 필법과 체계적인 구성 등을 지니고 있을 것이라고 전제하고, 그 '근엄한' 필법과 구성 등에 담겨 있는 공자의 의도를 읽어 내려 하였다. 이러한 입장은 『서경』을 넘어서 권근의 경학 전반에서 나타나는 특징이라고 할 수 있을 것이다.

3. 흠(欽) —성인의 마음

『서천견록』의 또 다른 특징으로 들고 싶은 것은 '흠(欽)'에 대한 강조이다. 이에 대해서는 선행연구에서도 언급하고 있다. 김종진은 『서천견록』의 중요한 내용 가운데 하나로 "'흠(欽)'에 대한 언급"을

45) 『詩淺見錄』 1條. "然不以爲雅而爲風, 不敢以純於天子也, 其謹嚴至矣."

들면서 모두 3차례 언급되고 있음을 지적하고 있다.[46] 강문식은 『서천견록』 2조를 『서집전』의 주석을 그대로 따르는 것으로 분류하고 있으나[47] 그에 대한 내용 분석은 보이지 않는다. 이에 비해 이은호는 2조와 16조를 권근의 "독자적인 변론"으로 분류하고 그 내용을 분석하고 있으나[48] 『서집전』과의 비교가 소략한 점은 아쉽다. 아래에서는 『서천견록』에 보이는 '흠'에 관한 논의를 정리하고 이를 『서집전』과 비교하여 권근의 『서경』 인식의 특징을 살펴보도록 하겠다.

먼저 『서천견록』 2조, 16조, 17조에 보이는 '흠'에 관한 논의를 모두 인용해 보면 다음과 같다. (논의의 편의상 내용에 따라 번호를 붙였다)

> 『서천견록』 2조. (a) 『서경』은 이제(二帝, 요·순)와 삼왕(三王, 우·탕과 문·무)의 마음이 담겨있는 책인데 (b) 그 마음을 구해 보면 하나의 '흠(欽)'일 뿐이다. (c) 마음은 본래 전체(全體)와 대용(大用)을 갖추고 있다. 그러므로 『서경』에도 전체와 대용이 있으니 '흠'이 그 전체이고, '중(中)'이 그 대용이다. 요·순의 선양, 탕·무의 정벌은 어느 것 하나 중이 아닌 것이 없으며, 또한 어느 것 하나 흠의 발로가 아닌 것이 없다. 그러므로 『서경』의 전체는 이것(=흠)에서 벗어나지 않는다.[49]

---

46) 김종진, 「『시·서천견록』 해제」, 이광호 외 역주, 『국역 삼경천견록』, 청명문화재단, 1999, 9~10쪽.

47) 강문식, 『권근의 경학사상 연구』, 일지사, 2008, 205쪽.

48) 이은호, 「朝鮮前期 書經 解釋 硏究 -陽村과 退溪를 중심으로」, 성균관대 박사논문, 2010, 106~9쪽. 참고로 이은호가 권근 자신의 독창적인 경학관을 반영하는 '독자'적 견해로 분류하는 것은 『서천견록』 2조, 16조, 20조의 3조목이다. 3조목 중 2조목이 '흠'에 관한 논의가 되는 셈이다.

49) 『書淺見錄』 2條. "≪書≫者, 二帝三王之心之所寓, 求其心, 則一欽而已. 心自具全體大用, 故≪書≫亦有全體大用, 欽其全體而中其大用也. 堯舜之禪讓, 湯武之征伐, 無往而

『서천견록』 16조. ⓑ 그러나 성인의 다스림이 이미 극에 달했어도 마음은 끝이 없으니, (〈우서(虞書)를〉 기필코 "하늘(의 명)을 삼가라"(「익직」:11)는 노래로 끝을 맺은 것은 성인의 마음이 인도(人道)를 다하여 하늘에 합했다는 데 중점을 둔 것이다. 그 핵심은 단지 '흠(欽)'에 있을 뿐이다. ⓒ 전(典, 「요전」·「순전」)은 이것으로 시작하고(「요전」:1 "欽明文思安安"), 모(謨, 「대우모」·「고요모」·「익직」)는 이것으로 끝나니(「익직」:11 "往欽哉!"), '경(敬)'으로 시작해서 '경'으로 끝난 것이다. 이것이 당·우(唐虞, 요·순) 치세가 훌륭한 이유이니, 후세의 다스리는 사람이 거울로 삼지 않을 수 있겠는가?[50]

『서천견록』 17조. ⓑ 그러나 『시경』은 읊고 탄식하면서 찬미할 뿐이고, 『춘추』는 꾸짖고 비판하면서 가슴 아파할 뿐인데, 그 (찬미하고 가슴 아파하는) 근본을 구해보면 『서경』의 '흠(欽)'(공경함)에 있다. 흠하면 우(虞)나라, 주(周)나라와 같은 상서를 불러들이고, 그렇지 않으면 『춘추』의 꾸짖음을 듣는다. 흠이란 성인들이 서로 전한 심법이니, ⓒ 단지 『서경』의 전체일 뿐만 아니라 ⓓ 실로 오경의 전체이다. 그러므로 『시경』이나 『춘추』를 읽는 사람은 『서경』을 근본으로 삼아야 한다.[51]

이상 『서천견록』의 흠에 관한 논의에서 핵심만을 요약하면 다음과 같다.

非中, 亦無往而非欽之所發也. 故一經之全體不外是矣."

50) 『書淺見錄』 16條. "然聖人之治已極而心無窮, 其必結之以「勑天」之歌者, 所以歸重於聖人一心之(天)*盡人道以合天也. 其要只在乎欽而已. 典以是始, 謨以是終, 始終一敬, 此唐虞之治, 所以爲盛也. 後之爲治者, 可不監哉!" (* 의미상 "天" 자를 연문(衍文)으로 보았다.)

51) 『書淺見錄』 17條. "然≪詩≫但詠嘆以美之而已, ≪春秋≫譏貶以傷之而已, 求其本, 則在乎≪書≫之欽焉. 欽則致虞周之瑞, 否則有≪春秋≫之譏. 欽者, 聖聖相傳之心法, 非但爲≪書≫一經之全體, 實爲五經之全體. 故讀≪詩≫、≪春秋≫者, 當以≪書≫爲本焉."

(a) 『서경』은 이제(二帝)와 삼왕(三王)의 마음이 담겨있는 책이다.

(b) 이제와 삼왕의 마음은 흠(欽)이다.

(c) 흠은 『서경』의 전체(全體)이다.

(d) 흠은 오경의 전체이다.

아래에서는 이러한 권근의 주장을 채침의 『서집전』과 비교하면서 권근의 『서경』에 대한 인식을 살펴보도록 하겠다.

먼저 (a) "『서경』은 이제와 삼왕의 마음이 담겨 있는 책"이라는 규정은 기본적으로 『서집전』의 견해를 토대로 하여 나온 발언이라고 할 수 있다. 채침에 따르면 『서경』은 "이제와 삼왕이 천하를 다스리던 대경대법(大經大法)"이 실려 있는 책이다.[52] 『서경』이 우나라, 하나라, 상나라, 주나라의 역사를 제왕을 중심으로 기록하고 있다는 점을 생각해 보면 이에 대해서는 별다른 이견이 없을 것이다. 하지만 『서경』에 대한 채침의 독특한 입장은 "이제와 삼왕의 정치는 도(道)에 근본을 두고 있고, 이제와 삼왕의 도는 마음에 근본을 두고 있다"는 점에 있다. 마음이 정치와 도의 근본이라는 이 독특한 주자학적 사고는 "이제와 삼왕의 마음을 얻는다면 그들의 도와 정치에 대해 본디 말할 수 있다"[53]는 주장으로 이어진다. 그리하여 채침에게 있어 '이제와 삼왕의 마음'은 『서경』을 이해하기 위한 키워드로 자리매김하게 된다.

'이제와 삼왕의 마음'은 우리가 『서경』을 읽어야 하는 이유이기도 하다. 채침은 "후세의 군주가 이제와 삼왕의 정치에 뜻을 둔다면

52) 『書集傳』 書集傳序. "嗚呼! 《書》豈易言哉! 二帝､三王治天下之大經大法, 皆載此書."

53) 『書集傳』 書集傳序. "然二帝三王之治, 本於道; 二帝三王之道, 本於心, 得其心, 則道與治固可得而言矣."

그들의 도를 구하지 않을 수 없을 것이고, 이제와 삼왕의 도에 뜻을 둔다면 그 마음을 구하지 않을 수 없을 것이다. 그 마음을 구하는 요체가 이 책이 아니라면 무엇이겠는가?"[54]라고 말한다. 이제와 삼왕의 정치를 자신의 시대에 실현하려는 유교적 이상을 가진 군주는, 그리고 사대부는 이제와 삼왕의 마음을 알아야 하며, 그들의 마음을 알기 위해서는 반드시 『서경』을 읽어야 한다는 것이 채침의 생각이었다.

채침이 『서집전』을 통해 궁극적으로 밝히고자 했던 바도 역시 '이제와 삼왕의 마음'이었다. 그래서 그는 「서집전서」를 마무리하면서 다소 겸손하게 "이 『집전』은 요·순·우·탕·문·무·주공의 마음에 대해서는 반드시 그 은미한 곳에 이르지는 못하였지만, 요·순·우·탕·문·무·주공의 글에 대해서는 이 훈고(訓詁)를 따른다면 또한 그 대략적인 뜻을 얻을 수 있을 것이다"[55]라고 말했던 것이다.

권근 역시 『입학도설』 「오경체용합일지도(五經體用合一之圖)」에서 "『서경』은 정사(政事)를 말한 것"[56]이라고 하였는데, 이때의 '정사'란 물론 이제와 삼왕의 정사이다. 이를 "『서경』은 이제와 삼왕의 마음이 담겨 있는 책"이라는 말과 종합해 보면, 『서경』에서 말하는 이제와 삼왕의 정사에는 그들의 마음이 담겨 있다는 말이 된다. 이는 위에서 말한 채침의 『서경』에 대한 인식과 기본적으로 일치한다. 그렇다면 『서경』에서 읽어내야 할 점은, 채침이 말처럼 '이제와 삼왕의

---

54) 『書集傳』 書集傳序. "後世人主有志於二帝三王之治, 不可不求其道; 有志於二帝三王之道, 不可不求其心, 求心之要, 舍是書, 何以哉?"

55) 『書集傳』 書集傳序. "是傳也, 於堯舜禹湯文武周公之心, 雖未必能造其微; 於堯舜禹湯文武周公之書, 因是訓詁, 亦可得其指意之大略矣."

56) 『入學圖說』 五經體用合一之圖. "≪書≫, 以道政事."

마음'이 될 것이다.

ⓑ의 '이제와 삼왕의 마음이 흠(欽)'이라는 권근의 주장은 그가 채침의 권유에 따라 『서경』을 연구하여 도달한 결론이라고 할 수 있다. 그런데 이 점에서 권근의 견해가 채침과 완전히 일치하지는 않는 듯하다. 채침은 「서집전서」에서 '이제와 삼왕의 마음'에 대해 다음과 같이 설명하고 있다.

> 정일집중(精一執中)은 요·순·우가 서로 전수한 심법(心法)이고, 건중건극(建中建極)은 상(商)나라 탕왕(湯王)과 주(周)나라 무왕(武王)이 서로 전수한 심법이다. 덕(德)·인(仁)·경(敬)·성(誠)은 말은 비록 다르나 이치는 하나이니, 모두 이 마음의 오묘함을 밝힌 것이다.
>
> 하늘을 말하는 경우에는 마음이 유래하는 바(→하늘)를 엄하게 하였고, 백성을 말하는 경우에는 마음이 말미암아 베푸는 바(→백성)를 삼가게 하였다. 예악(禮樂)과 교화(敎化)는 마음의 발현이고, 전장(典章)과 문물(文物)은 마음의 표현이며, 집안이 가지런하고 나라가 다스려지며 천하가 태평함은 마음이 확대된 것이다. 마음의 덕은 참으로 성대하다![57]

채침에 의하면 『서경』의 '정일집중'은 요·순·우가 전수한 심법(心法)이고, '건중건극'은 탕·무가 전수한 심법이며, 『서경』에 보이는 덕(德)·인(仁)·경(敬)·성(誠) 등은 마음의 오묘함을 밝힌 것이다. 이 책에 실려 있는 하늘과 백성에 대한 언급, 예악과 교화, 전장과 문물, 가제·국치·천하평 등등은 모두 마음의 덕(心之德)이 다양한 형

---

57) 『書集傳』 書集傳序. "精一執中, 堯舜禹相授之心法也; 建中建極, 商湯、周武相傳之心法也. 曰德、曰仁、曰敬、曰誠, 言雖殊而理則一, 無非所以明此心之妙也. 至於言天則嚴其心之所自出, 言民則謹其心之所由施. 禮樂敎化, 心之發也; 典章文物, 心之著也; 家齊國治而天下平, 心之推也. 心之德, 其盛矣乎!"

태로 표현된 것이다. 이렇듯 채침은 '마음의 덕이 성대함'을 다양한 측면에서 설명하였지만 이제와 삼왕의 마음이 곧 흠이라고 규정하지는 않았다.

『서집전』에서는 "흠(欽)은 공경(恭敬)함"(「요전」:1)이라고 풀이하고 있다. 후술하는 바와 같이 채침도 흠의 중요성을 강조하지만 그것을 일반적인 의미에서의 '공경함'이라고 생각한 듯하다. 하지만 권근은 『서경』에 담겨 있는 이제와 삼왕의 마음이 곧 흠이라고 규정한다. 그리고 『입학도설』「오경각분체용지도(五經各分體用之圖)」에서는 그것을 "성인의 하늘을 공경하는 마음[聖人敬天之心]"이라고 한정한다. 비슷한 논의는 그의 문집인 『양촌집(陽村集)』에도 보인다.

> 신 근(近)이 삼가 생각건대, 예로부터 제왕의 하늘을 받드는 정사는 모두 책력(曆)으로 절기를 기록하고 기구(象)로 하늘을 관찰하여 농사철을 알려주는 일을 급선무로 삼았습니다. 요임금이 희씨(羲氏)와 화씨(和氏)에게 명하여 사계절의 순서를 바르게 하고, 순임금이 선기(璿璣)와 옥형(玉衡)으로 하늘을 관찰하여 칠정(七政, 일월과 오성)을 고르게 한 것은 진실로 하늘을 공경하고 백성의 일을 부지런히 하는 것을 늦춰서는 안 된다고 여겼기 때문이었습니다. … 그러나 요·순이 천상을 관찰하고, (하늘을 관찰하는) 기구를 만들던 마음을 구해 보면 그 근본은 다만 흠(欽)에 있을 뿐입니다.[58]

제왕의 정치에서는 천상을 관찰하여 백성들에게 농사철을 알려주는 일을 급선무로 삼는데, 그러한 요순의 "하늘을 받드는 정치[奉

58) 『陽村集』 卷22, 天文圖詩(誌). "臣近竊惟, 自古帝王奉天之政, 莫不以曆象授時爲先務. 堯命羲和而秩四時, 舜在璣衡而齊七政, 誠以敬天勤民爲不可緩也. … 然求堯舜所以觀象制器之心, 其本只在乎欽而已."

天之政]"는 그들의 "흠(欽)", 즉 "하늘을 공경하는 마음"에서 나왔다는 말이다.

권근은, 채침과 달리 이제와 삼왕의 마음을 흠이라고 규정할 뿐만 아니라 그것을 "성인들이 서로 전한 심법(心法)"(『서천견록』 17)이라고도 말한다. 이러한 심법에 대한 규정 역시 『서집전』과는 다른 부분이다. 위에서 인용한 것처럼 채침은 '정일집중'과 '건중건극'을 성인들이 서로 전수한 심법이라고 말하였다.

'정일집중'은 물론 「대우모」의 "인심은 위태롭고, 도심은 은미하니, 정밀하게 살피고 한결같이 지켜서 진실로 그 중(中)을 잡으라[人心惟危, 道心惟微, 惟精惟一, 允執厥中.]"를 줄여서 말한 것이다. 주희가 「중용장구서(中庸章句序)」에서 이 16글자를 요・순・우・탕・문・무・주공, 그리고 공자・증자・자사・맹자로 이어지는 도통(道統)의 핵심으로 규정한 이래로 '정일집중'을 성인들이 전수한 심법(心法), 마음을 다스리는 방법이라고 하는 것은 주자학의 상식에 속한다.

『서천견록』을 지은 뒤이기는 하지만, 권근도 1407년(태종7) 「중시책문(重試策問)」에서 '정일집중'과 '건중건극'이 성인들이 전수한 심법이라는 위의 「서집전」의 구절을 그대로 인용하기도 하였다.[59] 하지만 『서천견록』에서는 『서경』에 담겨 있는 성인의 마음이 흠이라는 주장을 한 걸음 더 밀고 나가 그것을 "성인들이 서로 전한 심법"이라고까지 규정하는 것이다.

(c)의 '흠이 『서경』의 전체'라는 주장 역시 『서경』에 담겨 있는 성

59) 『陽村集』 卷33, 「重試策問」, "精一執中, 堯舜禹相授心法; 建中建極, 商湯周武相傳心法. 曰精曰一, 其功何異? 曰執曰建, 其義何同? 謂之中, 則未至乎極; 謂之極, 則似過乎中, 二者將安所折衷歟?" 참고로 이 책문은 『조선왕조실록』 태종 7년 정해(1407) 4월 18일(임인)에도 실려 있다.

인의 마음이 흠이며, 그것이 성인들이 전수한 심법이라는 데서 나온 것이다. 먼저 지적해 두어야 할 점은 『서천견록』 2조의 "『서경』의 전체는 흠에서 벗어나지 않는다[一經之全體不外是矣]"는 『서집전』을 직접 인용한 말이라는 점이다. 이는 「요전」의 첫머리에 "흠(欽)"이 나오는 의미를 설명하는 대목에서 나온다.

> 또 (「요전」의) 첫머리에서 "흠(欽)" 자를 말했는데, 이것은 책의 처음에 나오는 제일의(第一義)이다. 읽는 사람이 깊이 음미하여 터득하는 바가 있다면 『서경』의 전체(全體)가 이것(=흠)에서 벗어나지 않을 것이니, 소홀히 할 수 있겠는가?[60]

이곳을 포함해 『서집전』에서 "전체(全體)"라는 말은 2번 나오는데, 다른 하나는 "상문(上文)은 복(福)의 전체(全體)를 가리켜 말한 것이고, 이것은 복의 일단(一端)에 대해서 말한 것이다"[61]이다. 이때의 '전체'는 '일단'과 상대가 되는 말이다. 그렇다면 "『서경』의 전체가 흠에서 벗어나지 않는다"는 말도 『서경』이라는 책 전체를 '흠' 개념을 가지고 포괄할 수 있다는 정도의 의미로 읽을 수도 있다. 하지만 권근은 채침을 말을 직접 인용하면서도 '전체'를 '전체대용(全體大用)'의 '전체'라는 의미로 사용한다. 이는 일종의 '단장취의'라고 할 수도 있다.

그런데 권근이 '전체'를 체용(體用)의 '체'로 사용하면서 끌어들이는 논리는 "마음이 본래 전체와 대용을 갖추고 있다"(『서천견록』:2)는 것이다. '마음의 전체대용'을 언급한 글 중에 가장 유명한 것은

---

60) 『書集傳』 「堯典」 1章. "且又首以「欽」之一字爲言, 此書中開卷第一義也. 讀者深味而有得焉, 則一經之全體不外是矣, 其可忽哉?"

61) 『書集傳』 「洪範」 11章. "上文指福之全體而言, 此則爲福之一端而發."

아마도 주희 『대학장구』의 이른바 「보망장(補亡章)」일 것이다.62) 「보망장」에 보이는 "내 마음의 전체대용"에 대한 원대(元代) 학자들의 대체적인 해석은 "대체(大體)"는 "온갖 이치를 갖추고 있다"를 가리키고, "대용(大用)"은 "만사에 응한다"를 가리킨다는 것이다.63) 이는 『대학장구』 경(經) 1장의 "명덕(明德)은 온갖 이치를 갖추고 만물에 응하는 것이다"를 가지고 전체와 대용을 풀이한 것이다. 간단히 말해 명덕 혹은 마음64)이 갖추고 있는 리(理)가 마음의 대체이고, 만사에 대응하는 능력이 마음의 대용이라는 것이 원대 학자들의 일반적인 해석이었다. 권근도 『입학도설』 「천인심성분석지도(天人心性分釋之圖)」의 「심도(心圖)」에서는 이러한 원대 학자들의 해석에 따라 '심(心)' 자의 의미를 풀이하고, 마음의 체와 용을 설명하고 있다.65)

하지만 권근은 『서경』을 말할 때는 성인의 마음에서 보면 흠(欽)

---

62) 『大學章句』 傳5章. "是以大學始教, 必使學者卽凡天下之物, 莫不因其已知之理而益窮之, 以求至乎其極. 至於用力之久, 而一旦豁然貫通焉, 則衆物之表裏精粗無不到, 而吾心之全體大用無不明矣."

63) 『大學章句』 經1章. "明德者, 人之所得乎天, 而虛靈不昧, 以具衆理而應萬事者也."
元・胡炳文, 『大學通』, "饒氏又曰: 具衆理是全體; 應萬事是大用."
元・許謙, 『讀四書叢說』 卷1. "吾心之全體大用無不明, 全體卽前「具衆理」, 大用卽前「應萬事」."
『大學章句大全』 傳5章 小注. "新安陳氏(陳櫟)曰: 吾心之全體, 卽釋明德, ≪章句≫所謂「具衆理」者; 吾心之大用, 卽所謂「應萬事」者也."

64) 『孟子集註』 「盡心上」 1章. "心者, 人之神明, 所以具衆理而應萬事者也."

65) 『入學圖說』 天人心性分釋之圖; 心圖. "心者, 人所得乎天而主乎身, 理氣妙合, 虛靈洞徹, 以爲神明之舍而統性情, 所謂明德而具衆理應萬事者也. … 其字形方者, 象居中方寸之地也. 其中一點, 象性理之源也, 至圓至正, 無所偏倚, 心之體也. 其下凹者, 象其中虛, 惟虛故具衆理也. 其首之尖, 自上而下者, 象氣之源, 所以妙合而成心者也. 其尾之銳, 自下而上者, 心於五行屬火, 象火之炎上也, 故能光明發動, 以應萬事也. 其右一點, 象性發爲情, 心之用也. 其左一點, 象心發爲意, 亦心之用也."

이 전체이고 중(中)이 대용이며, 따라서 『서경』의 전체는 흠이고, 그 대용은 중이라고 주장한다. 여기에서 말하는 '중'이란 역시 『입학도설』「오경각분체용지도」에 의하면, "성인이 세상을 경영하는 법[聖人經世之法]"이다. 예를 들어 "요·순의 선양, 탕·무의 정벌"은 모두 중(中)=성인의 세상을 경영하는 법의 대표적인 예라고 할 수 있는데, 이러한 일은 모두 흠(欽)=성인의 하늘을 공경하는 마음에서 나온 것이다(『서천견록』:2).

ⓓ의 '흠이 오경의 전체'라는 주장 또한 흠이 성인의 마음이라는 점을 강조하는 맥락에서 나온 것으로 볼 수 있다. 『시경』에 보이는 읊고 탄식함[詠嘆], 『춘추』에 나오는 꾸짖고 나무람[譏貶] 등 각각의 경(經)이 싣고 있는 내용은 다르지만, 오경은 모두 성인이 산정(刪定)한 것이므로 궁극적으로 모두 성인의 마음, 즉 '흠'에서 나왔다고 할 수 있다. 따라서 "흠이란 단지 『서경』의 전체일 뿐만 아니라 실로 오경의 전체"(『서천견록』 17)라는 것이 권근의 주장이다.

또한 "『시경』이나 『춘추』를 읽는 사람은 『서경』을 근본으로 삼아야 한다"(『서천견록』 17)는 말 역시 『시경』 『춘추』에는 모두 성인의 마음이 담겨 있으므로, 『서경』에서 말하는 '흠'을 알아야 『시경』의 시나 『춘추』의 기사도 정확하게 이해할 수 있다는 의미로 이해할 수 있다.

한편, 『입학도설』「오경체용합일지도」에서는 "『역』은 오경의 전체이고, 『춘추』는 오경의 대용이다. … 성인은 오경의 전체이고, 오경은 성인의 대용이다"[66]라고 하였는데, "성인이 오경의 전체"라는

---

66) 『入學圖說』 五經體用合一之圖. "愚按: 《易》, 五經之全體也; 《春秋》, 五經之大用也. … 聖人, 五經之全體, 而五經, 聖人之大用也."

말 역시 "흠이 오경의 전체"와 연결하여 이해할 수 있을 듯하다. 전자가 성인이 오경을 산정했음을 강조하는 말이라면, 후자는 그러한 산정에 담겨 있는 성인의 마음에 초점을 맞추어 한 말로 읽을 수 있지 않을까 생각된다.

어쨌든 흠이 『서경』의 전체일 뿐만 아니라 오경의 전체라는 주장에서도 성인의 마음이 흠이라는 생각이 『서경』을 넘어서 오경 전체에 확대 적용되고 있음을 알 수 있다.

4. 나오는 말

이상에서는 『서경』의 '근엄함'에 대한 믿음과 '흠(欽)'에 대한 강조를 중심으로 권근이 『서경』을 어떻게 인식하고 있는가에 대해 살펴보았다.

권근은 산서설에 근거하여 공자가 산정한 이상 『서경』은 엄정한 필법과 일관된 구성 등을 지니고 있을 것이라고 전제하고, 그 '근엄한' 필법과 구성 등에 담겨 있는 공자의 의도를 읽어내려 하였다. 또한 『서경』에 담겨 있는 성인의 마음을 '흠'으로 파악하고 이에 근거하여 흠을 『서경』의 전체라고 규정하였으며, 다시 한 걸음 더 나아가서 흠이 『서경』의 전체일 뿐만 아니라 오경의 전체라고 주장하였다. 『서경』의 필법과 구성을 '근엄하다'고 생각하고, 『서경』에 담겨 있는 성인의 마음이 '흠'이라는 생각은 『서경』을 넘어서 오경 전체로 확장되었다고 할 수 있다. 이러한 점에서 본다면 경전의 근엄함에 대한 믿음과 성인의 마음이 흠이라는 점에 대한 강조는 권근의 경학 전반에 나타나는 특징이라고 할 수 있을 것이다.

마지막으로 덧붙이고 싶은 것은 권근이 『서경』을 연구하여 도달한 결론이 경전 해석에서 끝나는 것이 아니라 현실의 정치적 입장과도 연결되고 있다는 점이다. 태조 4년(1395) 권근은 『천상열차분야지도』의 제작 책임을 맡았는데 그 경위를 설명하는 글에서 다음과 같이 말하고 있다.

> 삼가 생각건대, 전하(=태조)께서는 성스러운 무예와 어질고 밝은 덕으로 선양(禪讓)을 받아서 나라를 소유하시어 나라의 안팎이 편안하고 태평하게 되었으니 이는 곧 요・순의 덕이요, 먼저 천문(天文)을 살펴서 중성(中星)을 바르게 하셨으니 이는 곧 요순의 정치입니다.
>
> 그러나 요순이 천상을 관찰하고 기구를 만들던 마음을 구해 보면 그 근본은 다만 흠(欽)에 있을 뿐입니다. 삼가 생각건대, 전하께서도 흠으로써 마음을 보존하여 위로 천시를 받들고 아래로 백성의 일을 부지런히 하신다면, 신성한 공과 성대한 업적이 또한 이제(二帝)와 똑같이 높아질 것입니다.[67]

위에서 살펴본 바와 같이 권근은 『서경』 〈우서〉의 구성에 요→순→우의 '선양'이 후대의 '역성혁명'과는 비교할 수 없을 정도로 위대한 일이었음을 강조하려는 공자의 의도가 담겨 있다고 해석하고, 이 요순의 선양이 바로 그들의 하늘을 공경하는 마음인 '흠'의 발로였음을 강조하였다. 아울러 이 두 가지 점이 권근이 『서경』을 통해서

---

67) 『陽村集』 卷22, 天文圖詩(誌). "恭惟殿下聖武仁明, 以禪讓而有國, 中外晏然, 躋于大平, 卽堯舜之德也. 首察天文, 以正中星, 卽堯舜之政也. 然求堯舜所以觀象制器之心, 其本只在乎欽而已. 恭惟殿下亦以欽存諸心, 上以奉天時, 下以勤民事, 則神功茂烈, 亦當與二帝並隆矣."

읽어 낸 가장 중요한 메시지 중 하나였음은 이 글에서 논한 바이다.

그런데 이 『서경』에서 읽어낸 메시지가 현실 정치에서 한편으로는 고려에서 조선으로의 왕조 교체를 '선양'이라고 규정하여 태조의 권력에 정당성을 부여하고, 다른 한편으로는 요순과 마찬가지로 '흠'으로 마음을 보존하여 정치에 임하라는 주장으로 나타나고 있음을 볼 수 있다. 『서경』에 대한 권근의 연구는 오경은 물론 그의 정치론으로도 확장되고 있다고 하겠다.

이처럼 권근이 『서천견록』을 통하여 왕조 권력의 정당성을 근거지우는 이론적 체계를 세우고자 한 것과 유가적 이상정치를 지향한 것은 경학과 경세를 긴밀하게 연결하는 점에서 중국 명대나 조선 중후기에 볼 수 없는 정치문화상의 다원적 특성을 드러내는 것이라 할 수 있다. 특히 권근이 강조한 흠(欽) 개념의 경우 조선 후기 정조 또한 다른 의미에서 강조하였는데, 시대적으로 다른 환경에서 동일한 개념에 대한 다양한 이해를 지향하는 점에서 이론 적용상의 다원성을 보여주는 것이다. ◈

참고문헌

원전류:

權近, 『書淺見錄』 목판본, 『서지학보』 5, 1991; 필사본, 『동양철학연구』 4, 1983.
權近, 『詩淺見錄』 목판본, 『서지학보』 5, 1991; 필사본, 『동양철학연구』 4, 1983.
權近, 『春秋淺見錄』 필사본, 『동양철학연구』 4, 1983.
權近, 『入學圖說』 1547年刊, 장서각 소장본.
權近, 『陽村集』 1674年刊, 한국문집총간본.
蔡沈, 『書集傳』 書傳大全本.
孔穎達, 『尙書正義』 十三經注疏本.
楊伯峻 編著, 『春秋左傳注』(修訂本) 北京: 中華書局, 1981.
이광호 외 역주, 『국역 삼경천견록』, 청명문화재단, 1999.
성백효 역주, 『書經集傳上・下』, 전통문화연구회, 1998.

단행본류:

강문식, 『권근의 경학사상 연구』, 일지사, 2008.
금장태, 『朝鮮 前期의 儒學思想』, 서울대학교출판부, 1997.

논문류:

강문식, 「권근의 『詩淺見錄』・『書淺見錄』에 대한 연구」, 『한국학보』 28, 2002.
김종진, 「권근의 『시・서천견록』에 대하여」, 『서지학보』 5, 1991.
김종진, 「『시・서천견록』 해제」, 이광호 외 역주, 『국역 삼경천견록』, 청명문화재단, 1999.
이은호, 「朝鮮前期 書經 解釋 硏究 -陽村과 退溪를 중심으로」, 성균관대 박사논문, 2010.
이은호, 「양촌 권근의 서경 인식」, 『동양고전연구』 59, 2015.

권근 『예기천견록』 「곡례」편의 체제에 관한 연구

-『의례경전통해』와 『예기찬언』과의 비교를 중심으로-

한 정 길

* 이 글은 『남명학연구』 제70집(경남문화연구원, 2021.06)에 게재한 동명의 논문을 본 저서의 간행 취지에 맞춰 일부 수정한 것이다.

1. 들어가는 말

유학은 예(禮)가 실행되는 사회를 지향한다. 조선은 유학의 예치(禮治) 이념을 현실에 구현하고자 한 나라이다. 이 이념을 실현하기 위해서는 예제(禮制)와 그것을 뒷받침하는 이론을 갖추어야 했다. 여말선초에 이 작업의 중요성을 자각하고 '예(禮)'에 관한 연구에 심혈을 기울인 이가 바로 권근(權近, 1352~1409)이다. 권근은 『예기』에 관한 연구를 통하여 장차 예치가 실현될 수 있는 이론적 기반을 마련한다. 그 연구성과물이 곧 『예기천견록(禮記淺見錄)』이다. 이 점에서 『예기천견록』이 조선사상사에서 지니는 의의는 작지 않다고 하겠다.

『예기천견록』의 가장 큰 특징은 『예기』의 경문을 주제에 따라 분류하고 재배치한 점이다. 권근은 『예기』의 편차에 문제가 많다고 보고, 『예기』 각 편에 들어가 그 경문을 주제에 따라 장·절로 분류하고, 일정한 기준을 적용하여 순서에 따라 재배치한다. 그리고 편차가 새롭게 조정된 『예기』 경문 뒤에 진호(陳澔, 1260~1341)의 『예기집설(禮記集說)』에서 해당 부분의 해설을 찾아 취사선택하여 기록한 다음, '근안(近按)'의 형식으로 장·절의 내용에 대한 자신의 해설을 덧붙이고, 각 편의 말미에 다시 '안설(按說)'을 배치하여 편 전체의 대의(大義)를 밝힌다. 권근이 중시한 진호의 『예기집설』은 주자학에 입각하여 『예기』를 해설한 것으로, 명대에 이루어진 『예기대전』의 저본이다. 권근이 『예기』 경문에 대한 해설을 『예기집설』에서 취하고 있는 점으로부터 그가 『예기』를 독해하는 기본적인 관점이 주자학에 토대를 두고 있음을 알 수 있다. '근안(近按)'에는 장·절의 분류와 편차 재조정의 이유를 밝히거나 경문의 내용에 대한 자신의 견해를 밝힌다. 이 과정에서 진호의 해설과도 다른 권근 자신의 예론이 드러난다. 이 때문에 권근 예학의 특징을 살피고자 할 때 주목해야 할 부분은 역시 '근안'이다. 그러나 『예기천견록』의 가장 중요한 특징은 각 편의 구절들을 맥락에 맞게 재배치하는 편차의 수정을 통해 『예기』의 전반적인 체계를 재구성한 점이다.[1] 『예기천견록』이 후대에 긍정적으로 평가되기도 하고, 또 비판받기도 하는 것은 대체로 이것 때문이다.[2] 따라서 『예기천견록』의 주요 특징을 드러내기 위해서는 무엇보다 먼저 그 체제에 관심을 기울이지 않을 수 없다.[3]

---

1) 금장태(1997), 178쪽. 강문식도 "권근이 『예기』 원문의 순서를 새롭게 조정한 데에는 『예기』를 이해하는 그 나름의 관점과 기준이 반영되어 있으므로 『예기천견록』만의 특징과 의의가 가장 잘 나타나 있다"(「『禮記淺見錄』의 편찬 경위와 權近의 禮論」, 76쪽)'고 말한다.

2) 『예기천견록』의 편차 조정 취지를 높이 평가한 대표적인 인물은 남구만이다. 남구만은 "본조의 권양촌(權陽村)이 일찍이 『예기천견록』을 지었는데, 章의 순서를 모두 바꾸어 놓아 정녕 一家의 설을 만들었으나 지금 유학에 종사하는 자들 중에 이것을 칭찬하여 말하는 자가 있다는 말을 듣지 못하였으니, 어찌 인품에 따라 경시하고 중시하는 때문이 아니겠소.(『藥泉集』 제32권, 〈答崔汝和〉. "本朝權陽村曾有禮記淺見錄 皆移易章次 定爲一家之說 而卽今從事儒學者 未聞稱道者 豈非隨人輕重故耶")"라고 말한다. 반면에 金榦은 『예기천견록』의 편차 조정을 다음과 같이 매우 신랄하게 비판한다. "양촌의 『예기천견록』은 경문을 재배치한 것이 너무 많을 뿐 아니라 자신의 입장을 세워 경문을 해석한 곳들도 견강부회하여 본지를 놓친 곳이 많다. 후학들이 자신의 견해를 세워 聖經을 훼손하는 폐단을 야기할까 우려된다.(『厚齋先生別集』 권2, 隨錄. "權陽村禮記淺見錄 非但分裂裁割太多 其立論釋經處 又多牽強穿鑿 失其本旨 恐起後學立私見毁聖經之弊也")

3) 기존 연구 가운데 『예기천견록』의 체제에 관심을 기울인 것으로는 권정안(1981), 금장태(1997), 김석제(1999), 강문식(2002), 이봉규(2007), 장동우(2018)의 연구를 들 수 있다. 권정안은 『예기천견록』의 편차가 진호의 『예기집설』과 다르며, 거기에는 예의 본질로서 敬을 내세우고 그것을 실현하는 권근의 문제의식이 기반이 되고 있음을 밝혔다. 금장태는 『예기천견록』의 「곡례」

그런데 『예기』의 여러 편에 착란이 많다고 보고, 그 경문을 주제에 따라 분류하고 재배치하여 바로잡으려고 한 것은 일찍이 주희(朱熹, 1130~1200)와 원대의 오징(吳澄, 1249~1333)에 의해 시도된 바 있다. 주희는 「대학」과 「중용」을 '경(經)'과 '전(傳)'의 체제에 따라 그 경문의 편차를 재조정하여 『대학장구』와 『중용장구』를 만들었다. 또한 『의례경전통해(儀禮經傳通解)』에서는 『의례』를 '경'으로 삼고, 『예기』를 '전'으로 삼아 『의례』의 각 경문에 『예기』와 여러 경사서(經史書) 가운데서 그와 관련된 내용들을 부가하고 주소(注疏)와 여러 유학자들의 설을 함께 수록하였다. 이 과정에서 『예기』의 경문을 주제에 따라 분류하고 재배치하는 일이 이루어진다. 오징은 주희가 『의례』를 중심으로 『예기』의 원문을 재배치한 것과는 달리, 『예기』 각 편에 들어가서 주제에 따라 분류하고 문의가 통하도록 순서를 재배치하였으며 뒷부분에 각 장의 대지(大旨)를 기록하여 읽는 이가 이해하기 쉽게 했다.[4] 이처럼 권근이 『예기』 경문을 주제에 따라 분류하여

편과 「악기」편을 중심으로 권근이 당시 시대 이념이었던 성리학적 이론에 기초하여 예의 근본원리와 실현 방법을 어떻게 제시하고 있는가를 밝혔다. 김석제는 「곡례」와 「악기」의 편차에 대한 실증적인 분석을 토대로 권근의 예학사상을 불변성과 가변성, 수기와 치인의 측면에서 해명하였다. 강문식은 『예기천견록』의 저술 경위, 서술 체제 및 그 특징, 『예기천견록』에 반영된 권근의 예론과 경세론에 대한 검토를 통하여 『예기천견록』의 역사적 의의를 규명하였다. 이봉규는 권근의 사상적 입장이 주희 성리학의 이념을 적극적으로 계승하여 경전해석에 적용하려는 것이었으며, 그것이 조선시대 유학 연구의 방향에 일정 정도 영향을 주었음을 밝혔다. 장동우는 『예기천견록』 가운데 권근이 분장 또는 분절 관련 사항을 명시적으로 언급한 뒤 관련 경문을 유형화하여 장과 절에 재배치한 편들에 초점을 맞추어 『예기천견록』의 체제 재구성에 보이는 양상 및 그 예학사적 위상을 해명하였다.

4) 『禮記纂言』, 「禮記纂言原序」, "朱子嘗與東萊先生呂氏商訂三禮篇次 欲取戴記中有關於儀禮者 附之經 其不係於儀禮者 仍別爲記 呂氏既不及答 而朱子亦不及爲 幸其大綱 存

장·절로 나누고 그 순서를 재배치하여 편차를 바로잡으려고 한 것은 주희와 오징이 이미 했던 작업이다.[5] 이들은 모두 『예기』 경문을 분류하고 편차를 재조정하고 있지만, 그 장·절 분류와 경문 재배치 방식에는 '예'를 이해하는 자신들의 관점이 반영되어 있다.

이 글에서는 권근이 『예기』 「곡례」편의 경문을 장·절로 분류하고 재배치하는 방식을 주희와 오징의 그것과 비교 검토함으로써 권근 『예기』 연구의 특징과 그 경학사적·문화다원론적 의의를 규명하고자 한다. 「곡례」편을 분석 대상으로 삼은 까닭은 권근이 「곡례」편의 원문을 분류하고 재배치하는 데 가장 많은 심혈을 기울였을 뿐만 아니라, 그 분류와 배치 방식의 특징이 「곡례」편에 잘 나타나고 있기 때문이다.

於文集 猶可攷也 晩年編校儀禮經傳 則其條例與前所商訂 又不同矣 其間所附戴記數篇 或削本篇之文而補以他篇之文 今則不敢 故止就其本篇之中 科分櫛剔 以類相從 俾其上下章文義聯屬 章之大旨標識于左 庶讀者開卷瞭然"；『禮記纂言』, 「禮記纂言原序」(王守仁). "宋儒朱仲晦氏慨禮說之蕪亂 嘗欲考次而刪正之 以儀禮爲之經 禮記爲之傳 而其志竟亦弗就 其後吳幼清氏因而爲之纂言 亦不數數於朱說 而於先後重輕之間 固已多所發明 二子之見 其規條指畫 則旣出於漢儒矣."

5) 권근도 주희와 오징이 『예기』 경문의 편차를 바로잡으려고 한 것을 잘 알고 있었다. 그러나 그는 『예기천견록』을 저술할 때 『의례경전통해』와 『예기찬언』을 참고하지는 못한 듯하다. 그의 문집 어디에도 『의례경전통해』를 보았다는 언급이 없다. 그리고 『예기천견록』 말미에는 오징이 『예기찬언』에서 예기 경문을 항목별로 나누고 차례를 정하였다는 것을 듣기는 했지만 자신이 해외에서 태어나 그 책을 볼 수 없어서 안타깝다는 말을 남긴다.(『禮記淺見錄』, 「喪服四制」, "右『禮記』諸篇 文多錯亂 考亭朱夫子謂當釐正而未及下手 是誠斯文千載之可歎 草廬吳氏已嘗類次其篇矣 而愚生於海外 不得見其書 是亦可歎也 然愚嘗觀吳氏『大易纂言』 其說猶有所未純者 愚固已議於『易』說矣 然則是書雖得而見之 恐亦『大易』之類也 今愚不揆僭踰 敢以淺見類例其文 往往臆見 有異於先儒者 及其訓釋 有未盡者 各疏其後 但欲便於自觀 又以竢後來同志者 更於考訂 以正其失 姑爲此以發端云爾")

2장에서는 먼저 권근이 『예기천견록』을 저술한 동기와 목적이 무엇인지를 살펴보겠다. 그 저술 동기와 목적에는 권근의 현실 인식과 이상사회에 대한 구상이 내재되어 있다. 여기에서는 여말선초의 혼란한 상황에 대한 권근의 인식과 예교(禮敎)사회를 건설하고자 하는 의지가 그의 『예기』 연구에 어떻게 반영되고 있는지를 밝히는 데 관심을 기울이고자 한다.

3장 「곡례」 편의 분장·분절과 경문 재배치에서는 주희, 오징, 권근의 「곡례」편에 대한 분장과 분절, 그리고 경문 배치가 어떻게 다른지를 비교함으로써 「곡례」편에 대한 권근의 분장·분절의 분류 체제가 지니는 특징을 규명할 것이다.

권근은 「곡례」편을 경1장과 전10장 체제로 구성하고, 각 장의 주제에 부합하는 경문들을 찾아서 재배치한다. 4장에서는 『예기천견록』「곡례」편의 경1장과 전1장의 경문 재배치와 해설에 대한 분석을 통하여 권근이 경문을 재배치하는 방식과 해설에 나타난 특징을 살펴볼 것이다.

2. 『예기천견록』의 저술 동기와 목적

1) 저술의 직접적 계기

권근이 『예기천견록』을 저술하게 된 직접적 계기는 이색(李穡, 1328~1396)의 유명(遺命)이 있었기 때문이다. 권근은 일찍이 이색에게 예를 배웠는데, 그때 이색은 『예기』에 관한 연구의 필요성과 그 방법을 설명하고 권근에게 『예기』 연구를 당부한 바 있다. 이색은 『예기』의 편차에 잘못된 것이 많다고 본다. 『예기』의 편차에 문제가 생긴 까닭은 진시황의 분서로 예경(禮經)이 불에 타 없어지고, 한나라 유학자들이 불에 타고 남은 것을 주워 모아 수집한 순서대로 기록하였기 때문이다. 정자와 주자가 그 편차를 바로잡으려고 했으나, 「중용」과 「대학」에 머물렀을 뿐 다른 편에는 미치지 못하였다. 따라서 그들을 이어서 『예기』 전편의 편차를 바로잡을 필요가 있다는 것이 이색의 생각이었다. 그리고 이색은 존비(尊卑)의 차이, 길흉의 구분, 그리고 일반적으로 통용되는 말의 사례 등을 토대로 『예기』의 내용들을 유형별로 나누어 모아 재배치하는 것을 편차를 바로잡는 연구 방법으로 제시한다.[6] 이에 권근은 이색의 명을 받들어 『예기』에 관한 연구를 진행한다. 그러나 이색이 제시한 연구 방법으로 『예기』 전편의 편차를 조정하는 데 어려움이 있음을 발견한다. 『예기』의 글이 편마다 유형이 다르고, 또 존비의 차이와 길흉의 구분을 유형별로 구분할 수 있더라도 그 글의 구체적인 내용이 서로 달라서 함께 모으기가 어렵다는 것이다. 이 때문에 권근은 『예기』 본래의 편은 유지하면서 그 글의 의미를 탐구하여 경문을 유형별로 분류하고 조리에 맞게 재배치하는 방법을 활용한다.[7]

---

6) 『禮記淺見錄』, 「曲禮上」, "愚嘗學禮於牧隱之門 先生命之曰 禮經亡於秦火 漢儒掇拾煨燼之餘 隨其所得先後而錄之 故其文多失次而不全 程朱表章『庸』·『學』 又整頓其錯亂之簡 而他未之及 予嘗欲以尊卑之等吉凶之辨與夫通言之例 分門類取 以便私觀 而未就 爾宜勉之."

7) 『禮記淺見錄』, 「曲禮上」, "愚旣聞命時 方仕宦 不暇於此 嘗因擯棄閑居于村 求得是經參究同異 將類次其文意 以承先生之命 而此經之文篇各不類 「曲禮」與「檀弓」而殊 「檀弓」與「月令」而異 雖其上下吉凶之例 或有可以類分者 而文不相似 不可雜置 亦以謏聞淺見

2) 여말선초 사회정치 상황과 성리학자들의 예학에 대한 관심

권근은 이색의 문하에서 예(禮)를 배웠다고 술회한다. 그리고 이색의 명으로 『예기』를 깊이 연구하여 『예기천견록』을 저술한다. 권근의 예학 연구가 예학에 대한 이색의 관심을 계승하여 이루어진 것이다. 그런데 권근의 제자 김반(金泮)은 자기 스승 권근의 문묘 종사를 청하면서 권근의 학문이 이색에게서 나왔고, 이색의 학문은 이제현(李齊賢, 1287~1367)에게서 나왔다고 언급한 바 있다.[8] 도학이 이제현-이색-권근으로 계승된다고 본 것이다. 따라서 권근이 예학을 연구하게 된 배경을 여말선초의 시대 상황과 이제현·이색을 중심으로 한 학자들의 학문 및 정치활동과 연관하여 조명할 필요가 있다.

고려말은 정치 사회적 모순과 부패가 극에 달한 시기였다. 공민왕은 개혁 실패 이후 정치에 대한 관심을 잃은 채 비정상적인 생활을 계속하다가 측근에 의해 살해되었으며, 우왕도 초반 2~3년 이후 점차 학문과 정치에 대한 관심이 사라지면서 방탕하고 무절제한 생활로 일관하였다. 이에 따라 국정은 이인임(李仁任, ?~1388), 임견미(林堅味, ?~1388) 등으로 대표되는 권신들에 의해 좌우되었으며, 인사

誠有所未易區分者矣 故姑卽本篇 而求其文意 以類相從 則古經之篇目具在 每篇之文體不失 而先生之志 亦庶幾焉."

8) 『세종실록』 권59, 15년 2월 癸巳. "오직 익재(益齋) 이제현(李齊賢)이 도학(道學)을 창명(唱鳴)하였고, 목은 이색이 실로 그 정통을 전하였는데, 신의 스승 양촌 권근이 홀로 그 종지를 얻었습니다. 근의 학문의 연원은 색에게서 나왔고, 색의 학문의 정통은 제현에게서 나왔으니, 세 분의 학문은 다른 예사 선유(先儒)들에 비할 것이 아닙니다."

조세 등 행정 운영의 문란이 초래하였다. 권세가들의 탈법적인 토지 겸병과 농장 경영으로 인해 자영 농민들이 토지를 잃고 농장에 흡수되어 소작농이나 노비로 전락했으며, 농장에 흡수된 농민들이 사민화 되어 조세 수입에 큰 차질이 발생함으로써 국가 재정이 부족하고 군수가 고갈되는 현상이 나타났다.[9)]

이제현과 이색을 중심으로 한 학자들은 당시의 사회정치적 혼란이 예제의 붕괴에 따른 사회적 위계질서의 상실에서 비롯된 것으로 진단한다. 그리고 유교의 예치를 통하여 사회의 질서를 확립하고자 한다. 충목왕 원년에 이제현은 국왕에게 사서 육경을 익혀서 유교 정치를 실시하라는 상소를 올린 바 있다.[10)] 그로 인해 그해 8월에 과거 시험과목이 '육경의(六經義), 사서의(四書疑)'로 바뀌었다.[11)]

이색은 성리학에 기초한 예제를 확립하고자 하였다. 그는 하늘의 뜻을 받들어 만물을 다스림에 있어, 그 시대에 맞게끔 제도를 새로 만들고, 강상을 붙들어 일으키고 풍화(風化)를 넓힐 것을 주장하였다.[12)] 그리고 그 방법으로 '경(敬)'을 중시하였다. '경(敬)'을 예의 본질로 여겼고, 학문하는 자는 물론 정치하는 자, 부부간이나 전야(田野)와 조정, 향당(鄕黨)과 옥루(屋漏)의 일상생활에서만이 아니라 하늘

9) 강문식(2002), 90쪽.

10) 『高麗史』 권110, 列傳23 李齊賢(하, 415~417). "사서(四書)에 이미 익숙하게 되어 차례로 육경(六經)을 강의하여 교만과 사치, 음란과 안일, 음악과 여색, 개와 말 따위가 눈과 귀에 닿지 못하게 하면 습관과 성품이 이루어지고 알지 못하는 사이에 덕이 이루어질 것이니, 이것이 당면한 일 가운데 가장 급한 것입니다."

11) 『高麗史』 권73, 志27 選擧1 科目1 東堂試(충목왕 즉위년 8월)(중, 594) "改定初場試六經義四書疑, 中場古賦, 終場策問."

12) 『牧隱集』 권9, 「周官六翼序」, "孔子嘗曰 禮云禮云 玉帛云乎哉 樂云樂云 鍾鼓云乎哉 然則制度之古不古 非所急也 奉天理物 隨時創制 扶綱常 廣風化 如斯而已矣."

을 섬기고 상제에 제사를 지내는 데에도 경(敬)이 가장 기초적인 덕목이 된다고 보았다.[13]

'예'에 관한 이색의 생각은 권근에게 그대로 전해진다. 권근은 고려말의 정치 사회적 혼란이 예제의 붕괴에 따른 사회적 위계질서의 상실, 특히 국왕권의 약화에 따른 군신간의 질서 붕괴에서 초래된 것으로 인식하고, 이러한 상황을 바로잡기 위해서는 예를 통한 질서의 확립, 그중에서도 군신 간의 올바른 관계 정립이 선행되어야 한다고 생각했다.[14] 그리고 경을 예의 본질이자, 학문과 정치의 근본으로 간주하였다. 이처럼 『예기』를 실용적 관심에서 연구를 한 점도 권근 예학의 한 특징이다.

이제현, 이색, 권근으로 이어지는 여말선초의 예학 연구는 "정주학이 새로운 사회이념으로서 영향력을 확산시키고 있던 당시의 시대적 환경 속에서, 유교 이념의 사회적 실현을 위해 명분론의 확립과 함께 의례와 제도의 측면에 대한 정비가 시급한 과제로 요청되고 있었던 상황과 연관된다"[15]고 하겠다.

고려 후기 성리학 수용기에 이제현, 이색, 권근으로 이어지는 사승관계를 통하여 육경의 현실화 곧 유학의 세계관과 인간관을 현실사회에 어떻게 반영할 것인가의 문제가 검토되었으며[16], 이 시기에 형성된 유학의 이념과 사회적 구조가 오백 년을 이어온 조선시대의

13) 『牧隱集』 권10, 「韓氏四子名字說」, "曰尙敬 勉其中有主也 禮曰 毋不敬 禮儀三百 威儀三千 冠之以敬 卽堯典先書欽之義也 學道者 由敬以誠正 出治者 由敬以治平 夫婦之相敬 史又書之 田野間亦不可無敬也 況於朝廷乎 況於鄕黨乎 況於屋漏乎 事天享帝以致四靈 皆不外此 尙敬之字以叔敬 可不思其義乎."

14) 강문식(2002), 90쪽.

15) 금장태(1997), 134쪽.

16) 도현철(2011), 149쪽.

정치 사회 학술 사상 등 문화 전반을 결정적으로 기초 지웠다고 할 수 있다.[17]

3) 예치 실현을 위한 경학적 토대 마련

권근은 구세 정신이 남 달리 투철한 인물이다. 그는 군자에게는 백성을 진작시키고 기르는 경세의 책임이 있다고 여긴다.[18] 그의 사공이나 학문 활동은 모두 세상을 경영하고자 하는 의식에서 비롯된 것이다. 그 가운데 특히 예학 연구는 그가 심혈을 기울인 영역이다.

권근의 예학 연구의 궁극적 목적은 예치 실현을 위한 경학적 토대를 마련하는 데 있었다. 그는 태종에게 올린 글에서 자신의 『예기천견록』이 이루어지면 "후진(後進)의 선비가 반드시 이로 말미암아 흥기하여 경적(經籍)에서 학문을 발휘하여 성대(盛代)에 우문(右文)의 정치를 빛낼 것"[19]이라고 말한다. 여기에서 말하는 '우문의 정치'란 문을 중시하는 정치, 즉 문치(文治)이다. 문은 예악 등의 문물제도를 가리킨다. 따라서 문치는 곧 예치라고 할 수 있다. 이로써 보면 권근은 예제(禮制)에 입각하여 사회 질서와 안정을 도모하는 것을 이상적인 정치로 간주하고 있음을 알 수 있다. 그는 『예기천견록』을 저술함으로써 사회 구성원의 의식을 조율하고, 현실 정치와 사회의 혼

17) 권정안(1981), 35쪽.

18) 『周易淺見錄』 上經, 「蠱」 象傳. "振如孟子振德之振 使民鼓舞而振起之 如風之動振也 育如育其才之育 有德者養育而成就之 如山之長物也."

19) 『太宗實錄』 태종 4년 갑신(1404)11월 28일(병인). "特命攸司 給紙札助繕寫 勒成全書 鑄字印傳 則臣之著述 雖未足觀 後進之士 必由是而興起 發揮於經籍 以光盛代右文之治矣."

란을 다스릴 수 있는 경전상의 이론적 근거를 확보하고자 했던 것이다. 권근의 『예기천견록』은 사람들이 실생활에서 예를 익히고 실천하게 하여 궁극적으로 조선 사회를 예가 실행되는 인륜 사회로 만들려는 의지의 산물이라고 할 수 있다.

3. 「곡례」의 분장·분절과 경문 재배치

『예기천견록』의 가장 중요한 특징은 진호 『예기집설』의 체제를 대폭 수정한 점이다. 권근은 『예기』의 내용에 관한 이해에서 진호의 해설을 대부분 수용하여 『예기』의 경문 뒤에 그대로 수록한다. 물론 진호의 해설에 이의를 제기하는 부분도 있지만, 그것은 지극히 제한적이다. 『예기집설』에 관한 권근의 가장 큰 불만은 그 체제가 정현의 『예기정의』의 배열 순서를 그대로 따른다는 점에 있다. 『예기』 자체가 진시황의 분서로 예경이 불에 타 없어진 뒤에 한나라 유학자들이 불에 타고 남은 것을 주워 모아 수집한 순서대로 기록한 것이기 때문에 그 체제에 오류가 많다고 본 것이다. 이에 권근은 『예기집설』의 체제를 새롭게 개정한다. 이러한 문제의식과 개정 작업은 주희와 오징에게도 그대로 나타난다. 그들 역시 정현을 통해 내려오는 『예기』의 분류와 배치에 문제가 많다고 보고, 그것을 재분류하고 재배치하는 작업을 한다. 그러나 예의 절목의 구체적인 내용에 따라 유형을 분류하고 그 전개 순서를 재배치하는 과정에서 그들은 적지 않은 차이점을 드러낸다. 그 차이에는 예를 이해하는 그들의 기본적인 관점이 반영되어 있다. 여기에서는 『예기』 「곡례」 편의 구절들에 대한 『예기천견록』의 분류와 배치를 주희의 『의례경전통해』 및 오징의 『예기찬언』과 비교함으로써 권근 예학의 주요 특징을 살펴보고자 한다.

1) 『의례경전통해(儀禮經傳通解)』 학례(學禮) 「곡례」의 경문 재배치

주희는 『의례경전통해』 「곡례」편 전체가 '위곡예의지사(委曲禮儀之事)', 즉 '세세한 예절과 의식에 관한 일'을 다룬 것으로 이해한다.[20] '곡례'는 모두 예의 미문소절(微文小節)로서 『예기』의 「곡례」, 「내칙」, 「옥조」, 「제자직」편에서 기록한 '事親事長, 起居飮食, 容貌辭氣'의 방법과 '制器備物, 宗廟宮室, 衣冠車旗'와 같은 것들이다.[21] 주희는 『의례경전통해』에서 「곡례」를 '학례'의 범주에 포함시킨다.[22] 그것을 사회의 한 구성원으로 서기 위해 배워야 할 세세한 예절과 의식들을 엮은 것으로 파악한 것이다. 그런데 주희는 『의례경전통해』에서 「곡례」편을 새로 편집한다. 그 편집 이유를 그는 다음과 같이 밝힌다.

> 이 「곡례」편은 여러 가지가 뒤섞이고 잘게 나뉘어 그 첫머리와 꼬리가

---

20) 『儀禮經傳通解』, 「篇第目錄」, "曲禮第二十 此小戴記之第一篇 言委曲禮儀之事 所謂曲禮三千者也."

21) 『儀禮經傳通解』, 「篇第目錄」, "所謂曲禮 則皆禮之微文小節 如今[曲禮][少儀][內則][玉藻][弟子職]篇所記事親事長 起居飮食 容貌辭氣之法 制器備物 宗廟宮室 衣冠車旗之等 凡所以行乎經禮之中者 其篇之全數雖不可知 然條而析之 亦應不下三千有餘矣."

22) 『儀禮經傳通解』는 (1)家禮, (2)鄕禮, (3)學禮, (4)邦國禮, (5)王朝禮, (6)喪禮, (7)祭禮로 구성되어 있다.

여러 편에서 출입하여 일에 따라 살필 수 없기에 그것들을 합하여 기록하여 스스로 하나의 편이 되었다. 또 운율이 있는 말을 많이 만들어서 가르침을 받는 사람들이 입으로 읊조리고 마음에 보존할 수 있게 했다. 그런데 「곡례」의 기록은 소대씨가 예를 편찬할 때 이미 잃어버렸다. 그래서 그 수장에 다행히 남아 있는 것에 근거하여 여러 서책에서 인용한 것과 그 기록과 비슷한 것을 잡다하게 취하여 그것을 보완하였다. 그러나 그 문장도 착란이 많아서 조리가 매우 일관되지 않기에 이제 자못 그것을 분석하여 바로잡았다.[23)]

주희는 「곡례」편을 그 내용에 따라 모두 11장으로 분류한다. 이를 표로 정리하면 다음과 같다. 이 표의 경문 배치에서 [곡례상1], [곡례상2] 등으로 표시한 것은 『예기대전』 「곡례상」의 첫 번째 조목과 두 번째 조목을 의미한다. 즉 진호의 『예기집설』 편제에 따른 항목 순서를 가리키는 것이다. 그리고 '/'는 분절을 표시한 것이다.

표 1 『의례경전통해』의 구성

<table>
<tr><th colspan="4">『儀禮經傳通解』</th></tr>
<tr><th>장</th><th>절</th><th>경문 배치</th><th>주제</th></tr>
<tr><td rowspan="2">제1장</td><td>凡11節</td><td>[곡례상1] / [곡례상2] / [곡례상3] / [곡례상4] / [곡례상11] / [곡례상9, 10, 12] / [곡례상23] / [곡례상5] / [소의14, 27] / [소의29, 30, 32] / [곡례상160, 161]</td><td rowspan="2">通言</td></tr>
<tr><td>傳: 凡5節</td><td>[곡례상8] / [곡례상13, 14, 15, 16, 17, 18, 19, 20] / [곡례상21, 22] / [곡례상24] / [곡례상25, 26]</td></tr>
</table>

23) 『儀禮經傳通解』, 「篇第目錄」, "曲禮第二十 此小戴記之第一篇 言委曲禮儀之事 所謂曲禮三千者也 其可隨事而見者 已包在經禮三百篇之内矣 此篇乃其雜碎首尾出入諸篇 不可隨事而見者 故合而記之 自爲一篇 而又多爲韻語 使受者得以諷於口而存諸心 蓋「曲禮」之記也 戴氏編禮時已亡逸 故特因其首章之幸存者 而雜取諸書所引與它記之相似者 以補續之 然其文亦多錯亂 不甚倫貫 今頗釐而析之."

제2장	凡13節	[옥조122] / [옥조123, 124, 125, 126, 127, 128] / [곡례상6], [옥조129] / [옥조130] / [옥조131, 132, 133, 134, 135, 136, 137, 138] / [荀子 大略] / [소의55] / [尙史] / [곡례상177, 179] / [소의33] / [荀子 大略] / [周禮] / [新書, 容經]	容節
제3장	凡2節	[옥조13, 14, 15] / [논어, 鄕黨]	居處齊潔之事
제4장	凡4節	[史記, 禮書] / [옥조115, 116, 117, 118, 119, 120, 121] / [곡례상62] / [곡례하1]	步趨奉持之容
제5장	凡15節	[곡례상202] / [소의3, 4] / [소의10, 11] / [소의75] / [소의13] / [곡례하72, 73, 74, 75, 76, 77] / [소의34] / [곡례하8] / [곡례하78, 79, 80, 81] / [곡례상169, 170] / [곡례하37] / [곡례하115, 114, 112, 113, 14, 19] / [소의24] / [곡례상105] / [곡례상174, 176, 177, 178, 194], [곡례하14]	言語之禮
	傳: 凡2節	[說苑] / [단궁하119]	
제6장	凡12節	[소의75] / [소의67, 68, 66, 69, 70] / [소의65] / [소의71] / [弟子職] / [소의38] / [소의71] / [소의73] / [옥조91] / [곡례상129] / [왕제63] / [소의63]	飮食之禮
제7장	凡5節	[소의77, 78, 79] / [소의44, 45, 46, 47, 48, 49, 50, 51, 52, 53] / [곡례상143, 144, 145, 146, 147, 148, 149, 150, 151, 152, 153, 154] / [곡례상135, 136, 137, 138, 139, 140, 141, 142, 156] / [옥조100]	問遺之禮
제8장	凡6節	[論語 鄕黨16] / [곡례상222, 223, 224] / [說苑, 說叢] / [곡례상225] / [곡례상 216] / [곡례상180]	在車之容
제9장	凡6節	[곡례상213, 214] / [곡례상220, 221] / [소의42] / [곡례상207, 208, 209, 210, 211, 212] / [소의23] / [소의61]	僕御之禮
제10장	凡5節	[곡례상7] / [곡례상106] / [곡례상218] / [소의9] / [소의40]	從宜
	凡1節	[韓詩外傳]	
제11장	凡3節	[곡례상53, 54, 55, 56, 55, 56, 93] / [소의39] / [곡례상63]	雜記
	傳: 凡1節	[古列女傳, 鄒孟軻母], [곡례상55]	

주희는 「곡례」편을 주제에 따라 모두 11장으로 나눈다. 그리고 각 장을 그 세부 내용에 따라 다시 여러 개의 절로 구분한다. 「곡례」편 11장의 유형별 주제는 '통언(通言)', '용절(容節)', '거처제결지사(居處齊潔之事)', '보추봉지지용(步趨奉持之容)', '언어지례(言語之禮)', '음식지례(飮食之禮)', '문유지례(問遺之禮)', '재거지용(在車之容)', '복어지례(僕御之禮)',

'종의(從宜)', '잡기(雜記)'이다.

제1장 '통언'은 '곡례' 전체에 두루 통하는 예의 근본 정신을 담은 구절들로 채워져 있다. 그런데 주희는 「곡례」 제1장을 '경(經)'과 '전(傳)'으로 나눈다.[24] '경'은 모두 11절로 이루어져 있고, '전'은 5절로 이루어져 있다. [곡례상1]의 "「曲禮」曰: 毋不敬, 儼若思, 安定辭, 安民哉!"를 옛날 곡례의 정경(正經)으로 보는 것은 일반적이다. 이점은 주희와 오징, 권근이 모두 공유한다. 그런데 주희는 [곡례상1]만이 아니라 [곡례상2, 3, 4, 11, 9, 10, 12, 23, 5], [소의14, 27, 29, 30, 32], [곡례상160, 161]까지도 '경(經)'으로 간주한다. 옛 예경의 말임이 분명한 [곡례상1]에 근거하여 '곡례'의 '경'에 해당하는 나머지 구절들을 『예기』에서 찾아낸 것이다. 주희는 그야말로 '경'을 새로 구성하는 작업을 한 것이다. 이 '통언'장의 '경'에 소속된 『예기』 「곡례」편의 조목들이 『예기찬언』에는 '예지강령(禮之綱領)'([곡례상1, 2, 3, 4, 5, 9, 10, 11, 12, 23]), '통용지례(通用之禮)'([곡례상160]), '교유지례(交遊之禮)'([곡례상161]에 배치되어 있고, 『예기천견록』에는 경1장([곡례상1]), 전1장 '석무불경지의(釋毋不敬之意)'([곡례상2, 3, 4, 5]), 전1장 '석엄약사지의(釋儼若思之意)'([곡례상10]), 전1장 '석안정사지의(釋安定辭之意)'([곡례상9, 11]), 전1장 '석안민지의(釋安民之意)'([곡례상12, 23], 전7장 '붕우지례(朋友之禮)'([곡례상160, 161])에 배치되어 있다. 그리고 이 '통언'장의 '전'에 소속된 『예기』 「곡례」편의 조목들이 『예기찬언』에는 모두 '예지강령(禮之綱領)'에 배치되어 있고, 『예기천견록』에는

24) 주희는 『의례경전통해』 학례 「곡례」에서 [곡례상1]~[곡례상161]을 '右通言'으로 분류하고, 이어서 한 단을 내려서 "傳曰 禮者 所以定親疏 決嫌疑 別同異 明是非也"라고 적는다. '傳曰'이라고 말한 것은 그 앞부분을 '經'으로 본다는 것을 뜻한다.

전1장 '석안정사지의(釋安定辭之意)'([곡례상21, 22]), '석안민지의(釋安民之意)'([곡례상8, 13, 14, 15, 16, 17, 18, 19, 20, 24, 25, 26])에 배치되어 있다. 『의례경전통해』「곡례」편 제1장 '통언'에 실려 있는 조목들 가운데 [곡례상160, 161]을 제외한 모든 조목들이 『예기찬언』과 『예기천견록』 제1장에 실려 있다. 이것은 주희, 오징, 권근이 『예기』「곡례」 편 가운데 예의 강령으로 파악한 조목들이 대체로 일치한다는 것을 보여준다.

제2장 '용절'은 밖으로 표현되는 용모와 관련한 예절들을 담고 있는데, 모두 13절로 구성되어 있다. 이 장은 『예기』「곡례」 편 이외에도 용모에 관한 다양한 예절들을 『예기』의 「옥조」·「소의」, 『순자』의 「대략(大略)」, 『상사(尙史)』, 『주례』, 『신서(新書)』의 「용경(容經)」에서 두루 발췌하여 싣고 있다. 『예기찬언』과 『예기천견록』에는 '용절' 항목이 별도로 설정되어 있지는 않다. 이 '용절' 항목에 소속된 『예기』「곡례」편의 조목들이 『예기찬언』에는 '통용지례(通用之禮)'([곡례상6], [곡례상177, 179])에 배치되어 있으며, 『예기천견록』에는 전1장 '석엄약사지의(釋儼若思之意)'([곡례상6])와 전10장 '동지성용지절(動止聲容之節)'(「곡례상177, 179」)에 배치되어 있다.

제3장 '거처제결지사(居處齊潔之事)'는 일상생활이 이루어지는 삶의 공간을 정결하게 가꾸는 일에 관한 예절들을 담고 있는데, 모두 2절로 구성되어 있다. 그런데 2개의 절은 모두 『예기』「옥조」와 『논어』「향당」편에서 가지고 온 것으로 『예기』「곡례」편에서 취한 것은 없다. 주희는 '거처를 정결하게 가꾸는 일'을 '곡례'에 관한 것이라고 여겨서 그것을 하나의 항목으로 만들었다. 그러나 그에 해당하는 내용이 『예기』「곡례」편에는 실려 있지 않기 때문에 「옥조」와 「향당」

에서 가지고 온 것이다. 『예기찬언』이나 『예기천견록』에도 '거처제결지사(居處齊潔之事)'의 항목은 따로 마련되어 있지 않다. 오징과 권근도 역시 『예기』 「곡례」편에는 거처를 정결하게 하는 일에 관한 내용은 없다고 파악한 것이다.

제4장 '보추봉지지용(步趨奉持之容)'은 걸음걸이와 받들어 간직할 때의 자세에 관한 예절들을 담고 있는데, 모두 4절로 이루어져 있다. 『예기찬언』이나 『예기천견록』에는 '보추봉지지용(步趨奉持之容)'의 항목이 따로 마련되어 있지 않다. 이 '보추봉지지용' 항목에 소속된 「곡례」편의 조목들이 『예기찬언』에는 '통용지례'([곡례상62])와 '군신지례(君臣之禮)'([곡례하1])에 배치되어 있고, 『예기천견록』에는 '붕우지례'([곡례상62])와 '신분의 높고 낮은 차이에 따라 달라지는 다양한 행동양식'([곡례하1])에 배치되어 있다.

제5장 '언어지례(言語之禮)'는 말할 때의 도리에 관한 예절들을 담고 있는데, 경(經) 15절과 전(傳) 2절로 이루어져 있다. 경 15절 가운데 『예기』 「곡례」편에 속한 조목들이 『예기찬언』에는 '피휘지례(避諱之禮)'([곡례상202]) · '교유지례'([곡례하72], [곡례상169, 170]) · '군신지례'([곡례하73, 74, 75, 76, 77, 78, 79, 80, 81, 8, 37, 115, 114, 112, 113, 19]) · '통용지례'([곡례하14], [곡례상174, 176, 177, 178]) · '남녀지례(男女之禮)'([곡례상105]) · '제사지례(祭祀之禮)'([곡례상194])에 배치되어 있고, 『예기천견록』에는 '명휘지례(名諱之禮)'([곡례상202]) · '신분의 높고 낮은 차이에 따라 달라지는 다양한 행동양식'([곡례하72, 37]) · '길흉과 종시(終始)에서 부르는 호칭이 다른 예절'([곡례하73, 74, 75, 76, 77, 78, 79, 80, 81]) · '군신지례'([곡례하8, 115, 114, 112, 113, 14, 19]) · '붕우지례'([곡례상169, 170]) · '남녀

지례'([곡례상105])·'동지성용지절(動止聲容之節)'([곡례상174, 176, 177, 178]·'부자지례(父子之禮)'([곡례상194])에 배치되어 있다. 이처럼 『의례경전통해』의 '언어지례'의 항목에 배치된 조목들이 『예기찬언』과 『예기천견록』에는 다양한 항목에 흩어져 실려 있다. 오징과 권근은 언어의 예절이 특수한 상황에서 다양하게 사용되고 있음에 주목한 것이다.

제6장 '음식지례(飮食之禮)'는 먹고 마실 때의 예절에 관한 것으로 모두 12절로 이루어져 있다. 그 가운데 『예기』 「곡례」편에서 취한 것은 [곡례상129] 한 조목이다. 이 조목이 『예기찬언』에는 '음식지례'에, 『예기천견록』에는 상하 사이의 통례(上下之通禮) 가운데 '종묘제사의 예(宗廟祭祀之禮)'에 배치되어 있다. '음식지례'를 『의례경전통해』와 『예기찬언』에서는 하나의 분류 항목으로 설정하고 있는 반면, 『예기천견록』에서는 그것을 분류 항목으로 취하고 있지 않다.

제7장 '문유지례(問遺之禮)'는 문안하고 선물을 줄 때의 예절에 관한 것으로 모두 5절로 이루어져 있다. 이 가운데 『예기』 「곡례」편에서 취한 조목들이 『예기찬언』에는 모두 제8장 '헌유지례(獻遺之禮)'에, 『예기천견록』에는 모두 전7장 '봉우지례'에 배치되어 있다. '선물을 줄 때의 예절'을 『의례경전통해』와 『예기찬언』에는 하나의 분류 항목으로 삼고 있는 것과 달리, 『예기천견록』에서는 그것을 분류 항목으로 삼고 있지 않다.

제8장 '재거지용(在車之容)'은 수레를 타고 있을 때의 모습에 관한 예절로 모두 6절로 이루어져 있다. 이 가운데 『예기』 「곡례」편에서 취한 조목들이 『예기찬언』에는 모두 '승거지례'에 배치되어 있고, 『예기천견록』에는 '군신지례'([곡례상222, 223, 224, 225])와 '복어승거

지례(僕御乘車之禮)'([곡례상216])·'신분의 높고 낮은 차이에 따라 달라지는 다양한 행동양식'([곡례상180])에 배치되어 있다.

제9장 '복어지례(僕御之禮)'는 말을 몰 때의 의절에 관한 것으로 모두 6절로 이루어져 있다. 그 가운데 『예기』「곡례」편에서 취한 조목들이 『예기찬언』에는 모두 '승거지례'에 배치되어 있고, 『예기천견록』에는 '복어승거지례(僕御乘車之禮)'([곡례상213, 214])와 '군신지례'([곡례상220, 221, 207, 208, 209, 210, 211, 212])에 배치되어 있다.

제10장 '종의(從宜)'는 세세한 의절이 지향하는 바의 시의성에 관한 것으로 모두 5절로 이루어져 있다. 그 가운데 『예기』「곡례」편에서 취한 조목들이 『예기찬언』에는 모두 '통용지례'에 배치되어 있고, 『예기천견록』에는 '무불경지의'([곡례상7])·'붕우지례'([곡례상106])·'신분의 높고 낮은 차이에 따라 달라지는 다양한 행동양식'([곡례상218])에 배치되어 있다.

제11장 '잡기(雜記)'는 앞의 10가지 유형에 소속시키기 어려운 예절과 의식들을 담고 있는데, 경3절과 전1절로 이루어져 있다. 그 가운데 『예기』「곡례」편에서 취한 조목들이 『예기찬언』에는 모두 '통용지례'에 배치되어 있고, 『예기천견록』에는 '장유지례'([곡례상53, 54, 55, 56, 93])와 '붕우지례'([곡례상63])에 배치되어 있다.

이상으로 주희가 일상생활에서 요구되는 '세세한 예절과 의식에 관한 일'들을 11가지의 유형으로 분류하고, 각 분류 항목에 배치된 『예기』 곡례 편의 조목들이 오징의 『예기찬언』과 권근의 『예기천견록』에는 어떤 분류 항목에 배치되어 있는지를 살펴보았다. 주희의 이러한 분류 체계는 몇 가지 특징을 드러낸다.

첫째는 『의례경전통해』「곡례」편의 장을 나눈 분류 항목이 '소학

(小學)'에서 배울 세세한 예절에 관한 내용들로 이루어져 있다는 점이다. 특히 '용절', '거처제결지사', '보취봉지지용', '음식지례' 등이 그렇다. 그렇게 된 까닭은 주희가 '곡례'를 철저히 '세세한 예절과 의식에 관한 일'로 본 때문이다. 이로 인해 『의례경전통해』「곡례」편의 분류가 오징과 권근이 『예기』「곡례」편을 분장할 때 사용했던 분류와 많은 차이가 생기게 되었다. 가장 큰 차이는 '오륜'을 분류 항목으로 채택하고 있는가의 여부이다. 주희와 달리 오징과 권근은 '오륜'을 「곡례」편의 분장 항목으로 채택하고 있다. 반면 주희는 『예기』「곡례」편 가운데 '오륜'과 관련이 있는 내용들을 다른 곳에 배치한다.25)

둘째는 『예기』「곡례」편만이 아니라 「소의(少儀)」, 「옥조(玉藻)」, 「단궁(檀弓)」, 「왕제(王制)」, 그리고 『상사』, 『주례』, 『논어』, 『순자』, 『사기』, 『신서(新書)』, 『설원(說苑)』, 『고열녀전(古列女傳)』에서 '곡례'와 유관한 내용을 두루 발췌하여 싣고 있다는 점이다. 이것은 『의례경전통해』가 『의례』를 '경'으로 삼고 『예기』를 '전'으로 파악하여 『의례』의 분

25) 『예기천견록』「곡례」편의 오륜과 유관한 항목에 배치된 내용들이 『의례경전통해』에는 여러 편에 흩어져 실려 있다. '부자지례'의 항목에 속한 조목들은 가례 「내칙」의 '사친사장', 오종의 '종족', 사관례의 '초', 학례 신례의 '복수', 상례의 '거처'·'동작'·'음식'·'묘제'·'제기'에 실려 있으며, '군신지례'의 항목에 속한 조목들은 학례 곡례의 '언어지례'·'복어지례', 학례 신례의 '조례'·'시좌사식'·'광경', 방국례 빙례의 '수명우조', 상례 '상복지변', 제례의 '제례총요'에 실려 있으며, '남녀지례'의 항목에 속하는 조목들은 가례 내칙의 '관개가취'·'남녀지별'에 실려 있고, '장유지례'의 항목에 속한 조목들은 가례 내칙의 '교자', 향례 사상견례의 '청견', 학례 소의의 '차등'·'품절'·'쇄소응대진퇴'·'시식', 곡례의 '잡기'에 실려 있으며, '붕우지례'의 항목에 속한 조목들은 향례 사상견례의 '청견'·'장자청견', 학례 곡례의 '통언'·'보위봉지지용'·'언어지례'·'문유지례'·'종의'·'잡기', 상례 補의 '弔'·'贈喪'에 실려 있다.

류 체계에 맞추어 각 유형에 해당하는 내용을 『예기』와 여러 경사서에서 발췌하여 새롭게 편집한 데서 연유한다. 주희는 『예기』의 편과 장을 넘나들면서 '곡례'에 해당하는 내용들을 유형별로 분류하고, 각 경문들을 조리 있게 배치하여 새롭게 편집한다. 이것은 오징이나 권근이 「곡례」편 내에서 장·절을 구분하고, 경문들을 재배치한 것과 비교할 때 매우 독특하다고 하겠다.

셋째는 분장과 분절 의식이 투철하다는 점이다. 주희는 '곡례'를 11장으로 분류하는 데 그치지 않고, 각 장을 다시 여러 개의 절로 분류한다. 동일 유형으로 묶이는 장 내에서도 구절의 의미 맥락이 이어지는 단위들을 세분화한 것이다. 이것은 경문의 내용을 꼼꼼히 분석하고, 그 의미가 서로 이어지는 구절들을 조리에 맞게 순서대로 배치하는 창조적인 작업이라고 하겠다. 이러한 문제의식과 작업은 오징과 권근에게 그대로 전해진다.

넷째는 『의례경전통해』「곡례」편 11개의 장 가운데 제1장 '통언', 제5장 '언어지례', 제11장 '잡기'에서 '경'과 '전'의 분류 체제를 취한다는 점이다. 그러나 이때의 경과 전을 성경현전(聖經賢傳)의 의미로 이해하기는 어려울 듯하다. 다만 경문의 의미를 보완하여 설명해주는 것을 '전(傳)'으로 본 것이 아닐까 한다.

다섯째는 분장과 경문 배치에서 오징에게 끼친 영향이 발견된다는 점이다. 예를 들면 『의례경전통해』'음식지례'에 소속된 『예기』「곡례」편의 조목이 『예기찬언』'음식지례'에 배치된 점, '문유지례'에 소속된 조목들이 모두 『예기찬언』'헌유지례'에 배치된 점, '재거지용'과 '어복지례'에 배치된 조목들이 『예기찬언』에는 모두 '승거지례'에 배치된 점, '종의'에 배치된 조목들이 『예기찬언』에는 모두

'통용지례'에 배치된 점 등이다. 이것으로 보면 오징은 『예기』의 경문을 분장·분절하고 재배치할 때 『의례경전통해』를 참고했을 가능성이 크다. 이와 달리 권근은 경문의 분장과 재배치에서 『의례경전통해』와는 많이 다르다. 『예기천견록』을 찬술할 때 『예기찬언』만이 아니라, 『의례경전통해』도 참고하지 못한 듯하다.

2) 『예기찬언(禮記纂言)』 「곡례」의 경문 재배치

오징은 『예기찬언』에서 「곡례상·하」를 「곡례상·중·하」 세 편으로 나누고, 전체를 16개의 장으로 분류한다. 그리고 각 장을 여러 개의 의미 단위로 분절하고, 일정한 기준에 따라 경문을 재배치한다. 그 분장·분절과 경문 재배치를 도표화하면 다음과 같다.

표 2 『예기찬언(禮記纂言)』의 구성

『禮記纂言』			
장	절	經文 배치	주제
제1장	凡7節	[곡례상1, 2, 3, 4, 5] / [곡례상11] / [곡례상9, 10] / [곡례상12] / [곡례상23] / [곡례상25, 26] / [곡례상8, 13, 14, 15, 16, 17, 18, 19, 20, 21, 22, 24]	禮之綱領
제2장	凡15節	[곡례상34] / [곡례상37, 38] / [곡례상41, 42, 43, 44, 45] / [곡례상45]. 孝子不服闇, 不登危, 懼辱親也.] / [곡례상46] / [곡례상99] / [곡례상35, 36] / [곡례하69, 70] / [곡례하71] / [곡례상133] / [곡례상164, 165, 166, 167] / [곡례하14 居喪未葬, 讀喪禮. 旣葬, 讀祭禮. 喪復常, 讀樂章.26)] / [곡례상47, 48] / [곡례하12, 13] / [곡례상192]	父子之禮
제3장	凡27節	[곡례상 157, 158, 159] / [곡례하112, 113, 114, 115] / [곡례하 19, 15, 16, 17, 18] / [곡례상 58] / [곡례상127, 128,] / [곡례상 217] / [곡례하 36] / [곡례하35] / [곡례하8] / [곡례상193] / [곡례하37] / [곡례하37]27) / [곡례하23] / [곡례하24] / [곡례하10, 11] / [곡례하25,	君臣之禮

		26, 27, 29, 28, 30, 31] / [곡례하117, 118] / [곡례하61] / [곡례하110, 111] / [곡례하1, 2, 3, 5, 4] / [곡례상132] / [곡례하73, 74, 75, 76, 77] / [곡례하78, 79, 80, 81] / [곡례하 32] / [곡례하33] / [곡례하34]	
제4장	凡8節	[곡례상94, 96, 97, 98] / [곡례상100, 101]/ [곡례상102, 103] / [곡례상105] / [곡례상95] / [곡례상104] / [곡례상108, 109, 110, 111] / [곡례상107]	男女之禮
제5장	凡24節	[곡례상27] / [곡례상28, 29, 30, 31, 32] / [곡례상50, 49, 50, 51] / [곡례상39, 40] / [곡례상52] / [곡례상53] / [곡례상33] / [곡례상33] / [곡례상64] / [곡례상65, 66, 67] / [곡례상71, 72, 73, 74]/ [곡례상75, 76]/ [곡례상77] / [곡례상84] / [곡례하9] / [곡례상85] / [곡례상83] / [곡례상90, 91, 92] / [곡례상78, 79, 80] / [곡례상81, 82] / [곡례상117] / [곡례상130] / [곡례상125] / [곡례상126]	長幼之禮
제6장	凡2節	[곡례상59, 60, 61] / [곡례상68, 69]	賓主之禮
제7장	凡4節	[곡례상112, 113, 114, 115, 116, 124] / [곡례상118, 119, 120, 121, 122, 123] / [곡례상131] / [곡례상129]	飮食之禮
제8장	凡4節	[곡례상156] / [곡례상135, 136, 137, 138, 139, 140, 141, 142] / [곡례상143, 144] / [곡례상145, 146, 147, 148, 149, 150, 151, 152, 153, 154, 155]	獻遺之禮
제9장	凡5節	[곡례상161] / [곡례상34] / [곡례하72] / [곡례상168] / [곡례상169, 170]	交游之禮
제10장	凡15節	[곡례상160] / [곡례상6, 7] / [곡례상86, 87, 88, 89] / [곡례상53, 54, 55, 56, 57] / [곡례상62, 63] / [곡례상93] / [곡례상134] / [곡례하14] / [곡례상163] / [곡례상175, 176, 174, 172, 177, 178, 174, 177, 171, 173, 177, 179] / [곡례상218] / [곡례상106] / [곡례상180, 181] / [곡례상182] / [곡례상215]	通用之禮
제11장	凡3節	[곡례상196, 197] / [곡례상198, 201, 200, 199] / [곡례상202]	避諱之禮
제12장	凡10節	[곡례하20, 21, 22] / [곡례상194] / [곡례상194] / [곡례상195] / [곡례상162] / [곡례하85] / [곡례하83] / [곡례하82] / [곡례하84] / [곡례하116]	祭祀之禮
제13장	凡4節	[곡례상203] / [곡례상204, 205] / [곡례상205] / [곡례상206]	卜筮之禮
제14장	凡12節	[곡례상213, 214] / [곡례상220, 221] / [곡례상207, 208, 209, 210, 211, 212] / [곡례상222, 223, 224] / [곡례상216] / [곡례상180] / [곡례상162] / [곡례상225] / [곡례상219] / [곡례상226, 227] / [곡례상215] / [곡례상183]	乘車之禮
제15장	凡1節	[곡례상184, 185, 186, 187, 188, 189, 190, 191]	行軍之禮
제16장	凡17節	[곡례하38, 39, 40, 41, 42] / [곡례하44, 45, 46, 47]	稱謂之禮

		/ [곡례하48] / [곡례하49, 50, 51, 52] / [곡례하57, 58, 59] / [곡례하60, 67] / [곡례하53, 54, 55, 56] / [곡례하119] / [곡례하62] / [곡례하43, 63] / [곡례하63, 64, 65, 66] / [곡례하7] / [곡례하6] / [곡례하68] / [곡례하107, 109, 107] / [곡례하108, 109] / [곡례하86, 89, 87, 88, 91, 90, 92, 93, 95, 96, 94, 97, 98, 101, 99, 100, 102, 103, 104, 105, 106]	

제1장은 '예의 강령'을 언급한 것으로 모두 7절로 이루어져 있다. 오징은 그 7절 가운데 [곡례상1], 즉 '曲禮曰, "毋不敬, 儼若思, 安定辭, 安民哉!"'의 구절을 예전의 곡례 정경(正經)의 말로 간주한다. [곡례상1]을 곡례 정경의 말로 이해하는 관점은 주희와 권근이 모두 공유한다. 이미 '곡례왈(曲禮曰)'이라고 말하였으니[28], 이는 『의례』의 정경(正經)을 인용한 것이라고 여긴 것이다.[29] 제1장 '예의 강령'에 속한 조목들은 모두 『의례경전통해』 제1장 '통언'에 실려 있다. 이것도 역시 오징이 『예기찬언』을 저술할 때 『의례경전통해』를 참고했음을 보여주는 하나의 사례이다.[30]

제2장~제6장은 오륜과 유관한 예절들로 이루어져 있다. 제2장은

---

26) 이 뒤에 "居喪不言樂 祭事不言凶 公庭不言婦女"의 구절이 빠짐

27) 제33절과 앞뒤가 바뀜

28) 『儀禮經傳通解』 卷十一, 學禮四, 曲禮. "曲禮曰 [記引正經之詞]"

29) 조선의 대표적인 예학가인 金在魯도 이러한 견해를 따른다. 『禮記補註』, "곡례왈(曲禮曰) …민자(民哉) 소(疏)에 말하였다. "이미 '곡례왈'이라고 말하였으니, 이는 『의례』의 정경(正經)을 인용한 것이다. 지금 이 내용이 『의례』에 보이지 않는 것은 혹 흩어져 없어진 3천 가지 곡례 가운데에 들어 있는 듯하다."

30) 오징은 [곡례상12] "禮聞取於人 不聞取人 禮聞來學 不聞往教"를 해설하면서 『의례경전통해』의 주자 주석 즉, "朱子曰 此雖兩節 其實互明一事也 取於人者 童蒙求我 朋自遠來也 取人者 好爲人師我求童蒙也 禮有取於人 所以彼有來學 無取人 所以我無往教也)을 그대로 인용하고 있다. 이것을 통해 오징이 『예기찬언』을 지을 때 『의례경전통해』를 참고했음을 확증할 수 있다.

부자간의 예절들을 모은 것으로 모두 15절로 이루어져 있고, 제3장은 군신간의 예절들을 엮은 것으로 모두 26절로 이루어져 있으며, 제4장은 남녀간의 예절을 엮은 것으로 모두 8절로 이루어져 있고, 제5장은 장유 사이의 예절을 엮은 것으로 모두 24절로 이루어져 있으며, 제6장은 주인과 손님 사이의 예절을 엮은 것으로 모두 2절로 이루어져 있다. 특이한 것은 제6장을 붕우 사이의 예절이 아니라, 손님과 주인[賓主] 사이의 예절로 분류하였다는 점이다. 이와 달리 권근은 붕우 사이의 예절로 범주화한다. 그러나 빈주지례(賓主之禮)에 소속된 5조목 가운데 4조목이 『예기천견록』 '붕우지례' 장에 배치되고, [곡례상68] 한 조목만 『예기천견록』 '장유지례' 장에 배치된다. 이를 통해서 볼 때 권근이 오징보다 '오륜'을 지향하는 이념성이 더욱 강했음을 알 수 있다. 제7장~제16장은 자세한 예절과 의식들을 10개의 내용으로 분류한 것이다. 제7장은 음식지례(飮食之禮)를 엮은 것으로 모두 4절로 이루어져 있고, 제8장은 헌유지례(獻遺之禮) 즉 선물할 때의 예절을 엮은 것으로 모두 4절로 이루어져 있으며, 제9장은 교유지례(交遊之禮)로 모두 5절로 이루어져 있고, 제10장은 통용지례(通用之禮)로 모두 15절로 이루어져 있으며, 제11장은 피휘지례(避諱之禮)로 모두 3절로 이루어져 있고, 제12장은 제사지례(祭祀之禮)로 모두 10절로 이루어져 있으며, 제13장은 복서지례(卜筮之禮)로 모두 4절로 이루어져 있고, 제14장은 승거지례(乘車之禮)로 모두 12절로 이루어져 있으며, 제15장은 행군지례(行軍之禮)로 1절로 이루어져 있고, 제16장은 칭위지례(稱謂之禮)로 모두 17절로 이루어져 있다.

오징의 이러한 분류 체계는 몇 가지 특징을 드러낸다.

첫째는 『예기』 편차의 오류를 바로잡으려는 의식이 강하다는 점이다. 이러한 의식은 주희에게서 이미 나타난 바 있다. 그러나 주희는 『예기』 전편에 걸쳐서 그 편차를 바로잡지는 못했다. 다만 「대학」, 「중용」에 대해서만 그 뜻을 실현했을 뿐이다. 주희와 달리 오징은 『예기』 전편의 편차를 바로잡고자 했다.

둘째는 분장과 분절이 자세하다는 점이다. 오징은 「곡례」편을 16개의 장으로 분류하고, 각 장을 다시 여러 개의 절로 세분한다. 이 점은 주희의 분장·분절 의식을 계승 발전시킨 것이라고 할 수 있다.

셋째는 오륜을 분장의 분류 항목으로 설정하고 있다는 점이다. 이로부터 오징이 오륜이 펼쳐지는 인륜 사회를 지향하고 있음을 짐작할 수 있다. 이것은 권근도 공유하는 것이다.

넷째는 분장과 경문 배치에서 주희의 『의례경전통해』의 영향을 적지 않게 받고 있다는 점이다. 이것은 '음식지례'와 '헌유지례'를 분장의 항목으로 설정한 점, 『의례경전통해』의 '재거지용'과 '어복지례'에 배치된 조목들이 『예기찬언』에는 모두 '승거지례'에 배치된 점, 『의례경전통해』의 '종의'에 배치된 조목들이 『예기찬언』에는 모두 '통용지례'에 배치된 점, [곡례12]의 해설에서 『의례경전통해』의 주자의 해설을 그대로 인용하고 있는 점 등에서 확인된다. 이것은 권근의 『예기천견록』과 비교할 때 두드러지게 드러나는 특징이다.

3) 『예기천견록』 「곡례」의 경문 재배치

권근은 「곡례」 상·하편을 경1장과 전10장으로 분류하고, 『예기』의 경문을 주제에 따라 분류하여 각 장에 소속시키고, 일정한 기준에 따라 그 순서를 재배치한다. 권근은 「곡례」편의 분장·분절과 경문 재배치의 이유와 그 방식을 다음과 같이 말한다.

> 이전 경전에서는 여러 예(禮)들을 뒤섞어 기록해놓았기 때문에 문의(文義)가 일정하지 않았다. 이제 부자, 군신, 남녀, 장유, 붕우 사이의 인륜으로 그 유형을 나누고, 길례(吉禮)와 흉례(凶禮), 처음과 끝의 과정, 세세하고 가벼운 것과 중대하고 무거운 것, 먼저 할 것과 나중에 할 것 등의 순서에 맞추어 경문을 편차하였다. 장(章)으로 나누고 유형으로 모아놓은 것이 정연하게 조리가 있어 진실로 초학자가 살피기에 편한 바가 있다.[31]

「곡례」편의 편차를 재조정하게 된 까닭은 『예기정의』 「곡례」편에 여러 예(禮)들이 뒤섞여 있어 그 문장의 의리가 순조롭지 않았기 때문이다. 그래서 오륜 등으로 그 유형을 나누어 분장을 하였으며, 일정한 기준을 적용하여 경문의 편차를 정했다. 그리고 길례에서 흉례로, 일의 시작에서 마침으로, 중한 것에서 가벼운 것으로, 일이 이루어지는 시간 순서에 따라 기술하는 것을 편차를 정하는 기준으로 삼았다. 권근은 이러한 작업의 결과 경문이 조리에 맞게 전개되어 초학자가 살피기에 편리하게 되었다고 자평한다.

『예기천견록』 「곡례」편의 분장·분절과 경문 배치를 도표화하면 다음과 같다.

---

31) 『禮記淺見錄』, 「曲禮下」, "右「曲禮」上下篇 今分爲經一章傳十章 舊經雜記諸禮 文義不倫 今以父子君臣男女長幼朋友之倫 分其類 吉凶終始小大輕重先後之序 次其言 章分類合 井然有條 誠有便於初學之觀也."

표 3 『예기천견록』의 구성

『禮記淺見錄』			
장	절	經文 배치	주제
經 1章		[곡례상1]	此章乃古禮經之言
傳 1章 釋經一章之意	凡16節	[곡례상2] / [곡례상4, 5] / [곡례상3, 7] /	釋'毋不敬'之意
		[곡례상6, 44] / [곡례상86, 87, 88, 89] / [곡례상10]	釋'儼若思'之意
		[곡례상9] / [곡례상11] / [곡례상21, 22] /	釋'安定辭'之意.
		[곡례상8] / [곡례상13, 14, 15, 16, 17, 18, 19, 20] / [곡례상25] / [곡례상26] / [곡례상23] / [곡례상12] / [곡례상24]	釋安民之意
傳 2章	1節	[곡례상27]	老幼名義之不同
傳 3章	凡19節	[곡례상34] / [곡례상41, 42, 43] / [곡례상44] / [곡례상45] / [곡례상99, 37, 38] / [곡례상133] / [곡례상35] / [곡례상36] / [곡례상46, 47, 48] / [곡례상134] / [곡례상164] / [곡례상165, 166] / [곡례하14], [곡례상194] / [곡례하85, 20, 21] / [곡례하22] / [곡례하12, 13] / [곡례상192] / [곡례하23] / [곡례하10]	父子之禮
傳 4章	凡23節	[곡례하69, 70, 71] / [곡례상217] / [곡례상58] / [곡례상128, 127], [곡례하3, 4, 5] / [곡례하15, 16] / [곡례하17, 18] / [곡례상207, 208, 209, 210, 211] / [곡례상212] / [곡례상222, 223, 224] / [곡례상225] / [곡례상226, 227] / [곡례상219, 220, 221] / [곡례하112, 113] / [곡례하14, 19, 115, 114] / [곡례상157, 158] / [곡례상159] / [곡례하36] / [곡례하35] / [곡례하8] / [곡례하25, 26] / [곡례하25] / [곡례하24] / [곡례하11]	君臣之禮
傳 5章	1節	[곡례상108, 109, 111, 94, 95, 96, 97, 98 , 100, 101, 102, 103, 104, 105]	男女之禮
傳 6章	凡15節	[곡례상49, 50, 51, 52, 53] / [곡례하9], [곡례상33, 54] / [곡례상55, 56, 57, 64, 65, 66, 67, 68] / [곡례상71] / [곡례상72, 73] / [곡례상74] / [곡례상75, 76] / [곡례상77] / [곡례상78, 79] / [곡례상80] / [곡례상81, 82, 83] / [곡례상84, 85] / [곡례상90, 91, 92, 93] / [곡례상117, 125, 126] / [곡례상130, 39, 40]	長幼之禮
傳 7章	凡11節	[곡례상59, 60, 61, 62, 63] / [곡례상69, 70] / [곡례상112, 113, 114, 115, 116] / [곡례상118, 119, 120, 121, 122, 123] / [곡례상131] / [곡례상124] / [곡례하27, 28] / [곡례상143, 144, 137, 138, 139, 140, 141, 142, 145, 146, 147, 148, 149, 150, 151, 152, 135, 136, 153, 154, 155, 156] / [곡례상170] / [곡례상106, 168, 169] / [곡례상160, 161]	朋友之禮
傳 8章	凡18節	[곡례하38, 39, 40, 41, 42] / [곡례하43] / [곡례하44, 45, 46, 47, 48] / [곡례하49, 50, 51, 52] / [곡례하	自天子至於庶人, 吉凶·終始

		53] / [곡례하57, 58, 59] / [곡례하54, 55, 56] / [곡례하60, 63, 64, 65, 67] / [곡례상28, 29, 30, 31, 32] / [곡례하62] / [곡례하119] / [곡례하73, 74] / [곡례하75, 76, 77, 78, 79, 80, 81] / [곡례하7] / [곡례하68] / [곡례하107] / [곡례하108] / [곡례하109]	稱號不同之禮
傳 9章	凡14節	[곡례하82] / [곡례하84] / [곡례하117, 118] / [곡례하61] / [곡례상132] / [곡례하1, 2] / [곡례하110, 111] / [곡례상180, 181, 182] / [곡례하32, 33, 34] / [곡례하29] / [곡례하30, 31], [곡례상218] / [곡례상184], [곡례하72] / [곡례상193] / [곡례하37]	自天子至於庶人, 尊卑小大儀則不同之禮
傳 10章	凡18節	[곡례하86, 87, 88, 89, 90, 91, 106] / [곡례하116] / [곡례하83] / [곡례상195, 129] / [곡례상162]	汎言上下之通禮 宗廟祭祀之禮
		[곡례상167] / [곡례상203, 204, 205, 206]	卜筮擇日之法
		[곡례상107, 110], [곡례하66] / [곡례하6] / [곡례상196, 197, 198, 199, 200, 201, 202]	名諱之禮
		[곡례상163] / [곡례상53] / [곡례상171, 172, 173, 174, 175, 176, 177, 178, 179]	動止聲容之節
		[곡례상183] / [곡례상185, 188, 188, 189, 190, 191]	師行之法
		[곡례상213, 214] / [곡례상216] / [곡례상215]	僕御乘車之禮

권근은 「곡례」 전체를 경1장과 전10장 체제로 재구성한다.[32] [곡례상1]의 '[曲禮]曰: "毋不敬, 儼若思, 安定辭, 安民哉!"'를 옛날 예경(禮經)에 속했던 말로 보아서 경1장에 소속시킨다. 권근이 [곡례상1]을 옛날 예경에 속했던 구절로 본 것은 주희 및 오징과 일치한다. 그런데 권근은 이러한 견해에 입각하여 [곡례상1]을 '경(經)'으로 파악하고, 그 이외의 다른 것들을 '전(傳)'으로 보아서 「곡례」편을 '경1장'과 '전10장' 체제로 재구성한다.

전1장은 경1장의 의미를 풀이한 것으로 네 부분으로 나누어져 있으며, 모두 16절로 이루어져 있다. '무불경'의 뜻을 풀이한 것이 3절, '엄약사'의 뜻을 풀이한 것이 3절, '안정사'의 뜻을 풀이한 것이 3절, '안민재'의 뜻을 풀이한 것이 7절이다. 대개 '전'은 '경'의 의미

32) 『예기천견록』의 「곡례상」은 경1장과 전1장~전7장으로 분류되고, 「곡례하」는 전8장~전10장으로 분류된다.

를 풀이한 것이다. 적어도 『예기천견록』「곡례」편 경1장과 전1장 사이에서는 이러한 규정이 적용된다. 그러나 그 이외의 다른 부분, 즉 경1장과 전2장~전10장 사이의 관계에는 그 규정이 그대로 적용되지는 않는다. 이것은 「곡례」편 자체가 무엇이 성경(聖經)이고, 무엇이 현전(賢傳)인지를 파악하기 어려운 데서 연유한다. 이 때문에 김간(金榦)은 권근이 주희의 『대학장구』를 모방하여 「곡례」편을 경1장과 전10장 체제로 만들려고 한 것을 「대학」과 「곡례」의 근본적 차이를 모른 것이라고 비판한다.33)

전2장은 [곡례상27] 한 조목으로 이루어져 있다. [곡례상27]은 유년으로부터 노년에 이르는 전체의 순서에서 나이에 따라 지칭하는 용어가 다르고, 하는 일도 다름을 말한 것이다. 권근은 이 조목을 오륜을 가지고 예를 밝히는 앞부분에 배치함으로써 그 논의의 전개가 조리를 지닐 수 있게 했다. 권근은 또 [곡례상27]의 내용이 위아래 경문과 서로 이어지지 않기 때문에 그 자체를 하나의 장으로 분류한다. 이것은 권근이 「곡례」편을 분장 분절하고 경문들을 배치할 때 주제에 따른 유형별 분류와 경문들의 논리적 접속 관계에 유의했음을 보여주는 하나의 좋은 사례라고 하겠다. 경문의 분류와 배치에서 그 이론적 체계성과 논리성을 갖추고자 한 것이다.

전3장 '부자지례'는 부자 사이에 지켜야 할 예절들을 담고 있는데, 모두 19절로 이루어져 있다. 제4장 '군신지례'는 군신 사이에 지켜야 할 예절들을 담고 있는데, 모두 23절로 이루어져 있다. 제5장

---

33) 『厚齋先生別集』 권2, 隨錄. "陽村就曲禮上下篇 以首言無不敬十二字 爲經一章 其下諸說 裁割分裂 隨類彙集 爲傳十章 模倣大學之經一章傳十章 其用功可謂勤矣 然聖經謂之經 賢傳謂之傳 大學經一章 卽聖經也 傳十章 卽賢傳也 故朱子於大學序曰聖經賢傳之旨燦然復明於世 今曲禮則不然 上下篇諸說 不知孰爲聖經孰爲賢傳 而陽村說如此."

남녀지례는 남녀 사이에 지켜야 할 예절들을 담고 있는데, 1절로 이루어져 있다. 제6장 '장유지례'는 어른과 아이 사이에 지켜야 할 예절들을 담고 있는데, 모두 15절로 이루어져 있다. 제7장 붕우지례는 붕우 사이에 지켜야 할 예절들을 담고 있는데, 모두 11절로 이루어져 있다. 이것들은 오륜을 분류 항목으로 삼은 것이다. 이것은 오징이 오륜을 분장의 분류 항목으로 설정하면서도, '붕우지례'를 '빈주지례'와 '교유지례'로 대체한 것과 비교할 때 특징적이다. 이로부터 우리는 권근이 '오륜'을 구현하고자 하는 이념성이 오징보다 더욱 투철했음을 유추할 수 있다.

권근은 『예기』 「곡례하」를 전8장~전10장의 3장으로 구분한다. 전8장은 천자에서 서인에 이르기까지 길흉과 종시(終始)에서 부르는 호칭이 다른 사례들을 담고 있는데, 모두 18절로 이루어져 있다. 전9장은 천자에서 서인에 이르기까지 신분의 높고 낮은 차이에 따라 달라지는 다양한 행동양식[儀則]의 사례들을 담고 있는데, 모두 14절로 이루어져 있다. 그리고 전10장은 상하 사이의 통례[上下之通禮]들을 다섯 가지 부류로 나누어 싣고 있다. 즉 종묘 제사의 예[宗廟祭祀之禮]에 관한 것이 5절, 점을 치고 날을 택하는 방법에 관한 것이 2절, 이름을 피하는 예[名諱之禮]에 관한 것이 3절, 동작과 소리 및 용모의 예절[動止聲容之節]에 관한 것이 3절, 군사가 이동할 때의 법[師行之法]이 2절, 말을 몰고 수레에 타는 예[僕御乘車之禮]에 관한 것이 3절이다.

전8장~전10장의 분류에서 주목할 만한 것은 권근이 길흉과 종시에 따른 호칭의 차이와 신분의 고하와 귀천에 따른 행위 양식의 차이를 중시하고 있다는 점이다. 또 상하 사이에 두루 통하는 예들을 다시 다섯 가지 종류의 예로 세분함으로써 실제 행례(行禮)에 참고할 수 있도록 한 점도 하나의 특징으로 들 수 있겠다.

『예기천견록』 「곡례」 편의 이러한 분류 체계는 몇 가지 특징을 지닌다.

첫째, 『예기』 편차의 오류를 바로잡으려는 의식이 강하게 나타난다는 점이다. 이러한 문제의식은 주희나 오징도 공유한다. 다만 주희는 「대학」과 「중용」의 편차를 바로잡는 데 머문 반면, 오징과 권근은 『예기』 전편에 걸쳐 편차를 바로잡는다.

둘째, 분장과 분절이 비교적 자세하다는 점이다. 권근은 「곡례」 편 전체를 11장으로 분류한다. 그런데 전10장에서 상하 사이에 두루 통하는 예를 다섯 가지 유형으로 나눈 점을 고려하면 모두 15장으로 분류한 셈이다. 이것은 오징이 「곡례」 전편을 16장으로 분류한 것과 비교해도 그렇게 적지 않다고 하겠다.

셋째, 장과 절을 분류할 때 체계성을 중시하였다는 점이다. 이것은 권근이 주희의 『대학장구』 체제를 모델로 삼아 「곡례」 편 전체를 경1장과 전10장 체제로 나누어 본 데에서 잘 나타난다. 체계성을 중시한 또 하나의 대표적인 사례로 경1장과 전1장을 체계적으로 엮고 있는 것을 들 수 있다. 권근은 전1장을 네 부분으로 나누어 경1장 [곡례상1]의 네 구절을 풀이한다.

넷째, 장과 절을 분류할 때 논리적 정합성을 중시하였다는 점이다. 이것은 [곡례상27] 한 조목을 하나의 장으로 설정한 데서 단적으로 나타난다. 오륜의 예를 밝히기에 앞서서 그것을 수행하는 개인의 성장 과정 전체를 먼저 언급한 것이다.

다섯째, 이색이 제시한 『예기』 경문의 분류 방식을 분장에 적극적으로 활용하고 있다는 점이다. 앞에서 살펴보았듯이 이색은 권근에게 '존비의 차이', '길흉의 구분', '일반적으로 통용되는 말의 사례' 등을 토대로 『예기』의 내용들을 유형별로 나누어보라고 가르친 바 있다. 권근이 '길흉과 종시에 따른 호칭의 차이'와 '신분의 고하와 귀천에 따른 행위 양식의 차이'를 분장의 유형으로 설정한 것은 바로 이색의 가르침을 수용한 것이다. 이러한 분류 항목은 『의례경전통해』나 『예기찬언』에는 보이지 않는다.

여섯째, 『예기천견록』을 저술할 때 『의례경전통해』와 『예기찬언』을 참조하지 못했다는 점이다. 이것은 『예기천견록』이 그만큼 독창적이라는 것을 보여주는 것으로, 그것이 경학사상사에서 지니는 지위가 작지 않다는 것을 의미한다.

4. 『예기천견록』 「곡례」의 경1장과 전1장의 해설 및 경문 배치

권근은 「곡례」편을 경1장과 전10장 체제로 구성하고, 각 장의 주제에 부합하는 경문들을 찾아서 유형별로 묶은 다음 일정한 기준을 적용하여 순서를 정하고 문맥에 맞게 재배치한다. 여기에서는 『예기천견록』 「곡례」편의 경1장과 전1장에 나타난 경문 배치 방식과 해설의 특징을 살펴보고자 한다.

1) 경1장

권근은 [곡례1]을 옛 예경의 말로 간주하여 경1장으로 삼는다. 이 조목은 『의례경전통해』에는 제1장 '통언'에 배치되어 있고, 『예기찬언』에도 제1장 '예의 강령'에 배치되어 있다.

[곡례1]에 대한 권근의 해설에는 그의 예설의 매우 중요한 특징이 언급되어 있다.

> 생각건대, '경건하지 않음이 없도록 하라'는 것은 예의 전체에 대하여 통괄적으로 말한 것이다. '몸가짐을 생각에 잠긴 듯이 근엄하게 하라'는 것은 경건함이 밖으로 드러나는 것은 내면에 근본을 두고 있기 때문이다. '살펴서 차분히 말하라'는 것은 내면에 간직한 경건함을 밖으로 드러내는 것이다. 경건함을 위주로 하는 군자의 공부가 말과 용모에 이와 같이 드러난다. 내면과 외면을 함께 수양하면서 약간의 거만함도 없기 때문에 그 효과가 백성을 안정시키는 데 이른다. 이것은 자신을 수양하여 남을 다스리는 도리이며, 학문의 시작과 끝을 이루는 것이다. 이 장은 곧 옛 예경의 말인데, 인용하여 편의 처음에 두었다. 그리고 그 아래에 여러 책에서 정밀하고 요체가 되는 말을 두서없이 끌어모아서 편을 구성하였고 이 첫 장의 의미를 해석하였다.[34]

권근은 「곡례」편의 첫 번째 구절인 '무불경(毋不敬)'을 예의 전체를 통괄하여 말한 것으로 본다. '경건하지 않음이 없도록 하라[毋不

34) 『禮記淺見錄』, "近按 毋不敬者 統言禮之全體也 儼若思 敬之見於外者 本乎中也 安定辭 敬之存於中者 發乎外也 君子主敬之功 見乎言貌如此 內外交養 而無有一毫之慢 故其效至於安民 此修己治人之道 學之成始成終者也 此章乃古禮經之言 引之以冠篇首 其下雜引諸書精要之語 集以成篇 以釋此章之義."

敬]'는 것은 경건함이 늘 자기 마음의 주인이 되게 하는 공부이다. '무불경'이 예의 전체를 통괄하여 말한 것이라는 의미는 경건함이 늘 자기 마음의 주인이 되게 하는 주경 공부가 예의 전체인 경례 삼백과 곡례 삼천을 실천할 수 있는 근본을 세우는 공부라는 의미이다.[35]

주경(主敬)공부는 주체의 내면과 외면에서 다 이루어진다. 겉으로 드러나는 몸가짐을 생각에 잠긴 듯 근엄하게 하는 것은 '경'이 외면에 표현된 것이며, 살펴서 차분하게 말하는 것은 '경'이 내면에 간직된 것이다. 외면으로 표현된 경은 내면에 근본을 두고 있고, 내면에 간직된 경은 외부로 표현된다. 경은 내면의 마음과 외면의 태도에 다 관철되어 있다. 이것은 '경'을 수신의 요체로 보는 것이다.

경을 수신의 요체로 보는 관점은 주희와 오징이 모두 공유한다. 주희는 '무불경', '엄약사', '안정사'를 수신의 세 가지 요체로 간주한다.[36] 주희의 이 말만 가지고 보면 '무불경', '엄약사', '안정사'를 세 가지의 수신 공부로 본 듯하다. 그런데 그는 또 "무불경은 주재처(主宰處)를 통괄하여 말한 것이고, 엄약사(儼若思)는 경자(敬者)의 몸가짐이요, 안정사(安定辭)는 경자(敬者)가 말하는 방식이다"[37]라고 말한다. '무불경'의 공부가 '엄약사'와 '안정사'에 모두 관통해 있다. 오징도 『예기찬언』에서 [곡례상1]의 구절을 해설하면서 주희의 이 말을 소개하고 있다. 다만 오징은 '엄약사'와 '안정사'를 각각 적연하여 고

---

35) 『禮記淺見錄』, 「曲禮下」, "嗚呼 禮儀三百之大 威儀三千之多 雖未易言 然其要只在無不敬之一言而已 學者苟能從事於斯 以立其本 又能參究十有一章之旨 而力行之 則人倫之道無所不備 而禮之全體不外是矣 可不勉哉."

36) 『禮記集說』, 「曲禮上」, "朱子曰 首章言君子修身 其要在此三者 而其效足以安民 乃禮之本 故以冠篇"

37) 『禮記纂言』, 「曲禮上」, "朱子曰 毋不敬 統言主宰處 儼若思 敬者之貌也 安定辭 敬者之言也 安民哉 敬者之效也"

요한 때의 공부와 감응하여 움직이는 때의 공부로 이해한다. '엄약사'는 적연하여 고요한 때의 공부로서 고요하지만 움직이지 않음을 함축하고 있고, '안정사'는 감응하여 움직이는 때의 공부로서 움직이지만 고요함을 주로 하고 있다는 것이다.[38]

'무불경'에 대한 주희, 오징, 권근의 이러한 이해는 양명학자들의 이해와 비교할 때 특징적이다. 주자학자들은 '무불경'을 수신의 요체이자, 예의 근본으로 간주한다. 여기에서 문제가 되는 것은 예의 근본이 의미하는 바가 무엇인지 불분명하다는 점이다. 그것은 두 가지로 해석될 수 있다. 하나는 '무불경'을 예를 실천할 수 있는 근본을 세우는 것이라고 여기는 것이요, 다른 하나는 예를 실천할 뿐만 아니라 제정할 수 있는 근본을 세우는 것으로 여기는 것이다. 주자학자들은 대체로 전자의 관점에 머무는 반면에, 양명학자들은 후자의 관점을 취한다. 양명학자 가운데 '경'공부를 중시한 추수익(鄒守益)은 "마음에 주재(主宰)가 있으면 그것이 바로 경(敬)이고 그것이 바로 예(禮)이다"[39], "경이란 양지가 순수하고 밝아서 세속의 티끌이 섞이지 않은 것이다. 계신공구하여 (양지가) 항상 순수하고 항상 밝으면 문을 나서서는 손님을 맞이하는 듯이 하고, 일을 맡아서는 제사를 받드는 듯이 한다"[40]고 말한다. '경'공부를 통해 정명(精明)한 양지가 그 주재성을 확보하게 되면 구체적 상황에 적합한 예를 창출할 수

38) 『禮記纂言』, 「曲禮上」, "寂而靜之時 儼然若有思 靜而涵動也 感而動之時 安然定其辭 動而主靜也"

39) 『鄒守益集』 卷10, 「答林朝相」, 506쪽. "心有主宰 便是敬 便是禮 無主宰 便是不敬 便是非禮"

40) 『鄒守益集』 卷10, 「簡胡鹿崖巨卿」, 507쪽. "敬也者 良知之精明而不雜以塵俗也 戒愼恐懼 常精常明 則出門如賓 承事如祭"

있다고 여기는 것이다. 그래서 그는 또 "'경(敬)' 자의 면목을 실제로 볼 수 있다면 그것이 바로 성분(性分)이고 그것이 바로 예문(禮文)이니 또 무슨 내면으로 치우치거나 외면으로 치우칠 염려가 있겠는가? 만약 성분(性分)과 예문(禮文)을 둘로 나눈다면 이미 경(敬)의 의미를 모르는 것이다"[41]라고 주장한다. 계신공구의 경공부를 통해 타고난 본성인 양지가 사욕이나 세속의 티끌에 섞이지 않게 되면 그것이 그대로 예(禮)로 발휘될 수 있다는 것이다. 이처럼 추수익에게서 경(敬)은 예(禮)를 창출하는 근본을 세우는 공부로 이해되고 있다.

권근은 경공부를 통해 외면과 내면을 함께 수양하게 되면 그 효과가 백성을 안정시키는 데 이른다고 말한다. 수신 공부가 백성을 편안하게 만드는 효과를 낳는다고 여기는 것이다. 개인의 도덕적 수양이 어떻게 백성을 편안하게 만드는 경세상의 효과를 가지고올 수 있는가? 이것은 치인(治人)과 안백성(安百姓)의 문제를 위정자의 자기 수양과 결부시킨 것으로, 공자를 통해 내려오는 유가의 덕치 이념과 방법을 계승한 것이다.

무불경, 엄약사, 안정사의 경공부가 안민(安民)의 경세 효과를 가지고 온다고 본 점은 주희와 오징 및 권근이 일치한다. 그런데 권근은 공부와 효과를 두 가지 범주로 구분하는 사유에 더욱 철저하다. 그는 공부와 그로 인한 효과의 인과관계를 편차를 정하는 기준으로 삼아 「곡례」편 전1장의 경문을 배치한다.

권근은 [곡례상1]을 수기치인의 도리일 뿐만 아니라, 학문의 처음과 끝이라고 말한다. 학문의 궁극적인 목적이 경세에 있고, 경세

41) 『鄒守益集』 권10, 「簡方時勉」, 504쪽. "果能實見敬字面目 則即是性分 即是禮文 又何偏內偏外之患乎 若歧性分禮文而二之 則已不識敬 何以語聖學之中正乎"

의 근본이 수기에 있으며, 그 수기의 방법이 '경'이라고 여긴 것이다. 이 점은 거경(居敬)을 소학과 대학에 관통하는 공부 방법으로 삼은 주자학의 가르침을 그대로 계승한 것이다.

2) 전1장: 경1장의 의미 해설

권근은 경1장의 '무불경', '엄약사', '안정사', '안민재'를 네 가지 의미 단위로 파악하여 네 개의 절로 나누고, 각 절에 부합하는 내용을 「곡례」에서 찾아 일정한 기준에 따라 순서를 정하고 해당 부분에 배치하여 전1장으로 삼는다.

(1) 전1장 제1절: '무불경(毋不敬)'의 의미 풀이

제1절은 '무불경'의 의미를 풀이한 것으로, [곡례상2], [곡례상4, 5], [곡례상3, 7]이 그에 속한다. 이 가운데 [곡례상2, 3, 4, 5]는 『예기찬언』과 『의례경전통해』에 모두 제1장에 배치되어 있다. 다만 [곡례상7]의 '禮從宜, 使從俗'의 조목을 『예기찬언』에서는 제10장 '통용지례'에 소속시키고, 『의례경전통해』에서는 제10장 '從宜'에 배치한다. 예의 주요 특징인 시의성을 언급한 대목을 주희는 '종의'의 항목에, 오징은 '두루 통용되는 예'의 항목에 배치한 반면, 권근은 예의 근본인 '무불경'을 해석하는 항목에 싣고 있다.

권근은 전1장 제1절에 경문들을 배치할 때 일정한 순서를 따른다. 바로 공부와 효과의 순서이다.

이 장은 경1장의 뜻을 풀이한 것으로, 문장은 네 절로 구분하고 각 절은 모두 공부와 효과를 가지고 순서를 삼아야 한다. 1절의 '오만을 키워서는 안 되고[敖不可長]'부터 '자신의 견해를 가감 없이 말하고 고집하지 말라[直而勿有]'까지는 '경(敬)으로 내면을 바르게 하는[敬以直內]' 공부이다. '현인은 상대를 허물없이 대하면서도 공경하고[賢者押而敬之]'부터 '사신으로 가서는 그 나라의 풍속을 따른다[使從俗]'까지는 '의(義)로 행동을 바르게 하는[義以方外]' 것의 효과를 말한 것이다. 이후의 구절도 모두 이런 방식을 따라서 말한 것이다.42)

권근은 [곡례상2]의 '敖不可長, 欲不可從, 志不可滿, 樂不可極'을 배우는 이가 경을 중심으로 공부를 하는 출발점으로 여긴다.43) 그리고 [곡례상2]를 [곡례상1]의 '毋不敬'에 대한 풀이말로 봄으로써 [곡례상1]과 [곡례상2]를 그 의미상에서 밀접한 연관이 있는 것으로 파악한다. 이것은 주희가 [곡례상1]과 [곡례상2]의 문장이 서로 연결되지 않는 것으로 본 것44)과 다르다.

[곡례상2]·[곡례상4, 5]는 '무불경'의 공부요, [곡례상3, 7]은 그 효과이다. [곡례상3]의 '賢者狎而敬之, 畏而愛之. 愛而知其惡, 憎而知其善. 積而能散, 安安而能遷'을 [곡례상4, 5]의 뒤에 배치한 까닭은 그것이 공부의 효과를 의미하는 내용을 담고 있기 때문이다. 이처럼 권근은

---

42) 『禮記淺見錄』, 「曲禮上」, "此釋經一章之意 其文當分爲四節 每節皆以工夫功效爲次第 一節自敖不可長 至直而勿有 敬以直內之功也 自賢者押而敬之 至使從俗 義以方外之效也 後節皆倣此云"

43) 『禮記淺見錄』, 「曲禮上」, "此下釋毋不敬之意 敖則反其敬之著於外 欲則失其敬之存於中 志與樂皆心之動 而害於主一無適之敬者也 故皆禁戒之 此學者主敬用功之始事也 故以爲傳之首章焉"

44) 『禮記集說』, 「曲禮上」, "朱子曰 此篇雜取諸書精要之語 集以成篇 雖大意相似 而文不連屬 如首章四句 乃曲禮古經之言 敖不可長'以下四句 不知何書語 又自爲一節 皆禁戒之辭"

공부와 효과의 순서로 경문을 재배치한다.

권근은 예의 시의성을 언급한 [곡례상7]의 '禮從宜, 使從俗'을 전1장 제1절의 맨 뒤에 배치하여 그것을 '무불경'의 공부 효과로 풀이한다. 예의 시의성은 예의 주요 특성 가운데 하나이다. 권근은 예의 시의성을 '경' 공부의 효과로 보고 있다. 이것은 '경' 공부를 하게 되면, 구체적인 상황의 특수성을 고려하여 그에 적절하게 대응할 수 있는 역량이 갖추어질 수 있다고 생각한 것이다.

(2) 전1장 제2절: '엄약사(儼若思)'의 의미 풀이

권근은 [곡례상6, 44], [곡례상86, 87, 88, 89], [곡례상10]을 전1장 제2절에 배치하여, 경1장의 '엄약사'의 의미를 해석한 것으로 본다.[45] 여기에서도 공부와 효과를 선후 관계로 구분하는 기준이 경문 배치에 적용된다. 그리고 공부도 정시(靜時)의 존양(存養)과 동시(動時)의 성찰(省察)로 구분하고, 존양 공부를 성찰 공부 앞에 배치한다.[46] 권근은 [곡례상6, 44]는 정시(靜時)의 존양(存養) 공부요, [곡례상86, 87, 88, 89]는 동시(動時)의 성찰(省察) 공부이며, [곡례상10]은 '엄약사' 공부의 효과로 풀이한다.

---

45) 『예기찬언』에는 [曲禮上 6, 86, 87, 88, 89]은 제10장 '통용지례'에, [곡례상 10]은 제1장 '예의강령'에, [곡례상 44]는 '부자지례'의 항목에 각각 배치되어 있다. 『의례경전통해』에는 [曲禮上 6]은 학례 곡례 '容節'에, [곡례상 44]는 家禮 內則 편의 '事親事長'에, [곡례상 86, 87, 88, 89]는 學禮3 少儀 '洒埽應對進退'에, [곡례상 10]은 학례 곡례 '통언'에 배치되어 있다.

46) 이봉규는 권근이 공부와 효과, 그리고 정시의 존양과 동시의 성찰 공부를 구분하여 「곡례」편의 조목을 재배치한 것을 "주희 심성론의 이론구조를 토대로 삼아서 『예기』의 항목에다 수양론의 측면에서 체계성을 부여하는 성리학적 해석의 한 형태"로 파악한다.(이봉규(2007), 285쪽.)

권근은 [곡례상6]의 '若夫坐如尸, 立如齊'를 밖으로 드러나는 정중함으로 풀이하고, [곡례상44]의 '聽於無聲, 視於無形'을 내면에 견지하는 생각으로 풀이함으로써 이 두 조목을 '엄약사'의 의미를 해설한 항목에 배치한다. 이 해설에서 특이한 점은 '聽於無聲, 視於無形'을 『중용』의 "보이지 않는 데에서 경계하고 삼가며, 들리지 않는 데에서 두려워한다"는 의미로 이해하여 그것을 고요히 있을 때의 공부로 간주한 점이다. '계신공구(戒愼恐懼)'는 주자학에서 정시(靜時) 공부로 이해된다. 권근은 공부에 대한 주자학의 관점, 즉 공부를 정시의 존양과 동시의 성찰로 나누어 보고, 또 계신공구를 정시 공부로 파악하는 관점에 입각하여 「곡례」의 해당 경문을 해설하고 재배치한 것이다.

권근은 또 [곡례상86]의 '毋側聽, 毋噭應, 毋淫視, 毋怠荒', [곡례상87]의 '遊毋倨, 立毋跛, 坐毋箕, 寢毋伏', [곡례상88]의 '斂髮毋髢', [곡례상89]의 '冠毋免, 勞毋袒, 暑毋褰裳'을 모두 정중한 용모가 밖으로 나타난 것을 형용한 것으로서 움직이는 때의 성찰 공부를 말한 것으로 이해한다.[47]

권근은 [곡례상10]의 '禮不踰節, 不侵侮, 不好狎'을 '엄약사' 공부의 효과로 이해한다.[48] 정시의 존양과 동시의 성찰의 '엄약사' 공부를 하면 그 행위가 절도를 넘지 않는 효과를 가지고 온다고 본 것이다.

(3) 전1장 제3절: '안정사(安定辭)'의 의미 풀이

권근은 [곡례상9], [곡례상11], [곡례상21, 22]를 전1장 제3절에

47) 『禮記淺見錄』, "此言動時省察之事 儼若之容著於外"

48) 『禮記淺見錄』, 「曲禮上」, "此言君子之行禮 內主乎敬而儼若 故見於外者 自無踰節侵侮好押之事矣 學之初成 而禮之本立矣"

배치하여, 경1장의 '안정사'의 의미를 해석한 것으로 본다.[49] [곡례상9]의 "예는 아첨해서 상대를 기쁘게 하지 않으며, 언사를 낭비하지 않는다(禮不妄說人, 不辭費)"의 구절에서 '아첨하지도 않고 말을 낭비하지도 않는다'는 것은 살펴서 차분히 말하는 것을 가리킨다. [곡례상11]의 "몸을 닦고 말을 실천하는 것을 훌륭한 행실이라고 한다. 행실이 수련되고 말이 도리에 맞는 것이 예의 바탕이다(修身踐言, 謂之善行. 行修言道, 禮之質也)"는 구절에서 '행실이 수련되고 말이 도리에 맞으면 그 말하는 것이 자연히 차분해진다'는 뜻을 읽어낸다. [곡례상21]의 "이제 사람으로서 예가 없다면, 비록 말을 할 수 있다고 해도 또한 짐승의 마음이 아니겠는가? 대체로 짐승은 예가 없기 때문에 애비와 새끼가 함께 한 암컷과 교미한다(今人而無禮, 雖能言, 不亦禽獸之心乎? 夫唯禽獸無禮, 故父子聚麀)"와 [곡례상22]의 "이 때문에 성인이 나와서 예를 제정하여 그것으로 사람들을 교육시켜 사람들이 예를 행하는 것으로 자신을 금수와 구별할 줄 알게 하였다(是故聖人作, 爲禮以敎人, 使人以有禮, 知自別於禽獸)"는 구절을 '안정사'의 뜻을 거듭 밝힌 것으로 본다.[50]

(4) 전1장 제4절: '안민재(安民哉)'의 의미 풀이

권근은 [곡례상8], [곡례상13, 14, 15, 16, 17, 18, 19, 20], [곡례상25], [곡례상26], [곡례상23], [곡례상12], [곡례상24]를 전1장 제4절에 배치하여 '안민(安民)'의 뜻을 밝힌 것'[51]으로 본다.[52]

---

49) 『예기찬언』에는 [곡례상 9, 11, 21, 22]가 모두 제1장 예의 강령에 배치되어 있다. 『의례경전통해』에는 [곡례상 9, 11]은 학례 곡례 '통언'에, [곡례 21, 22]는 학례 곡례 '용절'에 배치되어 있다.

50) 『禮記淺見錄』, 「曲禮上」, "此因安定辭之意 而申戒之"

[곡례상8]의 "夫禮者, 所以定親疏, 決嫌疑, 別同異, 明是非也."는 예의 기능을 말한 것이다. 친소를 정하고, 혐의를 결정하고, 동이를 구별하고, 시비를 밝히는 예의 기능이 활성화될 때 사회가 안정되어 백성들이 편안해질 수 있다고 생각한 것이다. [곡례상13, 14, 15, 16, 17, 18, 19, 20][53]은 백성을 편안히 하는 뜻을 미루어 확대한 것이다. 그 가운데 [곡례상13]의 도덕과 인의는 백성을 편안히 하는 근본이요, [곡례상14]의 '교육과 훈도' 이하는 모두 백성을 편안히 하는 구체적인 일이다. 권근은 백성을 편안히 하는 근본을 앞에 배치하고, 백성을 편안히 하는 일을 뒤에 배치하고 있다. 그는 또 [곡례상25]의 "夫禮者, 自卑而尊人. 雖負販者, 必有尊也, 而況富貴乎?"와 [곡례상26]의 "富貴而知好禮, 則不驕不淫. 貧賤而知好禮, 則志不懾."는 귀한 신분으로부터 천한 신분에 이르기까지 예를 좋아하는 효과가 나타난 것으로 해석한다.[54] [곡례상23]의 "太上貴德, 其次務施報. 禮尙往來. 往而不來, 非禮也. 來而不往, 亦非禮也."과 [곡례상12]의 "禮聞取於人, 不聞取人. 禮聞來學, 不聞往敎."는 성인이 시대에 따라서 예를 제정하여 천하를 안정시킨 것으로 풀이한다.[55] 그리고 [곡례상24]의 "人有禮則安,

---

51) 『禮記淺見錄』, 「曲禮上」, "此下推言禮之大節 而明其所以能安民之意也"

52) 『예기찬언』에는 이 조목들이 모두 제1장 '예의 강령'에 배치되어 있다. 『의례경전통해』에는 [곡례상 8, 13~20, 25, 26, 23, 24]는 학례 곡례 '용절'에, [곡례상 12]는 학례 곡례 '통언'에 배치되어 있다.

53) 『禮記淺見錄』, 「曲禮上」, "[曲禮上13] 道德仁義 非禮不成 [曲禮上14] 教訓正俗 非禮不備 [曲禮上15] 分爭辨訟 非禮不決 [曲禮上16] 君臣上下父子兄弟 非禮不定 [曲禮上17] 宦學事師 非禮不親 [曲禮上18] 班朝治軍涖官行法 非禮威嚴不行 [曲禮上19] 禱祠祭祀 供給鬼神 非禮不誠不莊. [曲禮上20] 是以君子恭敬撙節退讓以明禮.

54) 『禮記淺見錄』, 「曲禮上」, "此言自貴及賤 好禮之效"

55) 『禮記淺見錄』, 「曲禮上」, "此言世有昇降 而聖人因時以制禮也 太上貴德 卽不顯之德篤恭而天下平者也 務施報者 制爲朝聘往來之禮 上下相接以禮而相安也"

無禮則危. 故曰: '禮者不可不學也.'"는 예를 갖추면 위와 아래의 분수가 정해져 서로 편안하다는 뜻을 말한 것으로 '안민'의 뜻을 총결한 것으로 풀이한다.[56)]

이상으로 『예기천견록』 「곡례」 경1장과 전1장을 분석 대상으로 삼아 권근이 경문을 해설하고 배치하는 방식을 살펴보았다. 앞에서 언급한 바 있듯이 권근은 일정한 기준에 따라 경문의 편차를 정한다. 길례에서 흉례로, 일의 시작에서 마침으로, 중한 것에서 가벼운 것으로, 일이 이루어지는 시간 순서에 따라 경문을 배치한다. 그런데 경1장과 전1장의 경문 배치에서 권근은 또 다른 기준들을 제시한다. 바로 공부에서 효과로, 정시의 존양 공부에서 동시의 성찰 공부로, 근본에서 말단으로 전개되는 것을 그 배치 순서로 삼은 것이다. 경문의 이러한 배치 방식에는 공부와 효과, 존양 공부와 성찰 공부를 구분하는 주자학적 사유가 반영되어 있다. 권근은 주자학의 공부론을 『예기』의 경문을 배치하는 데 적극적으로 활용하고 있는 것이다.

5. 맺는 말

권근은 여말선초의 시대적 요청에 부응하여 예치 실현을 위한 경학적 토대를 세우고자 했다. 그 연구성과물이 『예기천견록』이다. 『예기천견록』의 주요 특징은 『예기』 경문에 착란이 많다고 보고 그

---

56) 『禮記淺見錄』, 「曲禮上」, "有禮則上下分定而相安 無禮則是非爭亂而必危 禮之於人 其重如此 故不可以不學也 此因安民之義而推言之 以總結上文之意也"

것을 주제에 따라 분류하고 재배치한 점이다. 이러한 작업은 일찍이 주희와 오징에 의해서 시도된 바 있다. 그러나 그 분류와 재배치 방법은 서로 다르다. 거기에는 그들이 '예'를 이해하는 기본적인 관점이 반영되어 있다. 이 연구에서는 권근이 『예기』 「곡례」편의 경문을 주제에 따라 장·절로 분류하고 그 순서를 맥락에 맞게 재배치하는 방식을 주희의 『의례경전통해』 및 오징의 『예기찬언』의 그것과 비교 검토함으로써 권근 예학의 특징과 그 경학사상사와 문화다원론적 의의를 탐구하였다.

『예기천견록』 「곡례」편 체제 분석을 통해 도출해 낸 권근 예학의 특징은 다음과 같다.

첫째, 『예기』 편차의 오류를 바로잡으려는 권근의 의식이 매우 철저하다.

둘째, 분장과 분절이 비교적 자세하다.

셋째, 장과 절을 분류하고, 경문을 재배치할 때 체계성과 논리적 정합성을 중시하였다.

넷째, 경전을 경과 전의 체계로 조직하는 주희의 경학 연구 방법, 공부와 효과 그리고 존양 공부와 성찰 공부를 구분하는 주희의 공부론을 『예기』 「곡례」편의 체제를 구성하는 데 적극적으로 활용하고 있다.

다섯째, 이색이 제시한 『예기』 경문의 분류 방식을 분장에 도입하고 있다.

여섯째, 『예기천견록』을 저술할 때 주희의 『의례경전통해』와 오징의 『예기찬언』을 참조하지 않았다. 이것은 『예기천견록』이 그만큼 독창적인 작품이라는 것을 의미한다.

『예기』 편차의 오류를 바로잡는 작업은 쉬운 일이 아니다. 각 편의 전체 대의를 파악하고, 한 편을 구성하는 각 조목들의 내용과 의미를 장악하여 그것들을 분장·분절하고, 다시 일정한 기준을 적용하여 각 조목의 순서를 정하는 지난한 과정이 요구되기 때문이다. 이로 인해 『예기』 연구사에서 그 편차를 바로잡으려고 한 경우는 매우 드물다. 『예기』에 관한 연구 성과가 미진했던 조선 초기에, 권근은 이 어려운 작업을 독창적으로 수행하여 『예기천견록』이라는 방대한 업적을 남기고 있다. 그뿐만 아니라, 주자학의 경학 연구 방법과 공부론에 대한 깊은 이해의 토대 위에서 편차를 재구성함으로써 그 작업의 질적 수준도 『예기찬언』에 뒤지지 않는다. 이 점에서 『예기천견록』이 경학사상사에서 차지하는 위상이 매우 높다고 하겠다. 그것은 조선 초기 예제의 수립이 요구되는 시대적 요청을 담고 있을 뿐만 아니라, 중국 송대의 주희나 원대 오징의 『예기』 연구와도 차별화된다는 점에서 그 문화다원론적 의의를 찾을 수 있겠다. ◈

참 고 문 헌

원전류:

『朱子全書』 제2책, 「儀禮經傳通解」, 上海古籍出版社, 2002.

陳澔, 『禮記集說』, 四庫全書本.

吳澄, 『禮記纂言』, 四庫全書本.

『禮記大全』, 四庫全書本.

『太宗實錄』

李穡, 『牧隱集』, 민족문화추진위원회.

權近, 『禮記淺見錄』(규장각소장본 영인본), 경문사, 1982.

權近, 『國譯三經淺見錄』, 이광호 외 역주, 도서출판 청류헌, 1999.

南九萬, 『藥泉集』, 민족문화추진위원회.

金榦, 『厚齋先生別集』, 민족문화추진위원회.

崔錫鼎, 『禮記類編』, 經學資料集成本.

金在魯, 『禮記補註』, 經學資料集成本.

鄒守益, 『鄒守益集』, 南京: 鳳凰出版社, 2007.

단행본류:

강문식, 『권근의 경학사상 연구』, 일지사, 2008.

금장태, 『조선전기의 유학사상』, 서울대학교출판부, 1997.

김남일, 『고려말 조선초기의 세계관과 역사의식 -이색과 권근을 중심으로』, 경인문화사, 2005.

도현철, 『목은 이색의 정치사상 연구』, 혜안, 2011.

논문류:

강문식, 「『禮記淺見錄』의 편찬 경위와 權近의 禮論」, 『규장각』 25, 2002.

강문식, 「權近의 五經 인식 -經學과 經世論의 연결을 중심으로-」, 『태동고전연구』 24, 태동고전연구소, 2008.

구춘수, 「權近 哲學思想의 硏究」, 고려대학교철학과 박사학위논문, 1993.

권정안, 「권양촌의 『禮記淺見錄)』 연구」, 『동양철학연구』 2, 동양철학연구회, 1981.

금장태, 「양촌의 예학사상」, 『동방철학사상연구』, 1992.

금장태, 「목은 이색의 유학사상」, 『목은 이색의 생애와 사상』, 서울: 일조각, 1997.

김석제, 「權近『禮記淺見錄』研究: 禮學思想을 중심으로」, 성균관대학교 박사학위논문, 1999.

김석제, 「陽村의 祭禮意識에 관한 일고 -『禮記淺見錄』을 중심으로-」, 『유교사상문화연구』 16, 2002.

이봉규, 「權近의 경전 이해와 후대의 반향」, 『한국실학연구』 13, 한국실학학회, 2007.

이봉규, 「조선시대 『禮記』 연구의 한 특색: 朱子學的 經學」, 『한국문화』 47, 2009.

장동우, 「권근(權近) 『예기천견록(禮記淺見錄)』의 예학사적 위상 -체제 재구성의 문제를 중심으로」, 『인문사회21』 9권 4호, 아시아문화학술원, 2018.

허종은, 「양촌사상연구 ; 양촌 권근의 예론에 관한 연구 -『예기천견록』을 중심으로」, 『한국철학논집』 3, 한국철학사연구회, 1993.

朱娜娜, 「吳澄『禮記纂言』研究」, 南京師範大學 碩士學位論文, 2013.

성현(成俔)의 『춘추』 이해와 '문명 대 야만'의 구도
-성현의 「왕자불치이적」 분석을 중심으로-

이 원 석

* 이 글은 『태동고전연구』 제46집(한림대학교 태동고전연구소, 2021.06)에 게재한 동명의 논문을 본 저서의 간행 취지에 맞춰 일부 수정한 것이다.

1. 머리말

조선 전기의 대표적 관료 문인인 성현(成俔, 1439~1504)의 「의동파십론(擬東坡十論)」은, 송대(宋代)의 소식(蘇軾, 1037~1101)이 제과고시(制科考試)와 비각(祕閣)[1]에 제출한 논(論) 중 10편을 골라서 제목, 형식, 그리고 내용을 모방한 글로서, 성현이 젊은 시절 과거시험 공부를 위해 저술했던 것으로 추정된다. 「왕자불치이적론(王者不治夷狄論)」은 본래 소식이 비각에 제출했던 여섯 편의 논 중 한 편의 제목인데, 성현은 이 편의 제목과 소재를 그대로 가져오되 소식과는 구별되는 독자적 관점에 따라 「왕자불치이적(王者不治夷狄)」을 지었다.

『춘추공양전(春秋公羊傳)』의 은공(隱公) 제2년 기사인 "은공이 잠(潛) 땅에서 융(戎)과 회합했다"에 대해, 동한(東漢)의 하휴(何休, 129~182)는 "왕은 이적을 다스리지[2] 않는다[王者不治夷狄]"라고 『춘추공양경전해고(春秋公羊經傳解詁)』에서 주석한 바 있다.[3] 소식 활동 당시 비각의 주고관(主考官)이 여기서 시제(試題)를 따와 출제했던 배경에는 이민족

1) 진사시 합격자가 제과고시(制科考試)에 50편의 책(策)·론을 제출하여 통과하면, 다시 비각에서 치러지는 시험에 응시할 자격이 주어지며 이때 여섯 항목의 시제(試題)에 응하게 된다. 1061년(仁宗 嘉祐 6년)의 평가관은 사마광(司馬光), 범진(范鎭), 채양(蔡襄), 그리고 호숙(胡宿)이었다.

2) 사단법인 전통문화연구회의 동양고전종합DB는 "王者不治夷狄"의 "治"를 "다스림"으로 번역한다.(ITKC_BT_0072A_0340_010_0010_2016_005_XML) 그런데 『춘추공양전주소』에서 서언(徐彦)은 「환공(桓公)」 3년의 주석에서 "是後楚滅穀鄧, 上僭稱王, 故尤甚也. 楚滅穀鄧不書者, 後治夷狄."라고 했다. 여기서 "治"는 일반적 의미의 통치가 아니라 '죄를 다스린다'는 것, 곧 '징치(懲治)'를 가리킨다. 우리는 "治"를 '다스리다'로 번역하겠지만 그 안에는 '징치'의 의미가 담겨 있다는 것을 양지해 주었으면 한다.

3) 何休, 『春秋公羊經傳解詁』(四部叢刊本), 「隱公第一」.

인 토번(吐蕃)과 친교를 맺어 요(遼)와 서하(西夏)를 견제할 수밖에 없었던 송나라 조정의 고민이 담겨 있었다. 송나라는 이들 두 나라를 동시에 감당할 군사력이 없었기 때문이다.[4] "왕은 이적을 다스리지 않는다"는 구절은 바로 이 정책의 근거가 될 수 있었다.

본래 『춘추공양전』은 '문명 대 야만'의 기본 구도를 배경으로 하여, 역사란 야만의 문명화가 실현되는 과정이라는 관점을 내장하고 있으며, 본문에서 설명하겠지만 "왕은 이적을 다스리지 않는다"라는 하휴의 주석도 그런 역사관에 따라 제시된 것이다. 소식은 이러한 『춘추공양전』의 역사관을 수용하면서도, 중원 문명의 우수성을 한층 더 확신한 상태에서 "이적"이라는 타자를 실체로 인정하지 않는 관점을 「왕자불치이적론」에서 보여주고 있다.

그렇다면, 북송과 마찬가지로 주변의 이민족, 특히 여진족과의 관계 정립을 고심하던 조선 초기의 사대부는 어떤 태도를 보였을까? 소식의 글을 의제(擬制)한 성현의 「왕자불치이적」은 이런 의문에 대답하려 할 때 참고할 만한 소중한 자료이다. 본고는 우선 『춘추공양전』「은공」 2년의 기사에 대한 하휴의 주석을 전후 맥락에 따라 분석하고, 이어서 소식의 「왕자불치이적론」을 검토한 후, 마지막으로 성현의 「왕자불치이적」을 분석하면서 양자의 차이점을 비교하면서 그 이면에 놓인 정치철학적 사유의 상이함을 지적할 것이다.

나아가 이 장은 소식과 성현이 이민족을 대하는 인식의 차이를 통하여 송나라와 조선이 각기 다른 문화적 지향을 가지고 있으며, 이는 결국 성현의 견해가 중국과 비교하여 문화적 다원성을 지향하고 있음을 검토하고자 한다.

---

4) 박지훈, 「북송대 禦戎論과 華夷論」, 『역사문화연구』 30, 2008. 330쪽.

2. 『춘추공양전』에 대한 하휴의 관점

"왕자불치이적" 즉 "왕은 이적을 다스리지 않는다."라는 것은 『춘추공양전』 「은공(隱公)」 제2년의 경문인 "공이 잠 땅에서 융과 회합했다[公會戎于潛]"에 딸린 하휴(何休, 129~182)의 주석 내용 중 한 구절이다. 그런데 경문과 주석에는 각각 따져볼 문제가 있다. 먼저, 경문인 "공이 잠 땅에서 융과 회합했다"는, 제후가 이적(夷狄)과 더불어 회례(會禮), 즉 외교적 회합의 예를 행할 수 없는데도 불구하고, 노나라 은공이 이적의 한 부류인 융(戎)과 회례를 한 것에 대해 은공을 폄하한 흔적을 남기지 않았다. 게다가 『춘추공양전』의 저자로 전해지는 공양자(公羊子)도 아무런 문제도 없다는 듯이 이 경문에 아무런 주석을 가하지 않았다. 그렇다면 제후국과 이적은 외교 관계에서 서로 대등한 주체가 되고, 연쇄적으로 '중국 대(對) 이적'의 구도에 함축된 '문명 대 야만'의 구도도 희석되고 말 것이다.

하휴는 이 문제를 감지했기 때문에 아래와 같이 주석했다.

> [공자가] 경문에 "회(會)"자를 쓴 까닭은, [은공이] 국내의 정무를 게을리 하고 외부와의 우호에 의존하는 것을 싫어했기 때문이다. 옛날에 제후는 천자에게 조회할 때가 아니면 국경을 넘어가서는 안 되었다. 전문(傳聞)의 시대(인용자 주: 쇠란의 시대)에 노나라 이외 나라들 사이의 회합[外離會]은 기록하지 않고 노나라와 다른 나라 사이의 회합[內離會]만 기록한 까닭은, 춘추시대의 [실질적] 왕이라 할 수 있는 노나라 임금이 먼저 스스로 바른 태도를 견지해야 함과, 스스로 덕을 쌓되 남에게 책임을 적게 지우도록 해야 함을 밝히기 위해서였다. 그래서 노나라 이외 나라 사이의 회합은 생략했다. 왕은 이적을 다스리지 않는다. [경문은] 융(戎)

이란, '오면 거절하지 않고 가면 좇지 않는 존재'임을 기록했다.[5]

하휴는 세 가지 내용을 말한다. 첫째, 경문의 "회"자는 은공에 대한 공자의 폄하를 담는다. 하휴에 따르면 제후는 천자에게 조회할 때가 아니면 국경 밖으로 나갈 수 없는데도 노나라 은공은 이 규정을 위반했다. 『춘추공양전주소(春秋公羊傳注疏)』는 『예기(禮記)·곡례하(曲禮下)』의 "제후들이 국경선 상에서 서로 만나는 것을 '회'라고 한다"[6]를 인용하는데, 은공과 융의 만남을 "회"로 기록한 것은 은공이 규정을 위반하고 국경 밖으로 나갔음을 암시하는 것이다.

이는 지리적으로도 입증될 수 있다. 노나라 은공이 회견했다는 "융(戎)"은 서융(西戎)의 일족인 "기성의 융[己姓之戎]"으로서 오늘날의 감숙성·청해성 일대에 거주하다가 점차 동쪽으로 옮겨 와 산동성 조현(曹縣) 및 하남성 등지에 웅거했다.[7] 그리고 「은공」 2년의 경문에 나오는 "잠(潛)" 땅은 융성과 곡부의 중간 지점 또는 곡부와 상구시의 중간 지점에 있는데, 춘추시대 노나라의 강역도를 참고해 보면 이 지점은 대체로 노나라의 국경선 상에 있었던 것으로 보인다.[8]

둘째, 하휴는 『춘추공양전』에 내재한 『춘추』 서술의 일반 원칙을

---

5) 李學勤 主編, 『十三經注疏·春秋公羊傳注疏』 卷2, 北京: 北京大學出版社, 1999. 29쪽. "凡書會者, 惡其虛內務, 恃外好也. 古者諸侯, 非朝時不得踰竟. 所傳聞之世, 外離會不書, 書內離會者, 春秋王魯, 明當先自持正, 躬自厚而薄責於人, 故略外也. 王者不治夷狄, 錄戎者來者勿拒, 去者勿追."

6) 上同, "諸侯相見於隙地曰會." *孫希旦은 이곳의 "隙地"에 대해 "郤地, 竟上之地也." (孫希旦, 『禮記集解』 卷3(中國哲學書電子化計劃 판)라고 풀이한다. "郤"자와 "隙"자는 서로 통한다.

7) 현재 하남성 상구시(商丘市) 서북방에 "융성(戎城)"이라는 지명이 남아 있다.

8) 잠 땅의 위치는 아래 그림과 같다.

밝히고 있다. 우선 노나라 은공의 시대는 "전문(傳聞)의 시대"라고 한다. "전문의 시대"는 쇠란의 시대를 가리킨다. 하휴에 따르면 "전문의 시대"는 노나라 은공·환공(桓公)·장공(莊公)·민공(閔公)·희공(僖公)의 시대를 가리킨다. 이어서 문공(文公)·선공(宣公)·성공(成公)·양공(襄公)의 시대가 승평(升平)의 시대이며, 소공(昭公)·정공(定公)·애공(哀公)의 시대가 태평의 시대이다.

"전문의 시대"에 대한 『춘추』의 서술은 "노나라를 안으로 삼되 제하는 밖으로 삼으며, 먼저 노나라 안을 상세히 서술하고 이후에 바깥을 다스린다[內其國而外諸夏, 先詳內而後治外]"를 원칙으로 하여 노나라 내의 상황을 기록하는 데 집중한다. 그래서 노나라에 조그마한 악행이라도 있으면 바로 기록하는 반면, 노나라 이외 국(國)의 악행은 기록하지 않는다. 마찬가지 논리로 노나라와 타국 사이의 회합만 기록하고 타국 사이의 회합은 기록하지 않는다. "승평의 시대"는 "제하를 안으로 삼고 이적은 밖으로 여기는 것[內其諸夏而外夷狄]"을 원칙으로 하여, 노나라 이외 나라들 사이의 회합을 기록한다. 마지막으로 "태평의 시대"는 이적도 자진하여 작위를 받으며 "천하의 원근과 대소가 마치 하나와 같은[天下遠近小大若一]" 시대이다.

이는 노나라의 실제 흥망성쇠에 따른 시대 구분이 아니며 춘추 시대 전반의 정치 상황에 따른 시대 구분도 아니었다. 그것은 주(周)

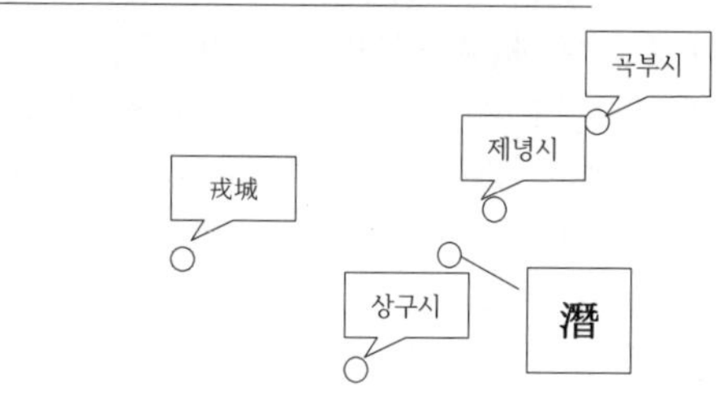

왕조의 쇠약화와 춘추시대의 혼란 가중이라는 표면적 현상 이면에서 중원의 문명이 '이적'마저 문명화시켜 천하를 통일해 감을 보려고 한 역사관이다. 그런 점에서 하휴는 일국적(一國的) 사관이 아니라 문명적 사관을 취했다고 할 수 있다.

하휴는 또 하나의 원칙을 말한다. 그것은 춘추시대의 실질적 왕은 노나라 임금이라는 것이다. 이미 주나라 왕실이 유명무실하게 된 상황에서 주공(周公)의 봉국(封國)인 노나라가 그 정신적·제도적·문화적 전통을 계승했다고 그는 여긴다. 이런 춘추노왕설(春秋魯王說, 혹은 王魯說)과 춘추삼세설(春秋三世說; 혹은 張三世說)을 결합하면, 『춘추』는 결국 노나라를 통해 문명이 야만을 교화해 간 역사를 서술한 책이 된다.9)

이런 맥락에서 하휴가 제시한 마지막 내용을 보자. 『춘추』는 이적이 '자발적'으로 문명에 의해 동화되어 가는 것을 바람직하다고 본다. 따라서 이적이 문명을 희구하여 스스로 찾아오는 것은 막지 않는다. 단, 쇠란의 시대에는 그들을 강제로 문명화하는 것은 아직 바람직하지 않다. 하지만 노나라 은공은 융(戎)이 와서 공물을 바치

---

9) 앞선 연구자들은, 하휴의 삼세설이 실제 역사를 반영한 것이 아니라, 역사를 빌려 하휴의 정치적 이상을 표현한 것(박동인, 「춘추 공양학파 이상사회론의 정치 철학적 함의」, 『퇴계학보』 124, 2008. 201쪽), 즉 "탁사(託辭)"라고 보았다.(권정안, 「춘추공양전의 三科九指論 고찰」, 『유교사상연구』 7, 1994. 660쪽) 그러나 권정안이 지적했다시피, 『춘추』는 초(楚)나라에 대한 표기의 변화를 통해 초나라가 점차 문명화 즉 "제하화(諸夏化)"하였음을 보여 주었다.(권정안, 앞의 글, 657~658쪽) 그렇다면, 춘추 제국(諸國) 내·외부의 정치적 혼란과는 별개로, 문명 대 야만의 구도에서, 쇠란→승평→태평의 발전이 실제로 일어났다고 봐야 할 것이다. 다시 말해서, 하휴는 단지 자신의 정치적 이상을 『춘추공양전』에 가탁하여 표현한 것이 아니라, 문명 대 야만의 구도에서 '문명화'라는 역사의 실제 변화 양상을 포착한 것이라 할 수 있다.

지 않았는데도 즉 "내빙(來聘)"하지 않았는데도 융과 회합하려고 국경을 넘어갔으므로 『춘추』의 대원칙을 어긴 셈이다.[10]

3. 소식의 「왕자불치이적론」

이 절에서는 "왕은 이적을 다스리지 않는다"에 대한 소식의 이해를 살펴보겠다.

> 중원의 문명국[中國]을 다스리는 방식으로 이적(夷狄)을 다스리면 안 된다. 이적은 금수와 같으니 그들을 강력하게 다스린다면 반드시 큰 혼란에 이를 것이다. 선왕은 그러한 것을 알았기 때문에 '다스리지 않음'으로 다스렸다. 그러므로 다스리지 않음으로써 다스리는 것은 깊이 다스리는 것이다. "공이 잠(潛) 땅에서 융(戎)과 회합했다"는 『춘추』의 기사에 대해 하휴(何休)는 "왕은 이적을 다스리지 않았으니, 융족이 오는 것을 막지 않고 가는 것을 쫓아가서 잡지 않았다는 것을 기록한 것이다"라고 해석했다.[11]

---

10) 程頤 역시 하휴와 같은 태도를 보인다. 그는 "周室既衰, 蠻夷猾夏, 有散居中國者, 方伯大國, 明大義以攘斥之, 義也. …故春秋中外之辨尤謹. …公之會戎, 非義也." (程顥・程頤, 『二程集』, 臺北: 漢京文化事業有限公司, 1982. 1089쪽) 『경설』 4-10)라고 하여 의의 기준에 입각해 은공의 외교적 행태를 날카롭게 비판한 바 있다.

11) 蘇軾, 『東坡全集』(文淵閣 四庫全書 電子版) 卷40, 「王者不治夷狄論」, "夷狄不可以中国之治治也. 譬若禽兽然, 求其大治, 必至于大乱. 先王知其然, 是故以不治治之, 治之以不治者, 乃所以深治之也. 春秋书会戎于潜. 何休曰, 王者不治夷狄, 录戎来者不拒, 去者不追也." 이하, 번역은 한국고전번역원DB를 참조하되 일부분은 필자가 수정했음을 밝힌다.

이러한 소식의 해석이 지닌 특징을 파악하기 위해 해당 조목에 대한 『춘추공양전주소(春秋公羊傳注疏)』의 소(疏)와 비교해 보자.

> 이때는 전문(傳聞)의 시대여서 왕이 왕업을 막 시작할 때이므로 이적에게 죄가 있더라도 다스릴 겨를이 없었다. 그래서 전문 시대의 앞부분에서는 "진(晉)나라가 하양(下陽)을 멸망시켰다"라고 하는 등 제하(諸夏)의 죄만 기록했고, 전문 시대의 마지막 부분에 가서야 "초나라가 곡(穀)과 등(鄧)을 멸망시켰다"라고 하여 이적이 죄를 기록했다.[12]

위 인용문은 당시가 "전문의 시대" 즉 쇠란의 시대이고 왕업이 시작되는 초창기였기 때문에, 왕, 즉 노나라 임금이 이적을 다스릴 여유가 없었다고 한다. 이적에 대한 다스림은 전문 시대의 마지막 시기이자 승평 시대의 여명기에 가서야 비로소 이루어졌다는 것이다. 이에 비해 소식은 전혀 다른 해석을 제시한다. 그에 따르면, 중원의 문명국을 다스리는 것과 똑같은 방식으로 이적을 다스린다면 이적이 소란을 일으킬 것을 왕이 예상했기 때문에, 그들(여기서는 戎)을 일부러 다스리지 않았다는 것이다. 즉, 『춘추공양전주소(春秋公羊傳注疏)』의 소(疏)는, 노 은공(隱公)이 "융"을 다스리지 않고 오히려 그들과 잠 땅에서 회합한 이유를 은공의 주관적·객관적 여건에서 찾지만, 소식은 그것을 융의 야만성에서 찾고 있다. 『춘추공양전주소』의 소(疏)를 보면 이 당시의 은공은 아직 명실상부한 "왕자(王者)"로 완성되기 이전의 존재로 여겨지지만, 소식에게서 은공은 이적을 다루는 방식에 능숙한 노련한 "왕자"로 그려진다. 소식은 한 걸음 더

12) 李學勤 主編, 『春秋公羊傳注疏』 卷2, 北京: 北京大學出版社, 1999. 29쪽. "言當是所傳聞之世, 王者草創, 夷狄有罪不暇治之, 即先書晉滅下陽, 末書楚滅穀鄧是也."

나아가 『노자』의 "하지 않아도 하지 않음이 없다[無爲而無不爲]"를 연상시키는 "다스리지 않음으로써 다스린다"는 표현을 사용했다. 심지어 그는 "다스리지 않음"이야말로 "심한 다스림"이라고 한다. 이것은 야만의 이적을 다스릴 가치조차 없는 대상으로 자리매김하는 발상이다.

하지만 소식의 이러한 설명은 "왕은 이적을 다스리지 않는다."라는 하휴의 주석에 대한 해설은 될 수 있을지 몰라도, "공이 잠 땅에서 융과 회합했다."라는 경문 구절의 이해까지 보증해 주지는 않는다. 그래서 소식은 이제 경문의 그 구절에 대한 본격적 분석을 시도한다. 그의 결론을 미리 말하자면, 『춘추』의 의도는 중원 문명국 내부의 야만화를 방지하는 데에 있지 실제의 이적(夷狄)에 대한 배척과 섬멸은 아니므로, 왕은 대의를 위해 때로는 이적과 회합할 수도 있다는 것이다.

이런 결론을 도출하기까지 소식이 밟아 간 논변을 분석해 보자. 우선 소식은, 『춘추』가 제(齊)나 진(晉)과 같은 중원의 문명국을 높이고, 진(秦)이나 초(楚)와 같은 이적(夷狄) 출신의 국(國)을 격하하는 경향을 일관되게 보여준다고 파악한다.

> 『춘추』에서 공(公)이나 후(侯), 자(字)나 명(名)을 써서 그 군주는 제후가 되거나 신하는 대부가 될 수 있는 것은 모두 제나라나 진(晋)나라이거나 그렇지 않으면 그 동맹국이다. 주(州)나 국(國), 씨(氏)나 인(人)이라고 써서 그 군주는 제후가 될 수 없고 신하는 대부가 될 수 없는 것은 모두 진(秦)나라와 초나라이거나 그렇지 않으면 그 동맹국이다.[13]

13) 蘇軾, 『東坡全集』(文淵閣 四庫全書 電子版) 卷40, 「王者不治夷狄論」, "凡春秋之書公書侯書字書名, 其君得爲諸侯, 其臣得爲大夫者, 擧皆齊晉也. 不然則齊晉之與國也. 其書

주석가들에 따르면, 『춘추공양전』은 어떤 집단을 지칭할 때 그 집단의 문명 척도에 따라 주(州), 국(國), 씨(氏), 인(人), 명(名), 자(字), 자(子)[14]로 달리 표현한다. 이를 칠등론(七等論)이라고 한다. 이 일곱 가지 칭호는 앞에서 뒤로 갈수록 문명화 정도가 높은 것으로 여겨진다. 예를 들어, 춘추 초기에 초(楚)는 주(州)에 해당하는 "형(荊)"으로 표기되었고, 다음 시기에는 국(國)에 해당하는 "초(楚)"로, 그리고 장왕(莊王) 이후로는 "초자(楚子)"로 표기되어, '초'가 점차 문명사회로 향하였음을 보여준다.[15] 소식은 이 칠등론을 그대로 수용하여 위의 논의를 전개한 것이다. 그 관계를 표로 정리하면 아래와 같다.

〈소식의 등급구분과 칠등론〉

구 분	등급 및 등급명						
	7등급	6등급	5등급	4등급	3등급	2등급	1등급
칠등론	州	國	氏	人	名	字	子
소식의 등급 구분	州	國	氏	人	名	字	公・侯

그렇다면 『춘추』에서 "이적" 출신의 나라인 진(秦)과 초는 4-7등급의 명칭으로 지칭되고, 중원의 문명국인 제와 진(晋)은 1-3등급의 명칭으로 지칭된다는 것이 소식의 이해이다. 진과 초의 군주는 본래 1등급의 칭호[子]로 지칭되지 않았으므로, 적어도 『춘추』 상에서 그들은 제후 중 한 명으로 인정받지 못한 것이다. 진과 초의 신하도

州書國書氏書人, 其君不得爲諸侯, 其臣不得爲大夫者, 擧皆秦楚也. 不然則秦楚之與國也."

14) 子는 公・侯・伯・子・男 등 제후의 칭호를 상징하는 개념이다.

15) 권정안, 「춘추공양전의 三科九指論 고찰」, 『유교사상연구』 7, 1994. 657~8쪽.

마찬가지로 3등급(名)이나 2등급(字)의 칭호로 지칭되지 않는 것이 원칙이므로 공식적으로 그들은 대부로 인정받을 수 없다. 이에 반해 제와 진(晋)의 임금은 1등급의 칭호로 지칭되고 있고 그 신하들은 2·3등급의 칭호로 지칭되고 있어 진·초와 대조를 이룬다.

위와 같은 소식의 등급 구분은 『춘추공양전』 원문에 근거한다. 송대의 여조겸(呂祖謙)은 「왕자불치이적론」에 주석을 달아 그 대표적 사례를 제시한 바 있다.[16] 먼저, 중원의 문명국 중 하나인 제(齊)의 임금에게 "공(公)"의 칭호를 붙인 대표적 사례로, 그는 「희공(僖公)」 18년의 "가을, 8월 정해일, 제환공을 장사지냈다"[17]를 들었다. 이외에도 유사한 사례는 일일이 열거하기 힘들 정도로 많다. 한편, 여조겸은 진(秦)·초 등을 주(州), 국(國), 씨(氏), 인(人)으로 칭한 대표적 사례로 「장공(莊公)」 23년의 "형인(荊人)이 와서 빙례를 행했다[荊人來聘]"를 들었다. 이에 대해 『춘추공양전주소』의 소(疏)는 아래와 같이 말한다.

> 춘추시대의 [실질적] 왕이라 할 수 있는 노나라 임금은, 형인(荊人)이 처음으로 와서 빙례를 행하자 이적 가운데에 왕의 교화를 사모하여 빙례를 행하며 정삭(正朔; 달력)을 받은 자는 마땅히 등급을 올린다는 것을 분명히 하려 했기 때문에 "인(人)"의 칭호를 붙여 주었다. 하지만 "인"으로 칭할 때 그것을 "국"(인용자 주: "楚")과 연계하지 않고 "형(荊)"과 연계한 까닭은, 이적이 한 번 잘했다고 해서 그들을 인정하기에는 충분치 않았기 때문이다.[18]

16) 王霆震, 『古文集成前集』 卷43, 「王者不治夷狄論-東坡」.

17) 李學勤 主編, 『春秋公羊傳注疏』 卷11, 北京: 北京大學出版社, 1999. 238쪽. "秋, 八月, 丁亥, 葬齊桓公."

18) 上同, 165쪽. "春秋王魯, 因其始來聘, 明夷狄能慕王化, 脩聘禮, 受正朔者, 當進之,

또한 「장공」 10년의 "가을, 9월, 형이 우신(于莘) 땅에서 제나라 군대를 패배시켰다"에 대한 하휴의 주석은 "'형'이란 무엇인가? 주(州)의 이름이다. '주'는 '국'만 못하고, '국'은 '씨'만 못하며, '씨'는 '인'만 못하고, '인'은 '명(名)'만 못하며, '명'은 '자(字)'만 못하고, '자(字)'는 '자(子)'만 못하다"[19]라고 하여, 초(楚)를 특정 주(州)의 명칭인 "형"으로 지칭한 것은 폄하의 뜻을 담는다는 점을 이른바 칠등론에 근거하여 선명히 제시했다. 이렇듯 『춘추공양전』은 제나라·진나라와 초나라·진(秦)나라를 엄격히 구분하여 전자를 높이고 후자를 폄하한다.

하지만 소식은 제나라·진(晉)나라를 곧바로 "순수한 중국[純中國]"과 등치하면 안 되고, 초나라·진(秦)나라도 "순수한 이적"과 등치하면 안 된다는 점을 강조한다.

> 제나라와 진나라의 군주가 나라나 집안을 다스리고 천자를 옹위하면서 백성을 아끼고 기르는 것이 어찌 옛 법과 다 같을 수 있겠는가? 역시 속임수나 힘을 쓰면서 인과 의를 끼워 넣기도 하였으니 참으로 순수하게 중국이 될 수 없었다. 진나라와 초나라 역시 재물을 탐하여 부끄러움도 없이 함부로 행하거나 인과 의를 돌아보지 않았던 것만은 아니다. 도를 지키며 의를 행하는 군주도 있었다. [그러므로] 진나라와 초나라는 아직 순수하게 이적이 되는 데 이르지는 않았다.[20]

故使稱人也. 稱人當係國, 而係荊者, 許夷狄者不一而足."

19) 上同, 143~144쪽. "荊者何. 州名也. 州不若國, 國不若氏, 氏不若人, 人不若名, 名不若字. 字不若子."

20) 蘇軾, 『東坡全集』(文淵閣 四庫全書 電子版) 卷40, 「王者不治夷狄論」, "夫齊晉之君, 所以治其國家, 擁衛天子, 而愛養百姓者, 豈能盡如古法哉. 蓋亦出于詐力, 而參之以仁義, 是亦未能純爲中國也. 秦楚者, 亦非独貪冒, 無耻肆行而不顧也. 蓋亦有秉道行義之君焉. 是秦楚亦未至于純爲夷狄也."

제나라와 진나라가 한때 패자(霸者)로서 천자를 옹위하여 주나라의 종법제를 유지했던 공로가 있지만, 때로 속임수나 무력을 사용하면서 그것을 인의(仁義)로 가장한 사례가 있으므로 완벽한 "중국(中國)" 즉 중원의 문명국은 아니라는 것이 소식의 판단이다. 한편, 초나라와 진나라도 순수한 이적이 아니라고 한다. 왜냐하면, 이들 국가에도 도의(道義)를 행하는 임금이 없지 않았기 때문이다. 가령, 여조겸이 사례로 제시한 진목공(秦穆公)은 대부 수(遂)를 노나라에 보내서 빙례(聘禮)를 행하기도 했다.(「문공」 12년 6월) 요컨대 소식의 해석에 따르면, 춘추시대에 주나라 왕실과 노나라를 제외하면 순수한 "중국"은 없었다. 또한, 역외에 있는 이적을 논외로 한다면 순수한 이적도 없었다. 따라서 대부분의 나라는 순수한 중국과 순수한 오랑캐 사이에서 유동하였다는 것이 소식의 이해 내용이다.

춘추시대 제국(諸國)이 순수한 중국 쪽으로 접근해 가는 것이 바람직하지만, 오히려 그 반대쪽, 즉 순수한 오랑캐 쪽으로 나아갈 가능성이 큰 것이 현실이었을 것이다. 이런 현실을 타개하기 위해, 춘추노왕(春秋魯王)이 취할 방법은 두 가지였다고 소식은 생각한다. 첫 번째는 그 중간 지대에 있는 나라들의 선행은 칭양하되 악행은 가능한 한 들추어 내지 않는 방법이었다. 두 번째는 "순수한 이적"에 대해 기미(羈縻) 정책을 구사하여 중원에 대한 이적의 물리적·문화적 침탈을 사전에 차단하는 방법이었다.

소식은 이 중 첫 번째 방법에 대해 이렇게 설명했다.

제나라와 진나라의 군주가 순수하게 중국이 될 수 없었으나 『춘추』는 늘 이 두 나라를 인정해 주었다. 선이 있으면 급급하게 기록하여 후세에 전해질 수 없을까 두려워했다. 과실이 있으면 여러 가지 방법으로 너그러이 대하여 오직 군자가 되지 못할까 봐 두려워했다. 진나라와 초나라의 군주는 아직 순수하게 이적이 되는 데 이르지 않았으나 『춘추』는 늘 이 두 나라를 인정해 주지 않았다. 선행이 있으면 축적된 후에 기록해 주었다. 악이 있으면 생략하여 기록하지 않았으니 기록할 만하지 못하다고 여겼다.[21)]

『춘추』는 제·진(晉)의 선행은 하나하나 다 기록하되 악행에는 관대하게 서술하며, 진(秦)·초의 선행에는 다소 유보하는 태도를 보이고 그 악행은 아예 다루지도 않는다고 한다. 이것은 엄격한 기준을 내세워서 제·진의 제후의 악행을 추궁함으로써 "군자"를 향한 그들의 지향을 상실하지 않도록 하기 위함이며, 동시에 진·초의 제후에게 더욱더 선을 향해 나아가도록 채근하려는 의도가 있다는 것이 소

---

21) 上同, "齊晉之君不能純爲中國, 而春秋之所與者常向焉 有善則汲汲而書之 惟恐其不得聞于後世. 有過則多方而開赦之 惟恐其不得爲君子. 秦楚之君, 未至于純爲夷狄, 而春秋之所不與者常在焉. 有善則累而后進. 有惡則略而不錄, 以爲不足錄也." * 소식의 서술을 검증하기 위해 여조겸이 든 사례를 일별하면 아래와 같다.

구 분	사 례
齊·晉의 선행을 기록한 사례	① 제환공의 소릉(召陵) 맹약(「僖公」 3년) : 제환공이 초나라를 물리쳐 "중국"을 구한 사건. ② 진문공의 성복(城濮) 전투(「僖公」 2년) : 진문공이 초나라를 패배시킨 전투.
齊·晉의 과실을 용인한 사례	① 제환공의 항(項) 정벌(「僖公」 17년) : 제환공의 항 정벌은 잘못이지만, 제환공의 공로를 생각하여, 『춘추』는 "滅項"이라고만 표기하여 제환공의 잘못을 숨겨줌. ② 진문공의 천자 소환(「희공」 28년) : 진문공이 천자를 소환한 것은 잘못이지만, 진문공의 공로를 생각하여, 『춘추』는 단지 "천왕이 하양에서 사냥했다[天王狩于河陽]."라고만 기록하여 진문공의 잘못을 숨겨줌.
秦·楚의 선행을 기록한 사례	① 초나라가 빙례를 행하자 "인"의 칭호를 붙여줌.(「장공」 23년)
秦·楚의 악행을 기록하지 않은 사례	① 상신이 초나라 임금을 시해했으나, 다만 "楚子卒"이라고만 기록함.(「文公」 1년)

식의 이해이다.

하지만 사서(史書)의 기본 덕목은 사실에 대한 객관적 기록이다. 제나라나 진나라가 춘추시대의 패자로서 주(周) 왕실을 위해 다대한 공헌을 했더라도 그 악행 역시 백일하에 밝혀져야 한다. 그런데도 소식이 『춘추공양전』을 옹호하는 까닭은, "제나라와 진나라의 군주가 순수하게 중국이 될 수 없다"라는 것과 "진나라와 초나라의 군주는 아직 순수하게 이적이 되는 데 이르지 않았다"라는 것을 전제로 두었기 때문이다. 제나라와 진나라는 비록 "중국" 즉 중원의 문명국 범주에 속하지만, 완벽한 "중국"은 될 수 없다는 것이 소식의 현실적 판단이다. 이런 현실적 한계가 있는 나라에 대해 도덕적으로 매우 엄격한 기준을 들이대고 그 악행을 폭로하는 것은 무용하다. 따라서 엄격한 도덕적 기준이 아니라 실용적 판단에 따라 제와 진의 악행에 관대한 태도를 보임이 바람직하다. 진(秦)나라와 초나라에 대해서도 같은 논리가 적용된다. 바로 이것이 소식이 파악한 『춘추』의 핵심 종지이다.

『춘추』의 근본 의도가 제후국이 야만의 방향이 아니라 문명의 방향으로 나아가게 하는 것이었다면, "공이 잠 땅에서 융과 회합했다"라는 기록은 어떻게 이해되어야 할까? 그 주인공인 노나라 은공은 춘추노왕(春秋老王)임에도 불구하고 『춘추』의 의도에 정면으로 어긋나는 행동을 한 것이 아닐까?

> 융(戎)은, 진나라와 초나라 사람 중 융적으로 흘러 들어간 그런 사람들과 전혀 다르다. …융은 교화하거나 가르치고 회유하여 따르게 할 수 없다. 저들이 사납게 무기를 들고서 변방에서 우리와 싸우지 않는 것만 해도 참으로 다행이다. 하물며 이른바 회합의 [禮가] 있다는 것을 알고 실

행하려고 하는 경우이겠는가? 이것이 어찌 그 뜻을 매우 가상하게 여기기에 부족하겠는가? 그렇게 하지 않고 그 예(禮)를 깊이 책하여 저들이 감당하지 못하고 화를 낸다면 재앙이 클 것이다. 중니(仲尼)가 이것을 깊이 우려했기 때문에 중국으로 찾아온 일로 인해 "회합"이라고 기록했으니 그만하면 됐다는 것을 의미한다. 이것이 '다스리지 않음'으로 깊이 다스리는 것이다. 이것으로부터 살펴보면 『춘추』가 융적을 싫어한 것은 순수하게 융적을 싫어한 것이 아니라 '중국'이 융적으로 흘러 들어갈 것을 싫어한 것이다.[22]

융은 진(秦)·초 등 본래 이적 출신의 국(國)과 동렬에 놓일 수 없는 전혀 이질적인 존재라고 소식은 규정한다. 융은 어떤 덕치에 의해서도 변화될 수 없는 본성을 갖는다. 다시 말해 융은 교화의 범위 바깥에 있다. 따라서 융은 본래 『춘추』의 관심 대상이 아니며 심지어 혐오 대상조차 되지 않는다. 왜냐하면, 『춘추』의 관심 대상은 문명과 야만 사이에서 유동하는 제후국이었기 때문이다. "공이 잠 땅에서 융과 회합했다"라는 것은 노나라 은공이 융을 외교적 실체로 인정하고 그것을 마치 중원의 문명국 중 하나처럼 대우했다는 말이 결코 아니다. 실제로 그 이면에는 융의 타자성을 전혀 인정하지 않는 태도, 다시 말해 "깊은 다스림"의 의도가 담겨 있다. 따라서 "공이 잠 땅에서 융과 회합했다"는 기사에 의문을 제기할 필요가 없다는 것이 소식의 주장이다.

---

22) 蘇軾, 『東坡全集』(文淵閣 四庫全書 電子版) 卷40, 「王者不治夷狄論」, "夫戎者, 豈特如秦楚之流入于戎狄而已哉. …夫以戎之不可以化誨懷服也. 彼其不悍然執兵以與我從事于邊鄙, 固亦幸矣 又况知有所謂會者而欲行之, 是豈不足以深嘉其意乎. 不然, 將深責其禮, 彼將有所不堪, 而發其暴怒, 则其禍大矣. 仲尼深憂之, 故因其來而書之以會, 曰若是足矣. 是將以不治深治之也. 由是觀之, 春秋之疾戎狄者, 非疾纯戎狄也. 疾夫以中國而流入于戎狄者也."

하휴는 전문(傳聞)의 시대에 춘추노왕이 이적을 다스릴 겨를이 없었기 때문에 어쩔 수 없이 융과 회합했다고 설명했다. 이에 비해 소식은 교화의 대상조차 되지 못하는 존재로 융을 바라보았기 때문에, 노은공은 그들을 기미 정책 차원에서 관리하기 위해 회합했다고 본다. 소식은 하휴의 삼세설(三世說)을 고려하지 않고 해석한 것이다. 특히 주목할 점은, 소식이 "순수한 중국"과 "순수한 오랑캐"를 양극에 놓고 그 대립 구도 자체에 주목하지 않고, 오히려 그 두 양극 사이에서 유동하는 존재들에 관심을 기울였다는 사실이다. 이는 그가 도덕적 엄격주의가 아니라 실용적·현실적 문제 해결에 방점을 찍었음을 여실히 보여준다.

4. 성현의 「왕자불치이적」 분석

이 절에서는 성현이 소식의 「왕자불치이적론」을 어떤 식으로 이해하고 자기 방식으로 소화했는지 살펴보려 한다.

> 이적은 다스릴 수 있는가? 이적은 다스릴 수 없다. 다스리면 혼란스러워지고 다스리지 않으면 혼란스러워지지 않는다. 이 때문에 '중국'은 이적을 제왕의 교화가 미치지 않는 바깥 지역에 두고 기미 정책을 펼쳤다. 내가 일찍이 『춘추공양전』을 읽고 하휴의 설에 깊이 감동한 적이 있다. 왕은 이적에 대해, 그들이 오면 예로써 대접하고 가버리면 침략에 대비하여 변방을 지킨다. 비록 그들이 의를 간절히 사모한다고 하더라도 우리의 변경 방어가 이완되면 안 되고, 그들이 험한 지형에 의지하여 오지 않는다고 하더라도 우리 군대를 보내 공격하지 않는다. 이적을 대하는 방도는

이와 같을 뿐이다.[23)]

성현은 『춘추』 은공 2년의 해당 기사에 대한 소식의 해석을 받아들이면서도 주체적 해석을 가미했다. 우선, 이적을 다스림의 대상에서조차 제외해야 한다는 것, 다시 말해서 교화의 대상에서 제외해야 한다는 것은 소식의 논지를 따르면서 그것을 더욱 선명히 한 것이다. 그러나 성현은 하휴의 주석에 대해서는 소식과 달리 이해하고 있다. 그는 "왕은 이적에 대해, 이적이 오면 예로써 대접하고 떠나가면 침략에 대비하여 변방을 지킨다"라고 했다. 소식은, 이적이 회례(會禮)가 있다는 것을 알고서 찾아왔으니 노은공이 그들을 가상히 여겨서 회합했다고 해석했다. 회합의 계기는 회례를 행하려 했던 이적에 의해 마련된 것이다. 이에 비해 성현은 그런 계기를 설명하지 않고, 다만 왕은 이적이 찾아오면 예(禮)로 대우할 뿐이라고 말한다. 이적이 왕과 회합하려면 일단 예의 시스템 안에 들어와야 한다는 것이 소식이 내세우는 조건이지만, 성현은 그런 조건을 제기하지 않는다.

그렇다고 하여 성현이 이적에 대해 더 개방적이거나 관대한 태도를 보인 것은 결코 아니다. 왜냐하면, 그는 바로 이어서 "떠나가면 침략에 대비하여 변방을 지킨다"라고 말하기 때문이다. 하휴는 단지 "떠나가면 좇지 않는다"라고만 말했고, 소식은 이에 관해 별달리 설명하지 않았다. 그런데 성현은 이적이 언제 태도를 돌변하여 침략할

23) 成俔, 『虛白堂文集』 卷11, 「擬東坡十論」, 〈王者不治夷狄〉, "夷狄可治乎. 夷狄不可治也. 治之則亂, 不治則不亂. 是以中國置之聲教之外, 而羈縻之也. 嘗讀春秋公羊傳, 深有感於何休之說也. 王者至於夷狄也, 來則禮以接之, 去則備而守之. 彼之慕義雖切, 而我之邊禦不弛, 彼雖負固不來, 而我之兵力不加. 待夷之道, 不過如斯而已."(ITKC_MP_0072A_0340_010_0010_2018_003_XML)

지 모르니 변경 방어에 특별히 유의해야 한다고 설명한다. 한 걸음 더 나아가, 이적이 아무리 의(義)를 사모한다고 하더라도 변경 방어를 소홀히 하면 안 된다고 덧붙인다.

소식에게 이적은 변경에서 혼란을 일으킬 가능성이 있는 단지 골치 아픈 존재에 불과했다면, 성현에게 그것은 언제든 조선을 침략할 수 있는 위협적 존재로 자리 잡고 있었다. 그래서 소식의 관심 대상은 제 · 진(晉) · 진(秦) · 초 등의 국(國) 내에서 발생하는 야만화를 지양하고 그 문명화를 촉진하는 데 있었지만, 성현은 "순수한 이적" 그 자체에 대한 경계를 중심에 두었다. 그는 『서경(書經)』, 『예기(禮記)』, 『주례(周禮)』 등 여러 전적을 들어, 이적은 오복(五服) 제도, 빙례(聘禮) 제도, 의관 제도 등 이른바 "중국(中國)"의 예치(禮治) 시스템에 본래 포함될 수 없는 존재라고 강조한다.[24]

이어서 성현은 제 · 진(晉) · 진(秦) · 초에 관한 소식의 논법을 차용하되, 진(秦) · 초에 대한 그의 평가는 소식과 크게 달랐다.

> 『춘추』가 인정한 나라는 제와 진(晉)이요, 인정하지 나라는 진(秦)과 초이다. 진과 초가 비록 "이적"으로 불리지만 처음에는 모두 제왕의 후예였고 지역은 중국과 경계를 접했으며 임금과 신하가 구분되고 임금이 상벌 · 명령 체계의 중심이라는 점에서 '중국'과 다르지 않았다. 그리고 [진과 초는] 여러 제후와의 우호적 회합에서 맹주 자리를 놓고 ['중국'의 제

---

24) 上同, "先王作爲五服, 咸建五長, 甸侯綏要荒, 畿域不同. 故其納稅百里總, 二百里銍, 三百里秸, 四百里粟, 五百里米. 此因地之遠近, 有略有詳, 而戎狄則不與焉. 諸侯之王也, 比年一小聘, 三年一大聘, 五年一朝. 一不朝則貶其爵, 再不朝則削其地, 三不朝則六師移之, 而夷狄則世一來王而已. 公執桓圭, 袞冕九章, 侯執躬圭, 驚冕七章, 伯執信圭, 毳冕五章, 子執穀璧, 絺冕三章, 男執蒲璧, 玄冕一章, 而夷狄則自以其服來見而不以我衣裳易之矣."

후국과] 다투어 오히려 제와 진이 두려워 복종한 적도 있었다. 그러니 순수하게 이적이 되는 데 이르지 않았다. 그러나 『춘추』는 그 근원을 견책하면서 그들을 인정하지 않았는데 하물며 구주(九州)의 밖 아득히 멀리 떨어진 지역이야 말해 무엇하겠는가.[25)]

소식은 진·초가 이적에 가까운 국(國)이라는 것을 전제로 놓지만, 그 두 '국'이 "순수한 이적"이 되는 데까지 이르지 않았다고 본 까닭은 그들이 때로 도의(道義)에 따라 행동했기 때문이라고 보았다. 반면, 성현은 진·초가 본래 제왕의 후예라는 점, 지역이 '중국'과 가깝다는 점, 국가의 신분·행정 체계가 '중국'과 같다는 점, 위력에 의해 제후국 중 패자가 되었다는 점에서 그들이 "순수한 이적"에까지 이르지 않았다고 여겼다. 그런데도 『춘추』는 진과 초의 '근원'을 견책하면서 그들을 인정하지 않았다고 해석한다. 간단히 말해서 소식은 진·초에도 도의가 있다고 본 데 반해 성현은 그것을 부정한 것이다. 그가 이렇게 도덕적으로 엄격한 태도를 보인 까닭은 두말할 것도 없이 이적에 대해 부정적 평가를 하기 위해서이다. 그에 따르면, 진과 초마저도 『춘추』에서는 인정을 받지 못하고 있는데 이 두 '국'보다 더 먼 지역에 떨어져 있는 이적이 『춘추』에 의해 인정받을 리는 만무하다.

앞서 소식은 "순수한 중국"과 "순수한 이적"을 논외로 하고, 그 가운데에서 유동하는 제·진(晉)·진(秦)·초를 문명 쪽으로 더욱 이끌고 나아갈 현실적·실용적 방법을 핵심 고민으로 삼았다고 했다.

---

25) 上同, "夫春秋所與者, 齊晉也. 所不與者, 秦楚也. 秦楚雖號夷狄, 其初皆帝王之裔, 其地與中國接境, 其君臣之分, 賞慶刑威, 號令之所出, 與中國無異. 爭長於衣裳之會, 而齊晉反慴服焉, 則未至純爲夷狄. 然春秋誅其原而不與之, 況於九州之外遼敻之域乎."

이에 비해 '문명과 야만 사이에서 유동하는 존재'는 성현의 뇌리에 존재하지 않고, 오히려 그는 "순수한 중국"과 "순수한 이적"에 초점을 두어 양자의 차이를 부각함으로써 "순수한 이적"의 야만성을 비난하는 쪽으로 나아갔다. 단순화의 위험성은 있지만 적어도 「왕자불치이적론」에 관한 지금까지의 분석만 놓고 보았을 때, 소식은 도덕적 엄격주의나 원칙주의 대신 현실적 · 실용적 접근을 하였지만, 성현은 문명과 야만의 양극단을 상정하고 전자의 도덕적 우월성과 후자의 열등성을 선명히 대비하는 원칙적 · 이분법적 접근을 했음을 알 수 있다.

따라서 "오는 자는 막지 않고 가는 자는 좇지 않는다."에 대한 성현의 이해도 소식과 달라질 수밖에 없다. 소식은 '이적'을 아예 논외의 대상으로 여겼다. '중국'에게 '이적'은 진정한 의미의 타자가 아니었다. 역설적으로 바로 그 때문에 왕은 그들에게 실용적으로 접근할 수 있다. 즉, '이적'이 변경에서 문제를 일으키지 않도록 하기만 한다면, 왕은 상대적으로 '도덕으로부터의 자율성'을 허락받을 수 있다.

하지만 "순수한 중국" 대(對) "순수한 이적", 문명 대 야만, 도의(道義) 대 불의(不義) 등의 이분법을 통해 "순수한 이적"을 대해야 하는 성현은, 소식처럼 이적에 대한 실용적 접근법을 택하지 않았다. 따라서 원칙적으로 '이적'은 문명에 대한 위협이므로 제거되어야 마땅하다. 하지만 현실적으로 그들과의 공존은 불가피하다. 이런 딜레마에서 벗어날 유일한 길은 덕치(德治)라고 성현은 파악한다. 그런데 이 길은 성현이 창안한 것이 아니라 동아시아 전통의 문명-야만 구도로부터 도출되는 것이었다. 왜냐하면, 문명의 핵심 내용 가운데 하나가 덕치였기 때문이다. 그래서 '다스리지 않음으로써 다스리는 것'은 성현에게서 덕치로 이해된다.

> 예전에 만이(蠻夷)가 화하(華夏)를 어지럽히자 오직 밝게 살펴서 그들을 심복하게 하였을 뿐이고, 삼묘(三苗)가 따르지 않자 문덕(文德)을 크게 폈을 뿐이며, 융적이 난을 일으키고 형서(荊舒)가 복종하지 않자 막아내고 다스렸고, 험윤(獫狁)이 경내로 쳐들어오자 잠깐 정벌하여 쫓아내었을 뿐이니, 이것은 '다스리지 않음으로써 다스리는 것'으로서 다스림을 완수한 것이다.[26]

소식이 말한 '다스리지 않음으로써 다스림'이란, 상대방을 아예 다스릴 가치조차 없는 존재로 규정해 버리는 것이었다.[27] 그런데 성현은 위 인용문에서 그것은 덕치라는 것을 분명히 말하고 있다. 그리고 그 덕치의 내용을 성현은 아래와 같이 제시한다.

> 그렇다면 어찌해야 하겠는가? 오는 자를 거절하지 말고 가는 자를 붙잡지 말며, 부드럽게 어루만져 주고 너그럽게 대하는 방식으로 하여, 은택은 풍부하게 베풀고 받아들이는 것은 적게 하면서 그들과 따지지 않는다면 거의 다스려질 것이다.[28]

---

26) 上同, "昔者蠻夷猾夏, 則惟明克允而已. 三苗不率, 則誕敷文德而已. 戎狄亂而荊舒不服, 則膺而懲之矣. 獫狁入境, 則薄伐逐之而已. 此治之以不治, 而得其治也."

27) 후일 소식이 고려에게 보인 태도 역시 이런 사유의 연장선상에 있었던 것으로 보인다. 이 점과 관련하여 류종목, 「蘇軾과 高麗」, 『中國文學』 38, 2002, 81~83쪽을 참조할 것.

28) 成俔, 『虛白堂文集』 卷11, 「擬東坡十論」, 〈王者不治夷狄〉, "然則如之何. 來者不拒, 去者不追. 柔而撫之, 寬而待之, 厚往薄來, 而不與之校, 則庶乎其可也."

"오는 자를 거절하지 말고 가는 자를 붙잡지 않는다"라는 것은 "부드럽게 어루만져 주고 너그럽게 대하는 것"이라고 한다. 즉, 덕을 베푸는 것이다. 그리고 덕을 베푼다는 것은 "은택은 풍부하게 베풀고 답례로 받는 것은 적게 하는 것"이다. 그런데 여기서 유의할 점은 덕치의 베풂이 곧바로 이적과의 예적(禮的) 관계 형성을 의미하지는 않는다는 점이다. 『예기』에 따르면 예는 선물과 답례가 오고 가는 것이 중요하다.[29] 하지만 성현이 얘기한 덕치는 상대방에게 많은 것을 베풀어 주되 그로부터 답례는 최대한 적게 받거나, 혹은 답례를 아예 받지 않는 것이다. 만일 이런 식의 덕치가 실행된다면 조선은 두 가지 이점을 누릴 것이다. 첫째, 이적에 대해 채권자의 의식을 지속해서 가지고 이는 도덕적 우월 의식의 바탕이 될 것이다. 둘째, 이적과 더는 외교 관계를 맺어야 할 부담감 및 이유가 사라질 것이다. 그런데 이런 식의 덕치는 엄밀히 말해서 진정한 의미의 덕치가 아니라 황로학적 덕치라 할 만한 것이다. 왜냐하면, 그가 제시하는 덕치는 이적에 대한 진정한 배려와 시혜의 태도에서 말미암는 것이 아니라 정치적·군사적 이해관계에서 비롯한 것이기 때문이다.

5. 맺음말

성현이 활동하던 시기에 조선은 대외 군사 활동을 활발히 펼치고 있었다. 군사력 투사의 대상은 주로 여진족이었다. 조선 건국 후

29) 李學勤 主編, 『禮記正義 上』 卷1, 「曲禮上第一」, 北京: 北京大學出版社, 1999, 17쪽. "太上貴德, 其次務施報, 禮尙王來."

왜구 침입 횟수와 피해는 점차 줄어드는 추세였던 반면, 북방의 여진족은 끊임없이 국경 지대의 불안 요소로 남아 있었던 것이다. 이시애(李施愛)의 반란(1467년)과 성종 22년(1491년)의 북방 정벌 실패로 인해 북방 정책은 변화를 겪었으나, 전반적으로 15세기 조선은 여진족을 제압하여 자국의 영향력 아래에 두려는 강한 지향을 보였다고 평가된다.[30]

성현은 1462년 스물세 살 때 식년문과에 급제했고, 1466년 스물일곱 살 때 발영시(拔英試)에 급제하여 박사로 등용되었으며, 1476년 서른일곱 살 때 문과중시(文科重試)에 병과로 급제하여 부제학·대사간 등을 지냈다. 성현의 「의동파십론」은 시험 대비용으로 작성되었을 터이므로 아마도 1476년 이전에 저술되었을 가능성이 크다. 이시기는 조선의 북방 정벌이 한창 진행되던 때이다. 이런 배경 위에 성현의 「왕자불치이적」을 갖다 놓는다면 이 글이 함축하는 바가 더 선명히 드러난다.

성현은 이 글에서 이적(夷狄)이 내조(來朝)하면 응하고 선물을 주되, 그들을 지속적 교류의 상대로 자리매김하는 예(禮)의 관계를 맺는 것은 바람직하지 않으며, 항상 경계 방비를 삼엄하게 해야 한다고 주장했다. 이는 북방의 이적에 대해 공격 일변도로 나아가야 한다는 기조가 아니라 무력의 우위를 바탕으로 한 방어 위주 정책에 부합할 것이다. 그리고 이는 당대(當代)를 수성(守城)의 시대로 파악했던 성현의 인식과 일치한다.[31] 수성의 시대에 군주는 군마(軍馬)에서

30) 이상, 이규철, 「고려 말 조선 초 전쟁과 지도 만들기」, 『역사비평』 통권 제124호, 역사비평사, 2018. 216쪽, 221쪽, 224쪽, 226~227쪽.

31) 안득용, 「虛白堂 成俔의 政治思想 一考」, 민족어문학회 편, 『어문논집』 88, 2020. 96쪽.

내려 유학자들과 함께 덕에 기반을 둔 예치를 펼쳐야 한다.[32]

성현의 「왕자불치이적」에서 우리는 도덕적 원칙주의와 황로학적 덕치의 동거를 목도하였다. 서로 양립하기 힘든 두 가지 가치가 공존하게 된 까닭은, 유학이 포괄할 수 없는 문화에 대한 일관된 태도를 정립하기가 그만큼 힘들다는 것을 웅변한다. 소식은 이민족의 문화에 전혀 가치를 두지 않았기 때문에 주체성을 강조하면 그만이었다. 하지만 성현으로 대변되는 조선의 사대부에게 북방 혹은 남방의 이민족은 쉽사리 무시될 수 없는 정치적·문화적 실체였기 때문에 그들의 타자성을 아예 부인할 수 없었다. 이러한 타자를 마주하여 유가적 가치에 따라 상대방 문화의 야만성을 부각하면서, 동시에 그러한 유가적 가치를 명분으로 삼아 정치적·문화적 우위를 유지하려는 이중성을 띠는 방향으로 성현은 사유를 전개해 나간 것이다.

이 장은 성현이 중화와 이적을 모순적으로 대립하는 관계로 설정하지 않고 상호보보완적인 관계로 수평적인 관점에서 바라보고자 한 것에 주목하였다. 비록 남북의 이민족이 지니는 야만성에 대해서는 비판하면서도 그가 그들의 존재를 인정하면서 중화와 동등하게 수평적으로 이해하고자 하는 것은 문화적 다원성의 관점에서 이론을 제기하는 것이라고 할 수 있다. ◈

---

32) 成俔, 『虛白堂文集』 卷11, 「擬東坡十論」, 〈儒者可與守城〉.

참고문헌

원전류:

成俔, 『虛白堂文集』(한국고전번역원 한국고전종합DB)

蘇軾, 『東坡全集』(文淵閣 四庫全書 電子版)

孫希旦, 『禮記集解』 卷3(中國哲學書電子化計劃 판)

李學勤 主編, 『禮記正義』, 北京: 北京大學出版社, 1999.

李學勤 主編, 『春秋公羊傳注疏』 卷11, 北京: 北京大學出版社, 1999.

程顥・程頤, 『二程集』, 臺北: 漢京文化事業有限公司, 1982.

何休, 『春秋公羊經傳解詁』(四部叢刊本)

논문류:

권정안, 「춘추공양전의 三科九指論 고찰」, 『유교사상연구』 7, 1994.

박동인, 「춘추 공양학파 이상사회론의 정치 철학적 함의」, 『퇴계학보』 124, 2008.

김동민, 「공양학과 곡량학의 대립을 통해 본 한대 춘추학의 성격」, 『한국철학논집』 18, 2006.

류종목, 「蘇軾과 高麗」, 『中國文學』 38, 2002

박지훈, 「북송대 禦戎論과 華夷論」, 『역사문화연구』 30, 2008.

박성진, 「穀梁學과 公羊學의 관계 再論 -漢 宣帝 시기를 중심으로」, 『중국어문논역총간』 24, 2009.

안득용, 「虛白堂 成俔의 政治思想 一考」, 『어문논집』 88, 민족어문학회, 2020.

이규철, 「고려 말 조선 초 전쟁과 지도 만들기」, 『역사비평』 통권 제124호, 역사비평사, 2018.

이연승, 「한대 공양학의 '西守獲麟' 이해에 대한 연구 -董仲舒와 何休를 중심으로」, 『퇴계학보』 123, 2008.

조선시대 경연(經筵)에서 『상서(尙書)』 강독의 의미
-조선 전기 경연 자료를 중심으로-

강 경 현

* 이 글은 『퇴계학보』 제151집(퇴계학연구원, 2022.06)에 게재한 동명의 논문을 본 저서의 간행 취지에 맞춰 일부 수정한 것이다.

1. 들어가는 말

조선의 경연(經筵)은 유가 경전에 입각한 군주교육의 자리이자 임금과 신하 간 정책 토론과 협의가 이루어지는 정치적 논의의 장으로 이해된다. 특히 명대와의 비교를 통해 조선의 경연은 군신공치(君臣共治)의 이념을 실제로 구현하는 데 기여했던 제도라고 평가된다.[1)]

그러나 군주교육[2)]과 군신간 정치적 토론의 장[3)]이라는 경연의 두 목적은 다소간의 마찰을 빚는다.[4)] 이는 경연에 참여한 군주와 신하 사이의 관계를 어떻게 바라볼 것인가의 문제와 관련된다. 무게중심을 군주교육에 둘 경우, 경연은 도덕성과 유가적 이상에 대한 이해를 독점한 신하인 경연관이 도덕적으로 위태롭고 언제든지 권력을 남용할 가능성이 있는 군주를 계도해 나가는 곳으로 규정된다. 즉 경연은 군주에게 일방적으로 도덕성을 요구하고 유가적 이상을

1) 윤정분, 『군신, 함께 정치를 논하다: 명대 경연정치의 변천과 그 의의』(혜안, 2018), 43쪽.

2) 권연웅, 『경연과 임금 길들이기』(지식산업사, 2015); 강태훈, 「조선 전기 경연 제도의 발달 과정」, 『교육학연구』 31-3(한국교육학회, 1993), 19쪽.

3) 이원택, 「유교적 공론장으로서의 경연과 유교지식인의 정체성 -효종대 산림의 『중용』·『심경』 강의를 중심으로-」, 『태동고전연구』 33(한림대학교 태동고전연구소, 2014), 110~111쪽.

4) 윤정분, 『군신, 함께 정치를 논하다』(혜안, 2018), 42쪽. "유교주의 통치이념에 입각한 정사 협의의 실현과 이에 의한 군신공치를 기대할 수 없는 상황에서, 명대 경연제도는 단지 교육 기능으로만 그 명맥을 유지할 뿐이고 군신간의 정사 협의, 즉 유교적 공론장(confucian public forum)으로서의 기능은 제대로 달성될 수 없었다." 이는 명대와 조선의 경연을 비교하면서 언급된 것이지만, 경연의 본래 취지를 언급하는 경우 군주교육과 군신간 토론의 장 양자가 모두 거론되곤 한다.

주입하는 자리로 이해되는 것이다. 그런데 경연의 주요 참여자에 대한 이러한 비대칭적 관점은 유가 왕정(王政)[5]의 이상적 구현태 가운데 하나로서 임금과 신하의 상호 토론의 장이라는 측면에서 경연의 의미를 발견하고자 하는 것과 어느 정도의 괴리를 발생시킨다.

군신간 토론의 장이라는 경연의 의미를 포기하지 않는 한, 이러한 관점은 두 가지 문제를 함축한다. 하나는 유가적 이상과 도덕성을 신하의 전유물로 한정하게 된다는 점이다.[6] 다른 하나는 조선시대 유가 정치의 성패를 오직 군주 한 사람의 도덕적 각성과 유가 지식 습득에 달린 것으로 축소시킨다는 점이다.[7]

이러한 문제의식 위에서 이 글에서는 경연의 텍스트 가운데 경연에서 진강된 유가 경전, 그중에서도 『상서(尙書)』에 주목하고자 한다.[8] 유가적 이상 정치가 구현되었던 삼대를 기록하고 있는 『상서』

---

5) 왕정을 왕도정치라는 의미로 사용하면서 군주의 독단과 전횡을 견제하기 위해 조선의 유교 지식인이 제안한 "군신 간의 '共治'"와 "공적 의론의 과정"에 주목한 기존 연구는 다음과 같다. 백민정, 「조선 지식인의 왕정론과 정치적 공공성: 기자조선 및 중화주의 문제와 관련하여」, 『동방학지』 164(연세대학교 국학연구원, 2013), 57~58쪽.

6) 예를 들어 신하의 자의성 문제가 대두될 수 있다. 정두희, 『조선시대의 대간 연구』(일조각, 1994), 204~205쪽. "대간을 구속할 수 있는 것은 오로지 대간의 양심에 의한 자율적인 규제밖에 없었다. 그러나 이들이 항상 중립적이고 이상에 따라서만 행동한다는 보장은 있을 수가 없었다."

7) 이러한 경우 유학이 갖고 있는 제도에 대한 관심을 고려하지 않게 된다. 이와 관련하여 주희를 포함하는 남송 사대부들이 "'士가 정치적 주체'라는 원칙"을 가지고 있었으면서 동시에 그들의 內聖에 대한 강조가 "外王의 실현 추구"에 있었다는 점을 짚은 연구는 다음을 참조. 위잉스 지음, 이원석 옮김, 『주희의 역사세계』 상(글항아리, 2015), 29~34쪽.

8) 조선의 경연에서 진강된 텍스트에 대한 연구는 『대학연의』, 『자치통감강목』, 『심경』, 『중용』 등에 대해 진행되었다. 『대학연의』는 조선초 왕도정치의 이상

는 당시의 훌륭한 임금들과 신하들의 언행을 고스란히 수록하는 방식으로 유가 통치의 이상적 주체로서 성군과 현신의 전범을 제시하고 있다. 경문의 발화자에 초점을 맞추었을 때 사(士)의 입을 통해 발화된 내용으로 채워져 있고 그것이 추상화된 도덕적 명제로 해석되곤 하는 사서(四書)와 달리, 『상서』는 유가적 이상에 부합하는 주요 정치 주체의 언설이 화자를 분명히 알 수 있는 날것의 상태[9]로 제시된다는 점에서 유가 통치의 원형과 풍부한 함의를 보아낼 수 있는 자료라고 할 수 있다.

『상서』의 성군과 현신 사이에는 역할의 차이가 있을지언정, 도덕

을 받아들이게 되는 주요 문헌으로[지두환, 「조선전기 『대학연의』 이해과정」, 『태동고전연구』 10(한림대학교 태동고전연구소, 1993)], 『자치통감강목』은 “성리학의 이념을 구체적으로 예시할 수 있는 풍부한 사례를 제공”했다는 측면에서[오항녕, 「조선초기 경연의 『자치통감강목』 강의」, 『한국사상사학』 9(한국사상사학회, 1997), 148쪽], 『심경』은 “조선 초기부터 추구되어온 심학화의 절정을 보여주는 것이었지만, 동시에 현실적 정책의 실현을 중시하는 국왕권과의 충돌을 필연적으로 야기”[박성순, 「조선중기 경연과목 『심경』의 정착과정과 그 정치적 의미」, 『한국사상사학』 22(한국사상사학회, 2004), 205쪽]했다는 측면에서 평가된다. 또한 이와는 다른 각도에서 “군주제 하의 정치과정에서 빈발하는 사적 욕망과 분노에서 비롯한 군주 권력의 자의성(arbitrariness)과 폭력에 저항하여 그것을 막아내고 정치를 공적인 것으로 되돌리는 정치 과정(political process)에 경연의 본령이 있음”[이원택, 「유교적 공론장으로서의 경연과 유교지식인의 정체성 -효종대 산림의 『중용』·『심경』 강의를 중심으로-」, 『태동고전연구』 33(한림대학교 태동고전연구소, 2014), 111쪽]을 확인할 수 있는 교재로 『심경』과 『중용』이 조망되기도 한다.

9) 『朱子語類』, 卷19, 6조목, “『論語』易曉, 『孟子』有難曉處. 『語』、『孟』、『中庸』、『大學』是熟飯, 看其它經, 是打禾爲飯.” 이 구절은 조선의 경연에서 다음과 같이 이해된다. 『선조실록』, 선조, 7년(1574), 12.01. 1번째 기사, “希春曰, ‘『大學衍義』甚切於治道, 臣嘗謂『尙書』猶禾穀, 『衍義』猶熟飯.’”; 『선조실록』, 선조, 9년(1576), 09.09. 2번째 기사, “朱子曰, ‘『論』、『孟』是熟飯, 『詩』、『書』是打禾爲飯.’”

적 비대칭은 발견되지 않는다. 이는 수천 년 뒤 그들의 자취를 경전으로 삼는 후대의 임금과 신하에게 어떻게 받아들여지고, 어떠한 영향을 미쳤을 것인가? 그리고 이러한 『상서』의 존재를 중요하게 고려한다면 조선시대 유가 정치는 어떻게 해석되어야 할 것인가? 조선시대 경연에서 『상서』가 진강된 기록을 추적해보고자 하는 이유가 여기에 있다.[10] 조선시대 경연에서 『상서』가 다루어진 양상을 살펴봄으로써 이른바 군신간 토론의 장으로서의 경연의 역할을 확인하고, 조선에서의 유가 성학(聖學)의 의미를 보다 명확히 정의할 수 있을 것이다.

이를 위해 우선적으로 태조~선조 시기 『상서』가 진강된 경연 자료[11]를 중심으로 살펴볼 것이다. 기존 연구에 따르면 세종과 문종

---

10) 경연에서 진강된 『尙書』에 대한 기존 연구는 먼저 고려 시대를 대상으로 성리학적 『상서』 해석으로 전환되어 가는 과정을 추적한 장지연의 연구[「고려~조선 초 『書經』 「無逸篇」과 「洪範篇」 이해의 변화」, 『사학연구』 112(한국사학회, 2013)]와 고려 시대 통치 전범으로서 『尙書』가 독해된 양상을 추적한 현수진의 연구[「고려전기 『상서(尙書)』의 정치적 활용과 그 성격」, 『인문과학』 66(성균관대학교 인문학연구원, 2017) ; 「고려후기 『상서』의 정치적 활용과 그 성격」, 『사림』 71(수선사학회, 2020)]가 있다. 또한 조선시대를 대상으로 한 이은호와 민혜영의 연구가 있다. 특히 이은호의 연구[「朝鮮前期 書經 解釋 硏究 -陽村과 退溪를 중심으로」(성균관대학교 박사학위논문, 2011), 80~86쪽]에서는 경연에서 진강된 『尙書』와 관련한 연구의 필요성 및 진강 기록을, 민혜영의 연구[「中宗 時代 중앙관료의 『尙書』 이해 -『朝鮮王朝實錄』에 수록된 經筵을 중심으로-」, 『남명학연구』 70(경상국립대학교 경남문화연구원, 2021)]를 통해서는 중종조 경연의 『尙書』 진강 기록 및 독해 양상을 확인할 수 있다.

11) 이 글에서 말하는 경연 자료는 연세대학교 국학연구원 경연연구팀에서 2005년 한국학술진흥재단(현 한국연구재단)의 지원을 받아 작성한 『朝鮮朝 經筵 資料 集成 및 註解』를 기반으로 한다. 이를 토대로 앞서 언급한 이은호와 민혜영의 연구를 참조하여 이 글에서 현재까지 조사한 『尙書』가 진강된 조선의 경연 자료는 총 829건이다. 이 가운데 이 글에서 다루고 있는 태조~선조 시

연간의 경연은 송학의 국가적 이해 기준의 설정, 유교적 이상 정치의 권장, 유교적 문화의 정비라는 역할을 수행하며, 이후 성종과 중종대를 거치면서 사림정치의 전개에 있어 중요한 위치에 놓여있다.[12] 또한 15세기 말엽부터 16세기 중엽까지의 경연을 군주별로 조망하면서 성종대의 경연 제도의 정립과 활성화, 연산군대의 폐지, 중종대의 일시적 회복과 추락 그리고 선조대의 부활의 흐름이 제시되기도 한다.[13] 이러한 전개는 경연관 제도의 변천[14]과 군주별 경연 양상[15]을 구체적으로 분석하고 있는 연구를 통해서도 확인할 수 있다. 이와 같은 연구 위에서 이 글은 『상서』라는 유가 경전에 보다 더 주목함으로써 이 시기 조선의 군신들에게 공유된 『상서』 이해의 한 층위를 보이고자 한다.

기 조선 전기 『尙書』 진강 경연 자료 148건의 목록은 부록으로 제시한다.

12) 남지대, 「朝鮮初期의 經筵制度 -世宗・文宗年間을 중심으로-」, 『韓國史論』 6(서울대학교 인문대학 국사학과, 1980), 160~161쪽 참조.

13) 윤훈표, 「15세기 말엽부터 16세기 중엽까지 경연의 변모와 그 의미」, 『역사와 실학』 51(역사실학회, 2013), 105~107쪽 참조.

14) 지두환, 「朝鮮時代 經筵官 硏究」, 『한국학논총』 31(국민대학교 한국학연구소, 2009) 참조.

15) 김중권, 「朝鮮 太祖・世宗年間 經筵에서의 讀書討論 考察」, 『서지학연구』 27(한국서지학회, 2004) ; 김중권, 「朝鮮朝 文宗・端宗年間 經筵에서의 讀書討論 考察」, 『서지학연구』 30(한국서지학회, 2005) ; 김중권, 「朝鮮朝 經筵에서 成宗의 讀書歷 考察」, 『서지학연구』 32(한국서지학회, 2005) ; 김중권, 「朝鮮朝 經筵에서 燕山君의 讀書歷에 관한 考察」, 『서지학연구』 37(한국서지학회, 2007) ; 김중권, 「朝鮮朝 經筵에서 中宗의 讀書歷에 관한 考察」, 『서지학연구』 41(한국서지학회, 2008) ; 김중권, 「朝鮮朝 經筵에서 明宗의 讀書歷 考察」, 『서지학연구』 49(한국서지학회, 2011) ; 김중권, 「朝鮮朝 經筵에서 宣祖의 讀書歷 考察」, 『서지학연구』 55(한국서지학회, 2013) 참조.

〈표 1〉 군주별 경연에서의 『상서』 강독 횟수

왕 명(재위)	『상서』 강독 횟수	왕 명(재위)	『상서』 강독 횟수
태조 (1392~1398)	1	광해군 (1608~1623)	6
정종 (1398~1400)	1	인조 (1623~1649)	213
태종 (1400~1418)	3	효종 (1649~1659)	236
세종 (1418~1450)	4	현종 (1659~1674)	0
문종 (1450~1452)	0	숙종 (1674~1720)	36
단종 (1452~1455)	0	경종 (1720~1724)	2
세조 (1455~1468)	2	영조 (1724~1776)	156
예종 (1468~1469)	0	정조 (1776~1800)	0[16]
성종 (1469~1495)	26	순조 (1800~1834)	12
연산군 (1494~1506)	1	헌종 (1834~1849)	0
중종 (1506~1544)	34	철종 (1849~1863)	18
인종 (1544~1545)	1	고종 (1863~1907)	2
명종 (1545~1567)	2	순종 (1907~1910)	0
선조 (1567~1608)	73	총합 (1392~1910)	829

조선시대 경연에서 군주별 『상서』 강독 횟수를 검토해보면 특히 인조, 효종 대에 급격히 증가하는 양상을 발견할 수 있는데, 이는 조선의 『상서』 해석이 17세기에 이르러 본격적인 전문적 연구의 차원으로 전개되기 시작한다는 점 및 여러 역사적 상황들이 복합적으로 결부되어 나타난 현상으로 보인다.[17] 이 글에서는 이 시기 이전,

16) 정조대에 진행된 군신 간의 『상서』 논의는 경연 제도가 아닌, 초계문신 제도를 통해 진행된다. 그 성격에 차이가 있지만, 1781년부터 1798년 사이 총 738건의 정조와 초계문신 사이의 『상서』 관련 문답이 『경사강의』에 수록되어 있다는 점을 고려할 수 있다. 이영준, 「正祖 經學의 淸代 學說 受用 樣相에 對한 一考察 -『弘齋全書』 『經史講義 書』와 『欽定書經傳說彙纂』의 比較를 中心으로-」, 『고전문학연구』 55(한국고전문학회, 2019), 172~175쪽 참조.

17) 김만일, 『조선 17~18세기 尙書 解釋의 새로운 경향』(경인문화사, 2007) ; 소진형, 「조선후기 왕의 권위와 권력의 관계 -황극개념의 해석을 중심으로-」(서

즉 태조부터 선조까지 조선시대 경연에서 『상서』가 어떻게 읽히고, 유가적 이상 통치에 대한 기본적 이해가 어떻게 형성되었는지에 대해 확인하고자 한다. 한편으로 이와 같은 접근을 통해 조선의 경연이 성학(聖學)이라는 이름으로 유가 왕정의 이상적 구현을 고민해왔던 동아시아 유학의 전개 과정 위에서 어떤 의미를 부여받을 수 있을 것인지에 대한 논의로도 확장되기를 기대한다.

나아가 본고는 동시대 중국의 명나라에서 재상의 역할을 약화시키면서 황제의 권한을 강화시키는 상황과 대비하여 조선에서 군주의 도덕적 수영을 위한 제도적 장치로서 경연이 지니는 정치문화상 다원적 의미를 드러내고자 한다. 뿐만 아니라, 이 글은 조선시대 여러 왕들이 경연에 대하여 가지는 태도와 경연의 역할에 대한 평가가 시대에 따라 다양한 양상으로 전개된다는 점에서도 문화적 다원성에 대한 이해를 넓힐 수 있을 것이다.

2. 도덕적 정치의 주체: 군주와 신하

『상서』는 이제삼왕(二帝三王, 요, 순, 우, 탕, 문, 무)의 도덕적 마음[心]과 그들의 도덕적 지향[道] 그리고 그들의 도덕적 정치[治]가 연속적으로 전개된다는 주자학적 이해 위에서 유가의 정치적 이상의 큰 틀과 원칙을 읽어낼 수 있는,[18] 이제삼왕의 정치적 언행이 수록되어

울대학교 박사학위논문, 2016) ; 김정철, 「남계 박세채의 『범학전편(範學全編)』 연구」(한국학중앙연구원 박사학위논문, 2021) 참조.

18) 蔡沈, 『書集傳』, 「序」, "二帝、三王之治本於道, 二帝、三王之道本於心, 得其心則道與

있는 고대의 기록으로 해석된다. 즉 유가적 이상 정치의 전범이 수록되어 있는 『상서』는 주자학을 통해 그것이 군주의 마음에 달려 있는 것이라고 체계화되고 강조되어 해석됨으로써,[19] 군주의 마음 공부 문제는 이상적 정치 구현에 있어 전면에 등장하게 된다. 요임금, 순임금, 우임금을 통해 전해지며 완성된 말이라고 여겨지는 16자 심법에 대한 주목 역시 그러한 맥락에서 이해할 수 있다.

> (육체의 사사로움에서 생겨난) 인간의 마음은 위태롭고 (도덕의 올바름에서 기원한) 도덕적 마음은 은미하다. 정밀하게 (이 두 마음을) 살펴서 한결같이 (올바름을) 지켜야 참으로 (모든 일에서의) 적절함을 잡을 수 있을 것이다.[20]

이러한 구도 위에서 군주의 수기(修己)는 『상서』의 주요 주제로 간주된다. 『상서』가 진강된 조선의 경연[21]에서도 존심(存心)과 경(敬)으로 대표되는 군주의 이상적인 마음 상태에 대한 강조는 유가의 성왕들이 전력을 기울인 마음공부를 통해 일관되게 독해된다.[22]

治固可得而言矣."

19) 蔡沈, 『書集傳』, 「序」, "至於言天則嚴其心之所自出, 言民則謹其心之所由施. 禮樂敎化, 心之發也, 典章文物, 心之著也, 家齊國治而天下平, 心之推也, 心之德, 其盛矣乎!"

20) 『尙書』, 「大禹謨」, 15장, "人心惟危, 道心惟微, 惟精惟一, 允執厥中." 번역은 朱熹, 『中庸章句』, 「序」, 참조.

21) 조선시대 『尙書』는 국가에서 공인된 교재인 『서전대전』을 통해 독해된다. 삼국시대부터 조선시대까지 당대 『상서정의』의 고주소 계열과 송대 『서집전』의 신주소 계열의 전래와 수용에 관한 개괄적인 사항은 다음의 연구를 통해 확인할 수 있다. 김유미, 「상서류(尙書類) 문헌의 원류와 전개 -『상서(尙書)』의 고주소(古注疏)와 신주소(新注疏)를 중심으로」, 『정신문화연구』 41-4(한국학중앙연구원, 2018), 253~267쪽 참조.

22) 『성종실록』 성종 3년(1472) 04.26. 5번째 기사, "成王憂勤惕慮, 卒成太承衍之

그런데 마음공부, 수기, 경 위주로 『상서』를 해석하는 관점은 자연스럽게 욕망 가득한 위태롭고 독단적인 현실의 군주를 떠올리게 한다. 나아가 이것은 도덕성과 유가적 이상을 선취한 신하가 군주의 잘못된 마음을 바로잡는 것이 안정적인 국가 운용에 있어 중요하다는 『맹자』의 격군론(格君論)과 어렵지 않게 연결된다.

> 맹자가 말했다. "(이미 등용한) 인물에 대해서 군주에게 (하나하나) 지적할 수 없으며, (이미 처리된) 정사를 (하나하나) 흠잡을 수 없다. 오직 대인의 덕을 갖추고 있어야 군주의 마음 가운데 잘못된 점을 바로잡을 수 있다. 군주가 어질면 (모든 일이) 어질게 처리되지 않는 것이 없고, 군주가 의로우면 의롭게 처리되지 않는 것이 없으며, 군주가 바르면 바르게 처리되지 않는 것이 없다. 한 번 군주의 마음을 바로잡으면 나라가 안정된다."[23)]

治." 이는 『尙書』, 「大誥」 10장을 읽으면서 동지사 이승소가 한 말이다. ; 『성종실록』 성종 15년(1484) 04.19. 3번째 기사, "堯之欽明、舜之溫恭、禹之祗承、成湯之建中、武王之建極, 皆以敬存心也." 이는 『尙書』 서문을 읽으면서 시독관 김응기가 한 말이다. ; 『중종실록』, 중종 2년(1507) 02.13. 1번째 기사, "『書』之一篇, 以明德、敬德爲主, 此所以欽明, 爲開卷第一義也." 이는 『尙書』 전체에 대한 검토관 안처성의 평가이다. "蓋以明德功夫, 在於敬之一字. 故堯之欽明、舜之愼徽、禹之祗承、湯之聖敬、文之敬止、武之丹書, 皆以此也." 이는 『尙書』 전체에 대한 특진관 이손의 평가이다. ; 『선조실록』, 선조 5년(1572) 10.19. 1번째 기사, "二典、二謨, 堯、舜、禹、皐陶之心事, 昭昭可見. 堯之敬天、勤民、擧賢, 舜之愼徽五典、擧任賢臣, 皐陶惇典庸禮、命德討罪, 無非天理, 其揆一也. 然撮其要而言之, 則存此心以欽, 而處萬事以中而已." 이는 『尙書』, 「益稷」 11장을 읽으면서 유희춘이 한 말이다. ; 『선조실록』, 선조 6년(1573) 09.21. 3번째 기사, "是以虞、夏、商之時, 世雖變, 而當時人主爲學之心法, 則未始不同. '人心惟危, 道心惟微, 惟精惟一, 允執厥中'者, 虞舜、夏禹之心法也. 以禮制心, 以義制事, 建中于民者, 商湯之心法也. 以禮制心, 則惟一也. 以義制事, 則非惟精不能也. 建中則執中也." 이는 『尙書』, 「湯誓」 3~4장을 읽으면서 김우옹이 한 말이다.

군주의 자의성에 대한 우려 위에서 군주의 마음을 바르게 하는 것을 유가 정치의 핵심으로 간주하는 시야는 경연의 군주교육 프레임과 만나, 신하의 도덕적 우위와 군주에 대한 계도의 필요성을 공고히 해준다. 실제로 주자학을 통해 해석된 『상서』가 진강된 조선의 경연 자료를 통해 그러한 모습은 일면 읽힌다고 볼 수 있다.[24)]

그런데 이 지점에서 질문을 던질 수 있다. 이른바 '16자 심법'의 최초 발화자들은 자신의 인간적 한계를 스스로 인식하고 그것을 넘어서고자 한 군주가 아니었는가? 과연 『상서』의 군주는 부국강병이라는 목표를 향해 돌진하던 당대의 패제후(霸諸侯)를 염두에 두고 말해진, 『맹자』의 격(格, 正: 바로잡음)의 대상으로서의 군주와 동일시될 수 있는 것일까? 게다가 '16자 심법'은 성군 요가 현신 순에게, 또 성군 순이 현신 우에게 임금의 자리를 선양하면서 전한 말인데, 『상서』의 신하가 패제후의 잘못된 마음을 바로잡고자 했던 전국시대 신하와 동일한 역할을 하였다고 간주할 수 있을까?

이러한 측면에서 『상서』가 삼대의 성왕과 현신의 모범을 기록한 책이라는 사실을 상기할 필요가 있다.[25)] 『상서』를 통해 확인되는 삼

---

23) 『孟子集註』, 「離婁章句 上」, 20장, "孟子曰, '人不足與適也, 政不足間也. 惟大人爲能格君心之非. 君仁莫不仁, 君義莫不義, 君正莫不正. 一正君而國定矣.'"

24) 대표적으로 군주의 위태로움에 대해 주목한 해석이 실린 기사는 다음과 같다. 『선조실록』, 선조 6년(1573) 11.20. 1번째 기사, "此篇所謂'三風'、'十愆'者, 卽堯、舜所謂'人心惟危'者. 蓋人心苟任其所爲, 而不精以察之, 一以守之, 則流爲人欲, 而爲三風十愆矣. 益之戒舜曰, '罔咈百姓, 以從己之欲', 禹之戒孫子曰, '內作色荒, 外作禽荒, 甘酒嗜音, 峻宇雕墻, 有一於此, 未或不亡', 皆一意也. 此伊尹所謂'祗厥身'. 一敬字, 眞西山以爲, 治三風、砭十愆之藥石也. 乞留神焉. 又嗚呼二字, 乃重其事而嗟嘆之也. 此篇言及有夏先后及成湯及嗣王, 皆以嗚呼發之, 後此周公作「無逸」以戒成王, 亦以七嗚呼發之." 이는 『尙書』, 「伊訓」 8장을 읽으면서 유희춘이 한 말이다.

25) Peter K. Bol은 주희의 「己酉擬上封事」를 인용하며 다음의 두 주제를 읽어낸

대 성왕은 유가적 도덕성을 견지하며 이상 정치를 발신하는 근본이다. 삼대 현신 역시 그에 못지않은 도덕성을 가지고 군주를 보좌하는 역할을 담당하면서 이상 구현을 위한 조언을 아낌없이 피력하는 존재이다. 이 현신들의 입을 통해 언급되는 유가적 이상은 삼대 성왕으로부터 발신되었던 그 가치를 계승한 것 혹은 그것이 전달된 것이다. 그리고 다시 삼대 성왕은 그러한 삼대 현신을 알아보고 적재적소에 기용하며 한편으로는 그들의 조언을 잘 수용하고 따르는 모습을 보인다.

그렇다면 『상서』의 이상적 군주, 다시 말해 경의 태도를 견지하고 있는 군주가 무엇을 위해 그렇게도 스스로를 조심하고 경계하며 전전긍긍하는 것인지 짚어보고자 한다. 선조 6년(1573) 12월 6일 조강에서 『상서』 「태갑 중」 2장을 강독한 뒤 유희춘(柳希春, 1513~1577)은 다음과 같이 말한다.

> 여기에서 "(이윤이 태갑에게 한 말을 인용하여) 백성은 임금이 아니면 서로 바로잡으며 살 수 없고 임금은 백성이 아니면 사방의 임금이 될 수 없다."라고 하였는데, 이것은 곧 군주와 백성이 서로 의지하여 한 몸이 된다는 뜻입니다. (순이 칭송한) 제요는 호소할 데 없는 사람을 모질게 대하지 않고 어려움에 처한 사람을 져버리지 않았습니다.(「대우모」 3장) 대순은 우에게 전수하면서 명하기를 "백성은 임금이 아니면 누구를 떠받

다. "그 첫 번째는, 통치자도 다른 인간들과 같은 도덕적·지적 잠재력을 가진 존재이며, 마찬가지로 타락에 노출된 인간이라는 점이다. (…) 두 번째 테마는, 통치자는 행정체계의 한 부분이라는 점이었다." Peter K. Bol 지음, 김영민 옮김, 『역사 속의 성리학』(예문서원, 2010), 216~224쪽. 인용문은 218쪽과 220쪽. Peter K. Bol은 통치자의 학(배움)을 강조하는 차원에서 이러한 해석을 내리고 있지만, 이 글에서는 통치자에게 도덕적…지적 잠재력이 있다고 보는 측면과 통치자를 행정 집행자의 차원에서 바라본다는 점에 주목한다.

> 들겠는가? 임금은 백성이 아니면 나라를 지키지 못한다"(「대우모」 17장) 라고 하였습니다. 우는 죄인을 보고 수레에서 내려 울었습니다. (이윤이 칭송한) 탕은 어려움에 처한 백성을 자식처럼 돌보았습니다.(「태갑 중」 5장) 문왕은 백성을 다친 사람 돌보듯이 하여 정사를 펼치며 어짊을 베풀 때는 반드시 홀아비와 과부, 독거자와 고아에게 먼저 하였습니다. 무왕은 가까운 사람이라고 막 대하지 않고 (먼 사람이라고) 잊지 않았습니다. 주공은 「무일」을 지어 성왕을 경계하여 농사의 어려움을 알게 함으로써 백성들이 의지하는 것이 무엇인지 아는 것을 첫 번째 의리로 삼았습니다. 공자는 애공의 정치에 대한 질문에 대답하여 백성을 사랑하는 것을 나라 다스리는 데 있어 아홉 가지 중요한 일 가운데 중대한 일로 삼았으니 가르치고 배운 것은 자신을 닦아 백성을 편안하게 하는 것을 지극한 공효로 삼았습니다. **제왕과 성현은 누구나 다 백성을 사랑하는 것을 큰 임무로 삼는 것입니다.**[26]

『상서』가 진강된 조선의 경연에서, 성군은 애민의 지향 위에서 그것의 실현 가능성을 높이기 위해 경의 태도를 견지한 인물로 해석된다. 구체적으로 요, 순, 우, 탕, 문, 무로 대표되는 성군과 중훼, 이윤, 부열, 주공 그리고 실은 순과 우까지 포함하는 현신의 대표자들의 언행이 주목된다.[27] 이들이 확인한 성군과 현신은 모두 민본[28]

---

26) 『선조실록』, 선조 6년(1573) 12.06. 1번째 기사, "此云'民非后, 罔克胥匡以生, 后非民, 罔以辟四方', 此是君民相須一體之義. 帝堯'不虐無告, 不廢困窮', 大舜傳授於禹, 命之曰, '衆非元后, 何戴? 后非衆, 罔與守邦', 禹下車泣辜, 湯'子惠困窮', 文王'視民如傷', '發政施仁, 必先鰥寡孤獨', 武王'不泄邇不忘', 周公作「無逸」戒成王, 以知'稼穡之艱難', '知小人之依', 爲第一義, 孔子對哀公之問政, 以子庶民爲九經之重事, 其教學者以修己以安百姓爲極功. 是帝王聖賢莫不以愛民爲大務."

27) 『尙書』가 진강된 조선의 경연 자료에서 발견되는 유가의 이상적 가치를 발신한 인물은 유가적 이상의 발신자로서의 성왕과 군주 요, 순, 우, 탕, 문, 무, 반경, 태갑, 성왕, 고종, 태왕, 왕계, 목공, 노후, 그리고 유가적 이상의 발신자이자 전달자로서의 현신과 신하 순, 주공, 기자, 건숙, 이윤, 오자, 우, 부

과 애민으로 종합될 수 있는 가치를 창출하고, 공유하며, 재창출하여 계승하고 전달했던 사람들이다. 조선의 군주와 신하는 이러한 내용이 실린 유가 경전을 함께 읽음으로써 유가적 성군과 현신이 되고자 하는 의지를 확고히 할 뿐만 아니라, 현실의 경연을 실제 성군과 현신이 만나는 자리로 만들고 나아가 조선의 정치를 『상서』 속 성군과 현신이 꾸려나갔던 삼대의 정치와도 같이 만들어가고자 했을 것이다.[29]

이러한 시각은 『상서』가 진강된 조선의 경연을 신하의 군주에 대한 일방향적 교육의 현장으로 해석하는 것에 미묘한 균열을 발생시킨다. 즉 도덕성을 독점한 신하가 위태로운 군주를 교육하고 계도하는 것이 아니라,[30] 각자의 현실적, 인간적 한계를 자각하고 있으

열, 고요, 소공이 다뤄진다. 이는 부록으로 제시된 조선 전기 경연에서 다뤄진 『尙書』의 구절들을 통해 확인할 수 있다. 이러한 측면에서 고려 후기 지배층이 『尙書』를 이상적인 군주와 신료의 모습 및 군신 관계의 전범을 담고 있는 문헌으로 읽으면서 『尙書』 속 성군과 현신에 자신들을 비견하고자 했음을 짚어주는 연구는 다음과 같다. 현수진, 「고려후기 『상서』의 정치적 활용과 그 성격」, 『사림』 71(수선사학회, 2020), 93~98쪽 참조.

28) 『尙書』, 「五子之歌」, 4장. "民惟邦本, 本固邦寧." 『중종실록』 중종 2년(1507) 02.12. 1번째 기사, "人主之御經筵, 非但講學, 欲法善戒惡也. 今進講「五子之歌」, 人主尤當監戒者也. 其曰'民惟邦本, 本固邦寧', 民之可親, 而不可踈也如是." 이는 『尙書』, 「五子之歌」 4장을 읽으면서 시강관 김철문이 한 말이다.

29) 예를 들어 『尙書』, 「說命 上」 2장을 읽던 성종의 다음과 같은 발언을 참조할 수 있다. 『성종실록』, 성종 16년(1485) 04.12. 3번째 기사, "予御經筵, 非徒欲口誦而已, 觀古行事之迹, 欲施之於今日也. 高宗思賢之心, 出於至誠, 故夢寐之間, 帝賚良弼. 秦､漢以下, 賢哲之君固非一二, 孰不欲得良弼興治道乎? 思賢不誠, 故夢得良弼者無聞焉. 今予反覆思之, 未得其道, 何以則得良佐, 以興先王之治乎?"

30) 이러한 측면에서 견제되지 않은 신하(대간)의 출현과 사화의 연관성을 통해 소위 경연 정치의 문제점을 다룬 기존 연구는 다음과 같다. 권연웅, 『경연과 임금 길들이기』(지식산업사, 2015), 175쪽, 218~219쪽 참조.

면서도 도덕성을 지향하고 유가적 가치를 창출해낼 의지를 갖춘 두 정치 주체가 만나 각자의 이상적 역할이 무엇인지 공유하고 확인하는 자리로서 경연을 이해할 수 있게 되는 것이다.31) 다시 말해 『상서』가 진강된 조선의 경연은 조선의 현실 속 군주와 신하가 자신들이 처한 지위에서의 이상적 역할에 대한 모범을 유가 경전을 통해 확인함으로써 애민의 정치를 실현하고자 하는 공동의 목표를 갖는 자리라고 해석될 수 있다.32)

이는 이 글의 첫 번째 문제 제기, 즉 조선의 현실 속 신하의 도덕성 독점 문제를 일정 부분 해소해 준다. 『상서』가 진강된 조선의 경연에서 참여자들은 유가 경전 속 성왕과 현신의 전범 하에 스스로를 객관화함으로써 현실의 자신들, 즉 조선의 군주와 신하가 모두 각자가 지향할 바를 고민하며 수신의 중요성을 공감함은 물론, 군신이 모두 유가의 이상적 가치를 발신하는 정치 주체임을 확인한다고 볼 수 있다. 이 지점에서 『맹자』의 격군론에 대한 재해석의 지평이

31) 이와 관련하여 조선 전기 경연이 사대부와 왕에게 자신들이 지향해야 할 학문의 논리를 제공하고, 이것이 상호 비판과 토론의 기반이 됨을 짚은 연구는 다음과 같다. 신동은, 「조선 전기 경연(經筵)의 이념과 전개 -태조~중종 연간을 중심으로-」, 『정신문화연구』 32-1(한국학중앙연구원, 2009), 76쪽 참조.

32) 물론 이 지점에서 대간의 언론이나 사림의 여론으로서의 '공론'의 작동을 고려함으로써 사대부들이 군주의 정치적 의사결정 과정에 큰 영향을 끼쳤다는 분석으로 나아갈 수 있다. 김영주, 「조선조 경연제도 연구: 정치공론장으로서의 가능성」, 『언론학연구』 18-4(부산경남언론학회, 2014), 35~36쪽 참조. 그렇지만 그 역시 유가 경전에 대한 정합적 이해 위에서 개진된 공론이라는 점에서 조선의 '공론'은 자유로운 의견 개진과는 다른 층위에 있다고 할 수 있다. 그러한 측면에서 조선 초기의 '공론'이 도덕적 정치문화의 맥락 속에서 유교적 가치로부터 그 권위를 부여받고 있었다는 연구를 참조할 수 있다. 송웅섭, 「조선 초기 '공론'의 개념에 대한 검토 -대간 언론과의 비교를 통해서-」, 『한국학연구』 39(인하대학교 한국학연구소, 2015), 377~378쪽 참조.

열린다.[33] 지금까지의 논의에 따르면 『맹자』의 격군 역시 단순히 위태로운 군주에 대한 도덕적인 신하의 일방적 계도의 모습이 아니라, 민본과 애민의 지향을 구현하기 위해 유가 경전 속 성군과 현신의 모범을 공유함으로써 현실 속 정치의 현장을 이상적인 상태로 끌어올리기 위한 노력의 일환으로 해석될 수 있다.

다시 『상서』의 맥락으로 돌아오면, 성왕의 마음에 대한 경계는 그가 그저 인욕을 가진 위태로운 존재이기 때문에 가해지는 것이 아니다. 그리고 그것이 신하라는 타인에 의해서만 진행되는 것이 아니라 군주 스스로의 자발적 경계에서 시작된 것이라는 점을 감안한다면[34], 군주는 유가적 이상을 제시할 수 있는 존재로서 이해되고, 군주의 마음 공부는 그러한 유가적 가치의 창출을 가능케 하는 마음의 상태에 도달하고자 하는 것이라고 할 수 있다. 군주 스스로의 경계, 그리고 신하의 미연의 경계는 구체적인 정치 현장에 나아가 유가적 이상을 구현하려는 노력의 출발점인 것이다.

현실 속 정치의 현장은 『맹자』에서는 인(人)과 정(政), 북송의 정

33) 『맹자』의 격군론과 조선의 문치를 연결시켜 논하고 있는 연구로 다음을 참조. 이봉규, 「"격군심(格君心)"과 조선의 문치」, 『동방학지』 193(연세대학교 국학연구원, 2020). 이 연구에서는 "격군을 통해 군주에게 집중된 전제적 권력을 共治로 보정하려는 유교사의 지속적인 노력"(55쪽)의 차원에서 그 의미를 찾고 있다.

34) 군주의 자발적 마음 바르게 하기의 어려움에 대한 문제제기는 다음을 참조. 이봉규, 「"격군심(格君心)"과 조선의 문치」, 『동방학지』 193(연세대학교 국학연구원, 2020). 참고로 "군주의 '心法'에 의한 자기억제나 그 개인적인 역량에 기대하는 것의 한계"가 동림파의 문제의식을 계승한 명말청초 황종희, 왕부지, 고염무, 여유량, 당견 등에 의해 명확하게 의식되었다는 판단은 다음의 연구 참조. 溝口雄三・丸山松幸・池田知久 편저, 김석근・김용천・박규태 옮김, 『中國思想文化事典』(민족문화문고, 2003), 412~413쪽.

자(程子)에게서는 "정사(政事)"와 "용인(用人)"의 문제로 구체화된다.[35)] 즉 도덕적 정치 주체로서 임금과 신하의 만남은 백성을 나라의 근본이라 생각하면서 그들을 사랑하는 마음을 실제 현실에서 구현하는 과정으로서의 정사와 그것을 가능케 하는 적재적소의 인재 등용에 초점이 맞춰진다. 이러한 측면에서 『맹자』의 격군론은 성왕을 통해 발신된 유가적 이상의 핵심은 인(仁)이고 그것의 지향처는 인정(仁政)이며, 그리고 그것은 공치(共治)라는 형태로 구현된다는, 이후 서술할 『상서』의 내용과 연속성을 갖게 된다. 현신은 이를 돕고 때로 간언하는 자이다.

달리 말해 현신의 군주 마음 바로잡기는 군주와 신하라는 유가적 이상 정치의 두 주체가 만난 자리에서 진행되는 여러 논의의 양상 가운데 일부분인 것이다. 따라서 설령 군신이 실제로 만난 역사적 현장에서 격군에 방점을 찍고 있는 순간이 발견되더라도, 그것이 유가적 이상 정치의 두 주체가 만난 자리라고 한다면 궁극적으로 인정과 공치에 초점을 두게 되는 것이다. 따라서 조선 전기에 경연을 통하여 때로는 정사(政事)를 논의하고 때로는 용인(用人)을 논의하며 또 다른 경우에는 신하의 간언(諫言)이 이루어짐으로써 정치문화상 다원적인 시의성과 이상적인 통치를 실현하고자 하였다.

---

35) 『孟子集註』, 「離婁章句 上」, 20장, 주석, "程子曰, '天下之治亂, 繫乎人君之仁與不仁耳. 心之非, 卽害於政, 不待乎發之於外也. 昔者孟子三見齊王而不言事, 門人疑之. 孟子曰, 我先攻其邪心, 心旣正, 而後天下之事可從而理也. 夫政事之失, 用人之非, 知者能更之, 直者能諫之. 然非心存焉, 則事事而更之, 後復有其事, 將不勝其更矣. 人人而去之, 後復用其人, 將不勝其去矣. 是以輔相之職, 必在乎格君心之非, 然後無所不正. 而欲格君心之非者, 非有大人之德, 則亦莫之能也.'"

3. 성군과 현신의 인정과 공치

이윤이 거듭 왕에게 다음과 같이 고하였다. "아! 하늘은 친히 하는 사람이 없어 잘 공경하는 자를 친히 하며, 백성들은 항상 그리워하는 사람이 없어 어진 이를 그리워하며, 귀신은 항상 흠향함이 없어 잘 정성을 기울이는 자에게 흠향합니다. 천자의 지위는 어렵습니다!"[36]

삼대의 현신 이윤은 돌아온 탕아 태갑에게 군주의 소임에 대해 말한다. 조선의 신하 유희춘은 『서집전』에 입각하여 이를 부연하면서 군주가 할 일은 하늘을 공경하는 것, 백성을 어질게 대하는 것, 귀신에게 정성을 다하는 것으로 정리하고, 하늘을 공경하는 것이 핵심에 자리하고 있음을 확인한다.[37] 인정의 구현을 위한 군주 일심과

---

36) 『尙書』, 「太甲 下」, 1장, "伊尹申誥于王曰, '嗚呼! 惟天無親, 克敬惟親, 民罔常懷, 懷于有仁, 鬼神無常享, 享于克誠, 天位艱哉!'"

37) 『선조실록』, 선조 6년(1573) 12.21. 1번째 기사, "所謂'敬天'者, 非但動靜語默, 無一毫之敢慢, 好惡用舍, 亦一循于天理, 乃爲敬天. 『大學』曰, '顧諟天之明命', 『論語』曰, '君子畏天命', 『孟子』曰, '存其心, 養其性, 所以事天也', 『中庸』曰, '戒愼乎其所不覩, 恐懼乎其所不聞', 皆敬天之謂也. 『大學』曰, '如保赤子', 又曰, '民之所好好之, 民之所惡惡之, 此之謂民之父母', 『論語』曰, '道千乘之國, 敬事而信, 節用而愛人, 使民以時', 『孟子』曰, '以不忍人之心, 行不忍人之政', 又以省刑罰、薄稅斂, 爲仁政之大端, 發政施仁, 必先鰥寡孤獨, 爲文王之政, 『中庸』孔子論九經之道, 以子庶民爲訓, 皆仁民之事也. 『論語』'孔子祭如在, 祭神如神在', 『中庸』云, '齋明盛服, 以承祭祀', 皆致誠鬼神之謂也. 敬天之道, 大綱明白易見. 若仁民、致誠鬼神二事, 更有曲折. 蓋孟子極論愛民之道, 而又曰, '以生道殺民, 雖死, 不怨殺者', 朱子釋之曰, '除害去惡之類是也.' 雖曰祭祀當親, 至於人君, 隆寒盛暑, 勢不能行, 雖不能親行, 舜命伯夷典三禮而訓之曰, '夙夜惟寅', 漢文帝恭承宗廟之意, 不忘也. 大抵此一段, 敬天、仁民、致誠鬼神, 雖是三事, 其實敬天爲綱領, 人君苟能敬天, 則仁民、致誠鬼神, 次第可擧矣." 이는 『尙書』, 「太甲 下」 1장을 읽으면서 유희춘이 한 말이다.

수기를 강조하는 해석이다. 그런데 『상서』를 진강한 조선의 경연에서 이와 관련하여 주안점을 조금 달리하는 부분이 발견된다. 바로 유가 인정의 구현은 군주 한 사람이 도덕성을 갖추었는지의 여부에 의해 전적으로 좌우되는 것이 아니라, 그가 실제 민생의 현장에 깊이 뛰어듦으로써 가능하다는 측면이다.

『상서』를 진강한 조선의 경연에서 군주는 백성을 위해 존재하는 자리로 이해된다.[38] 그리고 하늘에 대해 공경하고[敬天] 백성들의 일에 부지런히 관여한[勤民] 요임금의 행적과 그 모습이 여러 차례 언급되기도 한다.[39] '경천'은 얼핏 개인적 마음공부에 주력하는 군주를 떠올리게 하지만, 그 구현은 '근민'을 통해서만 확인된다는 점에

---

38) 『선조실록』, 선조 7년(1574) 04.13. 3번째 기사, "皇天爲民立君, 非以天下奉一人, 唯以一人治天下耳. 人君不知此義, 而以位爲樂, 則逸豫之念生, 而危亡之禍至矣. 古之帝王知此義, 故兢業戒懼, 以終其身, 而不敢自暇逸." 이는 『尙書』 「說命 中」 1장~4장을 읽으면서 김우옹이 한 말이다.

39) 『성종실록』, 성종 25년(1494) 08.21. 1번째 기사, "嚴其心之所自出者, 主乎敬天而言也, 謹其心之所由施者, 主乎勤民而言也. 當今可言之事頗多, 然敬天、勤民, 最其大者也. 今年農事, 於殿下意, 何如?" 이는 『상서』 서문을 읽으면서 시독관 권유가 한 말이다. ; 『중종실록』, 중종 1년(1506) 09.26. 1번째 기사, "今所以進講『尙書』者, 以帝王之大經大法, 皆載此書也. 大抵人君所畏者, 天也, 所愛者, 民也. 古云, '民可近不可遠', 人主當施仁愛, 使民奠枕於壽域, 則太平可期. 近者民之困苦已甚, 今當卽位之初, 敬天、勤民, 則臣民之福也." 이는 『尙書』 전체에 대한 영사 유순의 평가이다. ; 『중종실록』, 중종 2년(1507) 11.24. 1번째 기사, "帝王歷年長短, 在人主敬天、勤民而已." 이는 『尙書』 「無逸」을 읽으면서 영사 유순정이 한 말이다. ; 『중종실록』, 중종 3년(1508) 02.25. 1번째 기사, "此書皆人君敬天、勤民、存心、出治之源也." 이는 『尙書』 「秦誓」를 읽으면서 시강관 최숙생이 한 말이다. ; 『선조실록』, 선조 5년(1572) 10.19. 1번째 기사, "二典、二謨, 堯、舜、禹、皐陶之心事, 昭昭可見. 堯之敬天、勤民、擧賢, 舜之愼徽五典、擧任賢臣, 皐陶惇典庸禮、命德討罪, 無非天理, 其揆一也. 然撮其要而言之, 則存此心以欽, 而處萬事以中而已." 이는 『尙書』, 「益稷」 11장을 읽으면서 유희춘이 한 말이다.

서 '경천근민'은 사실상 백성을 위해 존재하는 군주의 지위와 역할에 대한 이해를 의미하며, 백성들의 삶에 직접 뛰어들어 있는 군주에 관한 기술이라고 할 수 있다. 또한 『상서』가 진강된 조선의 경연에서 이러한 군주의 이상적 모습으로 주목된 것은 "관(寬)"[40]이다. 이는 인의 현실적 실현 방법이 백성을 마주하는 군주의 너그러운 태도에 있음을 의미한다.[41]

이러한 이해들은 조선의 경연에서 인정의 실현을 위해 구체적이고 실제적인 민생의 현장에 발을 들이고 있는 군주를 염두에 두고 있었음을 알게 해준다. 그리고 이러한 문제의식은 『상서』를 진강한 조선의 경연에서 "백성으로 살아가기의 어려움"을 아는 것이 가장 중요하다는 시야를 통해 증폭된다. 즉 민생을 돌본다는 것은 곧 사시사철 입을 것과 먹을 것을 마련하느라 힘들어하는 백성의 어려움을 외면하지 않고 잘 살피는 것이다. 이와 관련한 논의는 다음과 같은 『상서』의 구절들을 함께 읽으며 구체적으로 개진된다.

> 먼저 농사일의 어려움을 알아 (부지런한 데서) 편안해한다면 백성들이 (농사일에) 의지한다는 것을 알 것입니다.[42]

『상서』의 「무일」편 2장에는 왕위에 오른 조카 성왕에게 안일함

---

40) 『尙書』, 「微子之命」, 2장, "撫民以寬." 성왕이 미자에게 탕을 칭송하며 건넨 말이다.

41) 『중종실록』, 중종 23년(1528) 01.11. 1번째 기사, "此書乃前古帝王傳心之要法, 而治世之道, 無不備具. 此言'撫民以寬, 寬是爲仁之道, 乃天地生物之心也. 先儒云, '商家六百年基業, 由於寬之一字.' 帝王治心之法, 不出於寬厚, 願自上留念." 이는 『尙書』, 「微子之命」 2장을 읽으면서 시강관 박우가 한 말이다.

42) 『尙書』, 「無逸」, 2장, "先知稼穡之艱難, 乃逸, 則知小人之依."

에 대한 경계를 진계하며 그 첫 번째 사항으로 백성들에게 농사일이 어렵고도 중요한 사안이라는 사실에 대해 관심을 가질 것을 말한 현신 주공의 발언이 수록되어 있다. 조선의 경연에서 이 구절은 경천과 근민의 핵심을 말하고 있는 구절로 독해되며[43], 주나라 때와 마찬가지로 당대에도 가장 먼저 살펴야 하는 사안이 곧 백성의 농사일임이 강조된다.[44] 인종 1년(1545) 4월 3일 시강관 정원(鄭源, 1495~1546)은 이 구절을 읽으면서 다음과 같이 말한다.

> 군주가 농사일이 어렵다는 것이나 백성들이 그에 의지한다는 것을 알기 어렵지만, 알더라도 그것을 직접 해보고 아는 데에 이르기는 더욱 어렵습니다. 백성이 원망하고 욕하는 말을 자기에게서 반성하여 자신의 경계로 삼는 것 역시 모두 직접 해보고서 아는 데로 미루어가는 것입니다. 이러한 직접 해보고 아는 것의 실질을 미루어 나아가 안일하지 않는 데 노력을 기울이라는 것이 이 책의 첫 번째 뜻입니다. 임금께서는 늘 여기에 유념하십시오.[45]

---

43) 『중종실록』, 중종 2년(1507) 11.24. 1번째 기사, "帝王歷年長短, 在人主敬天、勤民而已. 帝王以稼穡艱難, 無逸爲心則可也, 若以馳騁田獵爲心, 則是速禍促亡之道也. 殿下今讀「無逸」, 存心於此, 念長治久安之道可也." 이는 『尙書』 「無逸」을 읽으면서 영사 유순정이 한 말이다.

44) 『중종실록』, 중종 11년(1516) 02.23. 3번째 기사, "此篇, 周公欲成王知稼穡艱難, 而陳戒之者也. 幸勿以其時訓戒於君者觀之, 而當於上身上體念, 可也." 이는 『尙書』, 「無逸」을 읽으면서 시독관 신광한이 한 말이다. ; 『명종실록』, 명종 1년(1546) 04.07. 1번째 기사, "然『書』之「無逸」, 亦周公勸戒成王之辭, 天命精微, 國祚短長, 稼穡艱難, 閭里怨咨, 無不備載, 此尤切於初服." 이는 『尙書』 「無逸」에 대해 참찬관 최연이 한 말이다. ; 『선조실록』, 선조 6년(1573) 12.06. 1번째 기사, "周公作「無逸」戒成王, 以知稼穡之艱難, 知小人之依, 爲第一義." 이는 『尙書, 「太甲 中」, 2장을 읽으면서 부제학 유희춘이 한 말이다.

45) 『인종실록』, 인종 1년(1545) 04.03. 1번째 기사, "大抵人君於稼穡之艱、小人之依, 知之旣難, 知之而必至於迪知者, 爲尤難. 當小人怨詈之言, 無不反諸身, 以爲吾身之

농사일을 직접 경험할 수 없는 군주가 농사일의 어려움을 그나마 간접적으로 파악할 수 있는 주요 통로로서 『상서』에서 강조되는 성군과 현신의 발언을 읽어내고 있는 것이다. 여기서 농사일의 어려움은 다른 데 있지 않다. 이와 관련해서 『상서』「군아」 5장에서는 그것이 여름에는 무덥고 비가 많이 내리며 겨울에는 날씨가 너무 추워, 일상적 삶을 영위하는 데 필요한 입고, 먹고, 마실 것에 대한 걱정과 그것을 마련하는 데 필요한 어려움임을 말한다.

> 여름에 무덥고 비가 내리면 백성들이 원망하며, 겨울에 크게 추우면 백성들이 또한 원망한다. 어려운 일이다! 그 어려움을 생각하여 쉽게 (입고 마실 수 있도록) 도모하면 백성들이 이에 편안해질 것이다.[46]

조선의 경연에서도 이 구절은 「무일」편 2장과 함께 군주의 민생 돌보기에 관한 주요 내용으로 간주된다.[47] 한편으로 이러한 의미는 『시경』「빈풍·칠월」과 함께 무일도와 빈풍칠월도로 시각화되어 궐에 배치됨으로써 인정이라는 목표가 농사짓는 백성의 고난함을 공감하는 데서부터 시작함을 지속적으로 강조하고 상기하는 것으로 구체화되기도 한다.[48]

箴規者, 亦莫非迪知之推也, 推此迪知之實, 而着功於所其無逸者, 此開卷第一義也. 自上須常時留念焉."

46) 『尙書』, 「君牙」, 5장, "夏暑雨, 少民惟曰怨咨, 冬祁寒, 亦惟曰怨咨. 厥惟艱哉! 思其艱, 以圖其易, 民乃寧."

47) 『중종실록』, 중종 3년(1508) 02.02. 1번째 기사, "先儒推衍其說, 以極其衣食艱難之態, '民當暑月, 沾體塗足, 其勒至矣, 及至秋成, 猶未得一飽, 祈寒砭骨, 猶未得一暖, 所謂艱哉者, 如是哉.' 伏願聖上念小民之艱難, 無或少忽." 이는 『尙書』「君牙」 5장을 읽으면서 영사 유순이 한 말이다.

48) 『중종실록』, 중종 23년(1528) 08.25. 4번째 기사, "夏雨、冬寒, 天時之常道, 而

인정 실현의 현장에 뛰어든 군주가 고려해야 하는 것으로 다른 한편에서 강조되는 것이 바로 "형벌"이다. 『상서』를 진강한 조선의 경연에서 형벌은 「다방」과 「여형」 그리고 「대우모」와 「익직」 등을 통해 이해된다. 「다방」 편 11장에 따르면 형벌은 권선징악의 차원에서 필수적인 것이지만,[49] 그것은 분명 "나라를 다스리는 데에 도움으로 쓰는 도구일 뿐, 교화를 따르지 않는 경우에 한해서만 사용하여야 하는"[50] 것이다. 그러한 측면에서 "형벌을 사용하되 형벌이 없는 경지를 기약했던" 성군 순의 이해를 확인할 수 있는 「대우모」편이 주목되기도 한다. 형벌은 그것이 집행될 필요가 없는 상태를 지향하면서 신중하게 그리고 정확히 집행되어야 하는 것이다.[51] 중종

小民不得其食, 不得其衣, 則自傷其生之艱難, 乃至於怨咨. 誠以小民之艱難, 人君不可不知. 是故, 『書』之「無逸」、『詩』之「豳風」, 皆以稼穡, 反覆言之也." 이는 『尙書』, 「君牙」, 5장을 읽으면서 시강관 김희열이 한 말이다. 참고로 궁중 농경의례와 왕도정치 지향의 관계를 무일도, 경직도, 빈풍칠월도 등의 제작의 측면에서 살펴본 연구는 다음을 참조할 수 있다. 김현지, 「조선시대 농경의례(農耕儀禮)와 세시풍속도(歲時風俗圖) 병풍의 기능」, 『한국민화』 6(한국민화학회, 2015), 43~50쪽.

49) 『중종실록』, 중종 23년(1528) 03.18. 1번째 기사, "此言'殄戮多罪, 亦克用勸, 開釋無辜, 亦克用勸', 言辟與宥皆足以使人勸於善也. 非徒殄戮多罪然後, 有所懲戒也, 用刑分明, 開釋無辜, 則尤有以勸於善也." 이는 『尙書』, 「多方」, 11장을 읽으면서 시독관 김희열이 한 말이다.

50) 『중종실록』, 중종 11년(1516) 06.03. 2번째 기사, "刑者特是輔治之具, 而教化乃其主也. 其不率教化者始可刑之. 今則專以刑罰爲主, 此不知本末而然耳." 이는 『尙書』 「呂刑」을 읽으면서 군주 중종이 한 말이다.

51) 『세종실록』, 세종 11년(1429) 01.13. 1번째 기사, "此篇拳拳以刑罰之當謹爲言, 刑罰雖非美事, 亦聖人所不能已也." 이는 『尙書』 「大禹謨」를 읽으면서 군주 세종이 한 말이다.; 『중종실록』, 중종 9년(1514) 05.26. 2번째 기사, "講『尙書』, 至'刑期無刑', 上曰, '恤刑, 大事, 刑罰失中, 則民冤而災至.'" 이는 『尙書』 「大禹謨」를 읽으면서 군주 중종이 한 말이다.; 『중종실록』, 중종 9년(1514) 08.16. 2번째

11년(1516) 6월 3일, 형벌에 대한 삼대의 이상을 구현했던 임금으로 간주되는 주나라 목왕의 언행이 담긴 「여형」편을 읽으며 조광조(趙光祖, 1482~1519)는 형벌의 삼감과 함께 그 이면에서 억울하게 처벌을 받은 백성에 대해 불쌍히 여기고 아파하는 마음을 짚어낸다.

> 「여형」은 주나라 목왕이 형벌에 대해 가르친 말인데, 모두가 백성을 가엾이 여기고 염려하는 정성에서 나온 것으로 삼대의 뜻이 남아 있습니다. 지금 형벌을 남용하는 관리를 영구히 서용하지 않는다는 법이 『경국대전』에 실려 있으니, 국가에서 형벌을 삼가는 뜻이 지극하다고 하겠으나, 외방에는 형벌을 남용하는 관리가 많고 삼가는 자는 적습니다.[52]

삼대의 성군 순을 통해 설명된 유가의 형법은 교화를 목적으로 한다. 그러한 목적 아래에서 형벌 집행의 권한을 갖고 있는 군주와 신하는 언제나 그들이 누명을 쓰거나 과도한 형벌을 받을 가능성을

기사, "'象刑惟明', 此言欲刑罰之當罪也. 愼刑, 不特人君, 爲刑官者亦當詳察." 이는 『尙書』 「益稷」을 읽으면서 군주 중종이 한 말이다. 참고로 우임금의 덕교와 순임금의 형법 사용을 대비하면서 덕교와 형법의 사용이 배치되지 않는다는 논의도 발견된다. 『선조실록』, 선조 5년(1572) 10.08. 1번째 기사, "禹言德教而舜言刑法者, 蓋德教者興平之粱肉, 刑罰者治亂之藥石. 聖王之爲治必以德, 而刑罰亦不可廢. 此言刑罰當罪, 人心畏服, 臣謂爵賞當功, 亦人心悅服之道也. 刑罰之道, 「舜典」所謂'眚災肆赦, 怙終賊刑, 欽哉欽哉, 惟刑之恤'者, 盡之." 이는 『尙書』, 「益稷」을 읽으면서 유희춘이 한 말이다. 이와 관련하여 『상서』 속 형정 관련 논의에서 관대함을 중심으로 하는 唐虞 시대의 형정 이해와 공정한 형 집행에 방점을 찍고 있는 西周 시대의 형정 해석의 차이를 언급한 연구는 다음과 같다. 유영옥, 「『尙書』 刑政의 이념과 현실 적용」, 『한국한문학연구』 62(한국한문학회, 2016), 57쪽 참조.

52) 『중종실록』, 중종 11년(1516) 06.03. 2번째 기사, "「呂刑」乃穆王訓刑之語, 皆出於哀矜、惻怛之誠, 而有三代之遺意焉. 今者濫刑官吏永不敍用之法, 載在『大典』, 其國家恤刑之意至矣. 然於外方, 多有濫刑之吏, 欽恤者少矣."

염두에 두고 그것을 염려하며 신중히 처리하려는 마음이 동반되어야 함을 기억해야 한다. 한 가지 주목할 점은 『상서』에서 확인할 수 있는 "휼형(恤刑)", 즉 형벌의 삼감이라는 의미가 『경국대전』에 반영되어 있다는 해석이다. 『경국대전』 형전(刑典) 남형(濫刑)조[53]는 백성들에게 형벌이 신중하고 정확하게 집행되어야 한다는 형벌에 대한 『상서』의 인정 지향 속 해석의 한 지평 위에 자리하고 있는 것이다.

그런데 이렇게 백성의 일상적 삶 속에서 그들을 사랑하고 아끼는 성군은 하나의 커다란 문제를 마주한다. 그들이 처리해야 하는 일이 매우 많다는 사실이다. 성종 24년 9월 28일 주강(晝講)에서 『상서』「무일」편의 다음 구절을 강독한다.[54]

> 아름답게 부드럽고 아름답게 공손하시어 백성들을 품어 보호하시며, 홀아비와 과부에게 혜택을 베풀어 생기가 나게 하시어, 아침부터 해가 중천에 떴다가 기울 때까지 한가히 밥 먹을 겨를도 없이 하시어 모든 백성이 다 화합하게 하셨습니다.[55]

이는 문왕이 민생을 살피느라 분투하였음을 의미한다. 그러나 백성의 삶과 일을 살피고 돌보는 것은 군주 혼자서 할 수 있는 일이 아니다. 따라서 바로 이 지점에서 신하라는 지위의 역할을 고려하게

---

53) 『經國大典』, 「刑典・濫刑」, "官吏濫刑, 杖一百徒三年, 致死者, 杖一百, 永不敍用."

54) 「無逸」편이 조선 초 학자들의 재해석을 통해 군주의 부지런함과 농업에 대한 관심에 주목하게 하는 자료로 다뤄지게 되었다고 본 연구는 다음과 같다. 장지연, 「고려~조선 초 『書經』「無逸篇」과 「洪範篇」 이해의 변화」, 『사학연구』 112(한국사학회, 2013), 149~150쪽 참조.

55) 『尙書』, 「無逸」, 10장, "徽柔懿恭, 懷保小民, 惠鮮鰥寡. 自朝至于日中昃, 不遑暇食, 用咸和萬民."

된다. 『상서』가 진강된 조선의 경연에서 군주와 신하는 줄곧 하나의 몸으로 비유된다. 대표적 성군과 현신의 관계라고 할 수 있는 순과 우를 통해 군신은 마음과 팔다리의 관계로 해석되기도 한다. 나아가 서로 믿고 의지하며 돕는 관계로 묘사되기도 한다.[56]

> 제순이 다음과 같이 말하였다. "신하는 나의 팔다리, 귀와 눈이니, 내가 백성들을 도우려고 하면 자네가 도와주며, 내가 사방에 힘을 펴려 하면 자네가 해주며, 내가 옛사람의 상(象)을 관찰하여 해와 달과 성신(星辰)과 산과 용과 화충(華蟲)을 그림으로 그리고 종이(宗彝)와 마름과 불과 분미(粉米)와 보(黼)와 불(黻)을 수놓아 오채(五采)로써 오색(五色)의 비단에 드러내어 베풀어서 옷을 만들려 하면 자네가 밝혀주며, 내가 육률, 팔음, 오성을 듣고서 다스려짐과 다스려지지 않음을 살펴 오언(五言)으로 출납하려 하면 자네가 들어주게."[57]

1572년 9월 28일, 「익직」 4장에서 확인되는 순과 우 사이에 있었던 군신의 협력적 정사 집행의 논의를 읽으면서, 신하 유희춘은 선조에게 군주와 신하가 같은 목표를 지향하며 함께 정치를 해나가는 것의 중요성을 말한다.

---

56) 『인종실록』, 인종 1년(1545) 04.03. 1번째 기사, "故自修其身, 然後君臣相感, 如天地之相應. 天地相交, 然後萬物遂, 君臣相孚, 然後庶事成. 其或君之待臣, 位高則忌之, 位卑則賤之, 言直則憚之, 則萬無感通之理, 誰與爲治?" 이는 『尙書』 「無逸」을 읽으면서 시강관 정원이 한 말이다. ; 『선조실록』, 선조 6년(1573) 11.26. 1번째 기사, "古者君臣之間, 以忠信相與, 情志交孚, 故能有終." 이는 『尙書』 「太甲 上」 3장을 읽으면서 승지 이이가 한 말이다.

57) 『尙書』, 「益稷」, 4장, "帝曰, '臣作朕股肱耳目, 予欲左右有民, 汝翼, 予欲宣力四方, 汝爲, 予欲觀古人之象, 日月星辰山龍華蟲作會, 宗彝藻火粉米黼黻絺繡, 以五采彰施于五色, 作服, 汝明, 予欲聞六律, 五聲, 八音, 在治忽, 以出納五言, 汝聽.'"

이 장에서는 군주와 신하가 하나의 몸이 되는 이치를 볼 수 있습니다. 생각건대 군주는 마음이고 신하는 몸입니다. 마음이 팔다리를 운용하고 몸은 하나의 마음을 받듭니다. 군주와 신하의 마음이 함께 공경하고 협동하여 가부를 서로 상의한 후에 다스림을 이룰 수 있습니다. 예로부터 군주와 신하가 서로 잘 맞지 않았는데 다스림의 공효가 이루어진 적은 없었습니다.[58]

조선의 경연에서 『상서』는 실제적이며 구체적이기에 번다하고 수고로운 인정의 구현을 위해 성군과 현신이 함께 정치를 행했던 모습을 보여주고 있는 것으로 독해된다. 『상서』를 통해 '군신공치'의 의미와 필요성이 해명되는 것이다. 『상서』를 통해 조선의 경연에서 확인한 '군신공치'란 권력 배분의 문제 혹은 의사 결정의 최종적 권한이 어디에 있는가의 문제라기보다는[59] 인정 구현을 위한 분업과 협업을 의미한다고 볼 수 있다.[60] 이는 『상서』 「익직」 5장과 그에

58) 『선조실록』, 선조 5년(1572) 09.28. 1번째 기사, "此章可見君臣一體之理. 蓋君猶心也, 臣猶體也. 心能運用四體, 體惟奉承一心, 君臣心同寅協恭, 可否相濟, 然後成治. 自古, 君臣不相得而成治功者, 未之有也." 이는 『尙書』 「益稷」 4~5장을 읽으면서 유희춘이 한 말이다.

59) 송재혁, 「"인주지직 재론일상(人主之職 在論一相)"과 조선 초기의 권력 구상 - 권력의 통합론으로서 의정부서사제 논의-」, 『한국사상사학』 57(한국사상사학회, 2017) 참조. 이 연구에서는 조선 초 의정부서사제와 육조직계제의 논의가 모두 "권력의 분할", "권력의 위임", "권력의 견제"가 아니라 군신이 일체(一體)라는 관점 위에서 "권력의 통합"의 일환으로 이해되어야 한다고 말한다.

60) 『성종실록』, 성종 16년(1485) 09.28. 2번째 기사, "人君勞於求賢, 而逸於任人, 始皇、文帝不當勤而勤者也. 如宣帝之綜核名實, 元帝之優遊不斷, 皆非中道. 所貴人君之道, 當摠攬大綱而已." 이는 『尙書』, 「無逸」, 8장을 읽으면서 시독관 민사건이 한 말이다.; 『중종실록』, 중종 11년(1516) 04.17. 4번째 기사, "人君勞於求賢, 逸於任人, 庶務當授有司, 可也. 有司以其所當爲事, 竝皆取稟, 亦似不當." 이는 『尙書』, 「立政」, 14장을 읽으면서 군주 중종이 한 말이다. ; 『명종실록』, 명종 4년

대한 1527년 1월 26일 시강관 임권(任權, 1486~1557)의 해석을 통해 서도 확인된다.

> 내가 잘못하면 자네가 도울 것이니, 자네는 마주해서는 순종하고 물러가서는 뒷말을 하지 말고, (자네의) 이웃 같은 신하가 하는 일을 공경하라.[61]

> 이는 순이 이미 우에게 백규(百揆)로 총괄하게 했기 때문에 이렇게 경계한 것입니다. 당·우 시대는 군주와 신하가 한 몸이었습니다. 신하는 군주를 으뜸이 되는 우두머리로 받들었고 군주는 신하를 팔다리처럼 의지했습니다.[62]

(1549) 02.03. 1번째 기사, "大抵人君, 孜孜求賢, 以勤居逸, 則乃逸也. 若下行臣職, 則近於叢脞, 而庶事隳矣, 此人君之大戒也. 如舜則垂衣裳而天下治, 秦皇之衡石程書、隋帝之衛士傳餐, 徒勞而無益. 人君當使三公論道, 六卿分職, 摠攬權綱而已. 故曰, '勞於求賢, 逸於任人.'" 이는 『尙書』, 「益稷」, 11장을 읽으면서 시강관 남응룡이 한 말이다.; 『선조실록』, 선조 6년(1573) 12.24. 1번째 기사, "今日君臣之情不通, 微末之官, 則已矣, 二三大臣, 人主之股肱心膂, 自古未有不與大臣圖政而獨任之理. 進對之際, 須賜溫言, 訪問機事, 責勉委任, 使不得不任其職可也." 이는 『尙書』, 「太甲下」, 4~7장을 읽으면서 김우옹이 한 말이다. 이러한 측면에서 "유학의 관료제는 왕과 지배층에 속한 신하들이 각자의 직분을 나누어 가지면서 '다 함께 다스리자[共治]'는 데 의의가 있다"는 평가를 참조할 수 있다. 윤사순, 『한국유학사 -한국유학의 특수성 탐구』(지식산업사, 2012), 74쪽. 참고로 조선 전기 확립된 정치체제가 왕권과 관료제 두 가지를 기본 구성으로 한다는 분석은 다음의 연구를 참조할 수 있다. 이태진, 「朝鮮王朝의 儒教政治와 王權」, 『韓國史論』 23(서울대학교 인문대학 국사학과, 1990), 221쪽 참조.

61) 『尙書』, 「益稷」, 5장, "予違, 汝弼, 汝無面從, 退有後言, 欽四隣."

62) 『중종실록』, 중종 22년(1527) 01.26. 1번째 기사, "此, 舜既命禹摠百揆, 故戒之如此也. 唐、虞之時, 君臣一體, 臣以元首戴君, 君以股肱倚臣." 이는 『尙書』, 「益稷」, 5장을 읽으면서 시강관 임권이 한 말이다.

'수고로운 군주'와 '군신일체'에 대한 강조를 통해 조선의 경연에서 『상서』는 인정 실현의 실질적 방안으로 군신공치를 처방하고 있는 전범으로 공유된다. 더 나아가 『상서』에서 인정 지향 속 수많은 일을 처리하기 위한 해결책으로 그와 관련된 제도를 마련하고 있다는 점도 읽혀진다. 일하는 신하와 보필하는 신하의 지위와 역할에 대한 제도적 고민으로 나아가는 것이다.

『상서』에서는 당우의 관직 5등(等) 작위와 9목(牧) 혹은 12목의 외직 및 백규(百揆)와 9관(官)을 기술하고 있으며, 이 9관으로부터 계승된 주나라 6관(총재, 사도, 종백, 사마, 사구, 사공)에 대해서도 6경(卿)이라 칭하며 수록하고 있다.[63] 그리고 이러한 『상서』 속 이상으로 제시된 관직 제도는 『상서』가 진강된 조선의 경연에서 당시 조선에 구현되어 있던 제도, 즉 『경국대전』 체제와의 연관성 속에서 다뤄지기도 한다. 실제로 조선의 『경국대전』을 『주례』의 제도적인 측면을 포괄하는 『상서』 「주관」편과의 연속선 상에서 이해하는 시야도 제기된다.[64]

유가에서 말하는 인재 등용의 중요성[65]은 이러한 맥락에서 조망

---

63) 유영옥, 「『尙書』를 통해 본 唐虞의 관료조직」, 『동양한문학연구』 51(동양한문학회, 2018), 176~178쪽 참조.

64) 송재혁, 「정도전의 신질서 구상과 『서경』」, 『아세아연구』 60-3(고려대학교 아세아문제연구소, 2017), 16쪽 참조. 이 연구에서는 그 근거 가운데 하나로 다음의 『경국대전』의 서문을 인용하고 있다. 徐居正, 「經國大典序」(『四佳文集』, 권4). "其曰六典, 卽周之六卿. 其良法美意卽周之「關雎」、「麟趾」. 文質損益之宜彬彬郁郁, 孰謂『大典』之作不與「周官」、『周禮』而相爲表裏乎." 이러한 측면에서 『尙書』, 「周官」을 읽으면서 『경국대전』의 "謬擧之罰"에 대한 논의로 이어진 기사(『성종실록』, 성종 16년(1485) 11.03. 2번째 기사)와 議政府署事 및 六曹直啓 관련 논의로 이어진 기사(『중종실록』, 중종 11년(1516) 04.24. 2번째 기사)를 참고할 수 있다.

65) 『중종실록』, 중종 2년(1507) 10.28. 1번째 기사, "然則爲國家者, 以人材爲本也.

될 수 있다. 즉 공치가 군주와 신하 공통의 인정 지향에 따라 민생과 관련한 많은 일을 처리하기 위한 유가의 처방이고, 그것을 구체적인 정치 현실로 구현해 놓은 것이 관직 제도라는 점을 염두에 두면서, 군주의 중요한 요건으로 제시되는 것이 현명하고 능력 있는 신하를 적재적소에 배치하는 것,[66] 즉 구현의 자세와 지인의 능력이라고 이해할 수 있는 것이다.[67] 현신의 조언과 간언은 이러한 배경 위에서 그 의미를 갖게 된다.

況今卽位之初, 尤當選人材以任也." 이는 『尙書』, 「多士」, 6장을 읽으면서 영사 유순정이 한 말이다.

66) 『성종실록』, 성종 16년(1485) 04.12. 3번째 기사, "願殿下求賢之心終始惟一, 則念慮所孚, 精神所格, 賢佐之出, 不期然而然矣. 且進賢退不肖, 當責之臺諫, 臺諫得人, 則激濁揚淸, 可以肅淸朝廷矣." 이는 『尙書』, 「說命 上」, 2장을 읽으면서 시강관 정성근이 한 말이다. ; 『인종실록』, 인종 1년(1545) 04.03. 1번째 기사, "大抵爲國以用人爲急. 然人才之得爲難, 苟欲作成, 則須以學校爲重, 而修身又爲用人之本, 不可不留意於此." 이는 『尙書』, 「無逸」을 읽으면서 영사 윤인경이 한 말이다. ; 『선조실록』, 선조 6년(1573) 02.04. 2번째 기사, "是故人君當因其所長而授任, 則必得其效矣." 이는 『尙書』, 「禹貢」을 읽으면서 유희춘이 한 말이다. ; 『선조실록』, 선조 6년(1573) 11.05. 2번째 기사, "人君之職, 在於得賢耳." 이는 『상서』, 「太甲 上」을 읽으면서 이이가 한 말이다. ; 『선조실록』, 선조 7년(1574) 02.14. 1번째 기사, "蓋求賢之路, 宜廣而不宜狹也." 이는 『尙書』, 「盤庚 上」, 13장을 읽으면서 이이가 한 말이다.

67) 『성종실록』, 성종 3년(1472) 06.22. 5번째 기사, "苟能正心, 是非、善惡瞭然方寸, 如鑑之照物, 姸、蚩自生, 其於君子、小人, 何難辨之? 苟不正心, 則是非顚倒, 以君子爲小人, 以小人爲君子者, 多矣. 人主不可不戒也." 이는 『尙書』 「立政」 20장을 읽으면서 지사 노사신이 한 말이다. ; 『성종실록』, 성종 16년(1485) 04.18. 3번째 기사, "人有過人之才者, 何以知其凶德乎?" 이는 『尙書』, 「說命 中」, 5장을 읽으면서 성종이 던진 질문이다. ; 『중종실록』, 중종 3년(1508) 01.06. 1번째 기사, "自古帝王, 始雖勵精, 卒不能善治, 必須任賢使能, 然後能善終. (…) 「立政」大旨, 以用人爲先." 이는 『尙書』, 「立政」을 읽으면서 대사간 남율이 한 말이다.

(나라가) 다스려지고 어지러워지는 것은 여러 관원에게 달려 있습니다. 관직은 사사로이 친근한 사람에게 미치지 않게 하여 오직 유능한 사람에게 주십시오. 작위는 악덕한 사람에게 미치지 않게 하여 오직 현명한 사람에게 주십시오.[68)]

관직은 직무에 배치된 것으로 말한 것이고 작위는 지위의 높고 낮음으로 말한 것입니다. 맹자가 "현명한 사람이 지위에 있고 유능한 사람이 직책에 있다"라고 한 것에 대해서 주자가 다음과 같이 해석했습니다. "현명한 사람이란 덕이 있는 사람이다. 그들이 지위에 있게 하면 군주를 바로잡아 풍속을 선하게 할 수 있다. 유능한 사람이란 재주가 있는 사람이다. 그들이 직책을 맡게 하면 행정을 잘 하여 일을 이룰 수 있다." 바로 이 의미입니다. 군주가 관직을 사사로이 친근한 사람에게 미치지 않게 해야 하는 까닭은 오직 참소하는 사람을 없애고 여색을 멀리하며 재물을 가벼이 보고 덕을 귀중히 여길 수 있다면 자연히 현명한 사람을 임용하고 유능한 사람을 부리게 될 것이기 때문입니다.[69)]

이러한 기록들을 통해 『상서』가 진강된 조선의 경연에서는 인정의 공동 구현자로서의 군주와 신하가 함께 다스리는 정치를 위한 논의를 공유하고 있음을 확인할 수 있다.[70)] 이로써 조선의 경연은 성

68) 『尙書』, 「說命 中」, 5장, "惟治亂在庶官, 官不及私昵, 惟其能, 爵罔及惡德, 惟其賢."

69) 『선조실록』, 선조 7년(1574) 04.23. 1번째 기사, "官, 以布列職事爲言, 爵以位秩高下爲言. 孟子曰, '賢者在位, 能者在職', 朱子釋之曰, '賢有德者, 使之在位, 則足以正君而善俗, 能有才者, 使之在職, 則足以修政而立事', 正此意也. 人君所以官不及私昵者, 惟能去讒遠色, 賤貨而貴德, 則自能任賢而使能矣." 이는 『尙書』, 「說命 中」, 5장을 읽으면서 유희춘이 한 말이다.

70) 조선의 군신공치에서 군주와 신하의 협력을 읽어내고 있는 연구로 다음을 참조. "군신공치는 군주와 관료의 협력, 관료의 왕권에 대한 견제, 그리고 관료간 권력 분산과 견제로 나눌 수 있다." 이헌창, 「조선왕조의 통치원리: 민

군과 현신의 모범을 공유하는 자리라는 의미를 강하게 드러내게 된다. 그리고 그 모범의 내용은 『상서』라는 유가 경전에 기술되고 있는 인정과 공치의 지향, 그리고 이를 위한 수기이다. 조선에서 진행되었던 경연의 의미는 『상서』 진강을 통해 이렇게 구체화된다.[71]

군주와 신하의 공치에 관한 『상서』의 이념을 통해 이 글의 두 번째 문제 제기, 즉 조선시대 유가 정치의 성패가 군주 한 사람의 도덕적 각성과 유가 지식 습득에 달린 것이라고 할 수 있는가 하는 질문에 답할 수 있을 것 같다. 단적으로 말하면, 군주의 도덕성만으로 유가적 왕정의 구현은 달성되지 않는다. 그들은 군주와 신하 공통의 인정 지향에 기반한 군신공치 시스템이 작동해야 한다고 보았다. 이는 유가 경전을 통해 공유되어온 앎이다. 따라서 그 앎을 공유하는 자리로서의 경연은 왕에 대한 도덕 교육이라는 평가만으로 설명될 수 없다. 조선의 경연은 유가 왕정의 이상과 이념을 공유하는 자리였고, 조선 경연에서의 『상서』 강독은 이를 끊임없이 상기함으로써 유가적 인정과 공치 구현의 원동력이 되었다고 할 수 있다.

주국가 수립을 위한 정치사적 유산」, 『한국정치연구』 27-1(서울대학교 사회과학연구원 한국정치연구소, 2018), 74쪽.

71) 송학, 리학, 도학 혹은 주자학 등으로 불리는 학문이 유가 경전 가운데 16자 심법으로 대표되는 『상서』에 대한 재해석을 통해 새로운 유학으로 재구성될 수 있었음을 짚어주는 연구는 다음을 참조. 劉起釪 지음, 이은호 옮김, 『상서학사』(예문서원, 2016), 458~465쪽. 이를 통해 유가 경전 가운데 『상서』가 갖는 위상을 유추해 볼 수 있고, 이로부터 조선에서 이루어진 경연의 특성을 『尙書』 진강을 통해 읽어낼 수도 있을 것이다. 한편으로는 다른 유가 경전 강독 의미에 대한 분석의 필요성도 감지된다.

4. 나오는 말

현신 우가 성군 순에게 말한다.

> 군주가 군주 됨을 어렵게 여기며 신하가 신하됨을 어렵게 여겨야 정치가 비로소 다스려져서 백성이 곧바로 덕에 교화될 것입니다.[72)]

그리고 1484년 5월 12일 시강관 안침(安琛, 1445~1515)은 군주 성종과 함께 이 구절을 읽으며 다음과 같이 진언한다.

> 이 몇 마디 말은 실로 군주 노릇 하고 신하 노릇 하는 중요한 도리입니다. 군주가 군주 노릇 하는 도리를 쉽게 여기지 않으면서 항상 경계하고, 신하도 신하 노릇 하는 도리를 쉽게 여기지 않으면서 그 직분을 다하고자 생각한다면, 나라의 다스림은 어렵지 않게 이루어질 것입니다.[73)]

유가의 성군과 현신은 인정이라는 공통의 목표를 지향하고 그 실현을 위한 구체적 방법이 공치임을 확인하면서, 그와 관련된 각자의 이해와 생각을 피력하며 고민했다. 이러한 군주와 신하의 전범이 제시되어 있는 『상서』를 현실 속 군신이 함께 강독하면서 '성군다움'과 '현신다움'에 대해 확인하고자 했던 자리가 바로 『상서』가 진강된 조선의 경연이다.

조선의 경연은 유가 경전을 통해 군신공치의 정치 방식을 가능케

72) 『尙書』, 「大禹謨」, 2장, "曰, 后克艱厥后, 臣克艱厥臣, 政乃乂, 黎民敏德."

73) 『성종실록』, 성종 15년(1484) 05.12. 2번째 기사, "此數語實爲君、爲臣之要道也. 君不敢易其爲君之道, 而常存警戒, 臣亦不敢易其爲臣之道, 而思盡其職, 則國家之治, 不難矣."

하는 요소들을 공유하였다. 물론 나라를 운영함에 있어 압도적인 권력을 행사할 수 있는 군주의 자의성을 제한하려는 것이 경연에서 발견되는 군신 관계의 한 모습이기도 했지만, 군주와 신하가 함께 유가적 정치의 이상과 가치 및 그것을 실현하는 데 유효한 형식과 방식을 숙지하고 논의하는 것이 경연의 일차적이고도 핵심적인 기능이었다고 할 수 있다. 유가적 군신간 토론의 장에서 유가 경전은 한편으로 격군의 근거를 제공하기도 하였지만, 군신공치의 이상을 가능케 하는 이론과 경험적 사례 및 제도의 원천이기도 했던 것이다.

이 글은 유학과 조선의 왕정을 군신 간의 권력의 길항으로 조망하는 시야에서 벗어나 새롭게 접근하는 한 통로로서, 군주와 신하가 공통 목표로서의 인정, 나아가 그것의 구현을 위한 군신의 협력적 관계를 모범으로 공유하는 자리로서의 경연에 주목했다. 사실 이러한 접근은 "유교 공론장"이라는 차원에서 조선과 "근대"의 관계를 고민하는 시도와 만나게 된다.[74] 그리고 조선의 근대적 요소의 씨앗

74) "유교 공론장"을 "봉건 궁정이 독점하던 공공적 권위를 고도로 조직화된 궁정 밖의 여론세력이 분점하여, 이 여론집단의 공론이 국가정책의 향방에 영향을 준다고 하는 데 있다"는 의미에 부합하는 하버마스의 근대적 공론장(public sphere)과 연결시킨 연구도 있으며(김상준, 『맹자의 땀 성왕의 피』(아카넷, 2011), 191쪽 참조) 이에 대해 하버마스의 공론장 개념을 동아시아에 적용시키는 어려움에 대한 논의도 함께 진행된다.[윤형식, 「하버마스의 공론장 개념과 유교적 공론」, 『사회와 철학』 26(사회와철학연구회, 2013) 참조]. 유교적 공론장에 대한 논의는 조선조 경연의 핵심 기능을 신하를 비롯한 학자 계층의 여론이 반영되어 공론을 형성함으로써 군주권에 대한 비판과 견제가 이루어지는 자리였다는 데서 읽어내는 시야와 만나게 된다. 한편 "유교적 공론장"을 전면에 내세워 조선의 경연을 평가하는 연구에서는 공론장의 의미를 "유교 이념의 현실화 과정 곧 유교 이념에 입각하여 제반 현실 문제가 토론되고 결정되는 정치 과정(political process)으로서, 또 군주와 신하들의 서로 다른 의견들이 공개적으로 토론되고 합의되는" 정치의 장으로 설명한다. 이원택,

을 조선 내부의 자생적 산물로서 발견해내려는 이러한 시도는 "조선 후기"에서 "실학"이라는 학술 사조의 등장을 읽어내는 시야와도 일부 맥을 같이 한다.

그런데 경연이라는 제도가 송대에 마련되었으며 그 연원은 그 이전으로 올라간다는 점, 그리고 조선 전기에 경연이라는 제도가 이미 구축되어 활성화되어 갔고 또 경연의 전범 또한 갖추어져 갔다는 점을 고려한다면, 조선에서 진행되었던 유가 왕정에 대한 고민은 조선 전기 그리고 고려와의 연속선 상 위에서 조망하는 것에서부터 시작할 수 있을 것이다. 다른 한편으로 이러한 가능성은 주자학적 조선 왕정의 이념을 적극적으로 고려하면서 조선의 유의미성을 읽어내고자 하는 시도와도 긴밀히 연결될 수 있다. 이 연구는 조선의 주자학적 유학 이해의 층위에서 지속적으로 전개되어온 유가 왕정의 의미를 발굴하여 연결하는 작업의 일환이라고 할 수 있다.[75]

16세기 조선에서는 훗날 조선 유학의 대표 인물로 평가되는 퇴계 이황(李滉, 1501~1570)과 율곡 이이(李珥, 1536~1584)가 모두 '성학(聖學)'을 전면에 내세운 책을 작성하여 군주에게 바친다. 『상서』라는 유가 경전을 조선의 군주와 신하가 함께 모여 읽은 경연에서의

「유교적 공론장으로서의 경연과 유교지식인의 정체성 -효종대 산림의 『중용』·『심경』 강의를 중심으로-」, 『태동고전연구』 33(한림대학교 태동고전연구소, 2014), 110~111쪽 참조. 그러나 이러한 유교적 공론장의 의미와 의의를 재성찰하는 데 있어 『상서』가 강독된 조선의 경연이 기본적으로 군신 간의 수기에 기반한 인정과 공치로의 지향을 공유하는 자리였다는 사실은 강하게 고려될 필요가 있다.

75) 이러한 측면에서 조선의 왕정을 "군주 주권의 (양반)관료제국가"라고 명명한 다음의 연구를 참조할 수 있다. 이헌창, 「조선왕조의 정치체제: 절대군주제(absolutism)」, 『경제사학』 41-3(경제사학회, 2017).

논의를 통해 이 16세기에 조선에서 다루어진 성학은 보다 명확히 이해될 수 있다.76) 제왕학으로서의 조선의 성학77)은 조선전기 왕정에 대한 고민의 결과물이며, 그 고민의 여정은 경연 속 『상서』 해석의 모습에서부터 출발한다. 조선의 『상서』 해석의 흐름 위에서 '성학' 개념은 인정과 군신공치의 이상과 관련하여, 그리고 조선의 왕정 이해의 층위에서 보다 선명히 규명될 수 있을 것이다.

이러한 맥락에서 16세기 성학의 정립을 바라보면, 17세기 이후 『상서』 연구의 비약적인 발전은 조선에서 왕정에 대한 고민의 심화 전개라는 측면에서 이해될 수 있게 된다. 16세기 성학의 정립은 조선의 왕정 담론의 이론적 기반 구축 과정 속 하나의 소결이고, 이를 통해 이후 보다 전면적인 유가 왕정 구축의 고민으로 향해가는 것이다. 그리고 그러한 유가 왕정에 대한 발전적 재해석의 흐름이 조선전기, 실은 고려, 더 거슬러 올라가 동아시아 유학사의 차원에서 연속적으로 조망됨으로써, 동아시아 유학의 문제의식이 이곳에서 지속적으로 전승, 검토, 재구성되었음은 보여질 수 있을 것이다.

『상서』가 진강된 조선의 경연은, 『상서』 라는 유가 경전을 중심으로 인정이라는 유가 정치의 목표와 그것의 실현을 위한 공치라는

76) 명종대 경연을 분석하면서 이 시기 경연을 통해 표출되어 축적된 제왕학에 대한 견해들이 선조대 성학 관련 저술들로 이어진다는 점을 읽어낸 연구는 다음과 같다. 이경동, 「조선 명종대 경연의 운영과 성격」, 『역사와 실학』 72(역사실학회, 2020), 174쪽 참조.

77) 立志, 求賢, 委任으로 이 시기 聖學을 설명하면서 이것이 기묘사림 이후 사림들이 지속적으로 추구한 제왕학의 핵심이라 평한 연구는 다음과 같다. 정재훈, 『조선전기 유교 정치사상 연구』(태학사, 2005), 372~373쪽 참조. 특히 이 연구에서는 명종, 선조 연간의 경연에 대해서 "단지 군주를 교육하던 제도가 아니었고 성리학을 기반한 정치의 방향을 제시하고 토론하던 자리"임을 언급하고 있다.

뚜렷한 방법적 지향을 공유하고, 그 안에서 각자가 성군과 현신이 될 수 있는 가능성을 가진 존재이면서 동시에 다분히 위태로운 존재라는 유학의 전통적 인간 이해를 공유하면서, 현실 정치에 뛰어들기 위한 왕정의 두 도덕적인 정치적 주체의 자격과 역할에 관한 생각을 공유하는 자리였다. 물론 군신이 함께 모여 유가적 왕정의 이상을 공유하고 논의하는 자리가 유가적 가치를 무비판적으로 내면화하는 자리에 불과했다고 평가할 수도 있다. 또한 시기에 따라 권력 다툼의 소용돌이 속에서 경연의 이상이 왜곡되고 변질되는 경우 역시 발견될 것이다. 다만 인심과 도심이라는 인간의 양면적 모습으로부터, 성군과 현신이라는 도적적 정치적 가치 창출의 존재로서의 가능성을 읽어내면서, 인정과 공치라는 이상을 구현하기 위해, 전통 속 재해석되어온 유가 전범의 기록물인 유가 경전을 하루에도 몇 번씩 함께 모여 논의하는 자리를 유지했던 이들의 모습에서, 이곳 맥락에서의 더 나은 사회를 만들기 위한 노력의 흔적은 발견될 수 있을 것으로 보인다.

조선의 경연은 이러한 흔적들을 동아시아 유가 성학(聖學)의 특징적 면모로 읽어내고, 또 그것을 유가 왕정(王政)에 대한 하나의 이상으로 바라볼 수 있도록 해준다. 동시에 경연 제도를 통해 우리는 유가 왕정과 성학을 구체적인 현실 속에서 구현하고자 했던 조선의 지향을 확인할 수 있게 된다. 달리 말해 조선의 경연은 조선의 군신들이 추구했던 유학의 정치적 이상을 문화다원론적으로 접근하며 해석할 수 있게 해주는 대표적인 사례라고 할 수 있다. ◈

【부록】

〈표 2〉 태조~연산군 시기 『상서』 진강 경연 자료

군주 연번	일시	진강 편장	출전	군주 연번	일시	진강 편장	출전
태조-1	1397.09.08.	周書-洪範	실록	성종-9	1472.06.06.	周書-無逸 14장	실록
정종-1	1400.04.06.	·	실록	성종-10	1472.06.22.	周書-立政 20장	실록
태종-1	1402.06.08.	周書-梓材	실록	성종-11	1473.04.15.	商書-說命上 11장	실록
태종-2	1403.01.07.	·	실록	성종-12	1473.05.01.	周書-多方 17장	실록
태종-3	1416.07.09.	周書-洪範	실록	성종-13	1473.12.01.	·	실록
세종-1	1422.12.25.	·	실록	성종-14	1474.07.16.	虞書-舜典 16장 虞書-大禹謨 2장	실록
세종-2	1429.01.13.	虞書 -大禹謨 13장	실록	성종-15	1482.09.29.	周書-洪範 周書-周官	실록
세종-3	1429.01.21.	夏書 -禹貢 95장	실록	성종-16	1484.04.19.	序文	실록
세종-4	1429.03.07.	周書-立政	실록	성종-17	1484.05.12.	虞書-舜典 24장	실록
세조-1	1462.05.26.	·	실록	성종-18	1484.05.12.	虞書-大禹謨 2장	실록
세조-2	1462.06.01.	·	실록	성종-19	1484.09.11.	虞書-益稷 2장	실록
성종-1	1472.03.28.	周書 -泰誓中 8장	실록	성종-20	1485.02.02.	商書-咸有一德 11장	실록
성종-2	1472.04.14.	·	실록	성종-21	1485.04.12.	商書-說命上 2장	실록
성종-3	1472.04.17.	周書 -洪範 27장	실록	성종-22	1485.04.18.	商書-說命中 5장	실록
성종-4	1472.04.20.	周書 -洪範 35장	실록	성종-23	1485.윤04.21	周書-洪範 9장	실록
성종-5	1472.04.26.	周書 -大誥 10장	실록	성종-24	1485.09.28.	周書- 無逸 8, 10, 13장	실록
성종-6	1472.04.28.	周書 -微子之命 4장	실록	성종-25	1485.11.03.	周書-周官 20장	실록
성종-7	1472.05.29.	周書 -洛誥 27장	실록	성종-26	1494.08.21.	序文	실록
성종-8	1472.06.06.	周書 -無逸 14장	실록	연산군-1	1496.12.13.	虞書-大禹謨 16장	실록

〈표 3〉 중종~명종 시기『상서』진강 경연 자료

군주 연번	일시	진강 편장	출전	군주 연번	일시	진강 편장	출전
중종-1	1506.09.26.	·	실록	중종-20	1516.04.17.	周書-立政 14장	실록
중종-2	1506.10.04.	·	실록	중종-21	1516.04.24.	周書-周官	실록
중종-3	1506.12.17.	虞書-益稷 9장	실록	중종-22	1516.06.03.	周書-呂刑	실록
중종-4	1507.02.12.	夏書-五子之歌 4, 6장	실록	중종-23	1518.10.05.	周書-多方 17장	실록
중종-5	1507.02.13.	·	실록	중종-24	1520. 윤08.16.	·	실록
중종-6	1507.10.23.	·	실록	중종-25	1526.11.29.	·	실록
중종-7	1507.10.28.	周書-多士 6, 7장	실록	중종-26	1527.01.26.	虞書-益稷 5장	실록
중종-8	1507.11.24.	周書-無逸	실록	중종-27	1527.02.10.	·	실록
중종-9	1507.11.26.	周書-無逸 12장	실록	중종-28	1528.01.11.	周書-微子之命 2장	실록
중종-10	1507.11.29.	周書-無逸	실록	중종-29	1528.02.07.	周書-召誥 17장	실록
중종-11	1508.01.06.	周書-立政 22장	실록	중종-30	1528.02.12.	周書-洛誥 14장	실록
중종-12	1508.02.02.	周書-君牙 5장	실록	중종-31	1528.03.18.	周書-多方 11장	실록
중종-13	1508.02.25.	周書-秦誓	실록	중종-32	1528.08.25.	周書-君牙 5장	실록
중종-14	1509.11.15.	·	실록	중종-33	1528. 윤10.23.	周書-費誓 5장	실록
중종-15	1511.10.15.	商書-太甲下 9장	실록	중종-34	1528. 윤10.24.	周書-秦誓 6, 8장 周書-秦誓	실록
중종-16	1514.05.26.	虞書-大禹謨 11장	실록	인종-1	1545.04.03.	周書-無逸 2, 5, 16, 18장	실록, 《경연주의》
중종-17	1514.08.16.	虞書-益稷 8장	실록	명종-1	1546.04.07.	周書-無逸	실록
중종-18	1514.12.10.	夏書-五子之歌 6장	실록	명종-2	1549.02.03.	虞書-益稷 11장	실록
중종-19	1516.02.23.	周書-無逸	실록				

* 《경연주의》: 權橃,『冲齋先生文集』,「經筵奏議」

〈표 4〉 선조 시기 『상서』 진강 경연 자료

군주 연번	일시	진강 편장	출전	군주 연번	일시	진강 편장	출전
선조-1	1572. 05.01.	虞書-舜典	실록, 《논사록》	선조-38	1574. 02.01.	商書-咸有一德 9 ~10장	실록, 《경연강의》 《경연일기》
선조-2	1572. 09.04.	虞書 -皐陶謨 5, 7, 8장	실록, 《경연일기》	선조-39	1574. 02.04.	商書 -咸有一德 11장	실록, 《경연일기》
선조-3	1572. 09.28.	虞書-益稷 4, 5장	실록, 《경연일기》	선조-40	1574. 02.05.	商書-盤庚上	실록, 《경연일기》
선조-4	1572. 10.08.	虞書-益稷 8장	실록, 《경연일기》	선조-41	1574. 02.14.	商書 -盤庚上 13, 14장	실록, 《경연일기》
선조-5	1572. 10.19.	虞書-益稷 11장	실록, 《경연일기》	선조-42	1574. 02.23.	商書 -盤庚中 4, 5장	실록, 《경연일기》
선조-6	1572. 12.16.	夏書-禹貢	실록, 《경연일기》	선조-43	1574. 02.25.	商書-盤庚中 6장	실록, 《경연일기》
선조-7	1572. 12.19.	夏書-禹貢 13장	실록, 《경연일기》	선조-44	1574. 03.06.	商書 -盤庚中 10, 11장	실록, 《경연일기》
선조-8	1573. 01.12.	夏書 -禹貢 14~17장	실록, 《경연일기》	선조-45	1574. 03.14.	商書 -盤庚下 1~4장	실록, 《경연일기》
선조-9	1573. 01.21.	夏書-禹貢 23장	실록, 《경연일기》	선조-46	1574. 03.25.	商書-說命上 1장	실록, 《경연일기》
선조-10	1573. 02.04.	夏書-禹貢 33장	실록, 《경연일기》	선조-47	1574. 04.13.	商書 -說命中 1~4장	실록, 《경연일기》
선조-11	1573. 02.05.	夏書-禹貢 35장	실록, 《경연일기》	선조-48	1574. 04.23.	商書-說命中 5, 6, 7, 9장	실록, 《경연일기》
선조-12	1573. 02.25.	夏書-禹貢 46장	실록, 《경연일기》	선조-49	1574. 04.25.	周書-洪範 18장	실록, 《경연일기》
선조-13	1573. 08.16.	夏書 -五子之歌 4~7장	실록	선조-50	1574. 04.28.	商書-說命中 10, 11, 12, 13장	실록, 《경연일기》
선조-14	1573. 09.21.	商書 -湯誓 3~4장	실록, 《경연강의》	선조-51	1574. 05.20.	商書-西伯戡黎	실록, 《경연일기》
선조-15	1573. 09.21.	·	실록	선조-52	1574. 05.30.	商書-微子 3~6장	실록, 《경연일기》
선조-16	1573.	商書	실록	선조-53	1574.	周書-泰誓下	실록,

	10.12.	-仲虺之誥 8장			07.13.	3장	《경연일기》
선조-17	1573. 11.01.	·	수정실록	선조-54	1574. 07.20.	周書-牧誓 6장	실록, 《경연일기》
선조-18	1573. 11.02.	商書-伊訓 1장	실록	선조-55	1574. 10.10.	周書-洪範 4장	실록, 《경연일기》
선조-19	1573. 11.05.	商書-太甲上	실록, 《경연일기》 (이)	선조-56	1574. 10.13.	周書-洪範 6장	실록, 《경연강의》
선조-20	1573. 11.20.	商書-伊訓 8장	실록	선조-57	1574. 10.14.	周書-洪範	실록, 《경연강의》
선조-21	1573. 11.20.	商書-伊訓 7장	실록	선조-58	1574. 10.19.	周書 -洪範 12, 13장	실록, 《경연일기》
선조-22	1573. 11.21.	商書-太甲上 2장	실록, 《경연강의》	선조-59	1574. 10.25.	周書-洪範	실록, 《경연일기》
선조-23	1573. 11.26.	商書-太甲上 3장	실록, 《경연강의》 《경연진계》	선조-60	1574. 11.01.	周書 -洪範 20~23장	실록, 《경연일기》
선조-24	1573. 11.30.	商書 -太甲上 5, 6장	실록, 《경연강의》	선조-61	1574. 11.01.	周書-洪範	수정실록, 《경연강의》
선조-25	1573. 12.01.	商書 -太甲上 7~8장	실록, 《경연강의》	선조-62	1574. 11.05.	周書-洪範	실록, 《경연강의》
선조-26	1573. 12.02.	商書 -太甲上 9~10장	실록, 《경연강의》	선조-63	1574. 11.08.	周書 -洪範 37~40장	《경연일기》
선조-27	1573. 12.06.	商書 -太甲中 1~2장	실록	선조-64	1574. 12.01.	周書-大誥 2장	실록
선조-28	1573. 12.10.	商書 -太甲中 3~4장	실록, 《경연강의》	선조-65	1575. 05.	周書-大誥 11장	《경연일기》 (이)
선조-29	1573. 12.16.	商書 -太甲中 5~7장	실록, 《경연강의》	선조-66	1575. 06.01.	周書-康誥 5~7장	수정실록, 《경연강의》
선조-30	1573. 12.21.	商書-太甲下 1장	실록	선조-67	1575. 06.24.	周書-康誥 5~7장	실록
선조-31	1573. 12.22.	商書 -太甲下 2~3장	실록, 《경연강의》	선조-68	1576. 02.01.	·	수정실록
선조-32	1573. 12.24.	商書 -太甲下 4~7장	실록, 《경연강의》	선조-69	1576. 02.15.	周書-召誥 10장	실록, 《경연강의》
선조-33	1574.	商書	실록,	선조-70	1576.	周書	《경연일기》

	01.21.	-太甲下 8~9장	《경연일기》《경연강의》《경연일기》(이)		07.22.	-君奭 22, 23장	
선조-34	1574. 01.22.	商書 -咸有一德 1~3장	실록, 《경연강의》	선조-71	1576. 08.04.	周書 -蔡仲之命 1장	실록, 《경연일기》
선조-35	1574. 01.25.	商書 -咸有一德 4~6장	실록, 《경연강의》	선조-72	1576. 09.09.	周書-多方 17장	실록, 《경연일기》
선조-36	1574. 01.27.	商書 -咸有一德 7장	실록, 《경연강의》	선조-73	1577. 05.03.	周書-君牙 1~4장	실록, 《경연강의》
선조-37	1574. 01.29.	商書 -咸有一德 8장	실록, 《경연강의》《경연일기》				

*《논사록》: 奇大升, 『高峯集』, 「論思錄」

*《경연일기》: 柳希春, 『眉巖集』「經筵日記」

*《경연일기》(이) : 李珥, 『栗谷全書』「經筵日記」

*《경연강의》: 金宇顒, 『東岡集』, 「經筵講義」

*《경연진계》: 盧禛, 『玉溪續集』, 「經筵進啓」

참고문헌

원전류:

『書集傳』(成百曉 譯註, 『書經集傳』, 傳統文化硏究會, 1998).

『孟子集註』(成百曉 譯註, 『孟子集註』, 傳統文化硏究會, 1991).

『朱子語類』(黎靖德 編, 王星賢 點校, 『朱子語類』, 中華書局, 1994).

『朝鮮王朝實錄』(http://sillok.history.go.kr).

『經國大典』(韓國精神文化硏究院 歷史硏究室 編, 『經國大典』, 韓國精神文化硏究院, 1985).

『四佳文集』(徐居正, 『四佳集』, 한국문집총간10, 民族文化推進會, 1988).

『朝鮮朝 經筵 資料 集成 및 註解』(한국연구재단 기초학문자료센터 https://www.krm.or.kr).

단행본류:

溝口雄三・丸山松幸・池田知久 편저, 김석근・김용천・박규태 옮김, 『中國思想文化事典』, 민족문화문고, 2003.

권연웅, 『경연과 임금 길들이기』, 지식산업사, 2015.

김만일, 『조선 17~18세기 尙書 解釋의 새로운 경향』, 경인문화사, 2007.

김상준, 『맹자의 땀 성왕의 피』, 아카넷, 2011.

위잉스 지음, 이원석 옮김, 『주희의 역사세계』 상, 글항아리, 2015.

劉起釪 지음, 이은호 옮김, 『상서학사』, 예문서원, 2016.

윤사순, 『한국유학사 -한국유학의 특수성 탐구』, 지식산업사, 2012.

윤정분, 『군신, 함께 정치를 논하다: 명대 경연정치의 변천과 그 의의』, 혜안, 2018.

정두희, 『조선시대의 대간연구』, 일조각, 1994.

정재훈, 『조선전기 유교 정치사상 연구』, 태학사, 2005.

논문류:

강태훈, 「조선 전기 경연 제도의 발달 과정」, 『교육학연구』 31-3, 한국교육학회, 1993.

김영주, 「조선조 경연제도 연구: 정치공론장으로서의 가능성」, 『언론학연구』 18-4, 부산경남언론학회, 2014.

김유미, 「상서류(尙書類) 문헌의 원류와 전개 -『상서(尙書)』의 고주소(古注疏)와 신주소(新注疏)를 중심으로」, 『정신문화연구』 41-4, 한국학중앙연구원, 2018.
김정철, 「남계 박세채의 『범학전편(範學全編)』 연구」, 한국학중앙연구원 박사학위논문, 2021.
김중권, 「朝鮮 太祖·世宗年間 經筵에서의 讀書討論 考察」, 『서지학연구』 27, 한국서지학회, 2004.
김중권, 「朝鮮朝 文宗·端宗年間 經筵에서의 讀書討論 考察」, 『서지학연구』 30, 한국서지학회, 2005.
김중권, 「朝鮮朝 經筵에서 成宗의 讀書歷 考察」, 『서지학연구』 32, 한국서지학회, 2005.
김중권, 「朝鮮朝 經筵에서 燕山君의 讀書歷에 관한 考察」, 『서지학연구』 37, 한국서지학회, 2007.
김중권, 「朝鮮朝 經筵에서 中宗의 讀書歷에 관한 考察」, 『서지학연구』 41, 한국서지학회, 2008.
김중권, 「朝鮮朝 經筵에서 明宗의 讀書歷 考察」, 『서지학연구』 49, 한국서지학회, 2011.
김중권, 「朝鮮朝 經筵에서 宣祖의 讀書歷 考察」, 『서지학연구』 55, 한국서지학회, 2013.
김현지, 「조선시대 농경의례(農耕儀禮)와 세시풍속도(歲時風俗圖) 병풍의 기능」, 『한국민화』 6, 한국민화학회, 2015.
남지대, 「朝鮮初期의 經筵制度 -世宗·文宗年間을 중심으로-」, 『韓國史論』 6, 서울대학교 인문대학 국사학과, 1980.
민혜영, 「中宗 時代 중앙관료의 『尙書』 이해 -『朝鮮王朝實錄』에 수록된 經筵을 중심으로-」, 『남명학연구』 70, 경상국립대학교 경남문화연구원, 2021.
박성순, 「조선중기 경연과목 『심경』의 정착과정과 그 정치적 의미」, 『한국사상사학』 22, 한국사상사학회, 2004.
백민정, 「조선 지식인의 왕정론과 정치적 공공성: 기자조선 및 중화주의 문제와 관련하여」, 『동방학지』 164, 연세대학교 국학연구원, 2013.
소진형, 「조선후기 왕의 권위와 권력의 관계 -황극개념의 해석을 중심으로-」, 서울대학교 박사학위논문, 2016.
송웅섭, 「조선 초기 '공론'의 개념에 대한 검토 -대간 언론과의 비교를 통해서-」, 『한국학연구』 39, 인하대학교 한국학연구소, 2015.

송재혁, 「"인주지직 재론일상(人主之職 在論一相)"과 조선 초기의 권력 구상 -권력의 통합론으로서 의정부서사제 논의-」, 『한국사상사학』 57, 한국사상사학회, 2017.

송재혁, 「정도전의 신질서 구상과 『서경』」, 『아세아연구』 60-3, 고려대학교 아세아문제연구소, 2017.

신동은, 「조선 전기 경연(經筵)의 이념과 전개 -태조~중종 연간을 중심으로-」, 『정신문화연구』 32-1, 한국학중앙연구원, 2009.

오항녕, 「조선초기 경연의 『資治通鑑綱目』 강의」, 『한국사상사학』 9, 한국사상사학회, 1997.

유영옥, 「『尙書』 刑政의 이념과 현실 적용」, 『한국한문학연구』 62, 한국한문학회, 2016.

유영옥, 「『尙書』를 통해 본 唐虞의 관료조직」, 『동양한문학연구』 51, 동양한문학회, 2018.

윤형식, 「하버마스의 공론장 개념과 유교적 공론」, 『사회와 철학』 26, 사회와철학연구회, 2013.

윤훈표, 「15세기 말엽부터 16세기 중엽까지 경연의 변모와 그 의미」, 『역사와 실학』 51, 역사실학회, 2013.

이경동, 「조선 명종대 경연의 운영과 성격」, 『역사와 실학』 72, 역사실학회, 2020.

이봉규, 「"격군심(格君心)"과 조선의 문치」, 『동방학지』 193, 연세대학교 국학연구원, 2020.

이영준, 「正祖 經學의 淸代 學說 受用 樣相에 對한 一考察 -『弘齋全書』『經史講義書』와 『欽定書經傳說彙纂』의 比較를 中心으로-」, 『고전문학연구』 55, 한국고전문학회, 2019.

이원택, 「유교적 공론장으로서의 경연과 유교지식인의 정체성 -효종대 산림의 『중용』·『심경』 강의를 중심으로-」, 『태동고전연구』 33, 한림대학교 태동고전연구소, 2014.

이은호, 「朝鮮前期 書經 解釋 硏究 -陽村과 退溪를 중심으로」, 성균관대학교 박사학위논문, 2011.

이태진, 「朝鮮王朝의 儒敎政治와 王權」, 『韓國史論』 23, 서울대학교 인문대학 국사학과, 1990.

이헌창, 「조선왕조의 정치체제: 절대군주제(absolutism)」, 『경제사학』(경제사학회, 2017), 제41-3집.

이헌창, 「조선왕조의 통치원리: 민주국가 수립을 위한 정치사적 유산」, 『한국정치연구』 27-1, 서울대학교 사회과학연구원 한국정치연구소, 2018.

장지연, 「고려~조선 초 『書經』 「無逸篇」과 「洪範篇」 이해의 변화」, 『사학연구』 112, 한국사학회, 2013.

지두환, 「조선전기 『대학연의』 이해과정」, 『태동고전연구』 10, 한림대학교 태동고전연구소, 1993.

지두환, 「朝鮮時代 經筵官 研究」, 『한국학논총』 31, 국민대학교 한국학연구소, 2009.

Peter K. Bol 지음, 김영민 옮김, 『역사 속의 성리학』, 예문서원, 2010.

현수진, 「고려전기 『상서(尚書)』의 정치적 활용과 그 성격」, 『인문과학』 66, 성균관대학교 인문학연구원, 2017.

현수진, 「고려후기 『상서』의 정치적 활용과 그 성격」, 『사림』 71, 수선사학회, 2020.

『조선왕조실록』의 『춘추』 기사 분석과 국왕별 용례

이 경 구

* 이 글은 『남명학연구』 제70집(경남문화연구원, 2021.06)에 게재한 동명의 논문을 본 저서의 간행 취지에 맞춰 일부 수정한 것이다.

1. 머리말

『춘추』는 역사서이자 경전이다. 역사서가 과거의 기록이고 경전이 도리(道理)를 담는 그릇이라면, 『춘추』는 역사를 관통하는 도리의 불변성을 검증하고, 이를 통해 현세의 기준을 정위(定位)하는 데 주로 활용되었다.

『춘추』의 기능은 조선에서도 왕성하였다. 정통과 대의(大義)를 세우고 정적(政敵)·반란자에 대한 토죄(討罪)을 정당화하는 과정에서 『춘추』는 지속적으로 등장했고, 경전 일반이 그렇듯, 법보다 상위의 기준임이 표방되었다. 예를 들어보자.

> 아, 『춘추(春秋)』의 대의(大義)를 인용하건대 시역(弑逆)의 마음만 품어도 반드시 처형해야 하고 국가의 떳떳한 법을 들추면 그 죄는 더구나 용서할 수 없다.[1]

인조가, 며느리였던 강빈(姜嬪)을 처결할 때의 교서이다. 위 사례처럼 난역을 고묘(告廟)하는 일 등에서 『춘추』가 첫머리를 장식한 사례는 종종 찾을 수 있다.[2] 경전이 먼저 언급되고 이어 법이 나오는 언술에 대해서는 당시의 관행 정도로 여길 수도 있겠다. 하지만 진리를 담은 경전 언술의 절대적 위상을 보여주는 사례이기도 하다.

---

1) 『인조실록』 인조 24년 3월 19일 병인 2번째기사(이하 실록은 국사편찬위원회 한국사데이터베이스의 『조선왕조실록』을 주로 인용하였다. 전산화된 자료이므로 따로 원문은 제시하지 않는다.).

2) 『경종실록』 경종 2년 9월 21일 계묘 1번째기사; 『정조실록』 정조 2년 8월 7일 갑자 1번째기사.

본고는 『춘추』의 권위와 기능이 수사(修辭)를 넘어 실질적으로 힘을 발휘했던 현상에 일차로 주목하였다.

『춘추』와 관련한 발화(發話)가 특정한 정치·사회적 맥락에서 일정하게 기능하는 현상이 수세기에 걸쳐 지속되었다면, 그것은 경전이 법보다 상위의 심급(審級)으로 기능했던, 성교(聖教) 혹은 신정(神政) 우위의 체제를 보여주는 단면이라 할 수 있다. 그 점을 포착하면 경전의 현실적 효과에 주목하는 작업도 가능하다. 기존에 조선시대의 『춘추』와 관련해 인물과 텍스트에 주목한 연구[3] 또는 동아시아 국제질서의 변화와 맞물려 문명관·화이관의 근거가 되었던 춘추의리·존주의리(尊周義理) 등을 주제로 삼았던 연구[4]와는 초점이 달라지는

3) 권근, 이항복, 허목, 박세채, 정조, 정약용 등의 『춘추』 관련 저술에 대한 연구가 대표적이다. 김동민, 「『춘추천견록(春秋淺見錄)』에 보이는 권근(權近)의 『춘추(春秋)』 이해」, 『유교사상문화연구』 54, 2013 ; 강문식, 「權近의 五經 인식 -經學과 經世論의 연결을 중심으로」, 『태동고전연구』 24, 2008 ; 곽성용, 「광해군代 春秋논쟁과 李恒福의 『魯史零言』」, 『한문학보』 38, 2018 ; 이동인, 「許穆의 春秋災異論에 나타난 '漢學的' 경향」, 『한국사론』 49, 2003 ; 김동민, 「박세채(朴世采) 『춘추보편(春秋補編)』의 성리학적 『춘추』 이해」, 『한국철학논집』 48, 2016 ; 김동민, 「正祖의 「策問:春秋」를 통해 본 조선조 春秋學의 문제의식」, 『동양고전연구』 56, 2014 ; 전성건, 「다산 정약용의 춘추학과 경학방법론」, 『한국학연구』 40, 2016.

4) 동아시아 질서 변화와 문명권 의식은 고려말 정몽주에 대한 연구[김성환, 「정몽주의 화이론적 역사관」, 『포은학연구』 2, 2008 ; 김문준, 「정몽주와 송시열의 춘추정신과 대명의식」, 『포은학연구』 25, 2020] 및 17세기 중반 이후 송시열 -노론 학맥과 19세기 위정척사 계열 유학자들의 춘추의리론으로 대별할 수 있다. 특히 조선 후기 유학자들의 정체성을 규정한 '조선이 유일한 유교문명'이라는 이른바 '조선중화의식'이 춘추의리와 존주론에 기반했음을 밝힌 연구[정옥자, 『조선후기 조선중화사상 연구』, 일지사, 1998] 이래 『춘추』 이해와 관련한 많은 연구가 이루어졌다.[이경구, 「'학(學)'에서 '주의(主義)'로 -이이와 송시열의 경서 이해」, 『태동고전연구』 40, 2018 ; 우경섭, 「17세기 조

것이다. 경전의 정치적 활용 정도와 파급력을 추적하여 경전 우위 혹은 경전 전유(專有)의 현장성을 포착하는 시도이기 때문이다.

본고는 『춘추』의 『조선왕조실록』(이하 '실록')의 '『춘추』' 기사를 분석하여 『춘추』의 활용 양상을 개괄하였다. 『춘추』에 대한 다수 자료를 섭렵한 분석은 아니지만, 『춘추』가 공론장에서 발화되는 지형을 일정하게 스케치할 수는 있었다. 예컨대 『춘추』가 국왕 또는 정치 주도층의 통치 스타일에 연동하거나 상호 작용하는 면모 등을 확인할 수 있었다.

다만 분석 방법에서 초보 단계임을 밝히지 않을 수 없다. 전산화된 실록 원문에서 '《춘추'로 기사를 검색하고, 내용을 일일이 임의로 분류하여 수공업적으로 분석한 수준이기 때문이다. 검토 대상을 실록만으로 제한하여 모(母)집단 자체의 용례가 빈약하고, 또 실록 자체가 갖는 2차 자료로서의 성격도 앞으로 넘어야 할 산이다. 현재로선 많은 한계가 있지만 이같은 시도가 조선시대 경전 활용에 대한 새로운 고려가 될 수도 있겠다는 전망을 조심스럽게 해본다.

이런 점에서 본고는 『춘추』에 대한 새로운 연구방법론을 제시하는 단초를 제공하는 의미를 갖는다. 그러나 본 연구는 조선시대 특정한 시대적 상황이라는 통시적 관점과 함께 동시대의 여러 다양한 정치문화적 현상을 『춘추』의 기본적 관념으로서 법(法)에 대해 우위에 서는 의리적 관점을 기준으로 평가하고 통제하는 점에서 문화다원론적 지향을 가지는 점에서 특징을 지닌다고 하겠다.

선 학자들의 존왕론(尊王論)과 노소분기(老少分岐)」, 『동국사학』 50, 2011 ; 조성산, 「연암그룹의 이적 논의와 『춘추』」, 『한국사연구』 172, 2016 ; 박인호, 「한주 이진상의 춘추학」, 『한국학논집』 60, 2015].

2. 빈도와 용례

실록 원문에서 '《춘추'를 검색하면 일단 1,281개의 기사가 검색된다. 그러나 수정·개수실록에서 중복된 기사들, 춘추재(春秋齋)·춘추관(春秋館)·춘추시대('春秋之時', '春秋以來' 등) 등 다른 의미, 현대에 작성한 제목·주석 등 『춘추』 경전과 상관 없는 기사를 빼면 1,147개로 조정된다. 이를 '절대빈도'로 볼 수 있다. 절대빈도를 각 왕들의 재위 기간으로 나누면 연도에 따른 '상대빈도'를 얻을 수 있다. 본고에서 상대빈도는 편의상 소수점 둘째자리에서 반올림하였다.

한편 『춘추』 관련 기사를 일람하면 대개 상소, 경연 등의 형식에서 정치 현안, 왕실 의례 등과 관련한 구체적 이슈와 맞물려 집중적으로 논의되었음을 확인할 수 있다. 따라서 기사에 대한 대강의 유형화가 가능한데, 이를 다음과 같은 7개 항목으로 분류할 수 있다.

① 정쟁, 처단 : 변란 혹은 정쟁으로 인한 비판, 처벌 요구
② 의례, 왕실 : 왕실 의례, 왕권, 왕실·종실
③ 안민, 건축 : 민생, 절용, 건축
④ 행정, 사회 일반 : 외교, 행정, 법제, 국방, 사회 질서
⑤ 유교, 사상 : 유학, 유학자, 이단, 존주, 화이
⑥ 재이, 수성 : 상서재이, 군주수성
⑦ 경연, 서책 : 경연, 서연, 과거, 교육, 고사, 서지, 기타

위 분류는 필자가 임의로 설정한 것이므로 개선될 여지가 있다. 엄밀히 말해 ①과 ②는 주제에 따른 범주라기보다 특정 사건에 연관

된 기사들이다. 그러나 빈도가 높기 때문에 주제와 상관없이 따로 분류하였다. 또 주제가 겹치는 경우도 많다. ⑥은 재이에 따른 군주의 수성(修省)을 강조하는 경우가 많지만 정쟁, 민생 등이 함께 논의되는 경우도 있다. 따라서 일부 기사들은 복수 분류가 불가피했다. ⑦에서 '경연'은 내용상의 분류가 아니라 형식상의 분류이다. 기사 중에 '경연을 했다'는 단순한 기록이 꽤 있으므로 따로 분류할 수밖에 없었다. 다만 경연 중에 현안이 논의되면 이때도 복수 분류가 불가피했다. 몇몇 약점에도 불구하고 『춘추』와 관련한 연구 주제가 대개 위 분류를 벗어나지 않으므로 어느 정도는 의미가 있다고 본다.

위 기준에 따라 국왕별 빈도와 용례를 분류하면 다음과 같다.

〈표 1〉[5]

국왕	빈도		정쟁	의례	안민	정치	유교	재이	경연
	절대	상대	처단	왕실	건축	사회	사상	수성	서책
태조	5	0.7	3		1				1
정종	4	2.0	2				1	1	
태종	77	4.3	42	13	3	7	1	3	9
세종	57	1.8	7	15	6	14	2	4	19
문종	6	3.0	1			2	2		1
단종	16	8.0	8	5					3
세조	12	0.9	5	1	2	2		1	3
예종	1	1.0	1						
성종	82	3.3	23	9	16	15	4	7	17
연산	41	3.7	10	21	2			10	13

5) 표 작성을 위해 필자가 만든 실록의 『춘추』 관련 데이터는 수십 페이지에 달한다. 현 논문 체재에서는 이에 대한 공개가, 개별 전달 외에는 어렵다. 앞으로 많은 양의 데이터를 처리한 논문에서 원 데이터의 공개 여부나 방법을 적극적으로 고민할 필요가 있다.

중종	92	2.4	18	19	4	7	1	40	39
인종	1	1.0		1					
명종	45	2.0	14	8	2	6	1	12	12
선조	79	1.9	21	7	5	19	5	14	37
광해	84	6.0	69	9		6	1	2	4
인조	53	2.9	14	21	1	9	4	6	10
효종	20	2.0	5	1	3	2	1	8	4
현종	17	1.1	2	7	1	3	2	1	3
숙종	129	2.8	71	38	2	5	44	9	17
경종	17	4.3	17	5	1		4		
영조	87	1.7	33	12	3	10	27	3	30
정조	115	4.8	63	13	3	8	38	1	63
순조	36	1.1	26	9		1	7		7
헌종	0	0.0							
철종	7	0.5	1	3			4		
고종	64	1.5	42	18	3	13	19		
순종	0	0.0							
계	1147		498	235	58	129	168	122	292

절대빈도가 높았던 국왕들은 숙종(129), 정조(115), 중종(92), 영조(87), 광해군(84), 성종(82) 등이다. 그런데 재위 연도가 제각각 다르므로 절대빈도는 그만큼 의미가 적다.

『춘추』 활용의 집중도는 상대빈도가 더 정확하다. 상대빈도는 단종(8.0)이 가장 높고 이어 광해군(6.0), 정조(4.8), 태종과 경종(4.3), 연산군(3.7), 성종(3.3), 문종(3.0), 인조(2.9), 숙종(2.8), 중종(2.4)의 순서이다. 단종, 문종 등 재위 기간이 짧았던 이들을 제외하면 광해군, 정조, 태종, 경종, 연산군, 성종, 인조, 숙종 시기의 『춘추』 활용이 왕성했다. 물론 절대빈도가 높은 세종, 명종, 선조, 인조, 영조, 고종 등도 염두에 두어야 한다.

한편 용례를 보면 역시 가장 많은 기사는 '① 정쟁, 처단' 분야이다. 총 498회로 전체 기사의 43%이다. 이어 '⑦ 경연 · 서책' 분야가 25%(292)이고, '② 의례 · 왕권'이 20%(235)였다. ①이 많은 이유는 난역에 대한 처벌, 정변 · 환국 등이 있을 경우 『춘추』가 집중적으로 토죄에 인용되었기 때문이었다. 의례 역시 의례 정비 또는 의례 논쟁(추숭 · 복제 등)에서 집중도를 보였다. 경연 · 출판 등도 집중도가 높다. 경연은 국왕에 따라 큰 차이를 보였다. 또 조선 전기에 빈도가 높은 국왕 예컨대 중종의 경우 '경연을 했다'로 단순했는데, 조선 후기 경연에서는 정책 논의가 따라오는 경우가 많았다. 이는 경연과 관련한 실록 편찬의 차이를 방증하는 일이기도 하다.

그 밖에 흥미로운 분야는 '⑤ 유교 사상'이다. 17세기 중기인 현종 대까지 미미했는데 숙종, 영조, 정조, 고종에서 제법 유의미했고 순조 · 철종 대에서도 비중이 높았다. 이는 숙종 대 이후 송시열을 비롯한 노론 학인들의 『춘추』의 존주의리 및 대명의리 강조와 그에 부수한 사업 때문으로 조선후기 『춘추』 활용의 특징을 잘 보여준다.

이 글에서는 『춘추』가 내포하고 있는 의리적 정신은 조선초기부터 강조되지 않은 것이 아니지만, 병자호란 이후 『춘추』의 예(禮)를 기준으로 한 오랑캐에 대한 평가 이후 춘추에 대하여 강조할 수밖에 없었던 시대적 상황을 본고에서는 주목하고 있다. 이 글은 17세기 중후반에 『춘추』가 현실정치 외교적 상황에 적용되기 시작한 이후 조선 후기까지 강조되면서 조선전기와 구별되어 이해되는 측면에서 문화다원론적 의미를 해명하는 것이다.

3. 국왕별 특징

본 절에서는 〈표1〉의 결과를 국왕별로 개괄하였다.

○ 태조-정종-태종

국왕	빈도		정쟁	의례	안민	정치	유교	재이	경연
	절대	상대	처단	왕실	건축	사회	사상	수성	서책
태조	5	0.7	3		1				1
정종	4	2.0	2				1	1	
태종	77	4.3	42	13	3	7	1	3	9

정쟁과 처단이 매우 높다. 태조 대의 3건은 고려의 왕족인 왕씨에 대한 처벌이고, 정종과 태종 대에는 이방간의 처벌이다. 태종 대에는 이거이 부자, 민무구와 그의 형제들, 이숙번, 이방간 등의 숙청과 처벌에 『춘추』가 지속적으로 인용되었다.

한편 태종 대에 의례·왕실·사회정책·경연 등의 용례가 생겨나기 시작한 것은 전반적인 시스템이 점차 구비되고 있음을 보여준다.

○ 세종-문종-단종-세조-예종

국왕	빈도		정쟁	의례	안민	정치	유교	재이	경연
	절대	상대	처단	왕실	건축	사회	사상	수성	서책
세종	57	1.8	7	15	6	14	2	4	19
문종	6	3.0	1			2	2		1
단종	16	8.0	8	5					3
세조	12	0.9	5	1	2	2		1	3
예종	1	1.0	1						

세종은 태종과 정반대 유형이어서 인상적이다. 무엇보다 정쟁·처단의 비중이 크게 줄었다. 심지어 민무구 사건의 관련자였던 이탁을 사면하며, 세종은 "『춘추』의 법은 악한 사람을 미워하는 일은 당사자에 그치고, 형벌은 사자(嗣子)에게 미치지 않으니 일족을 멸하는 것이 어찌 『춘추』의 법이겠는가?"[6] 하며 『춘추』의 취지를 제기해 연좌를 금지하기도 했다. 실록에서 『춘추』의 '오악지기신(惡惡止其身)'이 사용된 용례는 총 5차례인데 세종대에 4차례, 성종 대에 1차례뿐이다. 『춘추』를 통해 군자의 선덕(善德)을 드러내고 또 처벌을 제한하였던 세종의 관형(寬刑)적 분위기가 이례적으로 높았음을 알 수 있다.

한편 정쟁·처단에 비해 의례·왕실, 안민, 외교·행정·사회 일반, 경연과 출판의 비중이 높은 것은 세종대에 국가·사회 전반에서 정책 논의가 활발하고 예법 체계가 자리잡히고 있었음을 보여준다. 문종의 경우도 세종대와 다르지 않다.

단종~예종에서는 다시 정쟁·처단의 비중이 높아졌다. 계유정난 및 그와 관련한 여파가 세조 때까지 이어지고 있었음을 알 수 있다. 세조의 경우는 빈도도 높지 않을뿐더러 정쟁·처단을 제외하면 더욱 빈약해진다. 논의 자체가 없었던 직접적인 이유를 알려주는 자료는 없지만, 정통론에서 취약했기 때문일 것으로 추측된다.

6) 『세종실록』 세종 8년 6월 2일 갑자 1번째기사, "然《春秋》之法, 惡惡止其身, 罰不及嗣, 赤族豈《春秋》之法乎?"; '惡惡止其身'은 『春秋公羊傳』 昭公 20년에 "君子之善善也長, 惡惡也短. 惡惡止其身, 善善及子孫."에 나온다. '罰不及嗣'는 『書經』 「大禹謨」 출전이다. 따라서 세종의 인용은 『춘추』와 『서경』을 번갈아 인용한 것이다.

○ 성종-연산군-중종-인종-명종

국왕	빈도		정쟁 처단	의례 왕실	안민 건축	정치 사회	유교 사상	재이 수성	경연 서책
	절대	상대							
성종	82	3.3	23	9	16	15	4	7	17
연산	41	3.7	10	21	2			10	13
중종	92	2.4	18	19	4	7	1	40	39
인종	1	1.0		1					
명종	45	2.0	14	8	2	6	1	12	12

성종 대의 용례는 다시 세종과 비슷해졌다. 특히 안민과 건축 관련 용례의 비중이 높다. 1473년(성종 4)의 경복궁 수리 및 이후 궁궐, 사찰 등의 증수(增修)을 반대한 기사들이다. 기사 중 다수는 『춘추』와 '민력을 소중히 여긴다[重民力]' 또는 『춘추』와 '건축 역사[興作]에 때를 얻어야 한다'는 구절이 종종 쓰였다. 이에 따라 실록에서 '《춘추'와 '중민력(重民力)' 또는 '《춘추'와 '흥작(興作)'이 동시에 포함된 기사들을 'AND연산'으로 검색하면, '《춘추'와 '중민력(重民力)'은 기사 총수는 17건이고 그중 성종대 7건, 세종대 4건으로 다수이다. 또 '《춘추'와 '흥작(興作)'은 기사 총수는 15건이고 그중 성종 대 6건, 세종대 2건으로 절반을 넘었다. 성종과 세종대에 민생을 감안해 건축을 제한하자는 주장에 『춘추』가 자주 소환되었음을 알 수 있다.

연산군은 『춘추』의 해설과 활용에서 파격을 보였다. 연산군 대에 정쟁·처단이 빈번한 것은 주지하는 일인데 이와 관련한 『춘추』의 비중이 높지 않았다는 사실은 의외이다. 대신 왕실·의례, 재이·수성, 경연·서책의 비중이 높다. 왕실·의례와 관련해서는 연산군의 모친(폐비 윤씨) 추숭을 위해 『춘추』를 인용한 경우가 많았다. 또 무오사화를 전후하여 사관이 사사롭게 판단해 쓰는 것을 비판하거나, 기록자는 '어버이(군부)를 위해 숨긴다[爲親者諱]'는 『춘추』의 논리로 사관의 권한을 제한하였다.[7] 나아가 『춘추』조차도 '군주와 관련한 기사가 완전하지 않을 것이다'라는 파격적인 인식을 선보였다.[8] 재이와 관련해서도 연산군의 인식은 흥미롭다.

> 일식과 월식은 원래 정해진 자연의 법칙이 있지만, 군주가 덕행을 닦아 정치를 행하면 일식·월식을 할 때 하지 않는다고 말하니 사실인가? 또 일관은 일식·월식을 할 때를 먼저 알아서 어긋나지 않게 한다는 것은 어쩐 일인가? 어제 강(講)한 《통감강목》에 이르기를 '여름 5월에 일식이 있었다'고 했는데, 대체로 정해진 자연의 법칙이 있어서 변경할 수 없는 것이라면, 어찌 덕행을 닦아서 일식을 하지 않음이 있다고 말하겠는가? 일식·월식을 하고 하지 않는 것이 군주에게 달렸다고 하는 것은 믿을 수 없는 것 같다.[9]

일식과 월식처럼 관측 가능한 현상을 군주의 수성(修省)과 연계하지 않았던 연산군의 인식은 사실 합리적이지만, 재이와 군주 수성이 자연스러웠던 당시 통념에서 그의 해석은 파격이 아닐 수 없었다.

연산군은 사관의 직필과 하늘의 경고를 통해 왕권을 제한하였던 『춘추』의 영향력을 오히려 『춘추』를 들어 역전시켜버린 흥미로운 사례였다. 때문에 중종대에 김안국이 연산군의 실정(失政)을 『춘추』와 연결할 정도였다.

---

7) 『연산군일기』 연산군 6년 4월 19일 임인 2번째기사 ; 연산군 11년 7월 8일 辛卯 3번째기사 ; 연산군 12년 8월 14일 辛酉 5번째기사.

8) 『연산군일기』 연산군 12년 7월 9일 병술 8번째기사.

9) 『연산군일기』 연산군 9년 2월 16일 계축 1번째기사.

> 김안국이 또 아뢰기를, "호리(毫釐)의 차가 천 리의 어긋남이 되는 것이니, 성인과 미친 사람의 구분은 다만 눈 깜박할 사이에 있는 것입니다. 처음 폐주(연산군-필자)가 『춘추』를 진강하였는데, '인욕을 막고 천리(天理)를 보존한다'는 대목 같은 것은 전혀 치의(致意)하여 강명하지 않되, 혹 난적을 주살한 일에 이르러서는 거듭 물었고, 또 그가 내린 분부에서는 반드시 『춘추』 시대 강신(强臣)이 반란한 일을 말하였으니, 이 한 생각이 마침내 큰 실패에 이르렀던 것입니다."[10]

연산군의 『춘추』에 대한 독특한 인식은 세자 시절에 『춘추』를 공부해 나름 조예가 있었던 점도 작용한 듯하다. 췌언하면 연산군은 기생들과 잔치를 마친 후에 새벽까지 『춘추』를 강할 정도로[11] 『춘추』를 애독하였던 일면이 있었다.

중종 대에 『춘추』 활용은 빈도에서는 연산군과 이렇다 할 차이가 없지만 내용에서는 반대였다. 중종 대에는 재이·수성과 경연·서책의 비중이 큰 점이 특징인데, 재이와 관련한 기사는 대부분 군주 수성 및 기강 해이를 언급하는 경우가 많았다. 경연은 '『춘추』를 강했다' 정도의 단순한 기사 혹은 군주 수성을 강조하는 사례가 대부분이었다. 결국 중종 대에는 재이와 경연을 매개로 군주의 수성과 기장 진작을 권면하며 국왕을 제어하는 분위기였음을 확인할 수 있다. 연산군이 『춘추』를 왕권 강화로 활용한 것과는 정반대의 상황이 빚어진 것이다.

이와 관련해 '《춘추'와 '수성(修省)'에 대한 'AND검색'은 흥미로운 단서를 보여준다. 이에 해당하는 기사는 총 56건[12]인데 중종이 13

10) 『중종실록』 중종 4년 6월 10일 경오 1번째기사.

11) 『연산군일기』 연산군 9년 11월 20일 계미 5번째기사.

12) '《춘추&修省' 검색 결과는 태종 (2), 세조 (1), 성종 (5), 연산군 (9), 중종

회, 연산군이 9회로 빈도에서 1·2위이다. 『춘추』를 통한 군주권 해석이 논란이었던 셈인데 결론은 정반대였다. 또 성종~선조 대가 37건으로 대부분을 차지하였다는 점에서 성종 대에 진출하기 시작한 사림들이 지속적으로 군주 수성을 강조하고, 이에 대한 국왕들의 반응이 당시에 큰 이슈였음을 알 수 있다.

명종 대에도 재이·수성과 경연·서책이 비중이 높아 중종 대와 크게 다르지 않다. 또 명종 후반기에 '재이 발생 - 『춘추』 인용 비판'을 가하는 사신(史臣)들의 기사가 종종 등장한다.13) 선조 초반 사림의 대두와 그들의 요구가 반영된 결과일 것이다.

○ 선조-광해군-인조-효종-현종

국왕	빈도		정쟁	의례	안민	정치	유교	재이	경연
	절대	상대	처단	왕실	건축	사회	사상	수성	서책
선조	79	1.9	21	7	5	19	5	14	37
광해	84	6.0	69	9		6	1	2	4
인조	53	2.9	14	21	1	9	4	6	10
효종	20	2.0	5	1	3	2	1	8	4
현종	17	1.1	2	7	1	3	2	1	3

선조 대에는 전반기에 경연 관련 기사가 많았는데 특기할 내용은 별로 없다. 중반기에는 정치·사회 기사가 많았는데 임진왜란으로 인한 외교 관련 기사와 사신(史臣)의 비판 기사이다. 선조는 『춘추』에 대한 이해가 깊었기에 후반에는 다시 경연 기사가 많아졌고, 전

(13), 명종 (6), 선조 (4), 인조 (3), 효종 (2), 현종 (2), 숙종 (2), 경종 (1), 영조 (1), 정조 (3), 고종 (2)이다.

13) 『명종실록』 명종 22년 1월 22일 무인 1번째기사.

쟁 직후의 어려움 중에도 『춘추』 찬집이 진행되었다.[14]

광해군 대에 『춘추』 관련 기사는 임해군, 영창대군, 김제남, 대비(인목왕후) 문제에서 집중적으로 등장하였으므로, 정쟁・처단 분야의 비중이 조선 국왕 가운데 가장 높다. 여러 문제에서 북인-대북은 『춘추』를 빌어 토역(討逆)을 정당화하였고, 서인과 남인 등은 전은(全恩)을 강조하였다. 절정은 대비를 둘러싼, 이른바 '폐모(廢母) 논쟁'이었다. 폐모에 대한 찬성과 반대 모두 '군주 시해에 동참하고 도망간 어머니[文姜과 哀姜]에 대한 아들[莊公과 僖公]의 처신'에 대한 『춘추』의 서술을 전거로 제시하였다. 정치적 파장이 막심했던 이 논쟁이야말로 『춘추』의 정치적 휘발성을 여지없이 보여준다. 또 폐모 반대를 주장했던 이항복이 훗날 『춘추』와 『국어』를 참조해 『노사영언(魯史零言)』을 저술했다는 점에서도 『춘추』 경학사에서 차지하는 비중이 크다.[15]

기타 광해군 초기에는 생모(공빈) 추숭과 관련한 의례와 관련해서도 『춘추』가 빈번히 인용되었다. 이 시기에 궁궐 건축이 많았고, 건축에 대한 비판도 많았는데 『춘추』를 인용해 안민(安民)하라는 기사가 없는 것은 뜻밖이다.

인조는 초중반에는 광해군, 이괄의 난 관련자 탄핵이 빈번했다. 그러나 가장 많은 경우는 원종 추숭으로 인한 의례 관련 문제였다. 정묘・병자호란과 관련한 『춘추』 인용이 적은 것은 뜻밖이다. 한편 최명길이 『춘추』를 중시하고 권도(權道)를 제창한 경우가 이례적이다.[16] 그 입장은 훗날 최석정에게서 재론된다.

14) 『선조실록』 선조 34년 8월 7일 임신 2번째기사.

15) 광해군 대의 『춘추』 논쟁과 이항복의 『魯史零言』에 대해서는 곽성용(2018) 참조.

효종 대에는 관련 기사는 적지만 민생, 재이-군주수성 논의가 제법 있었다. 가장 주목할 대목은 송시열이 병자호란과 명-청 교체 이후의 상황에서 『춘추』 의리를 재정의하는 논리이다.

> 신은 상고해 보건대, 『춘추』에서 『강목(綱目)』까지 한결같이 대일통(大一統)을 주장하고 있습니다. 대개 대통(大統)이 분명하지 못하면 인도(人道)가 어지러워지고 인도가 어지러워지면 나라가 뒤따라 망하는 것입니다. 우리나라는 병자·정축년 이후로 인심이 점점 어두워져 가짜 임금을 진짜 임금이라 하고, 참람하게 빼앗은 것을 정통(正統)이라 하는 자가 많습니다. … 이는 대개 다음과 같은 일에서 비롯된 것입니다. 허형(許衡)은 근세의 유자(儒者)로서 오랑캐인 원(元)나라에게 몸을 망친 사람입니다. 그가 요(堯)임금의 대통을 여진(女眞)에다 놓고 또 요금이 대통을 전해 받았다고 하면서 송(宋)은 열국(列國)으로 취급해버렸는데 … 삼가 원하건대 전하께서 문묘(文廟)에 배향된 허형의 위패를 제거해 공자와 주자의 공을 잇도록 하소서.[17]

송시열은 허형의 문묘 출향 이유를, 『춘추』에서 주자의 『통감강목』으로 이어지는 유학의 정신 곧 『춘추』의 대일통을 저버리고 오랑캐를 정통으로 여겼기 때문이라고 했다. 송시열의 주장은 『춘추』에서 문명의 정통론을 추출하고 이를 중국의 한족(漢族) 왕조 및 고려·조선에서 그 왕조와 공명하였던 주장 등을 정통으로 재정리하여 최종적으로 '조선의 중화화(化)'를 도모하는 것이었다.

현종 대에는 기사 빈도가 적은데, 그 이유를 따져볼 필요가 있다. 예송 논쟁 등과 관련한 왕실·의례 기사가 조금 있는 편이고, 경

16) 『인조실록』 인조 10년 4월 30일 정유 3번째기사 ; 인조 15년 5월 15일 임오 1번째기사.

17) 『효종실록』 효종 8년 8월 16일 병술 8번째기사.

연에서 주자의 『통감강목』을 『춘추』에 비유하여 강조하는 기사에서[18] 주자에 대한 존숭이 강화됨을 알 수 있다.

○ 숙종-경종-영조

국왕	빈도		정쟁 처단	의례 왕실	안민 건축	정치 사회	유교 사상	재이 수성	경연 서책
	절대	상대							
숙종	129	2.8	71	38	2	5	44	9	17
경종	17	4.3	17	5	1		4		
영조	87	1.7	33	12	3	10	27	3	30

숙종 대에는 정쟁·처단, 의례·왕실, 유교·사상 분야의 빈도가 높다. 이 시기 정치 변화 즉 서인·남인, 노론·소론 사이의 환국에서 정치, 사상, 충역 등의 요인이 모두 얽혔기 때문이다. 예컨대 장희빈, 장희재의 처리를 두고서도 『춘추』를 거론하며 은전론과 처단론이 대립했다. 노론에서는 춘추대의를 강조하며 토죄를 주장했고, 소론에서는 '어버이를 위해 (부모의 죄를) 숨기는' 것이 춘추의리라고 주장하며 은전을 주장했다. 숙종 후반부에 가열된 회니시비(懷尼是非)와 관련해서도 『춘추』가 빈번하게 등장했다.

한편 숙종 초반에 송시열의 춘추대의론은 한층 정밀해졌고,[19] 그의 사후에는 송시열과 그의 행적 자체가 춘추의리의 상징이 되었다. 송시열을 계승한 노론과 노론 학자들은 춘추의리를 빛낸 태조와 효종의 존호 추상, 효종과 송시열의 의합(義合)에 대한 찬양, 송시열의 효종 묘정 배향과 복수의 서원 배향, 만동묘와 대보단 설립 등

18) 『현종실록』 현종 10년 1월 17일 신해 2번째기사.

19) 송시열의 대명의리론과 춘추일통론에 대해서는 우경섭(2005), 「宋時烈의 世道政治思想 硏究」(서울대학교 박사논문) 참조.

존주의리를 구현하는 작업을 차근차근 진행하였다.

경종 대에는 모든 기사가 노론 처단과 관련될 정도로 『춘추』 활용은 급변하였다. 신임환국을 주도한 소론 강경파는 『춘추』의 군신의리를 강조하며 희빈 장씨의 추숭과 노론 단죄를 진행했다. 또 송시열의 춘추의리론을 공박하며 도봉서원에서 출향했다. 소론 강경파의 작업은 노론의 춘추의리론을 뒤집는 방식이라 봐도 무방할 듯하다. 숙종과 경종 대에서는 사상시비와 정치시비가 결합하여 『춘추』의 정치적 효과가 올라가고 극적인 반복을 거듭했다고 할 수 있다.

영조 대에는 영조 초반의 환국과 송시열 및 노론 대신들의 복권, 영조 31년(1755)의 을해옥사 등에서 『춘추』를 인용한 정쟁, 토죄가 많았다. 영조 중반기에는 『춘추』와 민생·정책 관련 기사들이 제법 있었다. 양역 변통 논의에 『춘추』가 인용되거나[20] 그 밖에 붕당과 탕평론, 관제 변통, 세족과 한족, 과거제도, 경연에서의 논의 등도 활발했다. 또한 존주의리를 상징하는 대보단·만동묘·조종암, 순절신의 자손을 등용하는 충량과 및 대명의리의 상징적 인물들인 김상헌, 권상하, 호안국의 후손 등과 관련한 논의에서도 『춘추』가 거론되었다. 춘추의리의 공인화와 상징화는 더욱 공고해진 것이다.

○ 정조

국왕	빈도		정쟁	의례	안민	정치	유교	재이	경연
	절대	상대	처단	왕실	건축	사회	사상	수성	서책
정조	115	4.8	63	13	3	8	38	1	63

20) 『영조실록』 영조 26년 7월 3일 계묘 1번째기사.

정조와 『춘추』는 여러모로 따질 부분이 많다. 정쟁·처단, 유교·사상, 경연·서책 분야가 높은데 유교·사상은 회니시비, 송시열의 효종 묘정 배향 등 노론의 의리론을 정조가 공인한 것들로서 영조 대와 큰 차이가 없다. 경연·서책은 정조의 학문이나 경전 정리, 과거·교육 제도 등에 관련한 것들이다. 이 기사들도 모두 천착할 만한 내용들이다.

이색적인 기사들은 정쟁·처단과 관련해서이다. 정조는 즉위 초에 홍인한·정후겸 등을 숙청하고 『명의록』을 간행했는데, 그 체제는 "내장(內藏)되었던 일기(『존현각일기』를 말함-필자)를 『춘추』의 경문(經文)을 본따 게재하였다"[21]고 했다. 이후 "『명의록』은 곧 일부(一部)의 『춘추』"라는 표현이 고종 때까지 이어지게 되었다.

훗날 정조는 『명의록』을 『춘추』에 비유했던 이유를 설명했는데, 정조의 『춘추』 인식과 관련해 주목할 만하다.

> 옛날의 흉적으로 세상에 생존해 있는 자가 차례로 주토(誅討)되어 거의 누락된 자가 없는데 주토한 까닭은 모두 나에게 관계된 것이었음을 세상에 눈이 있는 자라면 모두 알 것이다. 두 기신(耆臣)에게 내린 비답에서 '『춘추』의 필법을 빌렸다.'라고 말한 것이 이것이었다.
>
> 공자(孔子)가 『춘추』를 지으면서 다만 '춘왕정월(春王正月)'이라고만 하였는데 뜻을 발휘한 자는 좌씨(左氏)가 있고 공양씨(公羊氏)가 있고 곡량씨(穀梁氏)가 있으며 기타 부연하여 발명한 자는 몇십 가(家)인지 알 수가 없다.
>
> 무릇 의리(義理)가 미세한 것은 그 말이 은미한데, 미세하고 은미한 것은 성인(聖人)에게 달려 있고 미세한 것을 드러내고 은미한 것을 나타내는 것은 후인에게 달려 있다.

21) 『정조실록』 정조 1년 3월 29일 을미 2번째기사.

> 을해년·병자년에 토벌한 역적은 어찌 모두가 옛날의 역적이 아니었겠는가. 그런데도 『명의록』 1부(部)의 책에서 일찍이 아무 역적은 아무 해의 역적이라고 말하지 않은 것은 내 나름대로 『춘추』의 필법에 부치려는 뜻이었다.[22]

『명의록』에 대한 정조의 『춘추』 비유는 두 가지 점에서 의미를 갖는다. 첫째. 정조는 자신과 관련 있는 난역자에 대해 성인을 본받아 『춘추』 필법을 빌렸다고 하며, 성인은 은미하고 후인이 드러낸다고 했다. 성인의 은밀한 제기에 대해 후인이 해석하는 관계라면, 국왕과 신하 사이에서는 국왕의 제기한 의리의 테두리 안에서 신하들은 동조하지 않을 수 없었다. 정조의 언급에 대해 이복원과 채제공 등 대신들은 다음과 같이 말할 수밖에 없다.

> 당시의 흉악한 무리들은 죄악이 극도로 가득 차서 천지 귀신도 용납하지 않을 자들인데 차례로 죽어 모두 천주(天誅)를 받았으나, 우리 전하께서 주토(誅討)의 법을 행하는 데는 『춘추』의 은미하면서도 드러내는 뜻을 깊이 얻었습니다.[23]

『명의록』이 춘추 의리에 버금갈 구속력을 가졌다는 선언은 훗날 『명의록』의 의리가 정조 본인의 발목을 잡을 정도였다.[24]

둘째. 국왕의 춘추의리 제기 가능성은, 공자-주자의 존주의리를 가져와 대명의리·화이론·노론의리를 제창한 송시열의 춘추대의와는 또 다른 대의가 계속해서 생겨남을 의미했다. 즉 의리는 (성인인)

---

22) 『정조실록』 정조 16년 5월 22일 기미 1번째기사.
23) 『정조실록』 정조 16년 5월 22일 기미 2번째기사.
24) 『정조실록』 정조 19년 12월 26일 계묘 1번째기사.

국왕의 은미한 권한이므로, 국왕의 처지에 따라 달라지는 의리가 가능했다. 정조에게 자신의 『춘추』가 가능했다면, 순조의 『춘추』 또한 가능했다. 이 시기에 조선의 처지를 강조한 홍대용 식의 '역외춘추'가 나온 것은 함께 고려할 만하다.

한편 정조대에는 이용후생과 관련해 『춘추』가 사용된 것도 이채롭다.[25] 이는 『춘추』만의 문제가 아니었고, 정조대에 『주역』의 개물성무(開物成務), 『서경』의 이용후생, 『주례』의 고공기(考工記), 『한서』의 실사구시(實事求是) 등 고경(古經)에서 실무, 실용 정신을 소환해 안민과 물질 개선을 강조했던 일련의 흐름과 관련 있다고 볼 수 있다.

○ 순조-헌종-철종-고종-순종

국왕	빈도		정쟁 처단	의례 왕실	안민 건축	정치 사회	유교 사상	재이 수성	경연 서책
	절대	상대							
순조	36	1.1	26	9		1	7		7
헌종	0	0.0							
철종	7	0.5	1	3			4		
고종	64	1.5	42	18	3	13	19		
순종	0	0.0							

순조는 정조와 형식은 비슷하다. 초반에는 난역과 관련한 기사가 많고 '『명의록』은 『춘추』' 용례가 종종 나온다. 그러나 전반적으로 활발한 논의는 없고 고식적이다.

철종 대에는 의례 혹은 송시열을 포장하는 일에 사용되었다.

고종 대에는 전체적으로 왕실례, 유학자, 만동묘 등을 포장하거

25) 『정조실록』 정조 7년 7월 18일 정미 2번째기사.

나 미진했던 인물 포장 새로운 인물 포장을 하는 용례가 많았다. 계술(繼述) 혹은 정리가 강조되는 분위기이다. 외교와 행정 변화(복식 등)도 있지만 활발하지는 않다. 1890년대 후반은 을미사변·의병과 관련한 역적 처단, 명성왕후 장례와 황제 의례와 관련한 용법이 다수이다.

4 결론에 대신하여 : 『춘추』로 본 조선의 정치 현장과 연관어 검토의 필요성

본고는 사건, 인물, 텍스트에 초점을 맞추었던 기존 연구와는 달리, 실록에서 '《춘추'로 검색한 기사들의 빈도와 국왕별 용례를 개괄하였다. 『춘추』가 공론장에서 활용되는 순간들에 대한 추이 분석은 이채로운 장면들을 보여주었다.

국왕의 정국 운영에 따라 『춘추』의 활용 분야가 극적으로 바뀌었거나(태종과 세종), 비슷한 분야에서 『춘추』가 등장했어도 결론은 반대였거나(연산군과 중종), 군주의 수성을 둘러싼 국왕과 신하의 줄다리기가 장기간 지속했거나(성종~선조), 『춘추』의 경문(經文) 해석에 따라 추숭의 정당성, 토죄와 은전이 격렬히 대립했거나(광해군, 인조, 숙종, 경종), 조선후기 의리관의 대종(大宗)이 세워지고 대명의리의 상징 작업이 개괄될 수 있었거나(송시열, 숙종), 국왕의 의리주도권이 강화되었거나(정조), 유학 왕국이 저무는 시점에서의 경전 활용 모습이 드러났다(고종). 마치 『춘추』라는 창을 통해 색다르게 비춰지는 조선 정치 현장의 장면이다. 이 장면들은 다시 개별적으로 천착되고 비교되어야 할 과제를 남겨주었다. 특히 필자는 다음 연구 주제로 정조와 정조 시대의 『춘추』 이해 동향을 계획하고 있다.

하지만 본고는 아직 한계가 많다. '인경(麟經)' 같은 『춘추』의 별칭, 『춘추』가 생략된 채 '전왈(傳曰)' 식으로 쓰인 기사, 『춘추』 출전이 아예 생략된 기사들은 반영되지 않았다. 현재로서는 실록의 일부 기사에 근거한 작업인 셈이다. 앞으로 실록 기사를 더하고, 『승정원일기』·『일성록』 등의 관찬 사서와 문집 등을 포함한 분석을 더하면 공론장에서의 분석이 더 정교해지고, 학문과 일상에서의 언술까지 포착될 수 있을 것이다.

한편 본고에서는 『춘추』와 연관하여 등장하는 특정 용어들의 장기 추세를 검토하는 방법도 몇 차례 시도했다. 『춘추』에서 출전한 '오악지기신(惡惡止其身)' 및 '《춘추'와 '중민력(重民力)'·'《춘추'와 '흥작(興作)'·'《춘추'와 '수성(修省)'에 대한 'AND검색'이다. 이를 통해 『춘추』의 특정 사안 또는 주제에 함께 사용되는 용어를 통해 장기 추세를 마치 부감(俯瞰)하듯 가늠할 수 있었다. 이와 유사한 방법은 코퍼스로 구축한 텍스트의 공기어(共起語) 또는 의미장(場) 분석인데, 이미 근현대 어문학 및 역사학 일부에서 적극 활용되고 있다.[26] 한자어를 기반으로 한 자료들에 대한 코퍼스 구축과 연구는 '실학'에 대해, 포

26) 한국 일간지의 코퍼스 구축과 연구방법론 및 사례 연구에 대해서는 김일환·이도길의 『키워드, 공기어, 그리고 네트워크 -신문 빅데이터가 보여주는 것』(소명출판, 2017) 참조. 한국 근대 잡지의 코퍼스 구축과 이를 활용한 연구는 김일환·이도길의 「개화기 잡지 코퍼스의 구축과 활용」(『개념과 소통』 25, 2020), 전성규·장연지의 「Word2Vec 분석을 통한 근대 계몽기 잡지에서의 문명의 시기별 지형도」(『개념과 소통』 26, 2020), 도재학의 「키워드를 통해 보는 근대 잡지의 문예사조적 특성」(『개념과 소통』 26, 2020) 등이 있다.

털 사이트인 네이버의 한자어 사전을 기반으로 『한국문집총간』 및 『조선왕조실록』·『승정원일기』·『일성록』의 용례를 코퍼스로 구축·분석하고 빈도와 공기어를 분석한 사례가 있다.[27]

마지막으로 본고의 전망과 관련하여 이 방법의 가능성을 검토해 본다. 『춘추』에서 가장 많은 비중을 차지한 '정쟁·처단' 분야에서 연관어 분석을 해보자. 기사에서는 '난신(亂臣)'이 빈번하였다. 실록에서 '《춘추'와 '난신(亂臣)'을 'AND연산'을 통해 검색하면 총 94건의 기사가 검색되는데, 중복 기사(광해군 4건, 경종 1건)를 제외하면 89건으로, 정쟁·처단에 속하는 전체 기사 498건 중 18% 정도의 비중이다. 또 89건의 왕대별 빈도를 보면 전 시기에 걸쳐 고르게 사용되었음도 알 수 있다.[28]

한편 시기별로 편차를 보이는 경우도 있었다. 예컨대 '한법(漢法)'을 보자. '한법'만을 검색하고 중복을 제외하면 88건인데 조선 초기부터 사용되었고, 숙종·경종·영조·정조대의 비중이 컸다.[29] 그런데 '《춘추&漢法'으로 검색하고 중복을 제외하면 20건이고, 전기에는 함께 쓰이지 않다가 후기에 간간이 쓰이고 고종 대의 5건의 기사는 모두 함께 쓰였음을 알 수 있다.[30] 흥미로운 것은 20회 사례 중 "『춘

27) 이경구, 「조선시대 실학 용법에 대한 거시적 일고찰」, 『개념과 소통』 26, 2020.

28) '《춘추&亂臣'의 빈도는 다음과 같다. 태조 (1) 정종 (1) 태종 (16) 세종 (1) 단종 (4) 성종 (15) 연산군 (2) 중종 (5) 명종 (2) 선조 (2) 광해군 (4) 인조 (2) 숙종 (5) 경종 (2) 영조 (6) 정조 (5) 순조 (2) 철종 (1) 고종 (13)

29) '漢法'의 빈도는 다음과 같다. 세종 (1) 세조 (2) 성종 (3) 중종 (3) 선조 (5) 광해군 (4) 인조 (4) 효종 (4) 현종 (4) 숙종 (16) 경종 (3) 영조 (14) 정조 (14) 순조 (6) 고종 (5)

30) '《춘추&漢法'의 빈도는 다음과 같다. 중종 (1) 광해군 (3) 인조 (1) 현종 (1) 숙종 (3) 경종 (1) 영조 (2) 순조 (3) 고종 (5)

추』의 무장(無將, 반역죄)", "한법의 부도(不道)"가 10회이고, "『춘추』의 무장", "한법의 불경(不敬)"이 8회였다. 특히 고종 대에는 '춘추무장, 한법불경'이 4건이었다.

이상의 두 사례 또한 『춘추』와 긴밀한 관련을 갖는 어휘의 장(場) 또는 의미장들이 항목, 시기별로 가능함을 시사한다. '난역, 토죄'와 관련 있는 어휘들과 『춘추』를 'AND연산'으로 검색했을 때 주목할 만한 변화가 있는 사례를 추출해 보았다. 어휘들은 '난신(亂臣), 한법(漢法)' 외에 '대법(大法), 대의(大義), 무장(無將), 발난(撥亂), 복수(復讐), 왕법(王法), 인득이토지(人得而討之), 인득이주지(人得而誅之), 적자(賊子), 정명(正名), 주심(誅心), 주의(誅意), 치기당여(治其黨與), 토역(討逆), 토적(討賊)' 등이다. 이중 시기에 따라 주목할 만한 편차를 보인 사례 몇 가지를 정리하면 다음과 같다.

〈표 2〉

&검색어	총수	왕대별 건수 (수정・개수 등 중복 조정)	주목
《춘추&誅意	12건	태종 (4) 세종 (1) 문종 (2) 성종 (2) 선조 (3)	조선후기 이후에는 쓰이지 않음
《춘추&復讐	33건	태종 (1) 세종 (1) 성종 (3) 선조 (6) 인조 (1) 현종 (2) 숙종 (7) 경종 (1) 영조 (1) 정조 (1) 순조 (2) 고종 (7)	선조, 숙종, 고종 대에 빈도가 높다
《춘추&大義	277건	태조 (2) 정종 (3) 태종 (23) 세종 (5) 문종 (2) 단종 (5) 세조 (3) 성종 (6) 연산군 (3) 중종 (4) 명종 (10) 선조 (8) 광해군 (38) 인조 (11) 현종 (3) 숙종 (52) 경종 (7)	광해군, 숙종, 정조의 용례가 다수

		영조 (18) 정조 (42) 순조 (13) 철종 (2) 고종 (17)	
《춘추&討逆	69건	선조 (4) 광해군 (32) 인조 (2) 숙종 (7) 경종 (4) 영조 (2) 정조 (11) 순조 (2) 고종 (5)	선조대 이후 쓰임. 광해군 대의 빈도가 다수

〈표 2〉는 필자가 임의로 추출한 관련어로서 시간(왕대)에 따라 제법 큰 진폭을 보였던 사례를 제시하였다. 단편적이지만 시대에 따른 『춘추』 활용의 전형성을 확인할 수 있다. 다시 말해 발화자 본인들은 의식하지 못했겠지만, 『춘추』 활용에 대한 장시간에 걸쳐 지속하는 언명과 거시적으로 변화하는 언명 등을 확인할 가능성이 높다. 이에 대한 구체적 분석 또한 앞으로의 과제로 기약한다.

이 글에서는 『춘추』가 내포하고 있는 의리적 정신을 조선초기부터 전선 말기에 이르기까지 왕대별로 활용한 분야와 강조점을 『조선왕조실록』의 『춘추』 기사 분석과 국왕별 용례를 통하여 고찰하였다. 이러한 연구방향은 왕대별로 시대적 여건의 차이와 강조점의 차이, 그리고 정치경제 사회문화의 여러 영역에 대한 시대적 요청의 차이에 따른 『춘추』의 활용 정도가 다른 점에 대한 이해를 넓혀 준다는 점에서 문화다원론적 방향에서 『춘추』의 현실적 적용 문제를 해명하는 의미를 지닌다. ◈

참고문헌

사료:

『조선왕조실록』, 국사편찬위원회, 한국사데이터베이스.

단행본류:

김일환・이도길, 『키워드, 공기어, 그리고 네트워크 -신문 빅데이터가 보여주는 것』, 소명출판, 2017.

정옥자, 『조선후기 조선중화사상 연구』, 일지사, 1998.

논문류:

강문식, 「權近의 五經 인식 -경학과 경세론의 연결을 중심으로」, 『태동고전연구』 24, 2008.

곽성용, 「광해군대 春秋논쟁과 李恒福의 『魯史零言』」, 『한문학보』 38, 2018.

김동민, 「『춘추천견록(春秋淺見錄)』에 보이는 권근(權近)의 『춘추(春秋)』 이해」, 『유교사상문화연구』 54, 2013.

김동민, 「正祖의 「策問:春秋」를 통해 본 조선조 春秋學의 문제의식」, 『동양고전연구』 56, 2014.

김동민, 「박세채(朴世采) 『춘추보편(春秋補編)』의 성리학적 『춘추』 이해」, 『한국철학논집』 48, 2016.

김문준, 「정몽주와 송시열의 춘추정신과 대명의식」, 『포은학연구』 25, 2020.

김성환, 「정몽주의 화이론적 역사관」, 『포은학연구』 2, 2008.

김일환・이도길, 「개화기 잡지 코퍼스의 구축과 활용」, 『개념과 소통』 25, 2020.

도재학, 「키워드를 통해 보는 근대 잡지의 문예사조적 특성」, 『개념과 소통』 26, 2020.

박인호, 「한주 이진상의 춘추학」, 『한국학논집』 60, 2015.

우경섭, 「宋時烈의 世道政治思想 硏究」, 서울대학교 박사논문, 2005.

우경섭, 「17세기 조선 학자들의 존왕론(尊王論)과 노소분기(老少分岐)」, 『동국사학』 50, 2011.

이경구, 「'학(學)'에서 '주의(主義)'로 -이이와 송시열의 경서 이해」, 『태동고전연구』 40, 2018.

이경구, 「조선시대 실학 용법에 대한 거시적 일고찰」, 『개념과 소통』 26, 2020.
이동인, 「許穆의 春秋災異論에 나타난 '漢學的' 경향」, 『한국사론』 49, 2003.
전성건, 「다산 정약용의 춘추학과 경학방법론」, 『한국학연구』 40, 2016.
전성규・장연지, 「Word2Vec 분석을 통한 근대 계몽기 잡지에서의 문명의 시기별 지형도」, 『개념과 소통』 26, 2020.
조성산, 「연암그룹의 이적 논의와 『춘추』」, 『한국사연구』 172, 2016.

※ 이 책에 수록된 논문은 다음의 학술지에 수록된 내용을 수정 보완한 것이다.

권수	주제	저자	제목	학술지	연도
5	1부	김수경	이정(二程) 시경학의 조선시대 수용 양상 -조선시대 시경학에서의 정자학과 주자학의 길항(拮抗)-	태동고전연구	2021.06 제46집
		임재규	권근의 『주역천견록』에 나타난 상수학적 방법론 -오징(吳澄)의 『역찬언(易纂言)』과의 관련성을 중심으로-	태동고전연구	2021.06 제46집
		조정은	권근의 『예기천견록』 중 「악기」편 분석 -체제 재편과 독해 관점을 중심으로-	태동고전연구	2021.06 제46집
		함영대	퇴계 이황의 『경서석의』의 저변에 대한 일고	남명학연구	2021.06 제70집
		황병기	조호익 『역상설(易象說)』의 역학사상과 그 위상	태동고전연구	2021.12 제47집
		엄연석	장현광의 태극설과 경위설의 문화다원론적 재조명 -『여헌선생성리설』의 이론적 해명을 중심으로-	남명학연구	2021.06 제70집
	2부	이해임	허형(許衡)과 정몽주(鄭夢周)의 화이관(華夷觀) 연구 -『공양전(公羊傳)』의 화이관(華夷觀)을 중심으로-	태동고전연구	2021.06 제46집
		윤상수	『서천견록』을 통해 본 권근의 서경관 -근엄(謹嚴)과 흠(欽)을 중심으로-	태동고전연구	2021.06 제46집
		한정길	권근 『예기천견록』 「곡례」편의 체제에 관한 연구 -『의례경전통해』와 『예기찬언』과의 비교를 중심으로-	태동고전연구	2021.06 제46집
		이원석	성현(成俔)의 『춘추』 이해와 '문명 대 야만'의 구도 -성현의 「왕자불치이적」 분석을 중심으로-	태동고전연구	2021.06 제46집
		강경현	조선시대 경연(經筵)에서 『상서(尙書)』 강독의 의미 -조선 전기 경연 자료를 중심으로-	퇴계학보	2022.06 제151집
		이경구	『조선왕조실록』의 『춘추』 기사 분석과 국왕별 용례	남명학연구	2021.06 제70집